张召忠说军事

HISTORY OF DISPUTED ISLANDS

史说岛争

张召忠 著

北京出版集团公司
北 京 出 版 社

图书在版编目（CIP）数据

史说岛争 / 张召忠著．— 北京：北京出版社，2014.7
（张召忠说军事）
ISBN 978-7-200-09992-8

Ⅰ．①史… Ⅱ．①张… Ⅲ．①太平洋岛屿—国际争端—亚太地区—通俗读物②海洋战略—日本—通俗读物 Ⅳ．①D815.9-49 ②P74-49

中国版本图书馆 CIP 数据核字（2014）第 156598 号

张召忠说军事
史说岛争
SHI SHUO DAO ZHENG
张召忠 著
*
北京出版集团公司
北京出版社 出版
（北京北三环中路 6 号）
邮政编码：100120

网址：www.bph.com.cn
北京出版集团公司总发行
新华书店经销
北京市雅迪彩色印刷有限公司印刷
*
787 毫米 ×1092 毫米 16 开本 23 印张 300 千字
2014 年 7 月第 1 版 2014 年 7 月第 1 次印刷

ISBN 978-7-200-09992-8
定价：58.00 元
质量监督电话：010-58572393

序　言

1974 年至 1978 年，我在北京大学东语系学习阿拉伯语。由于从小在农村长大，18 岁参军入伍后一直待在山沟里，好不容易上个大学又学了这么个不招人待见的小语种，所以见识不多，孤陋寡闻。

1979 年 7 月，我第一次出国就到了伊拉克。我去的第二天，萨达姆推翻贝克尔的统治担任伊拉克总统。到了伊拉克之后，看什么都新鲜，伊拉克给我总的印象是经济富裕，社会安定，人民安居乐业，生活幸福美满。由于语言上能够和当地人相互沟通，所以交了很多朋友，也时常到他们家里做客，因而对当地人的生活状况有所了解。

那一年我 27 岁，月工资 52 元，折合伊拉克货币大约 7 个第纳尔。与我年龄相仿的当地青年人，每天的工资大约 10 个第纳尔，也就是说我干一个月拿到的钱还不如人家一天的工资多。30 岁左右的年轻人，一般都有车有房，车全部都是奔驰、宝马这样的名车，房子一般都是二三百平方米的两层楼，带一个大院子和两个车库的那种。在当时，我连一辆自行车也买不起，更不用说房子了（直到 40 岁左右我才分到一个 50 平方米左右的房子，之前都是一家三口人挤在一个筒子楼里 10 多平方米的小房子里，使用公共卫生间，在楼道里做饭）。

1980 年 9 月的一天，我平时最要好的一个朋友来跟我告别，说是他要结婚了，然后去巴黎度蜜月。可仅仅过了一周的时间，他就回来了。那一天，他匆匆忙忙地赶来，对我说是要上前线，因为伊拉克与伊朗爆发了战争。我很吃惊地问他："你怎么知道的？你为啥回来？你在巴黎度你的蜜月多好！"他对我说："我在法国看到战争爆发的新闻就立即赶回来了，因为我们国家有规定，年满 18 岁以上的适龄青年必须应征入伍。"

同样作为一个年轻军人，我当时为他的这种爱国主义精神所感动，所震撼！

我和他拥抱了一下，就这样告别了。从那时起，伊拉克就陷入战乱之中，伊朗的飞机天天在头顶上转悠，到处扔炸弹，很是吓人。就在我驻地附近的公路上，

经常有全副武装的大部队开赴前线，更有大量坦克装甲车辆隆隆驶过。作为一名军人，身处战场，我全然不知道眼下的战争是怎么回事儿，头顶上的飞机、身边的坦克是什么型号，性能如何。那一刻，我为自己的无知而感到羞愧——这正是我下定决心放弃外语转而研究军事的初衷。

1980年至1988年，持续8年的两伊战争摧毁了伊拉克的经济，从此走向衰落。1990年8月2日，萨达姆挥师南下，全面入侵邻国科威特，从此再次陷入了战争的魔圈。从1991年海湾战争到2011年美国从伊拉克撤军，前后历经20年，萨达姆被绞死，政权垮台，政府公务员和军队警察全部解散，伊拉克完全陷入一片混乱之中。

在此之前，美国向全世界承诺，要把伊拉克建成一个美国式民主、自由的样板。为此，美国第41任、42任等等总统都在对伊战争中大打出手，而第44届总统奥巴马从伊拉克撤军，获得诺贝尔和平奖。可能连他自己也没有想到，2014年6月，一个他可能从未听说过的“伊拉克和黎凡特伊斯兰国”突然从伊拉克北部崛起，数百人击溃数万人的正规军，几天之内就席卷伊拉克数个城镇，并向首都巴格达发动进攻。

砸碎一个旧世界容易，建立一个新世界真的很难。我经常在讲到伊拉克问题的时候就会想起35年前我身边的那些伊拉克朋友：分别以后你们怎么样了？现在还活着吗？连绵不断的战争给伊拉克带来了什么？当初那么富饶美好的国家，那么祥和安宁的生活，全都在战争中破碎了。

1980年从两伊战场上归来之后，我成为海军的首席阿拉伯语翻译。当初从北大毕业，又经过两年的国外锻炼，如果继续从事外语外事工作，可能早已飞黄腾达。但是，我毅然决然地选择了转型，放弃了我的专业，开始学习英语、日语，转而进行枯燥乏味的科学研究工作。连我自己都没有想到，这一行一干就是几十年，现在仍在继续。

用英语和日语重新武装起来的我，全力以赴研究的第一个课题竟然又是一个战争问题。1982年4月，英国和阿根廷因为马尔维纳斯群岛（福克兰群岛）争端，爆发了二战结束之后第一场大规模现代化海战。作为海军研究人员，我义不容辞地参与了战争进程的研究。最初的研究集中在交战双方的武器装备方面，后来扩展到作战样式，再以后又对战争中英国进行的卓有成效的战争动员、国民经济动员和商船动员进行了专题研究。在这些研究的基础上，2001年利用在英国皇家军事科学学院学习的机会，又对许多历史资料进行了核实和补充，并对曾经参与过战争的人员进行了咨询（包括阿根廷海军学员）。就在我们学校的院子里，到处都摆放着曾经参与过战争的那些武器装备，比如“海鹞”式飞机、“海王”直升机、鱼雷、导弹等。

有人说马岛海战是一个男人与两个女人的战争（一个男人就是阿根廷总统加尔铁里，两个女人是英国首相撒切尔夫人和英国女王伊丽莎白二世）。没错，遗憾的是那个男人失败了。马岛主权争端延续了150多年，剪不断，理还乱，英、阿两国没有哪届政府能够拿出解决争端的举措。1981年12月，阿根廷陆军司令加尔铁里将军突然执掌大权，当了总统。加尔铁里十分强硬，其主要执政理念就是要收复马岛主权。根据他的判断，英国已经日落西山，气息奄奄，曾经称霸世界400多年的海上霸主已经不再具备远洋作战能力了，马岛距离英国本土1.3万千米，而距离阿根廷只有数百千米，如果阿根廷用武力收复马岛，英国鞭长莫及，爱莫能助。等生米煮成熟饭，英国自然就会承认现实。

加尔铁里军政府的这种理念得到军队的大力支持，全军上下一片狂热，战争气氛日渐浓厚。为了动员民众，媒体热炒武力收复马岛。作为长期受西方帝国主义压迫和殖民统治的阿根廷，突然有个如此强硬的总统，人民群众纷纷拥上街头，欢呼雀跃，要求立即出兵夺占马岛。加尔铁里总统不负众望，牛刀小试，派遣小部队登岛、插旗、开枪开炮，试探英国态度。万万没有想到，英国首相撒切尔夫人是个真正的铁娘子，4月2日当天就对阿根廷宣战，次日就成立战时内阁，48小时后两个航母战斗群组成的远洋舰队就驶离朴次茅斯港。

走向衰落的大英帝国，二战结束后还是第一次如此扬眉吐气。舰队出发的那一天，数百万人到港口送行。当日，英国宣布进行战争动员和商船动员，政府号召全国民众支援战争。英国海军舰队在海上颠簸了一个月，抵达马岛战区之后，就立即对马岛周围200海里进行海空封锁，一举击沉阿根廷1.3万吨巡洋舰“贝尔格拉诺将军”号，310名官兵死亡。之后，阿根廷航空母舰以及所有海军舰艇全部缩回港内，直到战争结束都没敢出海。当初那些叫嚷武装收复马岛的人们此时消失得无影无踪！

加尔铁里在总统宝座上总共坐了4个月，合着就干了这么一件事儿——武力收复马岛。战争失败后，加尔铁里总统被军事法庭判处死刑，最终此案移交给地方法院，结果还是被判12年徒刑，最终抑郁而死。

1982 年马岛海战失败之后，阿根廷陷入严重的政治危机和经济危机，1989 年通货膨胀率高达 3000% ～ 5000%。2001 年，阿根廷欠下 1550 亿美元的外债。2012 年 10 月 2 日，阿根廷海军“自由”号风帆训练舰在远洋训练中停靠西非的加纳特马港进行补给，结果被加纳地方法院扣留抵债。加纳向阿根廷索要 2000 万美元抵押金，每天还要缴纳 5 万美元的停泊费。一个年 GDP 只有 420 亿美元（比尔·盖茨个人资产 720 亿美元）的小国加纳，居然如此嚣张，竟敢扣押阿根廷海军的现役军舰，这在历史上绝无仅有，简直是欺人太甚！但阿根廷又无可奈何。

战争虽然是将军们充分发挥自己专业特长，可以用鲜血和生命书写光辉篇章的场所，但毕竟是残酷的、无情的，“胜者为王败者寇”，一场战争失败往往就意味着一个国家政权的消亡。阿根廷现任女总统克里斯蒂娜对此深有感触，2014 年 6 月她郑重表示，在解决岛屿争端问题上，一定要用和平的方式来解决，决不能轻言开战。孙子兵法有句名言：“主不可怒而兴师，将不可愠而致战。”克里斯蒂娜作为一国首脑，她的头脑是清醒的，起码比加尔铁里将军要清醒得多。

太平洋战争中有个风云人物，日本海军的山本五十六大将，早年曾经是“赤城”号航空母舰舰长，后来到美国担任海军武官，因而有机会了解美国的经济、政治、文化，尤其是工业制造能力。担任联合舰队司令长官之后，在是否对美开战问题上多次上书天皇，力陈个人见解，认为对美开战后果不堪设想。但日本政府不仅决定对美开战，第一场硬仗还要山本来指挥，于是才有了偷袭珍珠港。当此战日本大获全胜、美国太平洋舰队兵力损失过半的消息传回，整个日本都沸腾了，唯独山本把自己关在舰艇舱室内沉思了好几天，他说：唤醒了一个沉睡的巨人！山本害怕了。

1942 年上半年，日本 JN–25 密码体系泄露，美国对日本的军事行动了如指掌，而日本对美军行动却全然无知，这种信息不对称最终导致日本在中途岛海战惨败，“赤城”“加贺”“苍龙”“飞龙”4 艘航母遭到美军空袭，相继沉没，此后战局逐渐向不利于日本的方向转变。1943 年 4 月 14 日对山本来说是个倒霉的日子。有关山本五十六乘机出行的情报全部被美军提前侦破，山本座驾在空中遭到美军战机伏击，飞机被打成筛子，山本坠机而亡。我经常在想：一个那么精明的职业军人，为什么总是在犯如此低级的错误？道理很简单，我们都是普通人，是人就会犯错误。可是，我们将会在未来的哪些时候、什么情况下犯错误？这些可能的错误会是某段历史的重复吗？

因日本国有化钓鱼岛而引发的钓鱼岛危机距今已经两年多了，此间有很多人发表过很多高论，在微信、微博、博客等媒体平台上，往往把持有不同观点的人分为两派：支持对日开战的主战派被称为“鹰派”，爱国主义者；反对对日开战的主和派被称为“鸽派”，贬损为汉奸。这样的“楚河汉界”很容易激发强烈的民族主义情绪，于是人们都会在公开场合对日本喊杀叫打，战争似乎在下一分钟就要爆发。然而，两年多过去了，那一刻始终未能到来。

兵者，国之大事，死生之地，存亡之道，不可不察也。研究战争是我的专业，过去 44 年来我写过数千万字的专著和论文，对两次世界大战及战后的几乎所有战例都进行过较为系统的研究。为了深入研究战争与和平的关系，我还用了 20 多年的时间对国际法、战争法、海战法、海洋法进行了深入研究，并撰写了《海战法概论》和《规范海洋》。我的体会是：军人的最高境界是维护和平而不是发动战争，战争的决策者是政治家而不是军人。我们的原则是党指挥枪，而不是枪指挥党。维持和平的方式有两种：时刻做好战争准备，把侵略战争遏制在萌芽之中；当战争来临的时候，奋起自卫反击，打赢战争。

在情绪化、复杂化的舆论环境中，在碎片化、浮躁化的新媒体时代，三言两语就想对岛屿争端这样的重大问题说清楚、讲明白是很难做到的。最近有件事情让我很有感触：我经常开车路过的一条小路有一天突然装上了摄像头，而我却全然不知，连续两天被拍到两次，总共扣了我 6 分还被罚款。我是 1994 年拿的驾照，说起来已有 20 年的驾龄，没想到常在河边走还是湿了鞋。记得刚学会开车的那会儿，年轻气盛，经常开斗气车，猛然加油加速，路上左拐右拐，感觉技术很是熟练。可如今 20 多年过去，开车时间长了，事故见得多了，从中年步入老年了，反而更加小心谨慎，天天提心吊胆，谨言慎行。这样的心理状态恰恰是我面对岛屿争端的一种自然心态，每当我看到那些涉世不深、学术浅薄、从无著述、胸无点墨的人们在大喊大叫对日开战的时候，我总是在自言自语地喊：“求你啦，小声点，别让人笑话咱无知！”

上面的这些心里话正是我想说给读者听的，这就是我为什么要撰写《史说岛争》的缘由。面对挑剔的食客，没有哪个大厨能够满足他们贪得无厌的胃口。我虽然做了一辈子饭，但都是些家常菜，算不上什么大厨，上不得什么台面，不敢说把自己的拿手好菜端给各位品鉴。现在老了，虽然一把年纪了，仍然想从开垦荒地、田间耕作开始，种瓜种豆，把自己亲手栽培的那些绝对环保尚未污染的瓜

果蔬菜奉献给大家，你自己回去烹饪，想做成个啥样随你的便。

这本书中的内容都是些史实，我希望打开那些尘封的历史档案，让大家在原汁原味的原始资料中获取自己有用的信息，道理请你们自己去揣摩，结论由你们自己去下。借用时下的一句流行语：我不生产信息，我只是信息的搬运工；我不是给你讲大道理的专家教授，我只是给你翻阅档案的资料员；我不是星级酒店的大厨，我只是面朝黄土背朝天辛勤耕作的老农民。

张召忠

2014 年 6 月 18 日

目录

第一章　南海诸岛争端

重要的地理位置，丰富的自然资源 / 002

南海诸岛争端的由来 / 003

中国人最先发现并管辖南海诸岛 / 003

延伸阅读：领海和公海概念的提出 / 007

西方殖民帝国染指南海诸岛 / 007

日本对南海岛屿的侵占 / 010

民国政府为维护南海主权采取的措施 / 011

二战后民国政府恢复对南海岛礁的主权 / 015

中华人民共和国对南海诸岛主权的继承 / 024

国际海洋法的漏洞与岛礁主权争议的激化 / 025

中国与越南的南海岛礁争端 / 027

越南南北分治时期对南海岛屿的态度 / 027

延伸阅读：南越和北越 / 031

统一后越南对南海诸岛的态度发生了转变 / 031

越南大肆侵占中国南海岛礁 / 033

越南加强对已占南沙岛礁的控制和开发 / 036

延伸阅读：南威岛 / 038

中国与菲律宾的南海岛礁争端 / 039

菲律宾南海试水，图谋南沙岛礁 / 039

为获取资源，菲律宾在南海跑马占地 / 041

延伸阅读：《东南亚集体防务条约》 / 044

巩固既得利益，武装挑衅不断升级 / 045

美国撑腰，菲律宾染指黄岩岛 / 047

加强美菲军事同盟，开展舆论战和法律战 / 049

延伸阅读：中业岛 / 053

中国与其他国家的南海岛礁争端 / 055

马来西亚 / 055

印度尼西亚 / 057

文莱 / 057

中国维护南海诸岛主权的重大发展 / 058

宣布南海主权范围，各国表示赞同 / 058

该出手时就出手——西沙海战 / 059

维护南沙主权，打赢赤瓜礁海战 / 063

第三次确定南海岛礁滩洲地名 / 067

中国在美济礁建立永久前哨 / 068

加强海洋立法，强化海上维权执法 / 070

成立三沙市，维护南海主权 / 071

第二章　钓鱼岛争端

钓鱼岛争端之由来 / 074

中国对钓鱼岛拥有先占权 / 076

中国在明朝时就发现并占有钓鱼岛 / 076

中国发现钓鱼岛比日本早了 512 年 / 078

日本宣布先占钓鱼岛是非法的、无效的 / 079

中国对钓鱼岛拥有时效取得领土权 / 081

“时效取得领土”原则不支持日本领有钓鱼岛主权 / 081

日本购岛是一场闹剧，是窃取赃物的私相授受 / 086

《开罗宣言》和《波茨坦公告》 / 089

中国是世界反法西斯战争的主力军 / 089

《开罗宣言》强调日本窃自中国的领土必须归还中国 / 090

援引法条：《开罗宣言》 / 092

中美英三国发布最后通牒 / 092

援引法条：《波茨坦公告》 / 096

延伸阅读：《日本无条件投降书》 / 097

德国认罪，日本认输，军国主义复活准备再战 / 098

“旧金山和约”与《归还冲绳协定》 / 102

美扶植日本，遏制中苏，非法操纵旧金山和会 / 102

援引法条：“旧金山和约” / 104

“旧金山和约”为钓鱼岛主权争端埋下祸根 / 105

借《归还冲绳协定》，美国将钓鱼岛转让给日本 / 106

中日邦交正常化，钓鱼岛争端暂时搁置 / 110

第三章　琉球群岛争端

封锁中国的坚固防线 / 114

萨南诸岛与大隅海峡 / 114

琉球诸岛与美军基地 / 115

封锁中国的第一岛链 / 118

琉球王国的历史变迁 / 121

明清时期，琉球是中国的藩属国 / 121

明治维新后，日本侵占琉球 / 123

日本投降，美国托管琉球 / 128

援引法条：《托管决定》 / 131

援引法条：《归还冲绳协定》 / 132

第四章　冲之鸟礁争端

是岛是礁关系重大 / 134

变礁为岛，让礁盘长出水面 / 135

自古以来是礁不是岛 / 135

变礁为岛 / 137

依托冲之鸟礁，在太平洋上跑马占地 / 140

日本跑马占地 / 140

中韩坚决反对 / 141

援引法条：《联合国海洋法公约》 / 142

点石成金，日本打造太平洋前进基地 / 144

延伸阅读：冲之鸟礁的前世今生 / 146

第五章　独岛（竹岛）争端

无人小岛引发争端 / 150

谁先发现，谁先占领 / 151

朝令夕改，美国为独岛（竹岛）争端埋下伏笔 / 153

援引法条：《关于从政治和行政上分离日本若干周边区域的决定书》/ 157

维护主权，韩国用行动来说话 / 157

夺占独岛（竹岛），韩国军警大打出手 / 157

延伸阅读：美国国防部《独岛问题对策》/ 159

义士洪淳七把“韩国领”刻上独岛（竹岛）/ 160

维权执法，对独岛（竹岛）进行实际管控 / 163

总统登岛，捍卫主权一马当先 / 168

官民互动，万众一心守护独岛（竹岛）/ 170

第六章　南千岛群岛（北方四岛）争端

北太平洋上的战略要地 / 178

岛屿归属，战胜国说了算 / 180

历史上的千岛群岛 / 180

中国库页岛成为日俄争夺的肥肉 / 181

苏联对日宣战，美英投桃报李 / 183

《日苏中立条约》/ 183

雅尔塔会议 / 184

援引法条：《苏联参加对日作战的协定》/ 186

对日宣战，苏联收复失地 / 186

北千岛群岛登陆作战 / 186

苏联占领南千岛群岛（北方四岛）/ 188

东西方反目为敌，苏联乘机严控四岛 / 190

利用岛争，美在日、苏间栽种仇恨 / 191

遏制中苏，美国扶持日本 / 191

美国作法，岛屿争端风雨再起 / 193

苏联解体，俄罗斯提出解决问题新方案 / 194

对日示弱，俄罗斯人穷志短 / 194

守岛还是让岛，态度强硬的格拉乔夫 / 196

为了俄罗斯的利益，爱国将领护岛尽责 / 198

梅普联手，铁心守岛建岛 / 203

俄罗斯强硬，日本无可奈何 / 203

俄罗斯领土很多，但是没有一寸是多余的 / 205

领土主权没有谈判，只有战争 / 207

第七章　日本海洋政策

四次瓜分海洋，沿海国家不断扩张 / 212

第一次瓜分海洋 / 212

第二次瓜分海洋 / 214

第三次瓜分海洋 / 215

第四次瓜分海洋 / 216

延伸阅读：《联合国海洋法公约》引起的岛屿纷争 / 218

加速海洋立法，开拓万里波涛 / 219

海洋立国，争夺生存空间 / 219

国内立法，为争夺领土提供依据 / 220

争岛占礁，全面经略海洋 / 223

利欲熏心，共同开发搁浅 / 226

悍然开火射击，日舰击沉渔船 / 230

日本海空一体围追堵截，“长渔 3750”船终被击沉 / 230

日本胆大妄为，居然在中国海域击沉可疑渔船 / 232

肆意妄为，日非法划定防空识别区 / 233

什么叫防空识别区 / 233

防空识别区，东海最危险的空域 / 234

空中拦截，双方对峙动作频频 / 237

第八章　国家主权的界定

美国航母进入黄海是否侵犯了中国主权 / 244

国家领土主权 / 245

领土的获得方式 / 245

领土的法律地位 / 246

领土的主权原则 / 248

中国的领土范围 / 249

中国的海上岛屿 / 250

中国的岛屿争端 / 253

国家领海主权 / 255

内水主权 / 255

领海主权 / 257

中国的领海范围 / 258

沿海国在领海内的权利 / 259

国家领空主权 / 263

国家群岛主权 / 264

捍卫国家主权的原则 / 266

《国际法原则宣言》 / 266

互相尊重主权和领土完整 / 268

互不侵犯、互不干涉内政 / 269

平等互利、和平共处、民族自决 / 271

和平解决国际争端 / 272

忠诚履行国际义务 / 274

禁止侵略战争 / 277

第九章　中国国家主权的维护

国家领土主权的维护 / 282

国家争议领土的维护 / 284

国家海洋权益的维护 / 286

第十章　为维护国家主权而战

领土争端谈判不成，唯有通过战争解决 / 292

延伸阅读：马岛海战的启示 / 295

马岛海战，吸引全球目光 / 295

万里远征，74 天夺回马岛 / 295

二战后第一次进行海上大封锁 / 299

英国第一次没有大型航母参战 / 303

轻型航空母舰第一次开赴前线 / 307

舰载预警直升机第一次实战 / 310

垂直 / 短距起降飞机第一次参战 / 311

英阿海军第一次海空导弹战 / 313

马岛海战，英国商船总动员 / 314

商船快速动员改装航空母舰 / 314

商船动员为海军快速提供支援 / 317

商船动员是战时海军力量的重要补充 / 322

商船队是战时海军兵力的战略预备队 / 323

现代海战是综合国力的决战 / 325

要有配套的军工生产动员 / 325

要有健全的战时动员体制 / 328

要有平战结合的转换机制 / 329

后记：“军事热”中的冷思考

“军事热”席卷全国 / 333

“军事热”是怎样热起来的 / 334

为什么会兴起“军事热” / 337

面对“军事热”，为何要“冷思考” / 341

第一章 南海诸岛争端

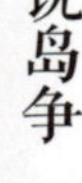

重要的地理位置，丰富的自然资源

南海全名“南中国海”，一个位于中国南部的边缘海，被中国大陆、中国台湾岛、菲律宾群岛、大巽他群岛及中南半岛所环绕。

南海诸岛包括东沙、西沙、中沙和南沙 4 个群岛，共有大小岛礁 300 多个。东沙群岛位于南海诸岛的东北部，在汕头以南 140 海里，主要由 4 个岛礁组成；西沙群岛位于南海诸岛的西部，海南岛东南，由 30 多个岛礁沙洲组成，距榆林 180 海里；中沙群岛位于南海诸岛的中部，除黄岩岛外，其余都是没露出水面的沙洲；南沙群岛是我国南海诸岛中位置最南、岛礁数目最多、分布面积最广的一组珊瑚礁群。西面隔南海主要航道与越南相望，东面隔南海辅助航道与菲律宾相邻，最南面的曾母暗沙距马来西亚和印度尼西亚只有几十海里，北面的太平岛距西沙群岛约 400 海里。

南沙群岛东西宽约 400 海里，南北长约 500 海里，由 230 多个岛、礁、滩和沙洲组成，其中，露出水面的岛屿 25 个，明暗礁 128 个，明暗滩 77 个。其中，太平岛距海南岛南部榆林港 550 海里。虽然单个岛礁的面积很小，但是分布面积却达 80 多万平方千米，占我国海洋总面积的 1/3 以上。南沙群岛常年出露的岛、礁、沙洲以及在低潮时出露礁坪或礁石的低潮高地共 54 个（其中水面环礁 44 个，水面台礁 8 个，水面塔礁 2 个）。因水面环礁往往又由多个单独的礁体构成，因而，南沙群岛常年出露和低潮时出露的地理单体共 86 个，其中灰沙岛 23 个，常年出露的礁石 11 个，低潮时出露礁坪或礁石的干出礁 52 个。按照海洋公约，灰沙岛和常年出露的礁石都可以享有 12 海里领海和 12 海里毗邻区海域。

南沙群岛周边自西、南、东依次毗邻越南、印度尼西亚、马来西亚、文莱和菲律宾。南沙群岛战略地位十分重要，是控制南中国海的钥匙，是太平洋到印度洋的航道要冲，是一条极为重要的海上通道，不仅扼制南海的海上交通线，而且能对马六甲、巽他和望加锡等海峡产生重大影响。南沙群岛处于越南金兰湾和菲律宾苏比克湾两大海军基地之间，扼太平洋至印度洋海上交通要冲，为东亚通往南亚、中东、非洲、欧洲必经的国际重要航道，也是我国对外开放的重要通道和南疆安全的重要屏障。在我国通往国外的 40 多条航线中，有 20 多条通过南沙群岛海域，60％以上的外贸运输从南沙群岛经过，每天约有 400 多艘船只通过。

按照《联合国海洋法》确定的群岛基线准则，南沙群岛就能够划出数万平方千米的领土区域［陆地 + 水面环礁（具有准陆地地位）+ 内水］，据此能够主张上万平方千米的领海，几十万平方千米的专属经济区。南沙群岛油气资源尤为丰富，地质储量约为 350 亿吨，有“第二个波斯湾”之称，主要分布在曾母暗沙、万安西和北乐滩等十几个盆地，总面积约 41 万平方千米，仅曾母暗沙盆地的油气储量约有 126 亿～ 137 亿吨。

南海诸岛争端的由来

中国人最先发现并管辖南海诸岛

根据现有的史料记载，中国最早发现并命名了南沙群岛，并对南海诸岛最早进行开发经营，行使管辖权，东沙、西沙、中沙和南沙 4 大群岛属于中国领土在历史上有着充分的法理依据。

早在秦汉时期，中国人民就已经开辟了通过南海与其他国家交往的海上丝绸之路。当时，中国海上交通线已经到达东南亚诸国，最远到达印度。公元前 221 年，秦始皇统一六国后，分全国为 42 郡，其中南海郡管辖包括西沙群岛在内的整个南海诸岛。

西汉时期，中国海路南达印度、波斯、东南亚各国，北通朝鲜和日本。在南海航行中往返经过西沙和南沙群岛，后来长期和平与持续地对这些岛屿行使主权管辖。汉武帝灭南粤国后凭借海路拓宽了海上贸易范围及规模，为管辖岭南之地，设 9 郡，其中儋耳、朱崖二郡设在海南岛，后来二郡归于合浦，因此只有 7 郡，统属于交趾刺史管辖。

东汉时期，中国海上丝绸之路已经很发达，运送丝绸、瓷器的中国商船经常往返于南海、马六甲、苏门答腊和印度一带。公元 166 年，第一次有记载证明中

国与罗马帝国进行海上贸易往来。中国地方官员有每年定期出巡所管辖地区的制度，即“行部制度”。中国南方地方官员也不例外，交趾刺史巡行的范围不仅有陆地，也有海上，定期出巡南海诸岛。

在中国的典籍中，对秦汉时期在这一区域的活动也有记载。这一时期，越南北方沿海地区都属于中国版图，称交趾等。东汉杨孚《异物志》记载：“涨海崎头，水浅而多磁石，徼外人乘大舶，皆以铁锢之，至此关，以磁石不得过。”“涨海”即南海，“崎头”则是当时对包括西沙群岛和南沙群岛在内的南海诸岛的岛、礁、沙、滩的称呼。三国谢承在《后汉书》中说：“交趾七郡贡献皆从涨海出入。”吴万震《南州异物志》称：“东北行，极大崎头出涨海，中浅而多磁石。”

“涨海”之称一直延续到南北朝，而《梁书·海南诸国列传》“干陁国在南海洲上”（干陁国故地在今苏门答腊岛），已开始使用“南海”名称。至唐宋时期，南海之称渐多，初唐被流放越南的诗人沈佺期有“身投南海西”的诗句（《赦到不得归题江上石》）。

公元800年以后的唐代中期，中国人具体命名了南海诸岛，并最早对其进行管辖和行使主权。当时的中国政府已将南沙群岛划归琼州府管辖。此后中国历代的航海图上，都有南海诸岛的明显标志。

从宋代起，便把西沙和南沙群岛列入我国海防管辖范围内。此后，我国许多

西沙甘泉岛上的唐宋建筑遗址

著作先后把西沙群岛和南沙群岛命名为“九乳螺洲”“石塘”“千里石塘”“万里石塘”“长沙”“千里长沙”“万里长沙”等，而且给这两个群岛的各个岛、礁、滩、沙洲和暗礁、暗滩、暗沙起了许多形象生动的名字。历史记载表明当时我国在南海的洋界已远达越南的交趾、占城一带，七洲洋、万里石塘理所当然在中国管辖之内。北宋时代，中国已建立军事管辖区，巡管西沙、南沙群岛。巡海水师不单纯是军事行动，同时也具有保护贸易、维护治安、管理侨民等行政性质。

元代疆域不仅包括西沙、南沙群岛，而且派出官员到西沙群岛测绘，建立天文观测点，行使主权。元代初年在全国 27 个地方进行天文测量，元世祖派天文官郭守敬到西沙群岛进行天文测量，行使主权。

明、清两代，南沙群岛划归琼州府万州管辖，并列入我国版图，从此成为我国领土不可分割的一个组成部分。此时已完全明确地把西沙、南沙群岛列入中国疆域之内，派遣水师巡海防盗，设官建治，行政管辖，绘图修志，开发经营等。明代郑和下西洋曾途经西沙和南沙，并留下了南海海域航海图。明朝设重兵防寇，派水师在西沙、南沙群岛巡海防卫。明朝正德七年（1512 年）于海南岛万州设海防营，其水师的管辖及巡逻海域包括“万州东长沙（今中沙群岛）”，七洲洋（西沙群岛海域）和昆仑洋（南沙群岛附近海域）。

清代沿袭前朝定期巡逻南海诸岛的海防制度。明确记载了我国琼州府的万州“以海为界”，辖治“千里长沙、万里石塘”（即今西沙群岛和南沙群岛）。我国到明清时代已经很明确地对西沙和南沙群岛等实施主权管辖，一些官方地图也把这些岛屿纳入中国版图，如康熙五十五年（1716 年）的《大清中外天下全图》、雍正二年（1724 年）的《清直省份图》中的《天下总舆图》、乾隆二十年（1755 年）绘制的《皇清各直省份图》、嘉庆十五年（1810 年）绘制的《大清万年一统地理全图》和嘉庆二十二年（1817 年）绘制的《大清一统天下全图》等官方舆图，把南沙群岛的位置标注在“长沙”或“石塘”的位置上。这些官方地图的绘制乃是中国国家意志的表示，反映了中国长期对西沙、南沙群岛行使主权的事实。

在南海周边国家中，中国是最早宣示拥有南海诸岛主权的国家。20 世纪初，如今的菲律宾、越南、马来西亚、印度尼西亚、文莱等国还分别是英、美、法的殖民地，只有中国是一个主权国家。

1909 年，由两广总督张人骏派水师提督李准和副将吴敬荣率领海军 170 余人，分乘“伏波”“广金”“深航”3 艘军舰考察西沙群岛，在永兴岛升起黄龙

旗并鸣炮，并对西沙、东沙、南沙 3 个群岛进行了测量和考察。此行命名了 15 座岛屿，或以军舰名，或以珊瑚、甘泉等地理风物为名，或以有关人员的籍贯为名，并勒石宣誓主权。中国政府根据此次测绘的海图，于 1912 年出版的《中华民国边界海岸及面积区划图》中绘出了南海疆界线，宣告了南海岛屿是中国领土。

从历史上看，我国沿海渔民世世代代都在南海海域从事捕捞作业，并经常在南沙群岛上避风或歇息、居住和耕作，如在南沙群岛中的太平岛、中业岛、南威岛、景宏岛、鸿庥岛等岛屿都可以发现我国渔民挖掘的水井、修建的庙宇以及耕作的土地等痕迹。

不过，需要说明的是在中国古代，人们对海权的认识并不清楚。因为当时的生产能力低下，面临辽阔无边的大海绝无非分之想：天上是玉皇大帝的，海是四海龙王的。“普天之下莫非王土”，说的只是地皮，地下还有土地爷和阴曹地府，所以没人敢以海洋的主人自居，海洋是鬼神之域，渔家出海登岸，都要焚香祈福。

李准巡海视察西沙群岛

延伸阅读：领海和公海概念的提出

中国古代发明了指南针，对世界航海事业的发展和“地理大发现”起到了关键作用。与敬天畏地的中国先民不同，中国古代航海家们扬帆远航是为了宣扬国威和平等贸易，从来不敢以海洋的主人自居。而西方人则不同，他们敢与鬼神叫板：威尼斯人宣称拥有亚得里亚海的主权；热那亚人要求拥有利古里亚海的主权；丹麦—挪威联合王国控制北海。“地理大发现”后，英国国王竟敢称“不列颠海洋的主权者”“海洋之王”；葡萄牙提出控制整个印度洋和摩洛哥以南的大西洋；西班牙宣布拥有太平洋和墨西哥湾的主权。连罗马教皇也不甘寂寞，胡乱分封海疆。

荷兰是17世纪新兴的资本主义国家，经济空前繁荣，对外贸易高度发达，海外扩张发展。凭借其雄厚的实力，荷兰政治和经济利益的代表、大法学家格劳秀斯出版了著名的《海洋自由论》，向老牌的殖民帝国西班牙、葡萄牙等国挑战。他说：“海洋是人类共有的，因为它无边无际，任何人都无法占为已有。还因为，无论是从航行方面还是从渔业方面看，海洋都适用于人类共同使用。”

这种说法虽然遭到了当时许多人的反对，但凭借荷兰强大的实力逐渐取得了正统地位。此后，所有的海洋强国都奉《海洋自由论》为圭臬。

但这种自由要威胁到濒海弱国的安全与利益。强国主张海洋自由，弱国主张国家保护主义，争论不休。18世纪，荷兰法学家宾刻舒克想出了一个折中的办法，把海洋分为公海和领海，以平衡强国弱国之间的不同诉求。这个思路被普遍接受，并沿用至今。

西方殖民帝国染指南海诸岛

虽然中国发现并最早开发经营南海诸岛、实施管辖，但近代以来因中国国力的衰弱，对一直宣布是本国领土的许多岛礁长期无力控制，法国、日本等列强从20世纪初开始夺占南海诸岛，从而留下了后来引发长期争端的种子。

南海诸岛的地理位置特别重要，且许多岛屿上有丰富的物产资源。1885年法国完全占领越南后，随即便对其东部海上的西沙、南沙群岛产生了觊觎之心。

他们除了伪造“历史事实”，编造所谓“19 世纪初期，安南（今越南）嘉隆王与明命王时，均曾出征西沙，现安南既归法国所有，则西沙群岛亦当归法国所有”的谎言外，还对 1909 年清朝广东水师提督李准一行前往西沙群岛巡视，每到一岛即勒石命名，构建木屋，竖起桅杆，挂黄龙国旗，以示属中国领土的合法性提出质疑。

1930 年 3 月，驻河内法国印支总督致法国殖民部的信中写道：广东省决定由华南当局出面声称他们对西沙群岛拥有主权。1909 年发生的巡视西沙群岛的重大行动，是当时的两广总督倡议举行的一次正式的占领仪式，现在广东省政府的声称似乎是基于这个仪式。这种占领对于法国来说，仅是武力的表现，从未得到正式的承认，如果要在法律上生效，只能假设西沙群岛在当时是无主地。

对此，当时的中华民国驻法国公使于 1932 年 9 月照会法国外交部反驳道：“根据国际法和习惯法，拥有远离大陆的一个岛屿的主要条件是最先的有效占领，换言之，是国民最先在那里定居，从而使其国家拥有这些领土。海南渔民在西沙群岛定居，并建造房屋和渔船以供其需要，自古以来就是如此。前清政府在 1909 年确实派出海军到群岛考察，并向世界各国宣告其有效占领，即在永兴岛升起中国国旗，鸣礼炮 21 响。法国政府在当时没有提出抗议。1908 年有国际组织建议在西沙群岛的一个岛上建造灯塔，为的是保护航行，是国际海事的重要事项。随后中国政府同意，通过海关要求有关的航运公司建造一座灯塔。1930 年 4 月，气象会议在香港召开时，参加会议的印支气象台法国台长布鲁宗先生，以及上海徐家汇天文台台长弗罗克神父，向中国代表建议，在西沙群岛建立一个气象台。这些不仅证实国际上承认西沙群岛属于中国，而且连法国本身也承认这一点。”

法国见在西沙群岛问题上无缝可钻，转而将魔爪伸向南沙群岛。1930 年，法国炮舰“麦里休士”号就曾擅自到南沙群岛的南威岛进行“测量”，他们无视岛上已有中国渔民居住的事实，秘密插上法国国旗而去。

1933 年 4 月，法国炮舰“阿美罗德”号和测量舰“阿斯德罗拉勃”号，由西贡海洋研究所所长薛弗氏率领，遍历南沙群岛详加“考察”，乘机占领太平岛、安波沙洲、北子岛、南子岛、南钥岛、中业岛、鸿庥岛、西月岛等 8 个小岛，连同先前所占南威岛，共计 9 个小岛。4 月 7 日至 13 日，法国还举行了一场正式的占领仪式，宣布占领了南沙群岛 7 座岛礁。7 月 19 日，法国外交部发布占领南沙群岛公告。7 月 24 日，法国向日本发出其占领了南沙群岛的主权通告。

西沙永兴岛上的法国炮楼遗址

7 月 25 日，法国政府竟对上述非法侵占的 9 个小岛进行所谓的“定名”并公布于世。法国政府在其公报中承认“中国海南岛渔民常住”于此，在其登陆南威岛时，“岛中尚有中国人三名”，安波沙洲也有中国居民，太平岛上则有“树叶搭盖之房屋”。在其公报中还写道：“伊都亚巴岛（即伊都阿巴岛）及北危岛有海南岛渔民来此居住，每年均有海南岛帆船载运粮食物品来岛换取鱼、玳等类而去。”

7 月 26 日，中国政府外交部发言人对此提出严重抗议，并指出：这些岛“今有我渔人居留岛上，在国际上确认为中国领土”。除表示抗议外，中国政府还令参谋部和海军部会商，调查与该事件有关的问题。8 月 5 日，广东省政府经实地调查后，采取了一定的措施，包括“禁止本国渔船悬挂外国旗，另发本国旗悬挂”等。民国政府针对法占 9 小岛事件所采取的一系列行动，代表了当时中国在南沙群岛问题上合理合法的立场。但“弱国无外交”，此时法国并不理睬民国政府的抗议。同年 12 月 21 日，法国交趾支那（今越南南部）总督克劳泰默签署法令，把南沙群岛的这些小岛合并到越南巴地省管辖。

当时出版的《中国地理新志》列出了法国占领的 9 个小岛名称：斯巴拉脱来

岛，或称风雨岛，今称南威岛；伊都亚巴岛，今称太平岛；开唐巴亚岛，或称安得拿岛，今称安波沙洲；北危岛东北礁，今称北子岛；北危岛西南礁，今称南子岛；洛爱太岛，或称南岛，今称南钥岛；西德欧岛，或称三角岛，今称中业岛；纳伊脱岛，今称鸿庥岛；西约克岛，今称西月岛。

法国外交部则通过当时中国驻法大使顾维钧发来电报，称“该九岛在安南、菲律宾间，均系岩石，当航路之要道，以其险峻，法船常于此遇险，故占领之，以使建设防险设备，并出图说明，实与西沙群岛毫不相关”。此后，有关9小岛的问题就此搁置下来。

法国占领南沙9小岛事件对当时的民国政府触动很大，民国政府外交部于1933年8月4日照会法国驻华使馆，要求将各岛的名称及经纬度查明见复。其后，中国政府又向法国抗议，称：“（法方）既称有琼崖的中国人住于该群岛以专渔业，又谓当时岛中住有华人，又谓其地有树叶搭盖之屋，有奉祀神人之像，又谓有琼崖渡来的中国人居住，每年有帆船载食品来岛供华人食用。是九岛者早有华人居住，并非无主之岛，法人已代我证明矣。依照国际公法与惯例，凡新发现之岛屿，其住民系何国民，即证明其主权属于何国，今该群岛中全为华人，其主权应属于我，自无置辩之余地矣！”

民国政府虽在一定程度上扼制了法国的进一步军事占领，但由于仅限于外交缺乏必要的军事措施和军事行动，致使法国入侵势力迟迟未撤出所占岛屿。

日本对南海岛屿的侵占

日本自明治维新以后，就走上了对外扩张的道路。自1895年侵占中国台湾后，为了贯彻其“南下战略”，也派所谓商人、探险家到东沙、西沙群岛入据。清光绪三十三年（1907年）日本和歌山县人宫崎进等在“水产南进”的鼓噪声中，驾驶渔船窜入南沙群岛进行活动。从此之后，日本渔船陆续南下南沙海域。1917年6月和8月，平田末治和池田舍造、小松重利等人先后到太平岛进行非法活动。

1918年12月，日本拉萨磷矿股份有限公司派海军中佐小仓卯之助组成第一次探察队，窜入南沙群岛南子岛、北子岛、中业岛、红草峙和太平岛调查磷矿资源。1920年12月，小仓卯之助组织第二次探察队，非法调查南沙群岛鸿庥岛、

西沙永兴岛上的日本炮楼遗址

景宏岛和安波沙洲的资源情况。在此后的几年中，拉萨磷矿公司不断招员，先后在太平岛和南子岛大肆开采鸟粪和海产，并修建码头，营造小铁路、仓库和宿舍等，对南沙群岛进行肆无忌惮的豪夺。

日本以开发磷矿为名，占据了南沙群岛上最大的岛——太平岛，目的在于建立其在南海诸岛的军事基地。日本占据太平岛的行动，引起英、美、法、荷等国不安，特别是作为越南宗主国的法国感到极大的威胁。法国一方面阻止日本的染指，使其从海防到西贡的沿海港口能得到安全保护；另一方面自己也竭力插足南海，蚕食南沙群岛领土，使之成为自己的势力范围。

20 世纪 20 年代末期，资本主义世界发生严重的经济危机。处于经济上极度萧条、政治上动荡不安时期的日本，不得不中止在南沙群岛的活动，并于 1929 年 4 月撤离该海域。而当时中国内战频仍，局势混乱，这给法国扩张势力，把魔爪伸进南沙群岛提供了绝好机会。

1931 年日本侵华战争爆发后，再次图谋强占南沙群岛。1940 年日本出兵控制了法属印度支那，随即又占据了南海中的主要岛屿作为军事基地。将南沙群岛改名为“新南群岛”，隶属当时日本统治的台湾高雄州高雄市。

民国政府为维护南海主权采取的措施

民国时期，中国政府承继了清代版图，实行了对南沙群岛及其海域的管辖，同时为维护这一主权采取了军事、政治和外交上的必要行动和措施，是中国历代

政府管辖、治理南海诸岛，行使领土主权的一个重要组成部分，反映了历史上中国政府行使管辖权的连续性和一致性，为后代维护南沙群岛主权、解决有关争议问题提供了坚实的法理依据和历史依据。

不过，民国年间中国国力积弱，内战外战不息，又缺乏海军力量，因而长期对南海岛屿难以有效控制，外国殖民者便得以乘机入侵。

民国政府对南海诸岛行使主权的标志性事件有 3 个：第一，正本清源，对南海水陆地图进行审查和修正。第二，划定断续海疆线，明确国家的海上疆域范围。第三，派遣军政官员分赴南海诸岛彰显主权。

民国政府第一次规范南海岛礁滩洲地名，划定了南海断续疆域。

中国人民发现并命名南海诸岛，有着悠久的历史。自东汉至清鸦片战争之前的两千多年间，我国记载南海地理、航运以及对南海诸岛行使主权的史志和地图，比较重要的就有 120 多种，但所表示的岛礁名称相当稀疏，而海南岛渔民在自己的“航海针经”《更路簿》中对南海诸岛的命名，却无缘进入官方图籍。

进入 19 世纪以后，区域地名分布的格局为之一变，英、美、德、法、日等国相继侵入南海地区，测绘地图，命名岛礁，致使谬种流传，在相当长的时期内，国人不察其来龙去脉，在文献或地图上不同程度地承袭了这些外来地名。19 世纪中叶至 20 世纪 30 年代，英、法等国在我国南海海域的测绘活动，给这里的岛礁留下了一大批以英语为主的外语名称。

由于我国当时缺乏全国实测地图，以讹传讹，甚至不加审察地翻印外国出版的中国地图，各地出版的地图类多抄袭陈编，以致造成南海海域疆域出入很大，名称不一，对维护我国西沙、南沙群岛主权极为不利。为此，中国政府组织有关部门对历史遗留下来的南海地图进行审查、修正。再则，民国政府面对法国入侵南海岛屿，在缺乏海军实力时，决定以标定南海疆域详细地图来对抗。从 1930 年开始，到 1935 年 4 月结束，最终出版了《中国南海岛屿图》，确定了我国的南海疆域面积，以及岛礁数量、名称与分布。对南海水陆地图进行审查和修正，正本清源，是国家对南海诸岛行使管辖权的重要标志。

1930 年 1 月，中国参谋本部与海军部会同请准公布《水陆地图审查条例》。1931 年 6 月，由当时内政部召集参谋本部、外交部、海军总司令部、教育部和蒙藏委员会开会协商成立水陆地图审查机关，并将 1930 年 1 月请准公布的《水陆地图审查条例》进一步扩充修订，于 9 月请准政府公布施行，名为《修正水陆地图审查条例》。

1933 年法国非法侵占南沙群岛 9 小岛事件之后，民国政府感到有必要出版中国南海疆域的详细地图，对疆域内各岛礁的中英文地名统一进行审定。5 月，各部机关开会协商，决定依照《水陆地图审查委员会规则》的第 2 条规定，由有关各部、会派代表成立水陆地图审查委员会。6 月 7 日，由民国政府内政部召集参谋本部、外交部、海军总司令部、教育部、蒙藏委员会正式成立了“水陆地图审查委员会”，该会会刊对委员会的成立做了如下说明：“我国因向乞全国实测详图，故坊间出版图籍，年来有如雨后春笋，类多抄袭陈编，以讹传讹，甚至翻印外国出版之中国图，不加审察，致国疆界线，任意出入，影响所及，关系匪浅”，有鉴于此，该委员会成立后，着意编制标准地图，审查各类舆图，“纠正方法，尤贵统一”。

该委员会从成立至 1934 年 12 月，共举行审查会议 26 次，其中第 25 次会议（1934 年 12 月 21 日召开）“审定中国南海各岛屿华英岛名”，从此开始了由我国官方审定和公布南海诸岛地名的历程。相继公布了“关于我国南海诸岛各岛屿中英地名对照表”，较为详细地罗列了南海诸岛 132 个岛礁滩洲的名称，其中所言之“南沙”系今中沙群岛，“团沙”系今南沙群岛。表中所列团沙群岛有 96 个岛礁滩名称。该表在一定程度上反映了当时对南海包括南沙群岛的认识水平，尽管不尽完善，有些名称还采用了外国人擅自规定的岛名音译，存在不少纰漏，但它是中国政府对南海诸岛的第一次标准化命名，有十分重要的意义。

1935 年 1 月水陆地图审查委员会编印出版的《水陆地图审查委员会会刊》刊登了“中国南海各岛屿华英地名对照一览表”，包括 136 个岛礁滩沙名称。除了东沙岛、南山岛、西沙群岛、南沙群岛、团沙群岛是汉语名称外，其余都来自外语地名的音译和意译。音译大致有 85 个，其中西沙群岛 28 个，南沙群岛 96 个。在第 29 次会议上，规定“东沙岛，西沙、南沙、团沙各群岛，除政区疆域各区必须添绘外，其余折类图中，如各岛位置逸出图幅范围，可不必添绘”。

4 月，水陆地图审查委员会出版了《中国南海岛屿图》，这是民国政府公开出版的第一份具有官方性质的南海专类地图，图中较为详细地绘出了南海诸岛，其中各岛礁滩沙的名称仍如先前公布的中英对照名称。因为该图是在当时的科学技术条件下绘制的，所以不甚精确，特别是对南沙群岛的标绘，没有把最南端的曾母暗沙标出，只标明了北纬 7 度到 9 度的范围。到 1947 年，内政部方域司内

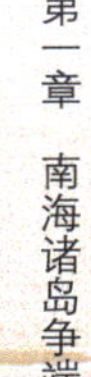

部出版的《南海诸岛位置图》，才将范围线标在北纬4度左右，并沿用至今。

我国对南海诸岛的命名，经历了由笼统到具体，由大量译写外语地名到逐渐减少外来地名影响的发展过程。由于本国实测地图的缺乏而英美等国捷足先登，1935年公布的南海地名，绝大部分是以汉字记录英美海图上的地名译音，甚至忽略了李准当年的命名。强势文化在思想意识和科学技术上的双重压迫，留下了一个严重背离名从主人原则的恶例，客观上增强了外来地名的地位和影响力。

水陆地图审查委员会负责审查全国各地出版的水陆地图，在该委员会的指导下，自此之后的各类地图对南沙群岛的标绘更为严谨、详细。仅从1935年4月至1948年间，国内出版的各类地图中，至少有60种较为完整地标绘了南沙群岛。水陆地图审查委员会的工作，对南沙群岛名称的核定、地图标绘起了十分重要的作用。这一时期成为中国历史上对南海诸岛命名、地图标绘中承前启后的时期，它再度表明了中国政府对南海包括南沙群岛行使着有效的管辖权。

1936年，这幅地图被收入由白眉初主编的地图集——《中华建设新图》，另名为《海疆南展后之中国全图》，图中在南海疆域内标有东沙群岛、西沙群岛、南沙群岛和团沙群岛，其周围用国界线标明，以示南海诸岛同属中国版图。南海诸岛最南的国界线标在北纬4度，并将曾母暗沙标在国界线内。这就是中国地图上最早出现的南海疆域线，也就是今日中国南海地图上U形断续线的雏形。

白眉初编的《中华建设新图》一书中对第二图《海疆南展后之中国全图》画法的依据，作者作了这样的注释："（民国）廿二年七月，法占南海六岛，继由海军部海道测量局实测得南沙、团沙两部群岛，概系我国渔民生息之地，其主权当然归我。廿四年四月，中央水陆地图审查委员会会刊发表《中国南海岛屿图》，海疆南展至团沙群岛最南至曾母滩，适履北纬4度，是为海疆南拓之经过。"

这条我国南海最南的传统疆域线，就是今天所说的"南海断续线"或"南海形线"，它对于维护我国西沙、南沙群岛的主权无疑具有重大意义。

南海海疆线的确定，主要依据是中国历史上对南海诸岛最先发现、最先命名、最先管辖和最先居住等典籍、资料、物证等。对于中国南海海疆线及这条断续国界线内所包括岛礁的主张，一直到20世纪70年代，美国、日本、法国等原周边殖民地的宗主国以及独立后的南海周边各国都没有提出异议，他们自己出版的地图、发布的公告和文件也都是以此为据。

中国政府发布《中国南海岛屿图》之后，经常派遣军政官员乘坐军舰前往南海诸岛竖立主权碑，升旗鸣炮，派兵驻扎。在外国军队侵占我南海诸岛的时候，中国政府进行严正抗议，并派舰艇前往，反击外国入侵。与此同时，还在一些岛屿上设立灯塔、气象台站等航海标志。这些行动是国家捍卫宣示疆域及领土的重要标志。

二战后民国政府恢复对南海岛礁的主权

中国收复南海诸岛

1945 年抗日战争胜利结束，根据中美英三国 1943 年签署的《开罗宣言》和 1945 年 7 月签署的《波茨坦公告》：“剥夺日本自 1914 年第一次世界大战开始以后在太平洋所得的或占领之一切岛屿，在使日本所窃取于中国之领土，例如满洲、台湾、澎湖群岛等，归还中华民国。”因此，日本占据的南沙群岛理应属于归还范围。

1946 年初，民国政府的海军不够强大，没能及时对南海诸岛进行有效的控

当年法国人留在珊瑚岛上的建筑

制，刚刚从美国统治下独立的菲律宾派人在南沙群岛东部的一些岛屿登陆，其外长季里诺还于同年 7 月 23 日声称：“中国已因南沙群岛之所有权与菲律宾发生争议，该群岛在巴拉望岛以西 200 海里，菲律宾拟将其合并于国防范围之内。”菲律宾也想趁中国未完全接收西沙、南沙群岛之际，把南沙群岛占为己有。7月底，一艘不明国籍的船只侵入南沙群岛海域，后因获悉中国海军决定派军舰接收西沙、南沙群岛的消息，才于数日后自动撤离。

10 月，又有法国军舰“切弗鲁德”号侵占南沙群岛的南威岛和太平岛、西沙的珊瑚岛，并在太平岛竖立石碑。对中国政府决定收复西沙、南沙群岛，法国提出抗议并派军舰“东京”号到西沙群岛。当航至永兴岛时，发现岛上已有中国军队驻守，于是改航至珊瑚岛，并在岛上设立了行政中心。中华民国政府提出抗议，并与法方商定于翌年 1 月 4 日进行谈判，但因越南战争形势紧张，法国自动放弃谈判。

林遵上校率舰队收复南沙

1945 年 10 月 25 日，中国政府收复日本占领的台湾之后，行政院遂于 1946 年 8 月 31 日电令会商内政部和国防部，以讨论协助广东省政府接收西沙群岛和团沙群岛。9 月 2 日发出《节京陆字第 10858 号训令》。9 月 13 日，外交部、内政部、国防部及海军总司令部的代表会商接收团沙群岛的具体事宜。会议决定，由国防部协助广东省政府从速接收团沙群岛，接收之地理范围由内政部拟定，该群岛之地理位置及所属各岛名称由内政部绘制详图、重新拟订，为应付将来可能发生的主权争执，由内政、国防两部暨海军总司令部将有关资料即送外交部以备交涉之用。会议之后，广东省政府任命省府顾问麦蕴瑜为接收南沙群岛专员，省府委员萧次尹参加接收工作。

1946 年 10 月，中国政府决定由海军总司令部派兵舰进驻西沙群岛、南沙群岛，同时国防部、内政部、空军总司令部、后勤部等也派代表前往视察，广东省政府派员前往接收，"中业"号、"永兴"号、"太平"号、"中建"号等 4 艘军舰，由指挥官林遵、姚汝钰率领南下，并有内政部及陆海空各部代表随往视察，会同海军在广州出发，前往西沙、南沙进驻接收。

11 月 24 日，接收西沙群岛的"永兴""中建"两舰由姚汝钰率领驶抵西沙群岛主岛，举行了接收、命名和进驻仪式，将该岛改名为"永兴岛"，以纪念接收舰只"永兴"号，在岛上竖起"海军收复西沙群岛纪念碑"，碑的正面刻"南海屏藩"4 个大字，并鸣炮升旗，以示接收西沙群岛工作完成。

12 月 12 日，接收南沙群岛的"中业""太平"两舰由李敦谦、林遵率领驶抵主岛。为了纪念"太平"舰接收该岛，即以"太平"为该岛命名。在岛西南方的防波堤末端竖立起"太平岛"石碑，并在岛之东端，另立"南沙群岛太平岛"石碑。立碑完后，于碑旁举行接收和升旗典礼。在太平岛设立南沙群岛管理处，隶属于广东省政府管辖。随后接收人员又到了中业岛、西月岛和南威岛，分别在岛上立碑为证。

而后，测绘详图，留兵戍守。接着，接收南沙群岛的有关人员先后在中业、西月、南威等岛屿建立主权碑。实施接收后，在太平岛上设立了南沙群岛管理处，隶属广东省政府，进行行政管辖。所有接收工作在数日内即告结束。1947 年元旦，海军总司令部为进驻西、南沙群岛有功官兵 169 人叙勋。

1946 年的接收，是历史上中国政府为维护南沙群岛主权所采取的最大一次行动，极具历史意义，它不仅收回了为日本所占领的失地，而且再次向世界表明

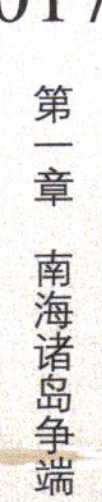

中华民国海军收复太平岛的升旗仪式

南沙群岛是中国的神圣领土，中国在南沙群岛享有不可侵犯的主权。当时的国际社会对中国政府接收南沙群岛无任何异议，这也说明中国拥有南沙群岛主权的事实已为国际社会承认。

第二次规范南海岛礁滩洲地名

南海诸岛因抗战胜利而恢复故土后，民国政府于 1946 年 10 月至 1947 年 2 月负责接收的部员，在呈请行政院核准颁布的地图和文件中，有“内政部绘制南海诸岛位置图、西沙群岛图、中沙群岛图、南沙群岛图、太平岛图（实测）、永兴岛、石岛图（实测）7 种及南海诸岛新旧名称对照表一种”。这个对照表作为郑资约编著《南海诸岛地理志略》的附录，于 1947 年 11 月面世，12 月 2 日《申报》亦以《南海诸岛名称，内政部核定公布》为题予以报道。此次公布的“南海诸岛新旧名称对照表”，与 1935 年的“中国南海各岛屿华英地名对照一览表”相比较，地名数量由 136 个增加到 171 个。此外，原有的“南海各岛屿”改为“南海诸岛”，两个“东沙岛”之一改为“东沙群岛”，原“南沙群岛”调整为“中沙群岛”，原“团沙群岛”调整为“南沙群岛”，各地关系和等级层次更为协调。在减少外来地名影响方面也采取了一些有效措施。

以汉语新名取代原有的英语译名，这些新名包括：明代航海史上的重要人物和年号，清末李准巡海时对岛礁的命名，抗战胜利后接收南海诸岛的军舰名及相关人员名称，其他时代的人名、官职名，若干抽象概念和形容词。永乐群岛、宣德群岛以明代年号为名；道乾群岛、晋卿岛、赵述岛、和五岛、道明群礁、杨信沙洲、郑和群礁、尹庆群礁、费信岛、马欢岛、景宏岛，则以明代航海家、海军将领、出外使节为名；甘泉岛、珊瑚岛、琛航岛是1909年李准巡海时所命；人骏滩、李准滩、广金岛，显系纪念张人骏、李准和“广金”号军舰而命名；永兴岛、中建岛、中业群礁、中业岛、太平岛，源于抗战胜利后接收各岛的军舰名称；敦谦沙洲、鸿庥岛，以“中业”号正副舰长李敦谦、杨鸿庥为名，南威岛则为纪念接收时广东省主席罗卓英（号慈威）而命名；东坡礁、阳明礁、孔明礁源于古代名人；校尉暗沙、都护暗沙、金吾暗沙、伏波礁源于古代官职；和平暗沙、逍遥暗沙、仁爱暗沙、保卫暗沙、海安礁、海宁礁、澄平礁、民主礁、宪法暗沙、一统暗沙、礼乐滩、忠孝滩、信义暗沙，显示着思想观念和人们的祈盼。这些地名公布后，有效地削弱了外来地名的影响，在名从主人的方向上，获得了可喜进展。

西沙群岛上的海军收复西沙群岛纪念碑

在保留大部分意译外语地名的同时，调整了少量的译名用字，如以“金银岛”代替“钱财岛”，“漫步暗沙”代“散步滩”，“小现礁”代“小觅出礁”，“大现礁”代“大觅出礁”，“棕滩”代“棕色滩”，“指向礁”代“方向礁”，“盟谊暗沙”代“友谊滩”……

有些原来音译的名称改用意译，如“无劳加比丹礁”改译“舰长暗沙”，“非

利拼滩”改译“仙后滩”。总的看来，字面上的美感有所增强，音节也更加整齐。

对 1935 年大量的单纯记音的译名，以缩减译名用字或节译英文名称的方法，将地名长度限定在2~4字之间，适合了汉语的口语习惯。此外，在选择译名用字时，比较注意造成一种非常像汉语的面貌，从书面形式上减轻外来地名的痕迹。例如，将“伊机立亚滩”改为“隐矶滩”；“北卢康尼亚滩”改为“北康暗沙”；“傍俾滩”改为“蓬勃暗沙”……

1947 年公布的这批地名，同样存在着不足。1948 年《地理之友》杂志创刊号的一篇书评认为：“南海诸岛过去只有西洋人所定名称及日本人所命之名。此次内政部将群岛另订新名，颇有重要的意义。其所命岛名，有用历史上经略南洋之人物者，如道乾群岛、郑和群岛、道明群岛、尹庆群礁等是。”

1947 年第二次公布南海岛礁滩洲地名，增加了一批汉语的新名；据外文译写的部分也在用字上做了调整，向形式上的汉语化迈进了一步。不过，貌似汉语的外形，掩盖不了译自外文的实际，其思维仍延续了对外文地图和外来地名的依赖。此外，当时的国情也没有从容调查渔民对各岛屿称谓的可能。

第一次划定中国南海主权范围

1947 年 1 月，广东省地政局派梁宝森、古士宗、钟晋祥等人前往南沙群岛重新进行测量，完成了“太平岛一万分之一地形图”及对南沙群岛总图的核对工作。广东省主席罗卓英签署电文公函，将两图及情况上报内政部。同年 2 月内政部长张厉生致广东省密函，就上述二图的保存和统一名号等问题做了重要的批复。1 月 16 日，国防部召集有关部门举行西、南沙群岛建设实施会议，会议决定:“西、南沙群岛之行政隶属问题，俟海南岛行政特别区奉准成立，即归该区统辖，目前暂由海军管理。”四五月，此决定即以电文通知了广东省政府和海南分处。

中国政府收复西沙群岛和南沙群岛之后，为确定与公布西沙、南沙群岛的范围和主权，当时中国政府内政部于 1947 年 4 月 14 日邀请各有关机关派员进行商讨，其讨论结果是：第一，南海领土范围最南应至曾母滩，此项范围抗战前我国政府机关学校及书局出版物，均以此为准，并曾经内政部呈奉有案，仍照原案不变；第二，西沙、南沙群岛主权之公布，由内政部命名后，附具图说，呈请民国政府备案，仍由内政部通告全国周知，在公布前，并由海军总司令部将各群岛所属各岛，尽可能予以进驻；第三，西沙、南沙群岛鱼汛瞬届，前往各群岛渔民由海军总司令部及广东省政府予以保护及运输通信等便利。

这就是当时中国政府对确定西沙、南沙群岛主权范围，为维护群岛主权和管辖权而采取的必要措施。这就是当时我国政府所理解的我国对西沙、南沙群岛的领土主权范围以及对西南沙行使主权和管辖的具体措施。

10 月，为了使确定西沙、南沙群岛的范围和主权具体化，当时的内政部方域司及时印制了《南海诸岛位置图》，该图在南海海域中标有东沙群岛、西沙群岛、中沙群岛和南沙群岛，并在其四周画有国界线，以示属中国领土，国界线最南端标在北纬 4 度左右，这种画法一直沿用至今。同时，公布了南海诸岛 170 多个岛、礁、沙、滩的名称。当时南海的周边国家并未提出任何异议，甚至包括美国在内的世界许多国家是承认的，在其正式出版物中也尊重这一历史事实。

罗卓英

11 月，中华民国内政部完成了南海划界，这条线最南到北纬 4 度的曾母暗沙，重新命名了 119 个南海诸岛全部岛礁沙滩名称，奠定了中国南海疆界的基本走向。民国政府内政部方域司公布了南海诸岛的地图，在这张地图上南海第一次出现的是 11 条断续国界线。1949 年后，这条线被继承下来。1953 年，去掉了北部湾的两条断线，剩下 9 条，这就是今天人们经常提到的“九段线”。

从 1947 年起南海诸岛就归广东省管辖，4 月内政部在致广东省政府的公函中写道：“西、南沙群岛范围及主权之确定与公布。”这句话界定了南海海疆线的含义。换句话说，海疆线明确标出了我国在南海诸岛的领土主权范围，确认了至少从 15 世纪起就被列入中国版图的南海诸岛的海上疆界，在此界线内的岛屿及其附近海域，受我国的管辖和控制。

1947 年中国内政部重新命定东沙群岛、西沙群岛、中沙群岛和南沙群岛及其各个岛、沙滩的名称，并公布实施。1948 年 3 月，中华民国海军 100 多人，

前往西沙、南沙和东沙群岛进行换防。

恢复南沙群岛的驻军和巡逻

1955 年 10 月 27 号，在菲律宾首都马尼拉召开了第一届国际民航组织太平洋地区的飞行会议，出席这一次会议的有 16 个国家和地区。除了澳大利亚、加拿大、智利这些国家以外，当时的南越和中国台湾当局也都派代表参加了会议。大会由菲律宾首席代表担任主席，法国首席代表为大会第一副主席，这个会议明确认为南海诸岛中的东沙、西沙、南沙诸岛位于太平洋的要冲，这些地区的气象报告对国际民航的飞行安全关系重大，与会代表通过了一个第 24 号决议，要求中国台湾当局在南沙群岛加强气象观测，要求每天 4 次观测，保证飞行安全。

通过这项决议的时候，包括菲律宾、南越的代表都在场，没有任何一个国家的代表提出异议或者保留意见，没有人提出质疑。

1956 年 3 月至 8 月，南越以接管法国主权为由，分批占领了西沙群岛的琛航岛、甘泉岛等岛屿。3 月 1 日，菲律宾马尼拉航海学校校长托马斯·克洛马前往南沙群岛“探险”，登陆太平岛、中业岛、南威岛等 9 个主要岛屿，5 月 15 日发表所谓的《告世界宣言》，声称“发现”并“占领”了这些岛屿。5 月 16 日，中国台湾马上恢复了在南沙群岛的驻军和巡逻。

1956 年，中国台湾海军先后派出“立威部队”“威远部队”“宁远部队”巡察南沙群岛。在巡弋过程中，曾在太平岛、南威岛、西月岛重竖石碑，举行升旗礼，并改编为“南沙守备区”，改派海军陆战队守备太平岛。

第一批“立威部队”6 月 2 日至 6 月 14 日前往南海，由“太和”“太仓”两舰组成，登陆 3 个岛：太平岛、南威岛、西月岛；巡察 5 个岛和 1 个沙洲：南子岛、北子岛、中业岛、敦谦沙洲、南钥岛、鸿庥岛；经过 3 个暗沙：逍遥暗沙、永登暗沙等；经过 3 个群礁：郑和群礁、中业群礁和尹庆群礁；经过 12 个礁：渚碧礁、大现礁、小现礁、福禄寺礁、西礁、中礁、东礁、华阳礁、日积礁、相生礁（火艾礁）、常濑礁（蒙自礁）和扬信沙洲。6 月 15 日，中国台湾正式将“南沙群岛管理处”改编为“南沙守备区指挥部”，任命陆战队第一师三团副团长尹世功为指挥官，恢复在太平岛的驻军。

第二批“立威部队”6 月 29 日至 7 月 22 日前往南海，由“太康”“太和”

两舰组成，之后“中肇”舰参加，先后到过太平岛、中业岛、敦谦沙洲、西月岛、鸿庥岛、南威岛、南钥岛、南子礁（今南子岛）、北子礁（今北子岛）。

第三批“立威部队”9 月 24 日至 10 月 5 日前往，由“太和”“永顺”两舰组成。9 月底到太平岛、鸿庥岛、敦谦沙洲，10 月初到南钥岛、中业岛、南子礁、北子礁。10 月 1 日，中国台湾宁远部队截获并检查托马斯·克洛马之弟的船只，在审讯过程中他们供称的船只进入南沙群岛海域属“个人行为”，到太平岛是“个人拜访”。

1959 年 4 月，时任台军“总政战部主任”“国防会议副秘书长”的蒋经国视察南沙群岛，这是中国台湾当局首位登上南沙的高级官员。

1967 年 10 月，中国台湾民间团体“暑期育乐活动南疆远航队”前往南沙群岛，设立“南疆屏障”石碑一座。

1980 年 1 月 12 日，中国台湾“内政部”地政司司长王杏泉代表部长许水德，登岛设立“南疆锁钥”石碑一座，并重申中华民国对南海之主权。2 月 16 日，中国台湾“行政院”核定高雄市成立管理委员会，接管太平岛，隶属高雄市旗津

太平岛上的“南疆锁钥”石碑

区。设立“渔业工作站”，迄 1987 年设立“台澎地区渔民服务站”，推展各项渔民服务工作。

中华人民共和国对南海诸岛主权的继承

1949 年 9 月 29 日，中国人民政治协商会议第一届全体会议选举了中央人民政府委员会，宣告了中华人民共和国的成立，并且通过了起临时宪法作用的《中国人民政治协商会议共同纲领》(简称《共同纲领》)。《共同纲领》第 55 条规定：对于国民党政府与外国政府所订立的各项条约和协定，中华人民共和国中央人民政府应加以审查，按其内容，分别予以承认，或废除，或修改，或重订。

中华人民共和国成立后，继续宣布对南海诸岛拥有主权。1950 年 5 月 15 日，中国人民解放军在攻占海南岛后，进驻永兴岛。此前国民党将驻太平岛的一个连撤回台湾。此时，人民解放军在南海方向还没有建立海军舰队，对南海外海诸岛一时无力控制。

西沙永兴岛主权碑

当时，美国出于遏制、打压社会主义中国的目的，鼓励南海周边的国家侵犯中国的利益。1951 年 7 月 12 日，美国和英国分别在华盛顿和伦敦同时公布“对日本和平条约草案”，草案中规定日本放弃对南威岛和西沙群岛的一切权利而故意不提归还主权问题。8 月 15 日，当时的中国外交部长周恩来在《关于美英对日和约及旧金山会议的声明》中指出：包括西沙群岛和南沙群岛在内的南海诸岛“向为中国领土，在日本帝国主义发动侵略战争时虽曾一度沦陷，但日本投降后已为当时中国政府全部接收”。其后，中国政府一再发表声明，重申中国对包括西沙群岛、南沙群岛在内的南海诸岛享有合法主权，绝不容许任何国家以任何借口和采取任何方式加以侵犯，任何外国侵占南海诸岛的岛屿以及在这些地区进行开发或其他活动，都是非法的，不能允许的。在行政上，南海诸岛一向隶属广东省管辖。

9 月 4 日，在美国主导下，将中华人民共和国政府和中国台湾当局排除在外，在美国旧金山召开对日和平会议。在会议上，法国扶植的越南傀儡保大政府的总理对南海岛屿提出了领土要求，明显得到美国纵容。通过并签订片面的“旧金山对日和平条约”，为南海争端埋下了隐患。

在中华人民共和国成立后直到改革开放以前，中国海军和空军的力量一直没有得到长足的发展，武器装备落后，对南海外岛，尤其是对南沙群岛的控制一直鞭长莫及。1956 年起开始施行的海禁政策，使南海周边其他国家乘虚而入。30 年后，南沙群岛的大部分岛礁纷纷落入菲律宾、越南等国之手。

针对南沙诸多岛屿纷纷被别国占领，当年中国没有力量采取重大的军事行动。其原因是南沙群岛距离海南岛最近的也有上千千米，此时解放军的战斗机最远作战半径不过 400 千米，到达西沙留空时间都不够，对南沙群岛更是鞭长莫及。解放军海军也缺少能够远航的大型军舰，同时又受强国海军牵制，难以到南沙海域采取行动。不过，中国政府还是一直发表声明和抗议，声明在南沙群岛的主权，这就为后来有实力维权时奠定了法理和舆论方面的基础。

国际海洋法的漏洞与岛礁主权争议的激化

《联合国海洋法公约》于 1982 年 12 月 10 日在牙买加的蒙特哥湾召开的第三次联合国海洋法会议最后会议上通过。投票规则为与会国一国一票，世界上发展中国家的数量要多票数就多，最后通过的决议自然对发展中国家有利，少数海洋强国拒而不签，以维护自身权益。结果是包括中国在内的 130 个国家投票赞成，美国等 4 个国家投票反对，苏联、英国等 17 国投票弃权。最终签约国共 117 个，美、英等传统海洋强国至今不签。

《联合国海洋法公约》是最具有影响力的国际海洋公约，就此建立起一套新的海洋法律制度，把海洋分为内水、领海、毗连区、专属经济区、大陆架、公海和国际海底水域等不同区域。但因世界各国具体情况不同，对海上权利的诉求也

不尽相同。如中国主张平等协商的海洋划界原则："规定领海权的范围是各个国家的主权。各沿海国家有权根据自己的地理条件、考虑到本国的安全和民族经济利益的需要，合理地规定其领海和管辖权范围，并且要照顾到同处一个海域的国家必须平等和对等地划分两个国家之间的领海界线。"

再则，出于兼顾各方面原因公约中对许多情况做了模糊表述。如领海，虽明确规定领海是沿海国家领土主权向海洋扩展的部分，并规定最大宽度不超过海基线 12 海里，主权排他，但沿海国行使主权时应允许外国船舶无害通过，即外国船舶在不损害沿海国利益的情况下，且不违反沿海国制定的法律的情况下，便可通过。但是否包括军舰，并没有明确规定。

另外，毗连区、专属经济区、大陆架的规定造成了许多海上邻国的权利重叠，漏洞非常明显。比如大陆架，大陆架宽度从领海基线算起，如不超过 200 海里，则扩展到 200 海里；如超过 200 海里，一般不超过 350 海里，或 2500 米等深

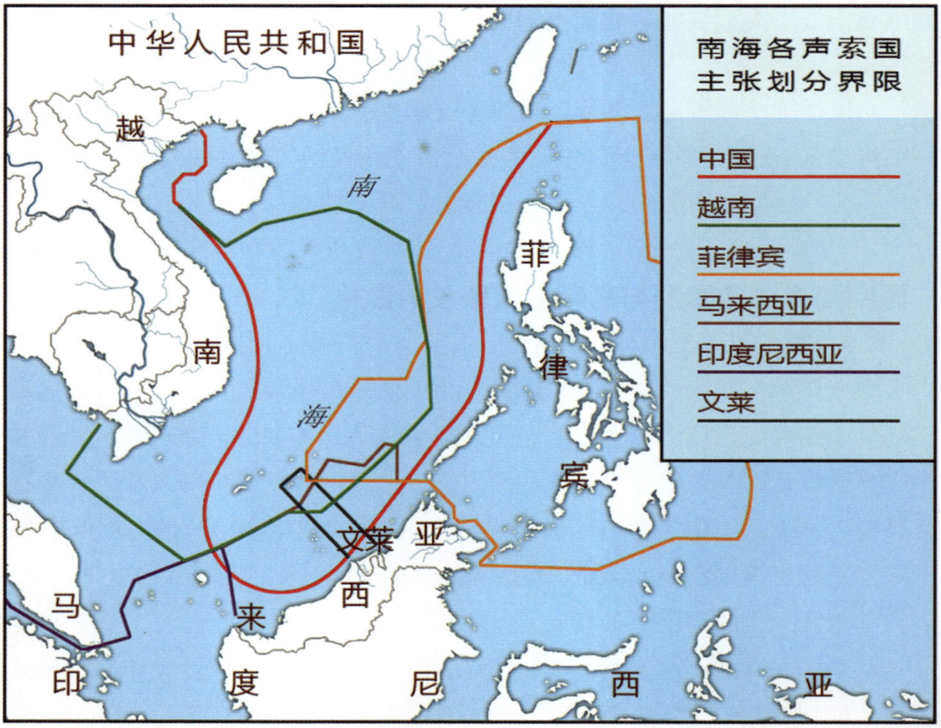

各国瓜分中国南海示意图

线外 100 海里。距离领海基线越近，权利重叠范围就越小；距离领海基线越远，权利重叠范围就越大。大陆架权利重叠范围最大，引发矛盾纷争也就最多。近年沿海国家纷争不断，正是《联合国海洋法公约》本身造成的。

大陆架规定在南海对我不利。因为南海属于半封闭海，我国濒临南海仅限于北面，狭长的东西两侧是菲律宾和越南，南面是马来西亚、文莱和印度尼西亚。如果再不拥有南海诸岛，中国在南海几乎没有可供海洋资源开发的水域。

自《联合国海洋法公约》生效以来，大陆架和专属经济区的重要性陡然上升，南海一些荒无人烟的岛礁和过去无人问津的海域，因为被发现海洋矿产资源而突然变得身价百倍。南海周边国家纷纷选择公约中对自己有利的条款，抢占南海岛礁，划分海域，严重侵犯我国南海诸岛主权。因此，根据海洋法公约有关法理内容，评析这些国家的海洋权利主张和侵占行为，成为摆在我们面前一项重要的法律任务。

中国与越南的南海岛礁争端

越南南北分治时期对南海岛屿的态度

越南拥有复杂的历史，长期的战争、外来殖民统治和内部分裂，给越南人民造成大量苦难，因此越南在每个重要的历史关头都求助于中国。中国在历史上长期是越南的宗主国，中华人民共和国成立后与胡志明领导的北越政府在意识形态上具有共同性，所以从来都是慷慨解囊，且不问回报。法国、日本、美国等殖民文化影响，长期连绵不断的战争经历，造就了越南人争强好胜、好狠斗勇、实用主义、灵活多变的民族性格。这些民族特征，充分表现在西沙群岛和南沙群岛的争端问题上。

1954 年 3 月 19 日至 5 月 7 日的奠边府战役中，法军惨败。7 月 21 日，在日内瓦会议上签订了《关于印度支那问题的日内瓦协议》，规定法国军队从越南撤军，越南以北纬 17 度线划界分成两个中央政府：南面是美国扶植的以吴庭艳为首的南越政府；北面是胡志明领导的北越政府，全称越南民主共和国，是胡志明主席领导下于 1945 年至 1975 年管辖越南北部的一个社会主义国家。

胡志明主席

1955 年 8 月，法国军舰 L9006 号驶抵永兴岛，宣称此岛为法国领土，强令中国驻岛渔工返回海南，离岛前将岛上中国主权碑捣毁。之后，广东省和海南行政区组织西沙群岛、南沙群岛水产资源调查队，在永兴岛设立中心站，200 多人驻岛并在岛上设立供销社、卫生所、俱乐部和发电站。

在南北分治时期内，南越政权以接管法国殖民权为由，1956 年 5 月 26 日，宣称对全部西沙群岛、南沙群岛拥有主权，同时在法军撤走后出兵占领了西沙群岛中甘泉岛和南沙群岛的南威岛、景宏岛、南子岛、鸿庥岛共 4 个岛礁。

与南越政权不同，胡志明领导的越南民主共和国已于 1950 年与中国建立外交关系，在西沙群岛和南沙群岛主权问题上赞同中国的主张，从 1956 年起多次公开表示西沙和南沙群岛是中国领土，并在本国出版的地图中明确标出。1956 年 6 月 15 日，北越外交部副部长雍文谦会见我国驻越领事馆临时代办李志民时表示：根据越南方面的资料，从历史上看，西沙、南沙群岛应当属于中国领土。当时在座的北越外交部亚洲司代司长黎禄说：从历史上看，西、南沙群岛早在宋朝时就已属中国了。

1958 年 9 月 4 日，中国发布《中华人民共和国政府关于领海的声明》，正式宣布：“中华人民共和国的领海宽度为 12 海里。这项规定适用于中华人民共和国的一切领土，包括中国大陆及其沿海岛屿，和同大陆及其沿海岛屿隔有公海的台湾及其周围各岛、澎湖列岛、东沙群岛、西沙群岛、中沙群岛、南沙群岛以及其他属于中国的岛屿。”9 月 7 日，北越《人民报》发表评论员文章，称中国政府的声明“是完全正当的”，“越南人民完全赞成”。9 月 14 日，北越政府总理范文同以外交信函和正式公文形式致函中国总理周恩来，向中国郑重表示这一严正立场：“尊敬的总理同志，我们郑重地向总理同志声明：越南民主共和国政府承认和赞成中华人民共和国政府于 1958 年 9 月 4 日所作的关于中国领海的决定和声明。我们向总理同志致以诚挚的敬意！”1959 年人民军总参谋部编绘的《世界地图》上，用中国名称标注“西沙群岛（中华）”“南沙群岛（中国）”。1964 年 9 月 1 日，北越政府宣布了它的 12 海里的领海，并且在北部湾划出了一条 12 海里线。

1959 年 1 月 27 日，南越西贡政权发布 34/NV 号法令，把南沙群岛划归福绥省管辖。1959 年 2 月，南越海军舰只两次在西沙群岛海面拦截中国渔船，并登上琛航岛，劫走中国渔民 160 余名。4 月，南越派出一个陆战排，侵占西沙群岛的晋卿、琛航等 4 个岛屿，并派兵驻守。

3 月 17 日，中国人民海军南海舰队“南宁”号护卫舰（172 舰）和“泸州”号猎潜艇（153 艇）首次赴西沙海区巡逻。尽管西沙群岛距海南岛仅仅 180 海里，但这已是当时我国海军执行的航行距离最远的巡逻任务。由于中国台湾海峡制空权、制海权均被台湾当局所掌握，在上海、大连等工业和造船能力较强地区建造的新型舰艇，无法通过海峡南下到南海舰队服役，因而南海舰队的舰艇数量最为弱小，装备相当落后。

1960 年至 1973 年，南越多次入侵南沙岛礁，捣毁岛上中国石碑和建筑物，建立南越“主权碑”。1961 年，南越当局以越南史籍上的“黄沙”和“长沙”为据，把西沙群岛划为南越广南省，1973 年又把南沙群岛划为南越版图。

中华人民共和国成立后拥有一支强大的陆军，在朝鲜战场打出了国威军威。不过，因当时中国科学技术和经济的落后，作为现代高科技成果结晶的海军和空军长时间内成为人民解放军的弱项，中国在远离大陆的南海诸岛的维权行动，因海军力量弱和缺乏空中掩护而受到严重制约。尽管困难重重，1959 年 3 月，解放军在南海刚刚组建海军就派出一艘护卫舰和一艘猎潜艇赴西沙海域巡逻，并运载部队进驻了西沙群岛最大的岛屿永兴岛，同西沙群岛的南越驻军形成长期对峙。

1961 年，美国在越南发起“特种战争”，其庞大的海军舰队实际控制了南海的大部分水域。当时的南越政权在南海的驻军得到美军支持，菲律宾也靠美军保护占据了南沙群岛东部几岛。可以说，越南战争中美国军队的庞大实力，给了它的盟友狐假虎威侵占中国南海岛屿一次机会。

自 1969 年起，美国在越南开始收缩。1970 年毛泽东便指示要在适当的机会把盘踞西沙群岛的南越伪军赶走。1973 年初美国从南越撤军，并在战略格局上

南越士兵

采取“联中抗苏”，对南海岛屿争端采取了不以实力介入的态度，中国在南沙采取行动便有了一个有利战略机遇。虽然当时中国的军事力量主要同苏联对峙，不过仍以中国海军中力量最弱的南海舰队在1974年1月进行了西沙海战。此刻中国海军的建设由于投入少、技术落后，对付南越这种世界上的三流海军还需要以“小艇打大舰”，靠着英勇顽强取得了海战胜利。解放军随之登陆收复了甘泉、金银、珊瑚三岛，完全控制了西沙群岛。

1973年1月27日《巴黎停战协议》签订后，南越政府趁着陆战局势的稳定，积极展开在南海抢占战略要点的活动。8月份开始，南越军舰在西沙海域不断地驱赶、冲撞和抓捕中国渔民，有恃无恐地制造事端。在南沙群岛，占领敦谦沙洲、安波沙洲共2个岛礁。

1974年，北越政权承认西沙、南沙群岛是中国领土。当年，越南教育出版社出版的普通学校《地理》教科书，在《中华人民共和国》一课中写道：“南沙、西沙各岛到海南岛、台湾、澎湖列岛、舟山群岛形成的弧形岛环，构成了保卫中国大陆的一道长城。”

1月15日至19日，南越西贡当局出动军队侵犯西沙群岛，我人民海军和民兵自卫还击，赶走了南越军队，捍卫了国家主权和领土完整。

1973年世界石油危机、1974年西沙海战之后，海洋石油开采掀起热潮，南海沿岸国家开始把手伸向此前少人注意的南海大陆架，陆续侵占和掠夺了多个岛礁，开设了石油钻井平台。南越与美国公司签订协议，勘探开发包括中国南沙海域的海洋石油资源。

1974年7月至次年2月，南越先后占有南沙群岛的鸿庥岛、南子岛、敦谦沙洲、景宏岛、南威岛和安波沙洲，并派军驻守。

从1959年至1974年，我人民海军南海舰队执行的西沙巡逻活动共77次，参加巡逻的舰艇170艘次。通过巡逻西沙，护渔护航，对南越海军活动进行了初步的侦察和警告。

延伸阅读：南越和北越

从秦汉时期起，越南（当时叫安南）中北部都是中国领土。公元968年之后，越南历朝历代均为中国的藩属国。19世纪中叶，法国开始侵略越南，清朝作为宗主国派兵抵抗。1885年中法战争结束后，清政府放弃了对越南的宗主权，越南沦为法国殖民地。1940年后日本侵占越南。二战结束后，胡志明领导的越盟（即后来的越南共产党）在越南北方的河内宣布独立，成立越南民主共和国（即“北越”）。1945年9月23日，法国殖民军卷土重来，侵占西贡（今胡志明市）。但法国无力控制越南的局面。1955年7月，美国取代法国的地位，在南方扶植傀儡政权，建立越南共和国（即“南越”）。越南南北分治，长期处于战争状态。

1961年，美国入侵越南，越战爆发。直到1976年才结束战争，实现国家统一。

统一后越南对南海诸岛的态度发生了转变

1961年至1975年的越南战争中，越南民主共和国面对美国的侵略扩张及狂轰滥炸，急需中国的支援。中国在长达十几年的时间内，投入大量人力物力财力，支持越南人民的抗美救国战争，中国成为越南的坚强后盾。在这种情况下，北越政权始终不渝地坚持固有立场，承认西沙群岛、南沙群岛是中国的固有领土。1975年南越解放后，越南领导人却称当年的做法只是争取中国援助的权宜之计，

越南侵占的中国南威岛

这种态度表现出的正是狭隘民族利己观念驱动下的典型实用主义。

1975年初，胡志明主席领导的抗美救国战争取得最后胜利，美国开始从越南撤军，南越伪政权即将倒台，越南全国正在实现统一。就在这样一个黎明即将到来之前的短暂时期，即将统一的北越政府翻手为云，覆手为雨，把过去对中国的庄严承诺抛在一边，开始宣称对西沙群岛、南沙群岛拥有主权。

1975年3月，越南人民军主力南下，在4月间占领南越首都西贡，并在南越军队原先占领的南沙6岛登陆，招降了当地驻军并实施了占领。与此同时，抓紧时机抢占新的南沙岛礁，并改变地理区划，编造新的南海版图。

1976年，越南社会主义共和国成立之后，越南开始翻脸不认人，在西沙和南沙问题上公然与中国叫板，同时加速对南沙群岛的侵占。宣称对“黄沙群岛”“长沙群岛”（即对中国西沙、南沙群岛的称呼）拥有主权，这种背信弃义的行动严重破坏了中越原本友好的关系。这种忘恩负义的行为违反了道德操守，这种自食其言的不负责任行为违反了国际法“禁止反言”的规定。

越南的背信弃义引发了中国人民的强烈愤慨，1979年中国人民解放军在陆地边境打响了对越自卫反击作战，1988 年在南沙方向进行了赤瓜礁保卫战。令人不可思议的是，1988 年 3 月 14 日赤瓜礁自卫反击战之后，越南竟然一口气接连抢占了中国 15 个岛礁。从此，越南变本加厉，在已占岛礁上加强军事部署和基础设施建设。至 2009 年 3 月 15 日，越南共侵占我南沙群岛 29 个岛礁。

越南声称对南海岛屿拥有主权，除了引据法国曾占领当地外，再就是声称对南越政权有“法理继承”权。其实按照国际法，独立的殖民地国家根本无权继承原宗主国的侵略遗产。当年越南民主共和国的声明中又一直称保大政权、南越各届政权都是“完全不能代表越南的傀儡政权”，对自己都否认其合法的“伪政权”的东西怎么能合法继承呢！

在南海声索国[①]中，越南是唯一提出对西沙群岛和南沙群岛拥有全部主权的国家。在南沙群岛被占岛礁中，越南是抢占岛礁最多的一个国家。在南海石油和天然气开发及渔业资源开发中，越南是获利最丰厚、得到实惠最多的一个国家。越南政府总是恩将仇报，把中国人民的和平友好当作软弱可欺，在南海问题上为所欲为，胃口越来越大，一发不可收拾，成为南海声索国中最为好斗的一个。

注：

①声索国，指声明索取某地区领土主权的国家。以南海问题为例，南海声索国指的就是对南海声称拥有主权的国家，目前有中国、越南、菲律宾、文莱、印度尼西亚、马来西亚。

越南大肆侵占中国南海岛礁

1975 年越南统一之前，北越政权明确表态，越南领土的最东端为东经 109 度 30 分。这一说法实际上承认了西沙和南沙并不属于越南。但在越南统一之后出版的越南地图上这条边界线却逐渐向东移动了 9 个经度，至东经 118 度。根据这一划分，西沙和南沙都沦为越南领土。

1975 年 2 月 14 日，即将统一的越南发表白皮书，声称对西沙和南沙群岛拥有主权。越海军司令部随即就进行“解放由伪军占据的东海和西南海域各岛屿”的准备工作。4 月，随着越南统一战争接近尾声，北越领导人武元甲迅速指挥北越海军侵占南沙。4 月 4 日，武元甲向越第 5 军区和海军司令部发去一份特别电

武元甲和胡志明

报，要求抓紧制订作战计划，时机一到及时解放“长沙群岛”。4月26日，在占领南越首都西贡的同时，越南也接收了南越西贡当局所控制的南子岛、北子岛、鸿庥岛、景宏岛、南威岛等6个岛屿。5月7日，越南南方通讯社即发布消息称“解放了”南沙群岛。随后，越南《人民报》《人民军队报》以整版面刊登越南全国地图，特别是《人民军队报》在越南地图上第一次把南沙群岛标为越南领土。官方的越南通讯社也报道说，越军“解放了祖国的6个宝岛”。在同年5月出版的越南国家地图上，越方公然将西沙、南沙群岛划入其版图，并将南沙群岛改名为“长沙群岛”，归“福绥省红土郡福海乡管辖”，开始了以积小成集大成的疆域蚕食和拓疆扩土侵略步伐。9月22日至28日，黎笋率领越南党政代表团访华，首次正式提出西沙和南沙主权要求。11月5日，中国发表《南海诸岛自古就是我国领土》的文章对越南进行反驳。

1976年3月8日，越南宣布将南沙群岛“编入”同奈省。7月宣布全国统一，定名为越南社会主义共和国。

1977年5月6日，越南在普加德岛（即我费信岛）建了一个简易机场。5月12日，越南擅自颁布《关于越南领海、毗连区、专属经济区和大陆架的声明》，宣布了其12海里的领海、12海里毗连区、200海里专属经济区和大陆架。越南确定的领海基线为连接越南海岸线最突出点和沿岸各岛屿最外点的沿岸最低低潮线，其毗连区是与越南领海外部边线相连的宽度为12海里的海域，其专属经济区为从领海基线量起200海里，其大陆架采用自然延伸原则确定，自然延伸不足200海里的，扩展到200海里。事实上，越南主张的大陆架范围，大部分在

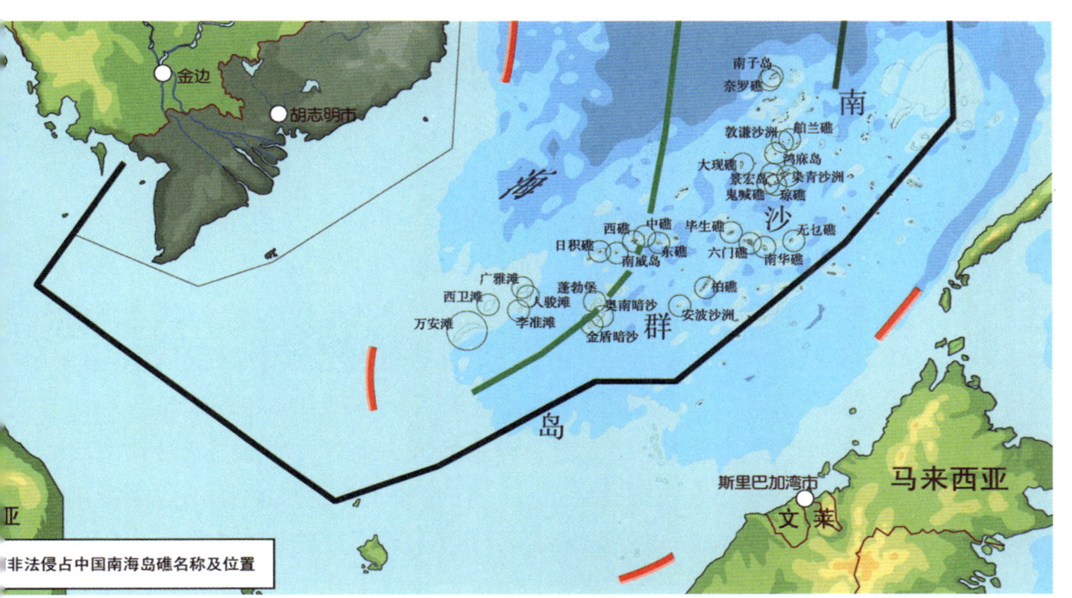

越南非法侵占中国29个岛礁

我国南海传统海疆线内，而它宣布的专属经济区，很大部分也属于有争议的水域。如此算来，其海域管辖范围增加到100万平方千米，包括大小2000个岛屿，此范围虽仅到达南沙群岛的西部边缘，但入侵中国传统海疆范围有100余万平方千米。此外，还对我提出西沙群岛和南沙群岛的主权要求，并在北部湾海域问题上制造麻烦，提出北部湾为中越两国的历史性海湾，企图把北部湾的2/3海域据为己有。至此，越南已侵入中国传统疆界线以内117万平方千米。

6月，越南总理范文同访华，中国副总理李先念在会见他时指出，越南方面过去承认南沙、西沙是中国领土，但1974年以后立场却开始发生变化，特别是1975年趁解放南方的机会，侵占了我国南沙6个岛屿，“苏联在1975年以前一直都承认南沙、西沙群岛属于中国领土，在你们挑起这一争端以后，他们也立即改变了态度”。范文同对此辩解说：“在抗战中，当然我们要把抗击美帝国主义放在高于一切的地位。”“对我们的声明，其中包括我给周总理的照会上面所说的，应当怎样理解呢？应当从当时的历史环境来理解。”李先念当即指出：这种解释不能令人信服，对待领土问题应该是严肃认真的，不能说由于战争的因素就可以做另一种解释法。何况范文同总理照会周恩来总理时，抗美斗争并没有打响。

1978年4月，越南出兵侵占我南沙7个岛礁，在南威岛上设立“南海指挥部”，并在各所占岛礁派兵驻守，修建机场和防御工事。12月，越南占领南沙群岛柏礁、毕生礁共2个岛礁。

越南加强对已占南沙岛礁的控制和开发

1979年1月1日，中美建立外交关系。2月19日至3月8日，中国人民解放军数十万陆军部队打响“对越自卫反击战”，达到惩罚越南目的后撤回国内。4月10日，越南派武装军人驾驶船只3艘，侵入西沙群岛中建岛距岸500米处进行侦察活动，被中国巡逻艇抓获。9月，越南发表白皮书，声称对西沙和南沙两群岛拥有全部主权。其论据主要有两个：一个是1933年以后法国殖民当局和南越西贡政权侵占中国南沙群岛的“国家继承”；另一个是一些越南“古籍资料”。

越南认为，早在19世纪初清廷藩属安南王朝时越南就在西沙开垦和居住，后安南沦为法国殖民地后，法国于1943年派兵强占西沙三岛及南沙太平岛、南威岛等6个岛屿，8月宣布为其领土，制造了所谓的“南海9小岛事件”。并认为符合国际法中有关“发现、先占与时效”原则。二战结束后，法国重新侵占越南，并于1946年10月派兵强占太平岛，后又占领南威岛。在中国政府的抗议下，法国自动退出谈判，并撤离所占岛屿。此外，还以1887年法国和清朝签订的《越南和中国陆地边界公约》为据提出北部湾为中越两国的历史性海湾的观点，企图把北部湾的2/3海域据为己有。8月，发布对西沙和南沙群岛占有的声明。12月，成立“长沙县”，划归同奈省管辖，后又划归庆和省管辖。

1980年1月30日，我国外交部发表《中国对西沙群岛和南沙群岛的主权无可争辩》的评论文章，论证了南海诸岛自宋代以来就是中国领土的观点。

1982年11月12日，越南发表了《关于越南领海基线的声明》，宣布了大陆领海基线的11个基点坐标，领海基线10段，包围海域27000平方海里。竟然把中国的西沙群岛和南沙群岛作为越南领土，声称“关于黄沙（西沙）和长沙（南沙）群岛的领海基线，将按照越南社会主义共和国政府1979年5月12日声明的第5条，在另一个文件中做出具体规定”。

11月29日，中国外交部就越南毫无根据地宣布1887年中法界约规定了北部湾的海上边界线，把我国的西沙群岛、南沙群岛作为越南的所属岛屿的卑劣行

位于南海的越南石油钻井平台

径发表声明，重申西沙群岛、南沙群岛是中国的神圣领土。同年，文莱宣布《1982年文莱渔业法案》，200海里的专属经济区是在这个法案中予以宣布的。声称对南通礁及附近3000平方千米海域提出主权和管辖权要求，在海岸外100海里深处划一条海域界线。

1984年，越南大量开发南海渔业资源，并引进外资共同开发南海石油和天然气资源。陆续邀请马来西亚、荷兰、澳大利亚、英国、美国、法国和日本的公司在位于南沙海域越南所谓的大陆架上进行石油天然气的开采作业。5月，越南和苏联组建联合石油公司，开始在南海海域展开石油天然气调查。越南在南沙群岛中占领8个岛屿，并在最南端的一个岛上修建了一个有600米跑道的简易机场。

1985年5月16日，越南国防部长、海军司令等视察南沙群岛。7月，越、苏联合石油公司在南海建造首座油井台。

1989年7月，越南国会通过决议，将中国南沙群岛划入其庆和省，动员各省分工包建中国南沙岛屿，在这些岛屿设立“科技综合经济区”。同年，越南占

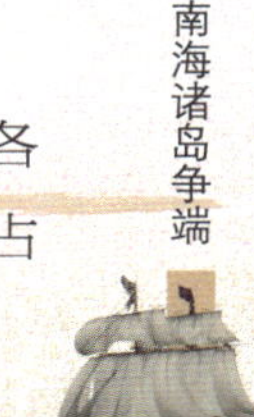

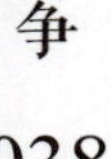

领南沙群岛李准滩、西卫滩、万安滩，共 3 个岛礁。

2009 年 3 月 15 日止，越南共侵占并控制中国 29 个岛礁：南子岛、奈罗礁、敦谦沙洲、鸿庥岛、舶兰礁、大观礁、景宏岛、鬼喊礁、染青沙洲、琼礁、毕生礁（沙洲）、无乜礁、南华礁、六门礁、柏礁、安波沙洲、金盾暗沙、奥南暗沙、东礁、中礁（沙洲）、西礁（沙洲）、日积礁、南威岛、广雅滩、蓬勃堡礁、万安滩、西卫滩、人骏滩、李准滩。

2009 年 4 月 25 日，越南政府举行仪式，正式任命“黄沙岛（西沙群岛）县人民委员会主席”。4 月 28 日，越南外交部发言人竟然声称：“越南已经多次重申对长沙和黄沙群岛（即南沙群岛和西沙群岛）拥有主权的立场。越南有足够的历史证据和法理依据来支持其对这两个岛屿的主权。黄沙岛县人委会主席的选任是按照越南法律的规定来进行的，是多年来进行的平常事。”11 月 23 日，越南国会通过法案批准组建海上民兵，“越南海上民兵将与边防卫队、海军、海警以及其他部队合作，保卫国家边境安全和越南海洋区域主权”。

延伸阅读：南威岛

越南占领的南沙 29 个岛礁中南威岛最大，是南沙群岛第四大岛，东西底边长约 350 米，东北到西南斜边长约 750 米，面积 0.15 平方千米。南威岛位于尹庆群礁西礁西南 18.5 海里，日积礁东约 12 海里，南有奥南暗沙，西北有康泰滩。岛四周有沙滩，沙滩上有礁岩形成，向内是沙堤，高约 5.5 米，沙堤围绕着中间低洼的礁盘部分，海拔 2.4 米。在岛北端，有一圆锥状礁石，高 7 米，而在最南端则有另一高 5.5 米的石塔。岛东北部有天然水道伸入岛边，深达 14 米，故成为南沙群岛南部海区优良港口。岛西端有中国渔民百年前挖的水井，可饮用。

中国古代元、明、清的疆域图中将南沙群岛列于版图之中。1947 年，当时的中国政府公布该岛名为南威岛，系纪念 1946 年国民党政府广东省主席罗卓英(号慈威)，兼有威镇南疆之意。1956 年，中国台湾海军先后派出“立威部队”“威远部队”和“宁远部队”3 次巡察南沙群岛。在巡弋过程中，曾在太平岛、南威岛、西月岛重竖石碑，举行升旗礼，并改编为“南沙守备区”。

1973 年 7 月至 1974 年 2 月间，南威岛被南越西贡政权派兵占据。

1975 年，南越政权崩溃，北越军队登岛接受南越驻军投降，越南在岛上驻有一个营约 550 人的军队，设立了南沙群岛一线军事指挥中心，修建了一条长 600 米的混凝土跑道，可起降小型螺旋桨飞机。岛上修建了无线电发射塔、直升机停机坪及航空站，东南侧有两个码头。1985 年，越南国防部长文进勇至岛上视察。2004 年 4 月，越南开办前往南沙群岛的旅游团，让旅客乘坐改装军舰到多个岛屿旅游，其中包括南威岛。

中国与菲律宾的南海岛礁争端

菲律宾南海试水，图谋南沙岛礁

菲律宾是一个群岛国家，位于亚洲东南部，北隔巴士海峡与中国台湾省遥遥相对。南和西南隔苏拉威西海、巴拉巴克海峡与印度尼西亚、马来西亚相望。西濒南中国海，东临太平洋。共有大小岛屿 7107 个，其中 2400 个岛有名称，1000 多个岛有居民。吕宋岛、棉兰老岛、萨马岛等 11 个主要岛屿占全国总面积的 96%。

3 世纪左右，菲律宾就同中国友好往来，是古代海上丝绸之路的重要节点，目前在菲律宾考古发掘发现有中国南北朝时期的瓷器。14 世纪前后，菲律宾出现了由土著部落

山东德州苏禄王墓

和马来族移民构成的一些割据王国，其中最著名的是14世纪70年代兴起的海上强国苏禄王国。

1417年，苏禄王国的3位国王东王巴都葛叭哈喇、西王麻哈喇葛麻丁、峒王巴都葛叭喇卜率领家眷一行340人组成友好使团，远渡重洋到中国进行友好访问，受到明成祖朱棣的隆重接待。后启程归国行至山东德州时，东王巴都葛叭哈喇病重，遗命留葬中国。巴都葛叭哈喇去世后，明成祖派礼部郎中陈士启前往祭奠，以国王礼节将其葬于德州，并赐谥号“恭定”。安葬巴都葛叭哈喇后，西王、峒王一行辞别归国，而东王一家除长子都马含回国嗣位外，其余家属包括王妃葛木宁、叭都葛苏性，次子安都禄，三子温哈剌等10人留德州守墓。

1450年，阿拉伯商人赛义德·艾布伯克尔在菲律宾南部建立了伊斯兰政权。

1521年3月，麦哲伦率领西班牙远征队到达菲律宾的宿务岛。麦哲伦想把该地变成西班牙的殖民地。麦哲伦带领船员，手持火枪利剑强行登陆，企图用血腥手段征服这个地区，但遭到了土著的反抗，麦哲伦被一支毒箭射中，客死他乡。1565年，西班牙人征服了菲律宾宿务岛，并用国王菲利普二世的名字来命名这块殖民地。1726年，苏禄国王再次遣使到清廷朝贡。

1851年，西班牙侵占和乐岛，清朝与藩属国苏禄王国的交往中断。19世纪末期，美国崛起为海上强国。1898年爆发美西战争，菲律宾宣告独立，成立菲律宾共和国。后美国打败西班牙，美国依据对西班牙战争后签订的《巴黎条约》占领菲律宾，为美属菲律宾领地。1935年3月24日，建立菲律宾自治邦。1942年，菲律宾被日本占领。二战结束后，美国继续维持对菲律宾的殖民统治。

1946年7月4日，菲律宾摆脱美国的殖民统治，宣布独立，国名仍称为“菲律宾共和国”。当时，菲律宾财政部长季里诺向总统罗哈斯建议占领南沙群岛中一部分岛屿。9月11日，季里诺以外长身份致函盟军统帅麦克阿瑟，正式提出由菲律宾兼并南沙群岛主权的要求，但美国当局并未采取任何行动。

1948年9月，季里诺继任菲律宾总统后，于1949年下令加强菲律宾群岛的海岸巡逻，并令菲律宾国防部长派遣海军准将安德拉达赴太平岛及其附近区域视察。安德拉达返菲后报告南沙群岛现状，提及菲巴拉望渔民经常前往太平岛，菲部分内阁阁员附和季里诺的建议将南沙群岛归并菲律宾版图。当时，中华民国驻菲公使馆获悉此事，正式向菲政府重申太平岛与南沙地区其他各岛相同，都是南沙群岛的一部分，主权属于中华民国。菲外交部收到此照会后，一面回复中国公使馆表示菲政府认知“太平岛为南沙群岛的一部分，主权属于中华民国”，另一面则向菲内阁提议由菲政府对太平岛周围领海捕鱼的菲律宾渔民加强保护。

1950 年 5 月，国民党当局将海南岛、西沙守军撤至台湾，同时也将“南沙群岛管理处”暂时撤销，将在太平岛上所建的基地暂时放弃。这样的真空状态让南海诸岛成为菲、越等国的争夺焦点。1950 年 5 月 13 日，《马尼拉论坛报》和《纪事报》均发表社论，以南沙群岛距菲甚近，为保卫菲律宾领土，主张菲政府立即占领南沙群岛。菲律宾国防部长随后发表谈话，说将与外交部长讨论此议题。国民党当局当即针对此点发表严正声明，指出南沙群岛为中国领土，不容外人染指，菲方才放弃占领的企图。

1956 年 3 月 1 日，菲律宾马尼拉航海学校校长托马斯·克洛马前往南沙群岛“探险”，登陆太平岛、中业岛、南威岛等 9 个主要岛屿。5 月 11 日，菲律宾人托马斯·克洛马宣称他曾于 1947 年率领海事学校学生 40 余人分别占领了南沙 11 个岛屿，宣称他们由“探险”而“发现”，进而“占领”。5 月 15 日，托马斯·克洛马发表“告世界宣言”，声称对南沙地区 64976 平方海里（大约 22 万平方千米）领域内的全部 33 个岛、屿、沙、礁、洲、滩及渔区享有主权。

从其地图上显示，所谓“自由地”实际上是南沙群岛的大部分岛礁，南威岛、中业岛、太平岛、南钥岛等都包括在内。之后，克洛马向报界宣称他申请占领这些岛屿纯属其个人行动，菲外交部事前不知，事后亦未予支持，此事与菲政府无关。6 月 27 日，托马斯·克洛马登上太平岛，撤去中国台湾当局在岛上设置的青天白日旗，并于 7 月 7 日将旗帜交与台“驻菲大使馆”。12 月菲律宾声称：克洛马行动与政府无关，但支持民间人士的开发、居住。

1970 年之前，虽然菲律宾个别航海探险者声称“发现”了多个南沙岛礁，但菲律宾政府并不支持这种民间声音，在此之前菲律宾与中国在南海岛礁归属问题上并无实质性争端。

为获取资源，菲律宾在南海跑马占地

按照欧美日海洋国家对外殖民掠夺的思路，先抢占海洋上的岛礁，然后把这些岛礁进行包装后成为自己的领土，继而在上面大兴土木，进行军事部署和基础设施建设。1969 年南海发现大量油气田之后，菲律宾认识到应该先下手为强，

次年开始抢占南沙岛礁，占领了南沙群岛中的马欢岛、费信岛、中业岛。

1970 年，第 25 届联大决定召开新的联合国海洋法会议，会上首次提出建立新的海洋秩序的提案，其中最重要的提法是废除 3 海里领海以及领海之外就是公海的传统概念，主张沿海国应该拥有 12 海里领海和 200 海里专属经济区，还有 350 海里大陆架。作为具有殖民地传统、精通西方语言且具有欧美日海洋文明及海洋观念的菲律宾，这些新的国际法动向无疑使之受到强烈刺激，抓紧时机捞一把，尽快在南海跑马占地，迅速成为菲律宾当局的重要共识。

1971 年，又占领了南沙群岛中的南钥岛、北子岛、西月岛。菲律宾派兵占领中业岛等 6 个岛礁后，将其改名为“卡拉延群岛”。7 月，菲律宾政府第一次正式对所谓的卡拉延群岛提出主权要求，将所谓的卡拉延群岛确定为“不包括南沙群岛的由 53 个岛礁组成的岛礁群体，它由托马斯·克洛马在 1947 年至 1959 年间发现并占领”。同时，菲律宾外交部“照会”中国台湾当局，抗议国民党军队驻扎在太平岛“威胁菲律宾的安全”。菲律宾提出海洋权益的划界提案，并向中国台湾当局发出官方通告，要求其撤出太平岛，因为“中国对太平岛的占领未得到盟军的同意”。

菲律宾前总统马科斯夫妇和美国前总统里根

7 月 10 日，菲律宾总统马科斯召开国家安全会议，听取菲三军情报处对南沙群岛侦察的报告，评估南沙的地位和当时的情势。会后，马科斯在马尼拉召开记者会，宣读一项公报，公报中说菲政府已要求中国台湾当局撤离在南沙的守军和军事设施。这是菲律宾官方第一次提出对南沙群岛的主权主张，所引用的论据与其 1956 年所提相同。

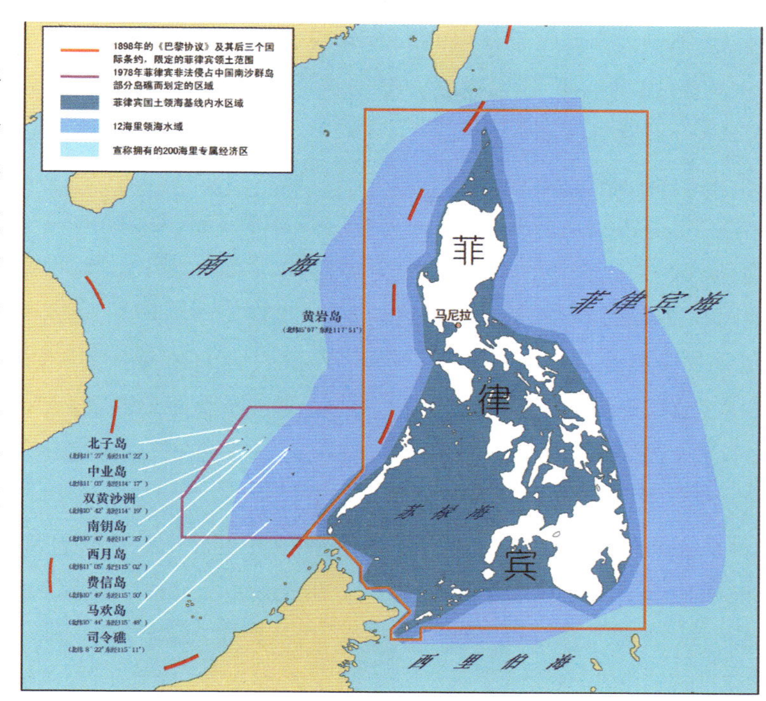

菲律宾非法侵占的南沙岛屿

7 月 16 日，菲首都马尼拉数百名大学生拥到国际大饭店亚太理事会会址示威，指责“中国侵占”南沙群岛。18 日，马科斯总统向报界发表声明，澄清菲政府对南沙群岛的立场，说菲军进驻的岛并不属南沙群岛，强调菲不打算对南沙群岛中任何岛屿做任何主权要求，认为此群岛为托管地，除非由其他盟国同意，不能受任何国家占领。他重申要中国台湾海军从南沙撤退，因为此群岛接近菲律宾，中华民国驻军对菲律宾安全构成威胁。坚持说这些岛屿不属于任何国家，而为菲律宾占领和实际控制，从而排除其他国家的主权要求，因为菲与这些岛屿邻近，对菲律宾国家安全至关重要。

由于菲律宾倒行逆施，严重侵犯了中国南沙群岛的主权和领土完整，其宣布的专属经济区范围与中国传统海疆线重叠，因而造成中国的严重不满和强烈抗议。

1975 年，在美国、日本援助下，菲律宾、马来西亚、印度尼西亚等沿海岸国家对南海各自的近海区进行了磁力测量、人工地震探测地层等调查，以海底石油为目标，各国都先后宣布其岸外大陆架的范围，颁布海底矿物资源开发法，划

分了海底石油矿区。在南海周围海域进行勘探的有十几个国家的 40 多家公司。

1976 年，菲律宾在南沙群岛进行石油天然气勘探作业，在礼乐滩附近发现石油和天然气，菲总统马科斯飞临上空视察。7 月，菲律宾提出 200 海里专属经济区和大陆架主张。

为了达到“事实占领”的目的，1978 年，菲律宾占领双黄沙洲。3 月 4 日，宣布武装占领南沙群岛中的 7 个岛屿。6 月 11 日，菲律宾总统马科斯发布第 1596 号和第 1599 号总统法令，将占领的 7 个岛屿纳入巴拉望省管辖。把南沙群岛 33 个岛礁沙洲、总面积达 64976 平方海里的海域宣布为其领土范围，并命名为“卡拉延群岛”，设立所谓卡拉延市，而中业岛则被称为“帕嘎萨村”。宣布设立专属经济区，规定该专属经济区应从测算领海基线量起，向外扩展至 200 海里的距离。该专属经济区的外部界线，侵入中国传统海疆线 42 万平方千米。菲律宾的领海是在群岛最外缘各岛和干礁最外缘各点上选取 80 个点作为领海基点，连接这些点的 80 段直线构成了其领海基线，这样菲律宾的领海最宽处达 270 英里，最窄处则不足 2 英里。专属经济区的实施使其获得管辖海域 26.9 万平方海里（所谓的历史海域）或 55.14 万平方海里的经济区（以直线基线为准）。

1980 年 8 月，菲律宾占领司令礁。至此，菲律宾攻占中国南沙群岛 8 个岛礁。

从 1970 年至 1980 年，在短短 10 年之内，菲律宾在南沙抢占了 8 个岛礁，通过总统法令一个一个把这些岛礁坐实，并划定了新的行政区划和管辖范围，使之在国内法上操作为菲律宾的领土。同时，还通过总统法令，宣布了国家领海基点、领海基线和 200 海里专属经济区。

延伸阅读：《东南亚集体防务条约》

1954 年 9 月 8 日，美国、英国、法国、澳大利亚、新西兰、泰国、巴基斯坦、菲律宾 8 国外长在马尼拉签订《东南亚集体防务条约》（简称《东约》）。其“条约区域”的界定明确指出：“‘条约区域’是东南亚的一般地区，也包括亚洲缔约国的全部领土，以及西南太平洋的一般地区，不包括北纬 21 度 30 分以北的太平洋地区。”南海虽然在《东约》中无明确定位，但事实上，南沙群岛和西沙群岛以及南海已经进入《东约》的防御范围，成为美国遏制“共产主义扩张”、围堵中国的一部分。一旦在南海发生所谓“扩张或侵略”事件时，是可以引用《东约》采取行动的。

巩固既得利益，武装挑衅不断升级

1992年，菲律宾前国家安全顾问戈勒斯声称黄岩岛是菲律宾国土，率先挑起争端。从1993年起，菲律宾开始对该岛进行勘测、考察和巡逻。

1994年，菲律宾有关专属经济区的法规颁布实施，菲政府以黄岩岛位于其200海里专属经济区为理由，宣称对该岛拥有海洋管辖权，随后改称拥有主权。其后，中国渔民在黄岩岛及其附近海域的捕鱼活动以及民间组织的无线电探险活动曾多次受到菲律宾军方的跟踪、拦堵，甚至扣押人员。同年，菲律宾与美国一家公司签订合同，对巴拉望岛西部有争议的水域进行了所谓的地质研究。作为回应，中国在南沙美济礁竖立标志物，修建渔民用的棚房。菲律宾声称美济礁是其领土，因此进行破坏并拔除标志物，还扣留了在巴拉望西部80千米处捕鱼的中国渔民。

1995年2月初，中菲发生“美济礁危机”。2月15日，拉莫斯总统主持国家安全委员会会议，命令加强岛礁防务、海上巡逻和空中监督。随后，菲5架喷气式战斗机飞往南沙，展示了其强硬立场。菲律宾政府还企图通过《美菲共同防御条约》拉美国下水，但美国以“南沙群岛不在条约覆盖之内”为由回绝了菲方的要求。

没有美国的武力干涉为后盾，拉莫斯态度遂由强转弱，称“倘若领土遭侵犯，将要求对方和平离去”。3月25日，菲律宾海军扣押我国62名渔民，菲当局以“非法入境罪”对渔民进行审讯。6月15日，菲律宾海军派突击队炸毁了距菲军占据的中业岛6海里处、中方在相关岛屿上设立的水泥制主权标志。菲律宾在中业岛铺设了一条1260米长的军民两用飞机跑道。除了30～50名的驻军以外，岛上共居住大约350名平民，其中绝大多数都是渔民。鼓励平民在岛上居住，是菲律宾当局企图长期占领相关岛屿所采取的一个策略，菲律宾海军军舰每月前往中业岛一次，为当地军民提供生活物资。此外，岛上还有一座8层楼高的瞭望塔、一个淡水处理厂、几台发电机、一个气象台和一座由菲律宾电讯公司建立的手机信号发射塔。

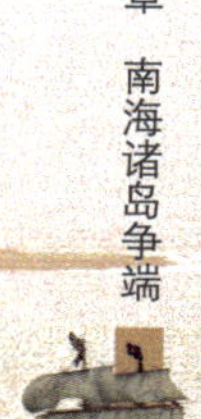

菲律宾人非法登上黄岩岛

1996年以后，拉莫斯多次向美国提出将双边防御合作范围扩大到南沙海域，希望美国提供军事保护。4月，菲律宾军舰把中国商船“误认”为海盗船，进行拦截并开枪射击，打死两名中国人。

1997年4月下旬，一艘载着中、美、日3国10多名无线电爱好者的中国船只抵达黄岩岛进行了5天的无线电探险。此间，菲律宾多次无理出动军舰和军用飞机，进行无端跟踪、监视和干扰，随后又扣留我渔船和渔民。4月29日，菲强烈抗议中国武装船只于南沙美济礁附近海面游弋，并拆除了岛礁上的中方建筑物。4月30日，两艘中国渔船停泊南沙黄岩岛，在岛上设立界碑、竖起国旗，遭菲军舰驱离，菲渔民其后拔去中国国旗及界碑。同日，菲两位众议员搭乘海军舰艇登上黄岩岛，并在岛上竖旗立碑，对中国渔民进行拦堵和恫吓。

5月，菲律宾非法拘禁我国25名前往黄岩岛进行正常捕鱼作业的渔民长达52天。6月30日，菲军方炸毁一座中国建造在仙宾礁上的建筑物。10月5日，菲军方在菲律宾水域截获两艘共载有34名中国渔民的渔船，以“非法入境”“非法捕捞”等莫须有的罪名将他们移交司法机关处理。菲律宾两名众议员还带着几名记者搭乘海军舰艇登上黄岩岛，并在岛上竖旗立碑，宣示“主权”。菲海军与空军、海岸警卫队之间专门建立了一套应急协调机制，菲空军巡逻机发现中方船只接近黄岩岛后，会将中方船只性质、数量、航向等数据实时通报海军。菲海军随即向黄岩岛海域派出相应规模的巡逻舰艇，以阻止中方靠岛。菲律宾多次出动军舰、军机在黄岩岛及附近海域对中国民间组织的无线电探险活动进行跟踪、监视和干扰。

1998 年，菲律宾与美国签署《访问部队协定》。该协定使得美军重返菲律宾，两国恢复大规模联合军事演习。同时，积极推动与菲律宾等东南亚国家举行以南海为背景的多边和双边军事演习。菲律宾已悄然将美军拉入南沙群岛争夺战中，而美军极力恢复在菲律宾驻军，也被后者视为“靠山”，以便在南沙群岛问题上拥有更大的发言权。

美国撑腰，菲律宾染指黄岩岛

中、菲之间矛盾加深，从而给美国提供了挑拨离间、浑水摸鱼的机会。1998 年开始，美、菲军事同盟关系重新加温，美国对菲军事援助不断增加，双方针对性军事演习日渐增多。有了美国的保护，菲律宾更加为所欲为，在继续加固南沙已占岛礁的同时，又把魔爪伸向中沙群岛的黄岩岛。同时，利用舆论战和法律战对中国展开围攻，企图把占领中国南沙岛礁、侵犯中国传统海域的事实合法化。

1998 年 1 月至 3 月，来自海南省琼海市潭门镇的琼海 00473 号、00372 号及中远渔 313 号和 311 号 4 艘渔船，在两个月时间内，相继在黄岩岛海域多次被菲海军拦截，51 位渔民同样遭到菲方“非法入境”的指控，被菲拘押近半年时间。11 月 9 日，菲律宾国防部长指责 100 多名工人在美济礁建造大型水泥兵营或码头，抗议中国渐进入侵。反应逐渐升级，总统下令加强海空军在美济礁附近的巡逻，防止中国船只进出南沙海域，军方获令可开枪示警。11 月 30 日，菲海军逮捕 20 名中国渔民，扣留 6 艘中国渔船，正式起诉他们非法捕鱼。

1999 年 1 月 16 日，菲军方指中国正在有争议的美济礁上修建一个新的钢筋混凝土结构，并发现两艘导弹护卫舰在附近海面警戒。5 月 23 日，中国琼海 03091 号渔船在黄岩岛再次遭菲军舰追击并被撞沉，导致 11 名渔民落水。菲律宾海军舷号为 47 的一艘军舰在追赶我 3 艘渔船时，曾使用机枪朝我木制渔船扫射示警。6 月，菲教育部在新版地图中将黄岩岛，甚至整个南沙群岛列入了菲律宾版图，

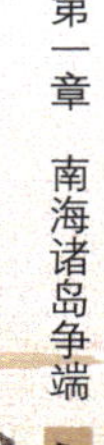

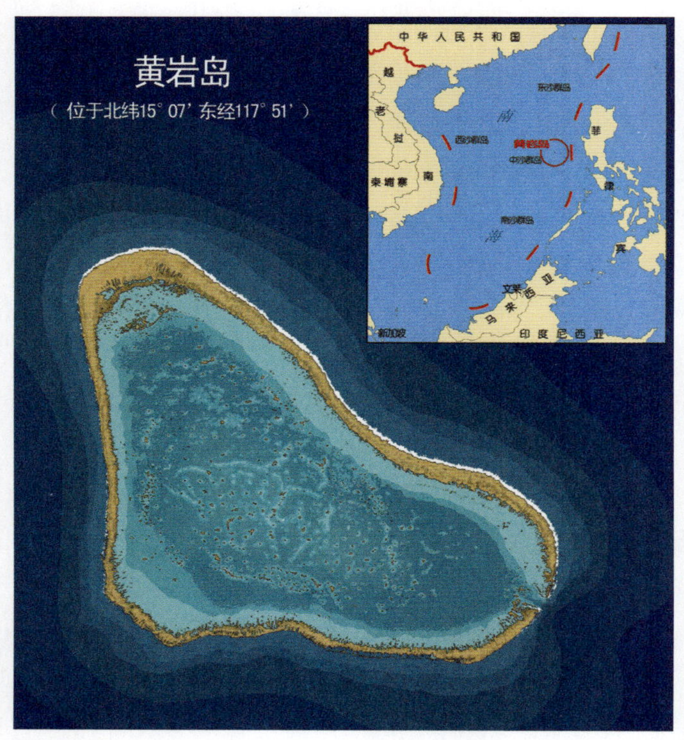

黄岩岛

将地图送往4万所公立学校图书馆。8月，菲政府将“南沙群岛是菲律宾领土”列为修宪内容，妄图以法律的形式进行领土扩张。11月3日，菲海军一艘舰艇在黄岩岛巡逻时故意“搁浅”，遭中国强烈抗议后，12月5日将船拖离黄岩岛。11月，菲律宾和美国在南沙举行军事演习，并拟将南沙主权入宪。此后，菲律宾海军逐步增加在黄岩岛海域“巡逻”的舰只数量，中国渔船很难再接近黄岩岛海域。

2000年1月31日至3月3日，菲律宾与美国在菲西部的吕宋岛、马尼拉湾、巴拉望岛等地举行了代号为“肩并肩—2000”的军事演习。该演习旨在检验美菲两国军队的协同作战能力，以加强两国的军事防务关系，显示“美支持菲抗击外部侵略的决心”。演习的主要课目是海空联合登陆作战，即设想中国在南沙某无人岛礁或黄岩岛派兵驻扎后，菲联合美军对中国实施反登陆作战。6月14日至9月22日，美国海军和海军陆战队与菲律宾、印尼、文莱、马来西亚等国，在南海地区分别进行了“卡拉特—2000”年度双边系列演习。演习的设想是：“某一地区大国”派兵占领了南海上有争议的岛礁并封锁了南海上的国际航道，美国应东南亚相关国家的要求，进行军事和人道主义援助，维护地区安全和海上航行自由。美国驻东南亚某国大使声称：“演习旨在确保我们的部队（与南海周边国家军队）做好并肩作战以迎接现实挑战的准备。”

2000年1月，菲律宾军方又在南沙群岛驱赶中国渔船，中国政府严正声明，要求菲律宾立即停止对中国领土黄岩岛的一切侵犯行径。5月，菲律宾海岸警卫枪杀中国渔民，中国就菲海警枪杀我国渔民向菲方提出严正交涉。菲律宾表示释放中国船员，但拒绝赔偿损失。5 月 26 日，海南省琼海市 01068 号渔船在南沙海域进行捕捞的作业船遭菲律宾海警袭击，船长符功武被打死，其余 7 名船员被菲军抓扣。这是近年来菲律宾海警及有关执法部门在南海制造的一系列抓扣、洗劫、打死、打伤中国渔民事件的一个继续，是一次有预谋、有组织的具有海上官方性质的恐怖行动。

2001 年 3 月，菲律宾海空军驱赶中国渔船，中国向菲方提出严正交涉。5 月，中国渔船被越南军舰抓扣。

2002 年，先后有超过 50 名海南渔民在黄岩岛海域捕鱼时，遭到菲律宾军方以擅闯菲律宾领海的理由拘留。

加强美菲军事同盟，开展舆论战和法律战

2004 年 2 月，菲美军队举行“肩并肩—2004”联合军演，美军 2600 余人参演。之后，菲律宾经常参加由美国主导的“卡拉特”联合战备训练演习。

2007 年，美军重返菲律宾，美国对菲律宾的年度军事援助，从 2001 年的 190 万美元，增至 4 亿多美元，美菲开始进行一系列例行联合军事演习。这些演习表面上是针对极端恐怖组织，不针对“任何特定的国家”，但美菲在军事演习中设立了“登岛作战、近海歼敌”的训练课目，“保卫斯普拉特利群岛（南沙群岛）”成为美菲军演的主要目的。

2008 年 3 月，菲律宾武装部队总参谋长埃斯佩龙前往中业岛“视察”，宣布完成南沙“卫星通信系统工程”建设。菲律宾军方还提出了派遣军舰运载当地游客到中业岛上旅游的计划。这一年上半年，以菲众议院外交委员会主席库恩科为首的一批众议员起草了“领海基线法案”，将黄岩岛和南沙部分岛礁划入菲律宾领海基线，并准备在总统最终签署后，于 5 月 13 日前递交联合国审议。5 月下旬，美第 7 舰队旗舰“蓝岭”号率多艘舰只、上千美军与菲律宾海军在巴拉望岛海域举行联合海上演习，而该岛是菲律宾距中国南沙群岛最近的主要岛屿。

2009 年 1 月 28 日下午，菲律宾参议院三读（即最后一读）通过了 2699 号法案，即“制定菲律宾领海基线的法案”，该法案将中国南沙群岛中的 8 个岛屿和黄岩岛划为菲律宾领土。2 月 3 日，菲律宾众议院通过 3216 号法案，即“菲律宾群

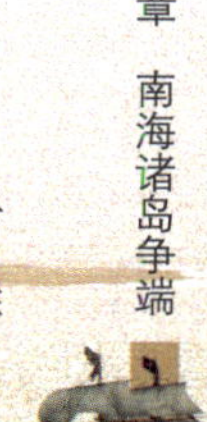

岛领海基线确定案”，将上述两处岛屿划入菲律宾领海基线。

从 2007 年 12 月菲律宾众议院批准制定该项法案，到 2009 年 2 月 17 日菲律宾国会通过该法案，菲律宾花了 16 个月运作该项法案，终于将其制定为法律。菲律宾将中国岛屿划入其领海基线范围，意味着菲律宾不仅拥有 12 海里的领海主权，还将拥有 200 海里的专属经济区，更意味着占有海量的油气资源。3 月 10 日，菲律宾总统阿罗约不顾中国的反对，正式签署了 9522 号法令《菲律宾群岛领海基线法》，将中国的南沙部分岛礁（菲律宾称为“卡拉延群岛”的部分）和黄岩岛划入“菲律宾共和国管辖范围内的岛屿制度”，正式为菲律宾海上疆域及专属经济海域设下界线。

新的“群岛基线法”对我南海中的 9300 万公顷海域提出了领土索求，菲律宾能源部门估计，这些海域蕴藏的油气资源价值 200 亿美元以上。菲律宾的领海基线法将本来属于中国南沙群岛的太平岛以及中沙群岛的黄岩岛视为菲律宾共和国的所属岛屿，而非直接划为领土，此举被解读为菲律宾面对国际压力仅宣示形式主权。菲律宾大学国际法学研究所此前发表的一项报告说，一旦联合国同意菲律宾的领土要求，菲方即可对相关岛屿周围海域的资源享有独自勘探和开采的权利。菲律宾利用提交划界案的机会对相关岛屿所有权进行单边立法，是希望从形式和实质两个方面强化菲律宾的声索立场。

菲律宾占领的中业岛

2011 年 4 月 14 日，中国直接向联合国秘书长潘基文提交了一份照会，中国在照会文件中称，在 1970 年以前，菲律宾从未在确定领土界线的一系列国际会议上提出对南沙群岛及其附属岛屿的主权要求，菲律宾国内法律中也未提及，但“自 20 世纪 70 年代以来，菲律宾共和国开始入侵并占据中国南沙群岛的一些岛礁，并就此提出相关领土要求，均遭中国强烈反对”，“菲律宾占领中国南沙群岛一些岛礁及其相关行为构成了对中国领土主权的侵犯”。

菲律宾所谓的卡拉延群岛是中国南沙群岛的一部分。自 20 世纪 30 年代起，南沙群岛及其附属岛屿就已经标注在中国地图上了。中国的此次照会除了申述其一贯立场，还使用了更为强硬的措辞，并把历来每一次对其他国家主权诉求的强烈反对作为其一贯立场的基础。6 月 2 日，正在文莱访问的菲律宾总统阿基诺对来自菲律宾内的媒体发表谈话说，菲律宾将向联合国递交文件，抗议中国多次入侵菲律宾领土的行为。他表示，自从 2011 年 2 月 25 日以来，中国曾 6~7 次“入侵”菲律宾领土。根据菲律宾军方此前报告，中国的测量船和军舰在距离菲律宾西南部巴拉望省 125 海里的易洛魁礁（即鲎藤礁）和艾米·道格拉斯滩（即安塘滩）卸下建筑材料并建立哨所，侵犯了菲律宾的“主权”。

22 日，菲律宾总统阿基诺三世称，中国应当遵守《联合国海洋法公约》，该公约认定菲律宾对位于其专属经济区内的雷克托滩（即礼乐滩）拥有主权，中国应向国际社会解释其对于该岛主权要求的合法性。他还呼吁联合国、美国和所有使用西菲律宾海（中国称南海）的国家遵守国际法规。

阿基诺三世称，由包括中国在内的各国于 1982 年通过的《联合国海洋法公约》规定距离一国大陆架 320 千米以内范围为该国的专属经济区，而雷克托滩距巴拉望仅 130 千米，他说该地区已超出了中国的专属经济区，因为它和距离最近的中国岛屿相距 900 千米。“我们希望中国遵守该公约，并且有美国对我们的支持和其他东盟国家的主权要求，我们希望联合国、美国以及其他需要经过该水域的各方能坚持它们的航行自由并遵守《联合国海洋法公约》。”阿基诺三世为菲律宾在该地区的主权进行辩护，称如果仅仅因为中国更大而屈服于其主权要求，那将是错误的。

2012 年 9 月 5 日，菲律宾总统阿基诺三世签署第 29 号总统行政令，以“为菲律宾共和国的西菲律宾海正名”为题，要求把菲律宾群岛西侧海域包括吕宋岛以及“卡拉延群岛”（即菲律宾所侵占的中国南沙群岛部分岛礁）、黄岩岛及其周边和毗邻水域命名为“西菲律宾海”，并要求菲律宾国家测绘和资源信息局绘制和出版涵盖“西菲律宾海”的菲律宾官方地图。为推广使用“西菲律宾海”这

一新名词，菲总统阿基诺已下令所有政府及机构在所有通信、文书和公共文件中使用“西菲律宾海”一词，要求教育部、高等教育委员会和国立高校下发通知，在学校教科书、视听演示等研究和教学材料中使用新地图，并指示菲外交部与菲律宾国家测绘和资源信息局等政府机构把新地图提交给联合国秘书长以及国际水文组织、联合国地名标准化会议等国际组织。2011 年，菲总统阿基诺就曾下令用所谓“西菲律宾海”一词替换“南中国海”这一国际通用地名，意图强化菲律宾对相关岛礁和海域的主权声索。

2013 年 1 月 22 日，菲律宾将中菲南海争议单方面提交给按照《联合国海洋法公约》附件七设立的仲裁法庭，要求进行强制仲裁。国际仲裁法庭已通过其正式“程序”，并设定了一个初步的时间表。菲律宾将南海问题提交国际仲裁的具体内容，是要求仲裁法庭澄清当事国根据《联合国海洋法公约》在南海享有的权利和义务，要求宣布中国基于“南海断续线”提出的海洋权利主张为非法，是无效的；要求仲裁法庭明确宣布中国“非法占领”的华阳礁等属于“水下特征”，是菲律宾大陆架的组成部分，宣布美济礁、永暑礁等分别属于“低潮高地”“岩礁”等，不应具有 200 海里专属经济区和大陆架的权利。同时要求仲裁法庭做出裁决，中国应停止其非法占领和活动，并停止阻挠菲律宾行使《联合国海洋法公约》赋予其专属经济区和大陆架的权利。此外还特别宣称：“菲律宾不寻求在仲裁中判定争议岛屿的主权问题，也不要求划定任何海上界线。”在仲裁要求中明确提出，要求联合国迫使中国尊重菲方在其专属经济区和大陆架内勘探、开采自然资源的专有权。

2013 年 1 月 19 日，中国驻菲律宾大使马克卿约见菲律宾外交部官员，表示中方对菲方将南海争议提交国际仲裁的照会及所附的通知不予接受，并将其退回。国际仲裁法庭也证实说：“2013 年 8 月 1 日，中国已照会仲裁法庭并重申其立场，表示不接受菲律宾的仲裁行动，并强调不会参加这场诉讼程序。”中国拒绝接受菲方的仲裁要求是有充分的国际法依据的。根据《联合国海洋法公约》第 298 条特别规定，缔约国可以向联合国秘书长提交声明的方式，排除强制仲裁程序适用于领土归属、海洋划界、历史性所有权、军事活动等海洋争端。早在 2006 年 8 月 25 日，中国就对《联合国海洋法公约》第 298 条的规定提交了一份声明，在涉及领土主权、海洋划界和军事活动之类的争端解决时，中国不接受《联合国海洋法公约》第 15 部分第 2 节规定的采取有约束力裁判的强制程序。中方这一排

赖在仁爱礁的菲律宾坐滩破船

除强制仲裁程序的声明是合法有效的，理应受到仲裁法庭的尊重。

2013 年 3 月，联合国国际海洋法法庭已成立了 5 人仲裁小组。法庭庭长柳井俊二指派了加纳籍法官门萨担任首席仲裁员，另外 4 名仲裁成员为：德国法官沃尔拉姆、波兰籍法官波拉克、法国籍法官柯特和荷兰籍法官松斯，接下来法庭将确认对南海主权争议是否有裁判权。

延伸阅读：中业岛

1970 年至 1980 年，菲律宾曾采取军事行动，先后侵占了南沙群岛的 8 个岛礁。1978 年 2 月，菲律宾开始扩充南沙岛礁上的兵力，其中，中业岛被设定为占领南沙群岛的指挥中心。菲律宾已在其所占岛礁上修建了两个小型空军基地，将其中的 3 个岛礁建成陆军基地。菲政府还相继单方面宣布了一些海洋立法，将中国南沙东部 41 万平方千米海域划入其领海。

中业岛，古称铁峙，位于南海南沙群岛中业群礁中部，扼铁峙水道之西，面积约0.33平方千米，高3.4米，是南沙群岛第二大岛。四周有沙堤包围着，沙堤高约5米，宽达60米。岛呈三角形，岛上覆盖着灌木、棕榈树等植被，高达3～4米。曾为中国渔民的季节性居留地。清嘉庆年间(1796~1820年)，该岛便有中国渔民居住。中国渔民曾在岛上种植椰子、木瓜、番薯和苋菜等，岛西部还有渔民修筑的小庙。1935年法军入侵，当时中业岛上有中国海南渔民5人居住。

1946年12月，中华民国国民政府派遣海军上校林遵、姚汝钰率“中业”号、“永兴”号、“太平”号、“中建”号等4艘军舰接收南海诸岛，并建碑测图。1956年，中国台湾海军先后派出“立威部队”“威远部队”和“宁远部队”3次巡察南沙群岛。在巡弋过程中，曾在太平岛、南威岛、西月岛重竖石碑、举行升旗礼，并改编为“南沙守备区”，改派海军陆战队守备太平岛。

1956年，马尼拉航海学校校长克洛马到南沙群岛探险，他声称“发现”了中业岛等9个主要岛屿，并命名为卡拉延群岛。1971年，菲律宾政府侵占中业岛。1978年，菲律宾非法设立了卡拉延镇，对中业岛进行管辖。1982年，菲律宾总理维拉塔非法视察中业岛。2012年6月24日，菲律宾巴拉望省卡拉延市市长奥农表示，已在南沙群岛中业岛建起了一个小型幼儿园，岛上常住居民60人。

岛上驻有80名菲军士兵，兵种包括海陆空三军。每6个月轮换驻守。有两座高射机枪，建有一座8层楼高的瞭望塔。岛上有一条混凝土跑道，长1500米、宽90米。2008年3月28日，菲律宾空军总司令卡登戈表示，菲律宾即将把中业岛上的军用机场扩建，跑道将加长，遭侵蚀的部分将修补，以维护C-130军用机的起降安全；至于破旧的驻军营房也将予以修缮保养，并为驻军的营房修筑工事。

2012年3月28日，菲律宾方面无视中国的抗议，宣称将会继续在南海被菲律宾军队实际占领，在中国声称拥有主权的岛屿上建造渡运码头。

中国与其他国家的南海岛礁争端

马来西亚

马来西亚在 1963 年从英国统治下独立建国后，也看中了南海资源。在巨大的经济利益刺激下，从 20 世纪 70 年代开始疯狂抢占南沙岛屿。其依据是南沙群岛位于马来西亚的大陆架上，其主权要求符合 1958 年《日内瓦公约》和 1982 年《联合国海洋法公约》。

1969 年，国际地质勘探发现南沙群岛一带藏有超过 200 亿吨的油气储量，基于经济利益，菲律宾、越南、马来西亚、印度尼西亚等国才纷纷提出对南沙群岛的主权要求。10 月，马来西亚与印度尼西亚签订了关于两国间大陆架划界协定，基线东段包括了南沙海域从安波沙洲、柏礁、南海礁、簸箕礁、榆亚暗沙、司令礁、校尉暗沙、南乐暗沙到都护暗沙一线以南的广大范围，包括曾母暗沙盆地和文莱沙巴盆地属于马来西亚。马来西亚把大陆架定义为与其领海相连、其海水深度不超过 200 米，或上覆水域容许对自然资源、生物或非生物资源进行开采的深度的海床和底土。

1977 年，马来西亚海军的一支小型舰队侵入南沙群岛，进行考察和钻探活动，并先后在弹丸礁等 10 个礁滩上竖立“主权碑”。由于当时中国海上军事力量薄弱，并且实行海禁政策，此次入侵行动并未受到阻挡。

1983 年 4 月，马来西亚宣布实施 200 海里专属经济区，将石油天然气资源最为丰富的曾母暗沙盆地划入其版图，分割南沙海域达 27 万平方千米。5 月至 6 月，马来西亚海军以演习为名，派兵侵占南沙群岛的弹丸礁、光星仔礁、南海礁等 5 个礁滩，宣称以确保马来西亚 200 海里经济海域的主权，并称安波沙洲也在其经济水域内。1990 年以后又派兵先后占据了安渡滩、南通礁、榆亚暗沙和簸箕礁，并在礁上建立水泥建筑物和灯塔。迄今为止，马来西亚实际占领和控制着南沙群岛南部的 10 多个岛礁或暗沙：弹丸礁、光星仔礁、南海礁、榆亚暗沙、簸箕礁、光星礁、南通礁、义净礁、北安礁、南安礁、南屏礁、海安礁、琼台礁、潭门礁、海宁礁、澄平礁等。其军事指挥部设在弹丸礁。

马来西亚非法占据的南沙岛礁中，弹丸礁最具商业价值，其所在海域海水清澈，透明度很高，海底生物丰富，是世界著名的潜水胜地。为了开发弹丸礁，马

来西亚在弹丸礁填海建造了小型机场，使得弹丸礁的面积跃居南沙群岛岛礁的第3位，岛上修建了酒店和各种娱乐设施，每年吸引了大量欧美和日本游客来此旅游。

马来西亚占据的南海海域，蕴藏着极其丰富的油气资源，且开发相对容易。目前，马来西亚在南通礁至曾母暗沙之间一带海域打出近百口油井，疯狂盗采我石油和天然气资源。年产石油3000万吨，每年给马来西亚带来不少于30亿美元的收入。

在南海问题上，马来西亚所采取的是巩固占领的策略，通过各种方式向国际社会强化其“事实占有、实际控制”的态势，宣示其对部分南沙岛礁拥有“不容置疑的主权”。2008年8月，马来西亚副总理纳吉率领庞大的军队和媒体代表团飞抵弹丸礁，宣称“马来西亚必须成为这片土地的主人和拥有者”。还强硬地声称：“我们拥有战舰、战斗机，别人将不敢侵犯我们的主权。”

2009年3月，马来西亚总理巴达维率政府工作组登陆弹丸礁和光星仔礁，指示要将弹丸礁建设成为以海洋生物为特色的国际旅游中心。此后，每年一度的纳闽国际深海钓鱼锦标赛都被安排在弹丸礁举办。马来西亚正是以这种方式来强

马来西亚侵占的南沙弹丸礁

化其拥有弹丸礁“不容置疑的主权”的国际形象。

马来西亚还与越南相互勾结，努力将非法占领南海岛礁合法化。2009年3月，马来西亚国会通过了《2009年大陆架法令（修正案）》。2011年5月，与越南一起正式向联合国大陆架界限委员会提交《200海里外大陆架划界案》，将包括南沙群岛在内的南海南部大部分海域作为马、越两国共同拥有的外大陆架。尽管在中国的强烈反对和坚决斗争下，该案最终未能进入联合国大陆架界限委员会的审议程序，但马来西亚将南海争端国际化的企图已暴露于世人眼前。

印度尼西亚

在1969年马来西亚与印度尼西亚签订的两国间大陆架划界协定中，印度尼西亚宣布的矿区范围侵占了属我历史疆界内曾母暗沙盆地的西南部分，面积约3.5万平方千米，同时与7家国外公司订了合同，已完成钻井30口，发现并开采了一个大型气田。据最新资料，印度尼西亚矿区被认为是世界上尚未勘探开发的石油远景区之一。

1980年3月，印度尼西亚宣布建立从领海基线向外延伸200海里的专属经济区，主张大陆架从群岛基线量起，至少应扩展到200海里，在200海里距离内可以不考虑海底的地质、地貌特征。200海里专属经济区宣布后，使其海域面积增加到157.73万平方千米，为东南亚地区最大受益者。其范围进入中国传统疆域线达5万多平方千米，威胁到中国南沙群岛东北部主权。

印度尼西亚所划的大陆架的范围伸延至我国“九段线”内，虽然未对南海诸岛的岛礁构成威胁，但其专属经济区水域与我国传统海疆线内水域重叠。印度尼西亚政府于1960年2月18日颁布了《印度尼西亚第四号法令》，其中规定“印度尼西亚的领海是一条宽为12海里的海水带”。此项法令还明确规定了关于海上划界的中间线原则。

文莱

文莱直到1984年才摆脱英国殖民地地位，成为独立国家。

1984年2月23日，在文莱举行的盛大的独立纪念日上，通过立法形式宣称

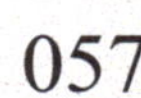

实行 200 海里专属经济区制度，随后发行了标明海域管辖范围的新地图，声称对南沙群岛西南端的南通礁拥有主权，并分割南沙海域 3000 平方千米。目前，南通礁上的中国的早期标志物已经被文莱破坏，礁上有该国设立的指航标志物。由于文莱自身的国力和南通礁恶劣的自然环境，文莱没有进驻南通礁。

1988 年，文莱声称大陆架延伸至南沙群岛的南薇滩。它要求的专属经济区伸延至我国“九段线”内，并与马来西亚、印度尼西亚、菲律宾和越南等国的要求相互重叠。其中，文莱拥有的 8 个油田中，有两个在中国领海传统断续线内。

中国维护南海诸岛主权的重大发展

宣布南海主权范围，各国表示赞同

1958 年 9 月 4 日，中国发布《中华人民共和国政府关于领海的声明》，正式宣布：“中华人民共和国的领海宽度为 12 海里。这项规定适用于中华人民共和国的一切领土，包括中国大陆及其沿海岛屿，同大陆及其沿海岛屿隔有公海的台湾及其周围各岛、澎湖列岛、东沙群岛、西沙群岛、中沙群岛、南沙群岛以及其他属于中国的岛屿。”

关于领海基线，声明中规定：“中国大陆及其沿海岛屿的领海以连接大陆岸上和沿海岸外缘岛屿上各基点之间的各直线为基线，从基线向外延伸 12 海里的水域是中国领海。”同时郑重宣布：一切外国飞机和军用舰船，未经我国政府许可，不得进入中国的领海和领海上空。

9 月 7 日，越南北部《人民报》发表评论员文章，称中国政府的声明“是完全正当的”，“越南人民完全赞成”。9 月 14 日，北部越南政府总理范文同致函中国总理周恩来：“尊敬的（周恩来）总理同志，我们郑重地向总理同志声明：越南民主共和国政府承认和赞成中华人民共和国政府于 1958 年 9 月 4 日所作的关于中国领海的决定和声明。我们向总理同志致以诚挚的敬意！”

1959 年，越南北部人民军总参谋部编绘的《世界地图》上，用中国名称标注“西沙群岛（中华）”“南沙群岛（中国）”。1961 年到 1971 年，美国出版的辞典、百科全书中明确指出：南沙群岛是“南中国海的中国属地，广东省的一部分”，

“中华人民共和国各岛屿，还包括伸展到北纬4度的南中国海的岛屿和珊瑚礁”，“人民共和国包括几个群岛，其中最大的是海南岛，在南海岸附近。其他群岛包括南中国海的一些礁石和群岛，最远伸展到北纬4度。这些礁石和群岛包括东沙、西沙、中沙和南沙群岛”。美国出版的《哥伦比亚利平科特世界地名辞典》写道：“南沙群岛是南中国海的中国属地，广东省一部分。”1965年，法国出版的地图，不但用法文拼音标明西沙、南沙和东沙群岛的中国名称，而且在各岛名称后注明属于“中国”。

1966年至1972年，日本出版的年鉴中指出：“中国的沿海线，北从辽东半岛起到南沙群岛约1.1万千米，加上沿海岛屿的海岸线，达2万千米。”中国“除大陆部分的领土外，有海南岛、台湾、澎湖列岛及中国南海上的东沙、西沙、中沙、南沙各群岛等。”

1974年，北越政权承认西沙、南沙群岛是中国领土。当年，越南教育出版社出版的普通学校《地理》教科书在《中华人民共和国》一课中写道：“南沙、西沙各岛到海南岛、台湾、澎湖列岛、舟山群岛形成的弧形岛环，构成了保卫中国大陆的一道长城。”在此以前，北越政权也一直正式承认西沙和南沙群岛是中国领土。

该出手时就出手——西沙海战

1973年初，美国决定从越战泥潭中抽身，将大量舰艇交给南越。南越政权自认为海军力量已经跻身世界前10位，频频派军舰侵犯中国领海。9月，南越非法宣布将南沙群岛的南威岛、太平岛等10多个岛屿划入其版图。

1974年1月11日，南越宣布把西沙群岛划入自己的版图。此时，南越军舰在西沙永乐群岛海域活动更加频繁，欲侵占整个西沙群岛。永乐群岛是西沙群岛的一部分，由珊瑚、甘泉、金银、琛航等岛礁组成。当日，中华人民共和国外交部发言人发表声明，谴责南越当局对中国领土主权的肆意侵犯，重申中国对南沙、西沙、中沙和东沙各群岛拥有领土主权，中国政府决不容许南越当局对中国领土主权的任何侵犯。

南越当局不顾中国政府的严正警告，于1月15日派驱逐舰“李常杰”号（舷号16号）侵入西沙的永乐群岛海域，对在甘泉岛附近从事捕鱼生产的中国402号、

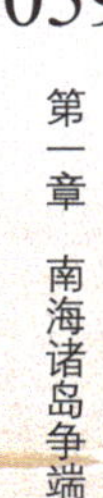

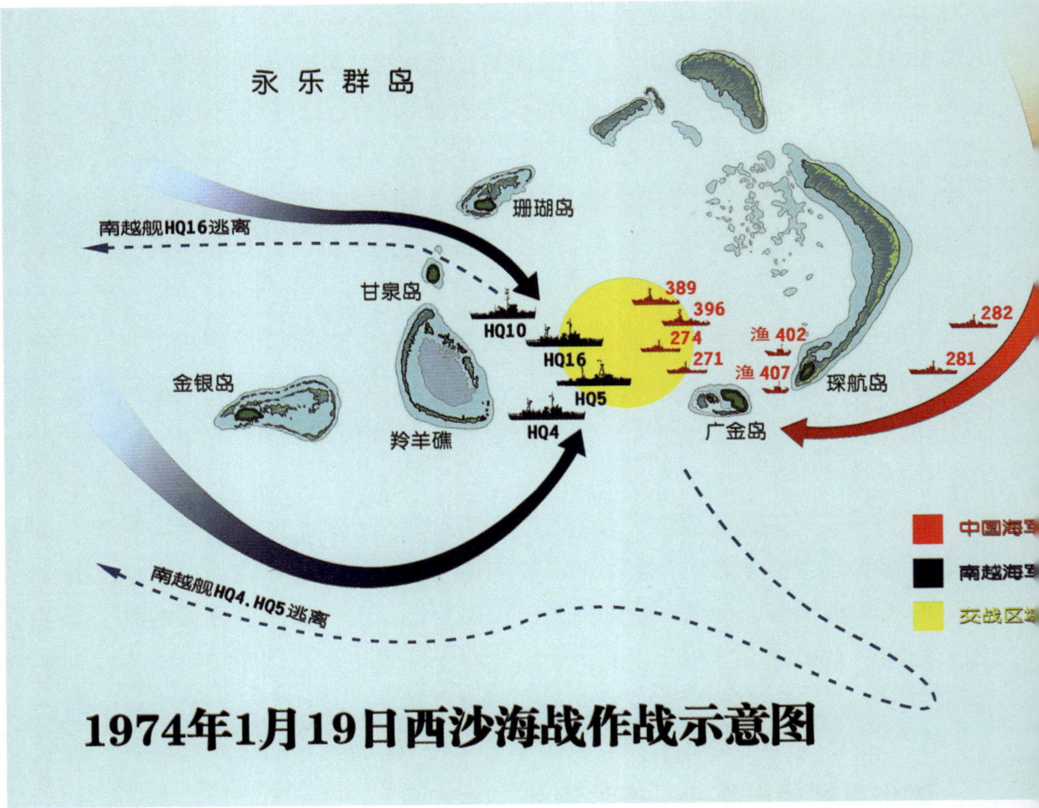

1974年1月19日西沙海战作战示意图

西沙海战作战示意图

407 号渔轮挑衅，无理要求渔轮离开甘泉岛海域，并炮击竖有中国国旗的甘泉岛。1 月 17 日，南越又增派驱逐舰“陈庆瑜”号（舷号 4 号）、“陈平重”号（舷号 5 号）及护航炮舰“怒涛”号（舷号 10 号）侵入上述海域，强占金银、甘泉两岛，企图作为继续侵占其他岛屿的据点。

面对南越当局的侵略行径，为保卫国家领土主权，反击入侵之南越军队，中国人民解放军海军南海舰队奉命派出猎潜艇 271 号、274 号组成编队，在舰队航空兵掩护下，于 1 月 17 日驶往西沙永乐群岛海域执行巡逻任务，保护中国渔轮安全生产。18 日，扫雷舰 389 号、396 号也驰援永乐海域，加入巡逻编队；猎潜艇 281 号、282 号部署于宣德群岛之永兴岛，准备随时支援巡逻编队作战。1 月 18 日 20 时，周恩来总理召开作战会议，指示既要寸土必争，又不使战争扩大。

双方对峙的舰艇数量为 4 ∶ 4，不过，南越海军在装备上占有压倒性的优势。

南越这几艘军舰都是美国制造，“李常杰”号曾在海战中击沉过14艘北越的军舰。相比之下，中国这4艘舰艇的总吨位还不及对方的1艘舰艇，而且对方普遍装备火控系统，中国舰艇则基本上还是人力操作。双方实力对比之悬殊，是显而易见的。

19日10时22分，南越4舰同时向中国舰艇编队发起攻击，中国舰艇被迫奋起自卫，各舰群近战歼敌，集中火力猛烈还击。经4个多小时激战，南越护航炮舰10号被击沉，驱逐舰4号、5号、16号被击伤后逃逸。

20日13时45分，中国海军收复三岛，全歼入侵的南越军队。这次战斗，共击沉南越海军护航炮舰1艘，击伤其驱逐舰3艘，俘49人，收复被南越军队侵占的永乐群岛中的3个岛屿。中国4艘舰艇受伤，18人牺牲，67人负伤。这一胜利沉重打击了南越当局的扩张主义，维护了国家领土主权。战斗结束后，参战部队和民兵受到中共中央军委和中华人民共和国国务院的通令嘉奖。

战事结束后，南越一度摆出报复的姿态，派出6艘军舰从岘港驶向西沙群岛，并下令该地区的海、陆、空三军全部参战，同时请求美国第7舰队援助。对此，中央军委决定“调东海舰队3艘导弹护卫舰紧急南下，支援南海舰队”。由于台海关系紧张，中国海军舰艇从东海到南海，以往都需绕道太平洋，过巴士海峡。而这一次不同，毛泽东主席指示“直接通过台湾海峡”，3艘导弹护卫舰有惊无

猎潜艇281号、282号驰援

被击沉的南越“怒涛”号

险地通过了海峡。南越当局看到局势发展对自己不利，于是做出了“应避免下一步同中国作战”的决定。西沙海战到此结束。

西沙自卫反击战是我人民海军南海舰队与陆军分队、民兵协同，对入侵西沙永乐群岛海域的南越军队进行的一场维护国家主权和领土完整的正义斗争，也是 1949 年新中国成立后我人民海军舰艇第一次同外国海军作战。这场海战对中国在南海的战略态势影响深远，赶走了入侵的南越军队，捍卫了国家主权。尽管当时美国在南越和南海地区驻有很强的军事力量，南越当局也一再请求美军干预，但美国政府明确表示无意卷入这一争端，其舰队也一直没有靠近冲突地区。

1972 年 2 月，美国总统尼克松访华之后，中美关系开始从紧张对峙转为和缓。美国在经历了 10 多年越南战争之后，无意拓展新的战场，开始大幅收缩在东南亚的军事存在，大量削减在泰国和菲律宾的驻军规模，1976 年关闭了在泰国的军事基地，1977 年东南亚条约组织宣布解散。中央军委抓住这样的有利战略时机，积极进行自卫反击作战，远离海岸，在陌生海域，使用劣势装备进行了一场英勇卓绝的海战。西沙自卫反击战的胜利为西沙群岛的长治久安提供了重要前提，也为捍卫南沙群岛主权提供了前进基地。

维护南沙主权，打赢赤瓜礁海战

1979 年，中美关系处于中美建交后最好的时期。对于南海争端，美国睁一只眼，闭一只眼，保持中立，不闻不问。如果发生什么问题，也是在某种程度上反对越南，比如在北部湾问题上就协同西方共同反对越南提出的“历史性水域”的观点。但在苏联的支持下，越南肆无忌惮，进行单方面海洋立法，侵占中国南沙岛礁，掠夺中国海上资源，成为在南海附近地区反华、遏华、制华的带头大哥。在越南的带领下，南海其他声索国胆大妄为，立法、占岛、捕鱼、开发石油和天然气，严重侵犯了中国的主权和海洋权益。

1987 年 2 月，联合国教科文组织通过了《全球海平面联测计划》，决定在全球范围内建立 200 个海洋观测站，中国负责承建 5 个，其中在西沙、南沙各建 1 个。3 月，联合国教科文组织政府间海洋学委会第 14 次会议决定，由中国在南沙群岛建立第 74 号海洋观测站。中国决定利用在南沙建立海洋观测站的有利契机，名正言顺地进入南沙，维护南沙主权。中国政府决定派遣海军舰艇编队，前往南沙群岛巡航。

1987 年 4 月起，中国科学院“实验 2 号”和“实验 3 号”考察船在南沙群岛附近海域进行了为期一个半月的综合科学考察。中国科学院南沙综合考察队对南沙群岛东北部的 10 个岛礁进行地球物理、海洋生物、水文气象等 7 个学科 22 个项目的综合考察，发现曾母暗沙周围海域蕴藏丰富的油气资源。通过对该群岛数十个岛屿及附近海域的深入考察，最后确定在永暑礁建立海洋观测站。5 月 25 日，永暑礁主权标志建成。

5 月 16 日至 6 月 6 日，中国海军大型舰艇编队在南起曾母暗沙，北至北子岛以及西南境界线之内进行了正常水面巡逻，与此同时，我海军还进行了 20 多天的海上编队演习，海上补给和部分标志战术课目的训练。海军南海舰队和东海舰队派遣海上编队实施护航，并在南沙海区进行了两次两栖作战演习。因南沙局势需要，我人民海军首度提出建造航母的设想，并着手一些前期论证工作。6 月 8 日，南海舰队陆战队在西沙群岛的某岛进行了为期一周的登陆和抗登陆作战演习。

10 月 8 日至 12 月 4 日，中国海军东海舰队合成编队在西太平洋和南中国海

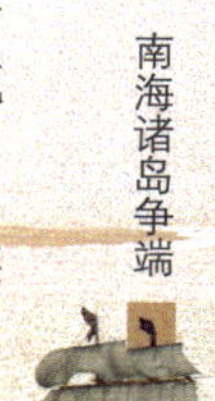

进行了一次远程航海训练，舰队由导弹驱逐舰两艘，对空导弹驱逐舰两艘，舰队整备给油舰一艘，远洋拖船一艘等 8 艘舰艇组成。编队出宫古海峡进入太平洋后，在巴林塘海峡进行了海峡封锁和反封锁的战术演习，10 月 25 日，舰队在曾母暗沙举行了升国旗和阅兵活动。接着舰队在实施由潜艇、高速导弹艇协同的实战演练后返回港口。这次远洋航海进行了 17 个战术课题和 164 个单舰的训练项目，成功地组织了多舰艇、多方位综合补给 70 余次，共续航 3740 个小时，总航程达 5.4 万海里。11 月 6 日，中国国务院、中央军事委员会批准在永暑礁建设海洋观测站。

1988 年 1 月 14 日，中国用于建站的部分施工器材已陆续运上永暑礁，其后数天，越南军队在抢占了附近几座岛礁后，于 1 月 31 日派出 2 艘武装运输船，满载着建高脚屋的各种器材，直向永暑礁开来，企图抢占永暑礁。此时，我人民海军编队先后进驻南沙群岛南端伊庆群礁的华阳礁、中部九章群礁边缘的赤瓜礁和东门礁，郑和群礁西南的南薰礁，北端中业群礁西南的渚碧礁。担任警戒任务的我人民海军护卫舰编队发现越南舰船后迅速迎面拦截，越南海军被迫放弃抢礁行动。

中国舰队奔赴南沙

1月21日，以南海舰队552号“宜宾”号护卫舰为旗舰的我海军编队到达南沙群岛海域。经过考察，最后选择南沙群岛的永暑礁作为第74号海洋观测站的站址。1月23日，中国海军552编队（包括护卫舰502号、531号、556号）到达南沙群岛。1988年1月31日，552号舰派出7名官兵驾驶小艇登上永暑礁，首次在永暑礁上升起了五星红旗，这也是五星红旗第一次飘扬在南沙群岛的上空。

2月2日，越南海军派出舰只抢占中国军队所据的礁盘，中越海军在礁盘上相互对峙了近一个月。2月22日和3月5日，我海军502号舰艇编队和531号舰艇编队相继赶到，至此，在永暑礁附近海域，我海军已集中包括驱逐舰和护卫舰在内的大小15艘作战舰船，实力相当雄厚。3月13日下午，中国502号护卫舰“南充”号组织人员登上赤瓜礁，不久中国502号舰雷达发现3艘越南舰艇正向赤瓜礁海域驶来。傍晚时分，越军604号武装运输船在赤瓜礁抛锚，越南605号运输船在赤瓜礁东北的琼礁抛锚，越南505号登陆舰则在赤瓜礁西北的鬼喊礁抛锚。越军企图非常明显，兵分三路同时抢占赤瓜礁和附近的鬼喊礁、琼礁。中国502号舰果断决定首先确保赤瓜礁，与越军对峙，等待后续舰艇赶来。

3月14日，中国海军531“鹰潭”号和556“湘潭”号护卫舰赶到赤瓜礁海域，556号警戒琼礁方向，531号则与502号舰会合，全力保卫赤瓜礁。此时，越军604号武装运输船派出人员登上赤瓜礁，至7时30分，越军上礁人员共43名，并在礁北侧插上2面越南国旗。中方海上指挥所决定寸步不让，但同时要力争避免流血冲突，决不首先动用武力，采取与越军“武装共处”的方针。根据这一方针，中国502号舰立即抽出33人，中国531号舰抽出25人登上赤瓜礁，使登礁人数达到58人。

东西宽仅200多米的赤瓜礁上，双方人员相距约100米，各自站成一列，双方枪口对枪口，形成对峙。8时，一名越军士兵将一面越南国旗插在我军官兵面前的珊瑚礁上，我水兵杜祥厚一把将越南国旗拔了下来，一名越军随即举枪瞄准，战友杨志亮出面掩护，此时越军抢先开火并击伤杨志亮。中国海军编队海上指挥员陈伟文立即命令还击。礁上的我军官兵立即开火还击，并按照预定方案迅速后撤，与越军拉开距离，以便舰炮发挥火力。随后双方交火。越军604号船上的机枪也响了起来，中国502号舰的机枪亦开火还击。

中国502号舰的炮火一发接一发落在越军604号船上，4分钟后，越军604号船起火下沉，9分钟后沉入海底。而越军在赤瓜礁上的人员失去退路，只得缴

械投降。中国海军士兵随即停止还击。9 时，越南 505 号登陆舰打出了一面白旗投降。

9 时 15 分，中国 556 号舰抵达琼礁海域，发现越军 605 号船已经派出 9 人登上了琼礁，于是 556 号舰立即用高音喇叭警告其离开，岂料越军不仅拒不撤走人员，反而向 556 号舰射击，556 号舰立即开炮还击，并将 605 号船驾驶台轰坍，船体开始倾斜。9 时 37 分，中国 556 号舰停止射击，伤势沉重的越南 605 号船苦撑到天黑时沉没。10 时 50 分，赤瓜礁上的全体官兵押着俘虏撤回舰上。

此战，从开火至结束只有 28 分钟。中国除两名科学研究人员受伤外，参战军舰和海军战士无一伤亡，击伤舰艇 5 艘、缴获越南国旗一面。越南伤亡 50 余人、被俘 40 多人；舰艇被击沉 1 艘、被击伤 2 艘。

海战结束后，为防止越军可能利用空中力量进行报复，海上编队始终做好防空准备。越军迫于中国海军的压倒性优势，并未采取任何报复措施。参战舰艇顺利驶返海南岛基地休整，中央军委通令嘉奖，对海上舰艇编队坚持自卫原则、严守战场纪律、打出了国威军威进行褒奖。

20 世纪 70 年代以后，南海周边国家纷纷进入南沙群岛，单方面划定疆域，武力夺占岛礁，大力攫取石油、天然气和渔业资源。虽然我国一直宣称拥有南沙群岛的主权，但实际上并未有效控制其中任何一个岛屿、珊瑚礁或沙洲。赤瓜礁

美济礁一号建筑

海战以后，中国海军接连收复南沙群岛中的7个礁盘：永暑礁、赤瓜礁、东门礁、南薰礁、渚碧礁、华阳礁、美济礁。自此之后，永暑礁海洋观测站建站工程再无干扰，于1988年8月顺利完成。

第三次确定南海岛礁滩洲地名

1980年至1982年，国家组织海洋、测绘、地理、历史等专业科研人员进行南海地名调查，当代测绘技术使大规模的地名调查和图上定位趋于全面准确，地名标准化理论研究也日益成熟。中国政府第三次公布南海诸岛官方地名，由国务院授权中国地名委员会，于1983年4月25日公布287个标准地名，每条地名包括其标准的汉字书写形式、汉语拼音、部分地名的当地渔民习用名称。

与1935年和1947年公布的内容相比，当代地理学的发展提高了岛礁滩沙分类的科学性；有组织的大规模调查，收集了从前所忽视的渔民习用地名，并将其中的一部分作为标准名称；增加、调整了一批岛礁滩沙的名称，地名总数增加了115个；运用我国法定的拼写系统，实现了地名的单一罗马化，这些都是对前人的超越。

名从主人、保持地名稳定性、消除外来影响、科学性，是这次地名审定的4个原则。对1947年公布的名称，1983年保留了155个，调整通名的（如“仙宾暗沙”改为“仙宾礁”）10个，这是地貌分类上的进步，这两类地名占1947年公布地名的96.5%；另有“和五岛”改为“东岛”，“立夫暗沙”改为“中北暗沙”，“立威岛”改为“单柱石”，“蓬勃礁”改为“浪花礁”；弃用与未公布的名称各2个。新命名116个，另有1935年公布而1947年遗漏的地名2个，此次又予更名，二者共计118个，占1983年所公布地名总数的41.1%。其中采用或部分采用当地渔民习用名称的48条，占新命名的40.7%，这是地名审定的主要成果；据外文意译、音译的不足10个。

我国对南海诸岛的命名，经历了由笼统到具体，由大量译写外语地名到逐渐减少外来地名影响的发展过程。由于本国实测地图的缺乏而英美等国捷足先登，1935年公布的南海地名，绝大部分是以汉字记录英美海图上的地名译音，甚至忽略了李准当年的命名。1947年第二次公布南海地名，增加了一批汉语的新名；据外文译写的部分也在用字上做了调整，向形式上的汉语化迈进了一步。不过，

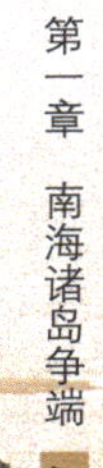

貌似汉语的外形，掩盖不了译自外文的实际，其思维仍延续了对外文地图和外来地名的依赖。此外，当时的国情也没有从容调查渔民对各岛屿称谓的可能。

第三次地名调查，则有了以往所不具备的实现地名标准化的条件，国家组织了海洋、测绘、地理、历史等专业的科研人员，当代测绘技术使大规模的地名调查和图上定位趋于全面准确，地名标准化理论研究也日益成熟。这次取得的进步已如前所述，但在减轻外来地名的影响方面，仍存在着一些需要商酌的问题。

中国在美济礁建立永久前哨

美济礁是中国南沙群岛中一个珊瑚环礁，中国渔民称此礁为双门礁或双沙礁，附近水域是中国渔民的传统渔场。其东西约 9 千米，南北约 6 千米，总面积约 46 平方千米。环礁内潟湖面积约 36 平方千米，水深 20 ~ 30 米。南部和西南部有 3 个入口，大型船只可以在涨潮时通过该口进入潟湖，为一天然避风良港。

1994 年 12 月，为了配合南海渔政部门建设渔港的需要，中国在美济礁建设礁堡。1995 年 1 月，一艘被中国海军释放的菲渔船船长向菲政府报告了此事。2 月 2 日，菲律宾军方派一艘巡逻舰和一架侦察机到美济礁证实此事，美济礁争端由此开始。

2 月 8 日，当时的菲律宾总统拉莫斯发表讲话，强烈抗议中国军舰“侵入”菲律宾声称拥有主权的南沙海域，并在“菲律宾所属”的美济礁建造军事设施，谴责中国“违反国际法和 1992 年马尼拉东盟会议有关南中国海宣言的精神与要旨”。菲律宾国防部出示了中国军舰在美济礁活动的照片，还出示了中国在美济礁建造 13 座二代高脚屋的照片，指明这种高脚屋已经具备基本防守能力。

面对菲律宾政府的指控，中国外交部解释说，中国在美济礁的建筑是“为了保护在南沙海域作业的渔民的生命安全，是一种生产设施”，“中国方面从无拘留，也无逮捕任何菲律宾船只，也没有在美济礁上建立任何军事基地”。

但是，菲律宾方面无视中方的解释，随即把所有的战斗机调到南沙群岛，在所占领的岛礁增加驻军，并出动海军，把中国在仁爱礁、仙娥礁、信义礁、五方礁、半月礁等南沙岛礁上设立的测量标志炸毁。海军巡逻艇在空军飞机的支援下，突然袭击了停靠在半月礁附近的 4 艘中国渔船，拘留了船上 62 名渔民。

菲律宾军方蓄意将争议升级。5 月 13 日，召集 38 名记者分别用舰船和直升

中国舰炮怒吼

机载运到美济礁进行所谓的“采访”，企图使美济礁事件引起国际上的关注。中国渔政 34 号船接到命令实施拦截，全体船员只有一个念头：“人在，船在，礁在，国旗在！”他们与菲方配有两架武装直升机的登陆舰和配有 7 门大炮的护卫舰周旋了 8 个多小时，菲方无果而退。

1998 年 10 月，菲律宾军方拍了一组中国船在原建筑旁卸货的空中侦察照片，指责中国在美济礁扩大“军事建筑”。菲律宾国家安全顾问亚历山大・埃格里将军说，这些建筑“可以被用作渔民避难所之外的目的”。而中国方面坚持说，在美济礁建造的是渔民避风场所，在工作开始之前就已事先通知过菲律宾驻北京大使，菲律宾所提供的空中照片与事实不符。双方举行了多轮谈判，中方代表表示争议只能通过双边谈判，反对多边谈判与国际化，拒绝了菲律宾提出在 4 年内拆除美济礁上所有建筑的要求。

1998 年下半年到 1999 年初，中国的建筑工人在海军护卫舰的保护下，在美济礁修建了 4 座钢筋混凝土结构的 3 层建筑，使该岛礁成为中华人民共和国的一个永久前哨。菲律宾前总统埃斯特拉达曾命令菲海军前往封锁美济礁的进出口，

但菲律宾外交部长很快为埃斯特拉达阐明了总统的“意图”。他告知媒体说，总统埃斯特拉达的原意是让菲海军加强对美济礁的监视。事实上，埃斯特拉达是想用武力封锁美济礁的，但遭到菲海军方面的劝阻，因为他们清楚自己的军事力量是敌不过中国海军的。

2012 年 12 月 5 日，海南省三沙市南沙区美济村正式成立，这是中国最年轻的行政村。守礁的 53 名渔民成为该村的第一批村民，常年居住在此进行远洋渔业捕捞和网箱养殖。

加强海洋立法，强化海上维权执法

1992 年 7 月 16 日，中国提出希望相关国家谈判解决南沙群岛领有权问题，反对南沙群岛问题国际化，并提出了“搁置争议，共同开发”的建议。同年，我国通过了《中华人民共和国领海及毗连区法》。1996 年，中国全国人大批准了《联合国海洋法公约》，中国成为第 93 个批准《联合国海洋法公约》的国家。1998 年，我国颁布了《中华人民共和国专属经济区和大陆架法》。中国政府共分两次公布了我国部分领海基线及基点的地理坐标：1996 年《中华人民共和国政府关于中华人民共和国领海基线的声明》，宣布了我国大陆领海的部分基线和西沙群岛共 77 个领海基点的名称和地理坐标；2012 年 9 月 10 日《中华人民共和国关于钓鱼岛及其附属岛屿领海基线的声明》，宣布了我国钓鱼岛及其附属岛屿的领

“海洋石油 981”钻井平台

海基线和 17 个领海基点的名称和地理坐标。南沙群岛、中沙群岛的领海基线和基点的地理坐标尚未宣布。

1988 年 4 月，海南建省，成立海南经济特区。海南省行政区域包括海南岛、西沙群岛、南沙群岛、中沙群岛的岛礁及海域。刚建省的时候，当时的海南省副省长曾带领一个代表团专程到曾母暗沙经纬度所在的地方投下主权碑。

2005 年，中国海军南海舰队 167 驱逐舰远航编队曾到曾母暗沙投放主权碑。曾母暗沙是中国宣称的南中国海领海的最南点，在此投放主权碑，就是划定国家海洋边界，而且是国际法认可的划界方式。同年，中国海监南海总队共组织开展了 31 个航次的定期维权巡航执法工作，重点对南海北部、北部湾湾口、东沙群岛西南部、西沙群岛北部、海南岛东部、南沙群岛等海域开展定期维权巡航执法，执法范围覆盖中国主张的整个海域。在执法的同时，对被占岛礁进行测查。这些行动，表明中国加强了在南中国海的事实存在。而这种存在不仅仅是军事存在，更主要的是行政执法性的存在。这表明：中国政府正在有效地管理中国的领土。这一方面挤压占领者的存在空间，另一方面向国际宣示主权。同时，也为以后全面解决问题奠定各种基础。

2006 年 7 月，经国务院批准，中国海监开始在我国东海管辖海域开展定期维权巡航执法。到 2007 年 12 月，中国海监实现了对我国全部管辖海域的定期维权巡航执法，包括黄海、东海和南海等海域。

2010 年 2 月 26 日，我国自行建造的 3000 米深水半潜式钻井平台“海洋石油 981”顺利出坞。该平台归中国海洋石油总公司所有，已进军南中国海，该公司计划建成一个油气产量达 5000 万吨油当量的海上油田，一举打破了中国在自己的主权海域不能开采资源的尴尬局面。而此举的重大意义还在于中国开始以高速度夺占南海石油开采权，对资源形成事实拥有。这既是中国宣示和行使主权的合法举动，又可以挤压侵占国的资源空间。

2010 年 4 月 20 日，中国海监 83 船在曾母暗沙再次投下主权碑。

成立三沙市，维护南海主权

1950 年 5 月，海南岛解放。在行政区划上，南海诸岛仍然属于广东省，行政关系隶属于广东省海南行政区。1959 年，西沙、南沙、中沙办事处设立，由

海南行政区管辖。1988 年，西沙、南沙、中沙办事处划归新成立的海南省管辖。

2012 年 6 月 21 日，民政部公告宣布，国务院正式批准，撤销西沙、南沙、中沙办事处，建立地级市三沙市，政府驻西沙永兴岛。7 月 17 日，海南省第 4 届人大常委会第 32 次会议通过了《海南省人民代表大会常务委员会关于成立三沙市人民代表大会筹备组的决定》，三沙市的政权组建工作正式启动。

7 月 19 日，中央军事委员会批复广州军区，同意组建中国人民解放军海南省三沙警备区，主要负责三沙市辖区国防动员和民兵预备役工作，协调军地关系，担负城市警备任务，指挥民兵和预备役部队遂行军事行动任务等。

2012 年 7 月 24 日，三沙市人民政府、党委、人大和解放军三沙警备区挂牌成立。同时启用新邮编、邮戳，并更换银行、医院等各机构牌子。自此，三沙市正式成立。

三沙市的设立，标志着中国在对南海诸岛有关领海的控制上迈出了重要一步，有了更为有利的法理依据。再则，三沙警备区的成立，改变了以往南海诸岛只有海军单一兵种的局面，从而使得防卫能力得到进一步提升。

三沙市的设立有助于维护南海的海洋权益，对破解以越南、菲律宾为首的一些国家对我采取“蚕食”和围攻的“狼群”战术是一个非常重要的举措。三沙市成立后可充分发挥地方政府在海洋维权方面的作用，加强对我国南海岛礁及其海域的周密调查和梳理，进一步从历史和法律上深入研究，系统全面搜集证据，为证明南海岛礁属于我国固有领土提供有力论据，配合国家通过外交与越南等国进行交涉和政治谈判。

三沙市人民政府

第二章

钓鱼岛争端

钓鱼岛争端之由来

钓鱼岛[①]及其附属岛屿位于中国台湾岛的东北部，是台湾岛的附属岛屿，由钓鱼岛、黄尾屿、赤尾屿、南小岛、北小岛、南屿、北屿、飞屿等岛礁组成，总面积约 5.69 平方千米。其中钓鱼岛是诸岛中最大的岛屿，面积约 3.91 平方千米。黄尾屿面积约 0.91 平方千米，是钓鱼岛诸岛中第二大岛。

钓鱼岛及其附属岛屿自古以来就是中国领土。中日甲午战争结束后，1895 年 4 月 17 日，中日《马关条约》签订，条约第 2 条规定“台湾全岛及所有附属各岛屿”割让给日本。第二次世界大战即将胜利时发布的《开罗宣言》中明确规定：“日本所窃取于中国之领土，例如东北四省[②]、台湾、澎湖群岛等，归还中华民国。”

中华人民共和国成立之后，因意识形态的差异，美国政府开始执行扶持日本的政策。1951 年 9 月 8 日，美国等国与日本缔结的“旧金山对日和平条约”中将包括钓鱼岛在内的这一地区交由联合国托管，而美国拥有施政权。1951 年 9 月 18 日，周恩来代表中华人民共和国发表声明指出：“‘旧金山对日和平条约’由于没有中华人民共和国参加准备、拟制和签订，中央人民政府认为是非法的，无效的，因而是绝对不能承认的。”

1971 年 6 月 17 日，美国与日本签署了《关于琉球诸岛及大东诸岛的协定》（简称《归还冲绳协定》），公然把中国领土钓鱼岛划入“归还区域”，这显然也是非法的。

日本方面称钓鱼岛及其附属岛屿为“尖阁列岛”。

1972 年 3 月 8 日，日本外务省在《归还冲绳协定》生效两个月前，公开发表《关于尖阁列岛领有权问题的基本见解》，它阐明了历届内阁所奉行的日本政府关于钓鱼岛问题的基本立场。主要包含以下内容：

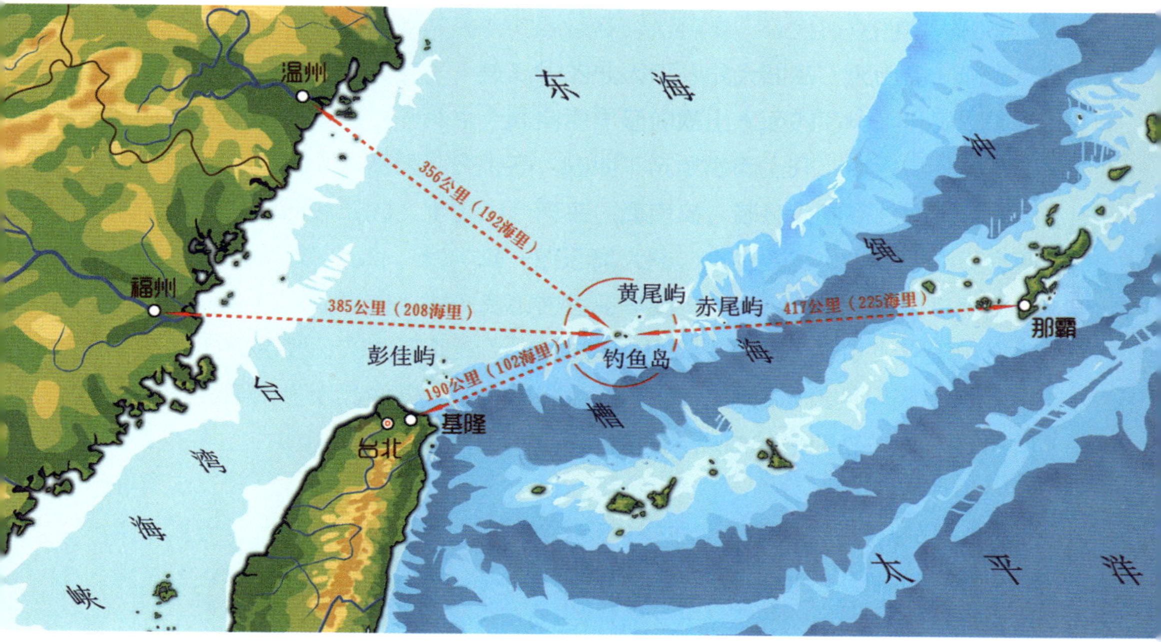

钓鱼岛位置示意图

第一，钓鱼岛编入日本领土前是“无人岛”。1885 年以后，该岛由日本政府“通过冲绳县当局等方面，对现地进行过多次调查，确认这里不但是无人岛，而且连清国统治的痕迹也没有。在此基础上，1895 年 1 月 14 日，内阁会议决定在现地设立标桩，正式编入我国领土”。

第二，钓鱼岛不包括于《马关条约》割让的中国领土之中。钓鱼岛在历史上一直是日本领土西南诸岛的组成部分，“根据 1895 年 5 月生效的《马关条约》第 2 条，清国割让给日本的台湾及澎湖列岛中不包括该岛”。

第三，钓鱼岛不包括在“旧金山和约”中日本放弃的领土之中，而是根据该条约第 3 条作为西南诸岛的一部分，置于美利坚合众国的施政管辖之下。1971 年 6 月 17 日，日本国与美利坚合众国之间签署了《归还冲绳协定》。根据该协定，钓鱼岛“包括在‘施政权’已归还给我国的地区之中”。

第四，20 世纪 70 年代以前，中方从未认为钓鱼岛是台湾的一部分：“中华民国也好，中华人民共和国也好，直到 70 年代后期，东海大陆架石油开发动向表面化以后，才开始把尖阁列岛的领有权当作问题提了出来。”

第五，中方关于钓鱼岛领有权的主张缺乏有效证据。中国“所举出的所谓历

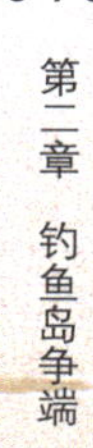

史性的、地理性的以及地质性的几点作为根据，但哪一点都不能说是可以充分证明中国对尖阁列岛领有权的主张在国际法上是有效的论据”。

事实上，在1971年《归还冲绳协定》签订前后，中华人民共和国外交部和台湾当局外交部门先后发表了主张钓鱼岛领有权的声明，指出美国和日本私相授受钓鱼岛是非法的、无效的、徒劳的。

注释：

①钓鱼岛包含广义和狭义两个概念。广义的钓鱼岛其实是钓鱼列岛或钓鱼岛群岛，包括钓鱼岛（主岛）、南小岛、北小岛、赤尾屿、黄尾屿和北屿、南屿、飞屿等8个无人岛礁。狭义的钓鱼岛仅指钓鱼岛本岛。目前中日钓鱼岛争端，指广义的钓鱼岛，即钓鱼岛群岛。

②东北四省指黑龙江、吉林、辽宁和热河，即伪满洲国。

中国对钓鱼岛拥有先占权

中国在明朝时就发现并占有钓鱼岛

中国关于钓鱼岛的最早记载可追溯到千年前的隋朝。隋炀帝在位期间，曾4次派遣水军赴琉球诏谕，途经今钓鱼岛海域并做深入探查，正式命名该岛为“高华屿”；在宋代典籍中，则被通称为“薛婆兰”；宋代以后，中国东南沿海的渔民们称之为“钓鱼岛”。

明永乐年间（1403年）出版的《顺风相送》中对钓鱼岛有详细记载。书中的“钓鱼屿”和“赤坎屿”，即今天的钓鱼岛、赤尾屿。书中记载，早在1372年，钓鱼岛群岛率先被中国发现，中国人杨载就发现并登上了“钓鱼屿”。

琉球王国（今日本冲绳县）历史上是中国的藩属。（1534年明嘉靖十三年），明朝第11任琉球册封使陈侃与前来迎接的琉球人一起乘船赴琉球，并在《使琉球录》中明确记载了当时的琉球人认为过了钓鱼岛，到达古米岛（久米岛）后才算回到自己的国家，而钓鱼屿、黄毛屿（黄尾屿）、赤屿（赤尾屿）等则不属于琉球王国。

明遣琉球册封使陈侃驶往琉球

1561年，明朝军事地理学家郑若曾绘制的《万里海防图》、徐葆光绘的《琉球国图》、明朝抗倭名将胡宗宪与郑若曾编纂的《筹海图编·沿海山沙图》一书中的《沿海山沙图》、1621年茅元仪绘制出版的中国海防图《武备志·海防二·福建沿海山沙图》等，都标明了“钓鱼屿”“黄尾山”和“赤屿”等，并将其视为抵御倭寇骚扰浙闽的海上前沿。

从施政管理的角度来说，早在1582年，钓鱼岛就被正式纳入中国明朝版图，隶属于福建省，福建省对钓鱼岛实施有效主权管辖。这有力地证明，早在明朝，中国便确立起对钓鱼岛及其附属岛屿的实际管辖权。

清朝时期，钓鱼岛被划归为我国海防管辖范围之内。1879年，日本出兵侵占清朝属国琉球，并将其改名为“冲绳县”。此时的钓鱼岛仍归大清国的台湾地方政府管辖，清政府向日本提出了“强烈抗议”。

中国发现钓鱼岛比日本早了 512 年

中国在 1372 年就发现了钓鱼岛，而从史料上来看，日本发现钓鱼岛要晚于中国 512 年。

翻遍所有资料，日本近代以前的正史、国志及学者的文章中，均未对中国在钓鱼岛群岛的领土主权提出任何异议，并且直接沿用中国的名称。直到 1900 年，日本才将钓鱼岛群岛的名称改为“尖阁列岛”。

19 世纪中叶以前，日本出版的多种地图都将钓鱼岛群岛绘成与中国大陆同色。日本幕府在 1702 年撰写的《元禄国绘图》之《琉球图》、1719 年日本地理学家新井白石撰写的《南岛志》等，都以琉球国的与那国岛和久米岛作为与中国相邻的边界领土。日本最早有钓鱼岛记载的是 1785 年林子平所著《三国通览图说》的附图《琉球三省并三十六岛之图》，图中绘有花瓶屿、澎佳山（彭佳屿）、钓鱼台（钓鱼岛）、黄尾山（黄尾屿）、赤尾山（赤尾屿），这些岛屿均涂上中国颜色，表明为中国所有，与琉球明显有别，且并未包括在琉球三十六岛的范围内。

1809 年，法国人皮耶·拉比和亚历山大·拉比绘制了彩图《东中国海沿岸图》，图中将钓鱼岛、赤尾屿绘成与中国台湾岛相同的红色，将八重山、宫古群岛与冲绳本岛绘成绿色，清楚地标示出钓鱼台列岛为中国台湾附属岛屿。1876 年日本陆军参谋局绘制的《大日本全图》、1873 年大槻文彦出版的《琉球新志》一书所附《琉球诸岛全图》等，明确显示琉球王国领土均不含钓鱼岛群岛。

日本官方关于冲绳地理最早的权威著作是 1877 年出版的《冲绳志》，该书作者系 1875 年受明治政府委派到琉球推行“废藩立县”的官员伊地知贞馨。他在冲绳全岛名称和附图中均未提到钓鱼岛或“尖阁列岛”。1879 年，日本出兵侵占了清朝属国琉球，李鸿章就琉球归属问题与日方谈判时，中日双方确认，琉球总共三十六岛，其中未包括钓鱼岛群岛。谈判时，日方提交中方的正式文件《宫古、八重山二岛考》及附图中也无钓鱼岛或“尖阁列岛”，这是一个非常重要的历史事实，更加明确了钓鱼岛及其附属岛屿绝非日本固有领土。

1884 年，日本的古贺辰四郎发现钓鱼岛，向日本政府申请开发钓鱼岛。这是日本“发现钓鱼岛”的最早记录。日本政府据此称钓鱼岛为“无主地”，是由日本人先发现的。1885 年后，冲绳县知事多次上书日本政府，要求将钓鱼岛、黄尾岛、赤尾岛归其管辖，但日本政府因顾及中国清朝政府对这些岛屿的主权主张而没做答复。即便是从 1884 年算起，日本发现钓鱼岛的时间起码要比中国晚 512 年。

井上清教授

日本已故著名历史学家、京都大学教授井上清（1913—2001 年）在其专著《尖阁列岛——钓鱼岛的历史解析》中指出，明治维新（1868 年）以前，在日本和琉球，离开中国文献而言及钓鱼岛的资料实际上一个也找不到。钓鱼岛在日本染指之前并非无主地。他强调：钓鱼岛等岛屿最迟从明代起便是中国领土，这一事实不仅是中国人，就连琉球人、日本人也都明确承认。

日本宣布先占钓鱼岛是非法的、无效的

1972 年 3 月 8 日，日本外务省发表《关于尖阁列岛所有权问题的基本见解》。翌年，外务省据“无主地先占”的国际法原则，擅自将“尖阁列岛”（钓鱼岛）主权归属日本。

日本主张“尖阁列岛”是日本政府在明治十八年（1885 年）后，通过冲绳县当局等采用各种方式进行现场调查，确认该地是无人岛，且没有清朝统治所及的迹象后，于明治二十八年（1895 年）的内阁会议上决定于该地建设标桩，正式将其“编入”日本领土。且日本方面认为，明治政府曾将“尖阁列岛”中的 4 个岛屿无偿借给日本公民开发经营 30 年，即日本通过民间对钓鱼岛实施了有效统治。

日本宣布先占钓鱼岛的理由有三个：一是日本人最早发现并确认它是无人岛；二是 1895 年通过内阁会议决定并其入日本领土；三是曾将 4 个岛租给公民开发，

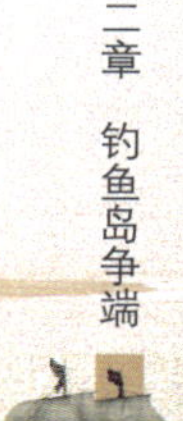

并进行了有效统治。

国际法上的先占，是国家领土获得的一种方式，是指一国有意识地取得当时不在任何其他国家主权之下的土地主权的一种占取行为。先占的主体必须是国家，是一种国家行为；客体必须是“无主地”。所谓“无主地”，是指未经其他国家占领或其他国家放弃的土地。因此，钓鱼岛于1895年被日本占领之时是否是无主地，日方是否可以通过先占理论取得对钓鱼岛群岛的主权，这是日本上述立论的基础和前提。从中日双方提供的众多历史资料可以看出，钓鱼岛自古就属于中国领土而非无主地，不能成为日本先占的对象，日本没有任何理由以“先占”为由窃取早已属于中国的领土。

国际法规定，如果其先占的对象为他方享有既存权利的土地，则非经公开并“通知”其他相关国家，并不产生先占的效力。随着时代的发展，国际法对一国通过先占取得领土的认定也不断发生变化。早在十五六世纪“地理大发现”时代，一国对无主地的占领通常采取象征性占领，如插国旗、竖立标志物等；18世纪以后，国际法要求必须能对先占的土地进行有效的管理，仅仅发现或象征性地占领不足以取得其主权。

1895年1月14日，日本以内阁会议决议形式将钓鱼岛等岛屿编入本国版图，但事先既没做占领宣告，事后也没有通知中国，因而整个占领过程具有明显的窃占特征，即非法占领。2010年12月17日，日本冲绳县石垣市议会通过一项条例，将每年1月14日设为该市的“尖阁列岛（钓鱼岛）开拓日”，目的是“更明确地向国际社会表明，尖阁列岛在历史上也是日本固有领土，并对国内舆论起到启发作用”。根据“不法行为不产生权利”的国际法原则，日本的所谓“先占”并不产生国际法上之先占的法律效力。中国基于“发现优先”原则取得了对钓鱼岛群岛的主权，随着时间的推移，中国通过对其实行有效统治而形成了先占。日方对钓鱼岛的控制系属窃占，应归还中国。

中国在钓鱼岛群岛因满足国际法先占的3个基本要素，即“领有意识”“领有行为”“有效统治”，进而始终维持了对钓鱼岛的主权。在领有意识方面，中国明代多种海防图明确显示已将钓鱼岛群岛划入中国海防范围之内并进行军事管辖。在领有行为方面，中国在1895年之前就对钓鱼岛群岛开展了导航、海防、捕鱼、采药等方面的活动。从1372年第一任遣琉册封使杨载出使琉球至1866年最后一任册封使赵新，中国明清时期先后共派出了23任册封使到琉球，历任册封使都把钓鱼岛群岛当作航标使用，中国渔民也都将该列屿当作航标。明清两代，中国常在钓鱼岛群岛海域实施海防行为，这种海防行为显然是主权行为。在有效统治方面，限于当时的自然地理状况，人员很难在岛上进行长久居住。根据相关国际判例，如果一块无主土地自占领国在该地出现之时起，即受该国绝对的、毫无争议的统治，那么从那一刻起，占领行为必须被视为已经完成，因而“先占”也就完成了。由于钓鱼岛群岛在当时只有这些使用价值，中国长久以来已经对钓鱼岛列屿“物尽其用”，这种一贯利用已足够达到“先占”之“有效性”的要求。

中国对钓鱼岛拥有时效取得领土权

“时效取得领土”原则不支持日本领有钓鱼岛主权

在钓鱼岛主权问题上，日本宣称根据国际法规定的“时效取得领土”即“长期连续有效治理”，获取对钓鱼岛的主权。日本放言：按照50年“时效取得领土”理论，到2022年日本就将“堂而皇之”占有钓鱼岛群岛。在日本对钓鱼岛群岛占领上，大致分为3个阶段：

第一阶段

自1895年1月14日日本政府宣布占领钓鱼岛群岛、同年4月17日中日签署《马关条约》割让台湾及附属岛屿给日本，到1945年5月美军攻占冲绳为止，日本统治钓鱼岛群岛长达50年。

1894年7月25日，中日丰岛海战爆发；1894年9月15日，中日黄海海战爆发；1895年1月20日，威海卫保卫战打响。中日甲午战争经历了3次大规模的海上战役，均以中国失败而告终。1895年4月17日，中日两国在日本的马关签订《马关条约》，战争结束。

1894年11月底，日军在甲午战争中占领旅顺口，将清军北洋水师封锁在威海卫内，日本明治政府确信战争胜券在握，便拟迫使中国割让台湾作为媾和条件，并在未通知中方的情况下，于1895年1月14日通过内阁决议认定钓鱼岛是“无主地”，遂宣布为日本领土。这就是日本所说占领钓鱼岛在签署《马关条约》之

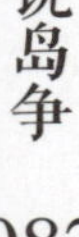

前的缘由。

日本窃岛之后，日本福冈人古贺辰四郎到钓鱼岛开垦，他是第一个登岛的日本人。1896 年 8 月，日本内务省以免使用费及期限 30 年为条件，将钓鱼岛“租借”给古贺，他在岛上建造码头、海产加工工厂、宿舍等，从事鸟毛、贝类、珊瑚、玳瑁加工，制造各种鱼类罐头，并种植农作物。至 1909 年，当时共有 90 户 共 248 人在岛上居住，古贺辰四郎的次子古贺善次则于 1918 年继承钓鱼岛的事业。1926 年，钓鱼岛的无偿租借期届满，古贺善次向日本政府缴纳租金；至 1932 年，向日本政府“购买”钓鱼岛，而钓鱼岛列屿除大正岛仍是日本国有地，其余包括钓鱼岛等 4 个主要小岛，成为古贺家私有地。

日军攻陷旅顺炮台

自 1895 年 1 月 14 日日本政府宣布钓鱼岛为日本领土之后，古贺辰四郎多次向政府申请在岛上进行开发活动均遭到拒绝，主要理由是担心中国清朝政府报复。这说明日本政府做贼心虚，是在已经知道钓鱼岛是中国领土的前提下把无人居住的钓鱼岛按照“无主地”据为己有，事前并未经中国方面同意，事后又未通告天下，完全是隐秘性操作，并非以“善意的方式取得”，而是以不正当手段窃

中日签订《马关条约》

取别国领土，因而是非法的、无效的。

中日甲午战争前，日本从未对中国拥有钓鱼岛群岛主权提出过任何异议。中国因在战争中失败，于1895年4月17日签署了丧权辱国的《马关条约》，将“台湾全岛及所有附属各岛屿”割让给了日本，其中包括了钓鱼岛。

日本将钓鱼岛列入其领土范围后，划归琉球管辖。直到这个时候，日本仍然沿用中国对钓鱼岛及其附属岛屿的名称，1900年以后，日本才将钓鱼岛命名为“尖阁列岛”。

第二阶段

从1945年美军攻打冲绳起，到1971年美日签署《关于琉球诸岛及大东诸岛的协定》（简称《归还冲绳协定》），决定将琉球群岛和钓鱼岛管辖权交给日本，日本丧失了对钓鱼岛进行持续统治和管辖权26年，这在国际法上不构成连续有效治理的要素；1971年，美国决定将琉球群岛和钓鱼岛管辖权交给日本，日本对钓鱼岛又开始了新一轮管辖，至今43年，从时效来看属于连续有效治理。

1972年，美国擅自将钓鱼岛移交给日本后，琦玉县大宫市企业家栗原国起向古贺家“买下”钓鱼岛群岛中的南小岛和北小岛。1978年古贺善次去世后，其妻古贺花子将钓鱼岛卖给栗原家，栗原国起则将岛屿租给日本政府，每年收取

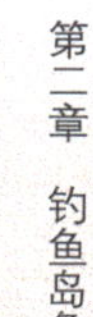

一定数额的租金。

栗原国起“购下”钓鱼岛后只登岛一次，坚称钓鱼岛是日本领土。但1943年的《开罗宣言》、1945年的《波茨坦公告》及1946年的《盟军最高司令部667号训令》等法律文件，明确界定了日本的领土范围，钓鱼岛群岛属于随同台湾一起归还的中国领土。日本作为无条件投降的战败国，无权与中国等战胜国在领土问题上讨价还价。

1951年的“旧金山对日和平条约”（简称“旧金山和约”）先将本来已经归还中国的钓鱼岛裹挟到美国琉球政府管辖的区域，再于1971年通过《归还冲绳协定》转让给日本，这段时间比较乱。在国际法上主要厘清3个要件：中国政府不承认“旧金山和约”和《归还冲绳协定》，因而钓鱼岛的法律地位必须重新回到《开罗宣言》《波茨坦公告》及《盟军最高司令部667号训令》等法律文件的框架范围之内。也就是说，日本曾经占领钓鱼岛群岛50年，但根据《开罗宣言》《波茨坦公告》及《盟军最高司令部667号训令》这些条约，钓鱼岛群岛已经归还给中国，钓鱼岛依然是中国的领土。从1943年的《开罗宣言》算起，至今共71年，在此期间，中国各地及全球华人以各种形式对日本窃占中国钓鱼岛进行了反对、抗议和谴责。在现代国际法中，按照“不承认原则”，中国有对日本非法取得领土不承认的权利。

第三阶段

2012年日本政府购岛本质就是一场闹剧。

2012年4月，日本极右政客、东京都知事石原慎太郎宣称：东京都政府将于2012年内从栗原国起手中收购部分岛屿，并发起民间购岛募捐活动。至2012年9月11日，共募集约合1.2亿元人民币捐款。2012年9月10日，日本政府从国库中拨出20.5亿日元（约合1.7亿元人民币），用于从“岛主”栗原家族手中“购买”钓鱼岛群岛，并于9月11日与栗原家族签署了“买卖合同”，直接购买钓鱼岛、北小岛和南小岛等3座岛屿。至此，日本政府对钓鱼岛群岛完成“国有化手续”。

中日钓鱼岛争端是否套用国际法中“时效取得领土”的原则，主要取决于3个要素：一是时效问题，日本是否对钓鱼岛进行了长期有效的不间断的占领；二是承认问题，中国作为利益相关方在日本占领期间是否进行了默许和承认；三是合法性问题，日本窃取中国钓鱼岛的事实是否符合现代国际法基本原则。

“时效取得领土”在国际法上是指：一国凭借非武力手段长期不间断和公开地占有和统治他国部分领土而取得该部分领土的主权，这种行为不以“善意”为条件，即使最初是不正当地或非法地占有他国的部分领土。关于时效问题，《国际法》第5章（国家领土）第2节（国家领土的取得与变更）第四点“时效的概念”中对时效取得领土进行了定义。“时效”是指一国对他国领土进行长期占有之后，在很长时期内利益相关的国家对此都不曾进行抗议和反对，或者曾经有过抗议和反对，但后来都停止了抗议和反对，等于是默认了这个国家对该领土的占有行为，从而由于逐渐符合国际秩序而取得领土的一种方式，而不论其当时最初的占有是出于恶意还是善意。关于承认的问题，是指各国对通过领土取得方式而发生国家领土变更的情势是否予以承认的问题。

右翼急先锋石原慎太郎

由于时效取得是非法侵占他国领土，因此该制度并不为现代国际法所接受，国际社会也无真正按传统时效取得原则裁决的国际判例。

国际法上所谓领土的“时效取得”，一直是极具争议的问题。肯定论者则将时效认作一种领土取得方式，是指“在足够长的一个时期内对于一块土地连续地和不受干扰地行使主权，以致在历史发展的影响下造成一种一般信念，认为事务现状是符合国际秩序的，因而取得该土地的主权”。反对论者完全否认时效作为一种领土取得方式的合法性，认为这种说法“徒然供扩张主义的国家利用作霸占

别国领土的法律论据”。国际司法实践从未明确肯定过“时效”是一种独立的领土取得方式。至于“足够长的一个时期”究竟有多长，国际法并无50年或100年的定论。日本对钓鱼岛的侵占，不论时间的长短，都不能取得合法的权利。

日本购岛是一场闹剧，是窃取赃物的私相授受

从1895年开始，119年来日本购岛闹剧分为3个回合：

第一个回合的主角是古贺辰四郎。他的角色是作为日本公民在钓鱼岛上开展经济活动，并制造有人居住的事实，以满足国际法上所要求的长期“连续地、不受干扰地”实际占领并进行开发活动的事实。从1895年到1972年共77年的时间，前30年是古贺家免费使用，后47年是通过向政府缴纳租金的办法继续在岛上进行建设和开发。1932年，古贺家从政府手中购买了钓鱼岛群岛中的4个岛变为私有土地，其中的大正岛仍是日本政府所有。

从法律角度来看，由于1895年之前钓鱼岛群岛就是中国的领土，无论是日本内阁决议窃取还是古贺辰四郎私人购岛，全都是在无视钓鱼岛群岛的主权属中国这一历史事实下做出的，因而是非法的和无效的。

第二个回合的主角是栗原国起。1972年他从古贺家购买了钓鱼岛，属于私人买卖岛屿的行为。直到2012年，栗原国起40年间只登过一次岛，这一次还属于游览性质，没有像古贺家那样在岛上进行开发建设。钓鱼岛上除去少数极右翼分子建造的灯塔等设施外，仍然是一个无人岛。所以，这段时间日本不能构成钓鱼岛“连续地、不受干扰地”实际占领和有人在岛上居住这样的法律事实。栗原国起对钓鱼岛不善经营，他所做的就是两件事：一是租给日本政府，从中收取租金，由政府代为管理；二是倒买倒卖钓鱼岛的地产，盼望卖个好价钱。

栗原国起

从法律角度看，1895年前钓鱼岛群岛就是中国的领土。1971年钓鱼岛被美国移交给日本，但移交的是管辖权，不是主权，因此日本没有钓鱼岛

群岛的领土权。栗原国起从古贺家族手中购买本来早已属于中国的钓鱼岛群岛地产，属于非法买卖，是窃取赃物的转手。

第三个回合的主角是石原慎太郎和野田佳彦。2012 年 4 月至 9 月，东京都地方政府与日本中央政府之间对中国的钓鱼岛群岛展开竞购活动。东京都知事石原慎太郎策划已久的购岛闹剧在他访问美国的时候拉开序幕，给人一个错觉——美国对钓鱼岛群岛的买卖是认可的。

回国后，石原煽动右翼和军国主义分子挑起民族主义情绪，设立民间募捐账户，号召日本人捐款由东京都地方政府购买钓鱼岛群岛，目的是将钓鱼岛群岛私有地产变为东京都地方政府地产后，他可以在岛上进行开发建设以适合人员居住。更重要的是，借此掀起一场民族主义运动，破坏中日邦交正常化 40 周年活动，为其子即自民党干事长石原伸晃竞选党魁和下一届日本首相铺路。由于购岛掺入了太多的政治元素，当时的日本首相野田佳彦坐不住了，他为了保住自己的首相宝座，也加入了购岛闹剧，动用国有资产从栗原国起手中购买了钓鱼岛，从此完成了钓鱼岛群岛“国有化”程序。

从法律角度看，如前所述，钓鱼岛群岛历史上就属于中国的国土，无论是栗原国起、石原慎太郎还是野田佳彦，他们所有的购岛行为都是非法的和无效的，是窃取赃物的再次转移。从管辖权和控制权来看，钓鱼岛群岛“私有化”和“国有化”的主要区别是拥有岛屿的性质不同，私有化土地不构成国家行为，而国有化土地之后则构成国家行为。私人拥有岛屿，他不可能在岛上建立军事码头、直升机停机坪、地面防御工事等军事设施。即便是作为岛主，其登岛影响力和权威性也有很大不同。钓鱼岛群岛国有化之后，日本政府就可以按照在日本其他岛屿和国土上的一切法律在钓鱼岛群岛上适用，比如建造经济开发设施、建立居民点、建造军事设施、在岛上驻军、对岛屿周围和海域与空域进行军事管控等。这种实质性占领状态如果持续下去，就会在国际法上造成“时效取得领土”。

虽然国际法上没有持续占领 50 年就合法获得领土主权的说法和判例，但较长的占领时间、实际的管辖控制、国家官员和公务员的登岛、国家正式出版物的标绘等都将构成对领土实际占有的法律实践，这对于实际占有一方是十分有利的。一些国际岛屿争端的国际法庭判例说明，在国际仲裁案中，“关键日期”“保持占有”“有效治理”“第三国承认”等因素极为关键，其中“有效治理”因素对于判定争议岛屿的最终归属具有决定性的作用。在岛屿争端中，加强“有效治理”，

图谋“实效控制”，达到“时效占有”是时效取得领土的一些关键。

在荷兰和西班牙的“拉帕尔马岛”主权争议案中，因西班牙人很少针对在该岛活动的荷兰人提出有力的抗议，而被法庭认定“西班牙默认拉帕尔马岛属于荷兰”；在丹麦和挪威关于“格陵兰东部领土”的主权争执案中，尽管挪威人在格陵兰东部居住，但由于“挪威人的活跃程度不及丹麦人”，因此法庭判定丹麦人拥有整个格陵兰的主权。海牙国际法庭的这两个关于岛屿领土争端的判例不得不引起国人的警觉与深思，对于争议岛屿而言，活跃程度高的一方、进行实际占领时间长的一方在国际仲裁中占有优势。

在钓鱼岛群岛主权问题上，我国本着善良的愿望，为了中日两国世代友好，从1972年起就提出“搁置争议，共同开发”的创造性主张，但是这种“长期搁置”会给对方带来权利上的法律依据，如果对方诉诸国际法庭，那么其结果则是相当危险的。

1958年，中国政府发表领海声明，宣布台湾及其附属各岛属于中国；1992年，中国政府颁布的《中华人民共和国领海及毗连区法》中的“领土条款”，明确规定“台湾及其包括钓鱼岛在内的附属各岛”属于中国领土，重申了钓鱼岛群岛等岛屿属于中国领土的法律属性。2009年12月26日中国政府颁布《中华人民共和国海岛保护法》，2012年9月10日，中国政府据此发表声明，公布了钓鱼岛及其附属岛屿的领海基

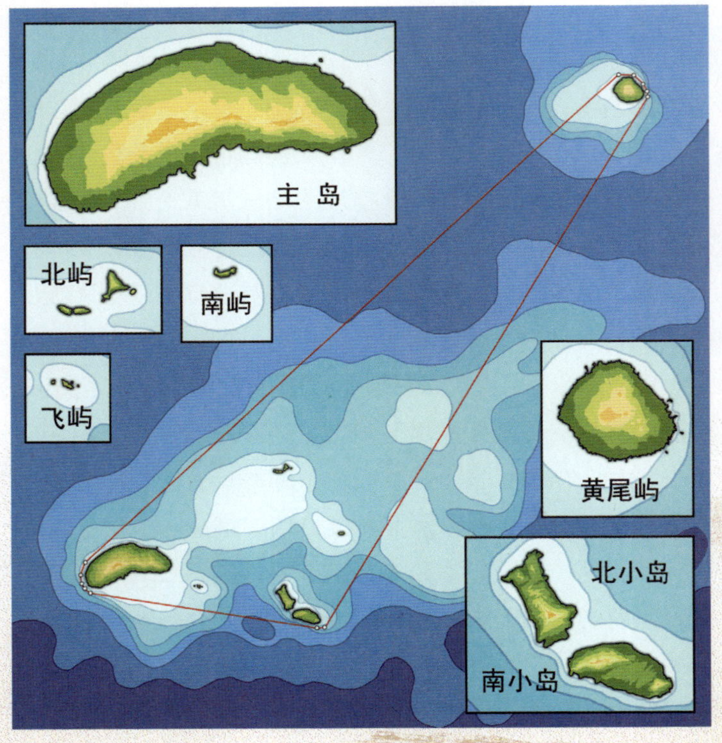

中国宣布的钓鱼岛及其附属海域的领海基点和领海基线示意图

线；9 月 13 日，中国政府向联合国秘书长递交钓鱼岛及其附属岛屿领海基点基线的坐标表和海图。

宣布钓鱼岛及其附属海域的领海基点和领海基线，划定领海及毗连区范围，这对于依法管辖和控制钓鱼岛及周边海域的主权及海洋权益提供了法律基础。2012 年 9 月 14 日，中国海监 50、15、26、27 船和中国海监 51、66 船分别组成两个维权编队，抵达钓鱼岛海域进行巡逻。在此基础之上，国家海洋执法和武装力量对钓鱼岛及周边海域依法进行常态巡逻警戒，捍卫国家主权和领土完整及国家尊严。中国还要通过在钓鱼岛及其周边海域进行正常捕捞作业、石油开发等一系列活动加强“有效治理”，在国际法上创造更多的领有主权的法律实践。

《开罗宣言》和《波茨坦公告》

中国是世界反法西斯战争的主力军

中国是世界反法西斯战争的主力军，也是第二次世界大战的主要战胜国。

1931 年 9 月 18 日，日本帝国主义炮击北大营，悍然发动了蓄谋已久的侵华战争，标志着局部抗日战争的爆发。后占领东北全境，成立了伪满洲国，并不断在华北、上海等地挑起战争冲突。1937 年 7 月 7 日，日军在北平附近发动“卢沟桥事变”，中日战争全面爆发。不甘当亡国奴的中国人民奋起反抗，在以国民党为主力的正面战场和以共产党领导的敌后战场相互配合下，给日军沉重打击。

第二次世界大战爆发后，英勇的中国人民牵制了不低于 200 万的精锐日军不能北上进攻苏联和南下投入到太平洋战场，是世界反法西斯战争的重要组成部分。不过，在整个抗日战争期间，中华民族献出了不少于 3500 万优秀儿女的生命和巨大的财产，为世界反法西斯战争做出了巨大贡献。

1939 年 9 月 1 日，德国闪击波兰，英国和法国对德宣战，第二次世界大战在欧洲西线爆发；1940 年 7 月，意大利进攻非洲，第二次世界大战蔓延到非洲战场；1941 年 6 月 22 日，德国对苏联发动战争，第二次世界大战在欧洲东线爆发；1941 年 12 月 7 日，日本偷袭珍珠港，美国对日宣战，太平洋战争爆发。

随着战火的不断蔓延，世界反法西斯国家不断增多。1942 年 1 月 1 日，美国、

苏联、中国、英国等 26 个反法西斯国家在华盛顿发表《联合国家共同宣言》，标志着国际反法西斯联盟正式形成。同盟国军队在太平洋、大西洋、亚洲、欧洲、非洲及中东、地中海等各个战场同仇敌忾，对德国、意大利、日本等法西斯轴心国展开英勇顽强的斗争。到 1943 年下半年，德、意、日法西斯节节败退，世界反法西斯战争胜利在望。当年 9 月 8 日，意大利率先宣布投降，第二次世界大战取得重大胜利。

进入 1943 年下半年，中国战场上的日军无力发动大规模的进攻，中国军队做好了反攻的准备。

《开罗宣言》强调日本窃自中国的领土必须归还中国

在世界反法西斯战争逐渐好转的形势下，1943 年 8 月，英国首相丘吉尔和美国总统罗斯福在加拿大魁北克会议中，讨论战后国际秩序重建的问题。之后，罗斯福策划召开中、英、苏、美四国首脑会议。但是苏联方面表示，因苏、日尚未正式决裂，斯大林拒绝参加有蒋介石与会的国际会议。最后罗斯福与丘吉尔商定，将四国会议分成两部分召开：第一部分是没有斯大林参加的美、英、中在埃及举行的开罗会议；第二部分是没有蒋介石参加的英国、美国、苏联在伊朗举行的德黑兰会议，以及之后在苏联召开的雅尔塔会议。

1943 年 11 月 22 日至 26 日，中、美、英三国首脑蒋介石、罗斯福、丘吉尔在埃及开罗举行会议。美国总统罗斯福的特别助理霍普金斯在三巨头会谈的基础上起草了《开罗宣言》（草案），经中、美、英三国首脑一致同意后正式定稿。考虑到苏联领导人斯大林没有参加会议，决定暂不发表，由美、英两国派人专程前往德黑兰，听取斯大林的意见，因为斯大林此时正在德黑兰准备参加美、英、苏三国德黑兰会议。

11 月 28 日，德黑兰会议召开。11 月 30 日，丘吉尔引用了《开罗宣言》有关日本归还其侵占领土的一段话，问询斯大林的意见如何。斯大林称他“完全赞成宣言及其全部内容”，并明确表示：这一决定是“正确的”，“朝鲜应该独立，满洲、台湾和澎湖等岛屿应该回归中国”。

经过认真协商，《开罗宣言》正式发表，这一时间是华盛顿 1943 年 12 月 1 日。

从 1868 年明治维新起直至二战期间，日本通过甲午战争、日俄战争等一系列战争方式，占领统治了大片日本国以外的大陆和岛屿领土，所有这一切通过二战后期的《开罗宣言》《波茨坦公告》《雅尔塔协定》《日本无条件投降书》等一系列宣言、协定和条约进行了清算。《开罗宣言》指出：中、美、英三国对日作战的目的在于制止和惩罚日本的侵略，“剥夺日本从第一次世界大战爆发后，在太平洋上夺得或占领的一切岛屿”，迫使日本强占的中国领土，例如东北地区、台湾和澎湖列岛等“归还中国”。

开罗会议三巨头

《开罗宣言》为日本军国主义敲响了丧钟，确立了战后亚太地区的政治版图，为长期抗击日本帝国主义侵略的中国收复台湾、澎湖列岛等带来了希望。

这里需要指明的是，关于《开罗宣言》的法律效力有人表示质疑，认为从名称、内容及表达形式上看类似于新闻公报，只是中、美、英三国表达的意愿，不是严谨的国际条约，因而不具有国际法约束力。1969 年《维也纳条约法公约》和 1978 年《关于国家在条约方面的继承的维也纳公约》均规定：“称‘条约’者，是指国家间所缔结而以国际法为准之国际书面协定，不论其载于一项单独文书或两项以上相互有关之文书内，亦不论其特定名称如何。”

按照不成文国际法规定，条约具有形成条约的条件，就是当事国“有意识地表达意愿”，即使是口头协议，亦可成立并与条约具有同等的约束力。也就是说，按照国际法的规定，国际条约或协议可用各种不同的方式表述，如公约、条约、协定、议定书、盟约、宣言，甚至换文、备忘录、宣告、同意之声明等，其法律效力都是相同的。例如，1776 年 7 月 4 日的《独立宣言》是美国最重要的立国文书之一；1789 年 8 月 26 日颁布的《人权宣言》是法国大革命时期的纲领性文件。

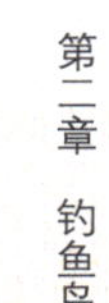

援引法条：《开罗宣言》

罗斯福总统、蒋委员长、丘吉尔首相，偕同各该国军事与外交顾问人员，在北非举行会议，业已完毕，兹发表概括之声明[①]如下：

三国军事方面人员关于今后对日作战计划，已获得一致意见，我三大盟国决心以不松弛之压力从海陆空各方面加诸残暴之敌人，此项压力已经在增长之中。我三大盟国此次进行战争之目的，在于制止及惩罚日本之侵略，三国决不为自己图利，亦无拓展领土之意思。三国之宗旨，在剥夺日本自从1914年第一次世界大战开始后在太平洋上所夺得或占领之一切岛屿；在使日本所窃取于中国之领土，例如东北四省[②]、台湾、澎湖群岛等，归还中华民国；其他日本以武力或贪欲所攫取之土地，亦务将日本驱逐出境；我三大盟国稔知朝鲜人民所受之奴隶待遇，决定在相当时期，使朝鲜自由与独立。根据以上所认定之各项目标，并与其他对日作战之联合国[③]目标相一致，我三大盟国将坚忍进行其重大而长期之战争，以获得日本之无条件投降。

注：

①此即著名的《开罗宣言》，美国东部时间1943年12月1日晚7时50分于华盛顿发表，中译本于重庆时间12月2日公布，1943年12月3日重庆《新华日报》发表。

②指黑龙江、吉林、辽宁和热河，即伪满洲国。

③即“联合国家”，是当时国内对反法西斯同盟国的习惯称呼。

中美英三国发布最后通牒

1945年5月2日，苏军攻克柏林；5月9日，德军统帅部代表W.凯特尔元帅在柏林签署向苏军和盟国远征军无条件投降书，标志着德国法西斯的灭亡和欧洲战事的结束。但在远东对日作战还在激烈进行。为了商讨对战后德国的处置问题和解决战后欧洲问题的安排，以及争取苏联尽早对日作战，在《开罗宣言》发

表一年半之后，1945 年 7 月 17 日到 8 月 2 日，苏、美、英三国首脑斯大林、杜鲁门、丘吉尔（后期为艾德礼）和三国外长在德国柏林近郊波茨坦举行了波茨坦会议（也称“柏林会议”）。会议签订了《柏林（波茨坦）会议议定书》，发表了《柏林会议公报》。这两个内容基本相同的文件通称《波茨坦协定》。

波茨坦会议三巨头

1945 年 7 月 26 日，中国、美国、英国联合发表《中美英三国促令日本投降之波茨坦公告》（简称《波茨坦公告》或《波茨坦宣言》），向日本发出最后通牒，警告日本立即宣布所有武装部队无条件投降，否则盟国将进行致命打击。《波茨坦公告》重申了《开罗宣言》的合理性、严肃性、正义性和有效性，对日本战后领土范围提出了明确限定。

《波茨坦公告》发表的第二天，也就是 7 月 27 日，日本首相铃木冠太郎主持了内阁会议，倾向于接受这个公告。日本军方坚决反对，认为只能讲和不能接受投降。拥有最后决定权的天皇裕仁心存侥幸，派首相去莫斯科请求斯大林调停，遭到拒绝。8 月 6 日和 9 日，美国分别向日本广岛和长崎各投掷了一枚原子弹。8 月 10 日，日本召开内阁会议，由天皇决断接受《波茨坦公告》。1945 年 8 月 14 日正午，日本天皇向全国广播表示接受《波茨坦公告》，颁布无条件投降诏书。15 日，日本政府正式宣布日本无条件投降。

按照国际法规定，战争结束是以缔结战地协定、投降协定、停战协定或和平条约的形式来体现的。第二次世界大战结束以 1945 年 9 月 2 日日本签署《无条件投降书》宣告结束。当天，美、英、中、法等 9 国代表于停泊在东京湾的美国海军“密苏里”号战列舰上接受日本投降。日本外相重光葵代表日本天皇和日本政府、日军参谋总长梅津美治郎代表日军大本营在投降书上签字，同意接受《波茨坦公告》中所列的全部条款，无条件地将包括中国台湾在内的所掠夺的领土全

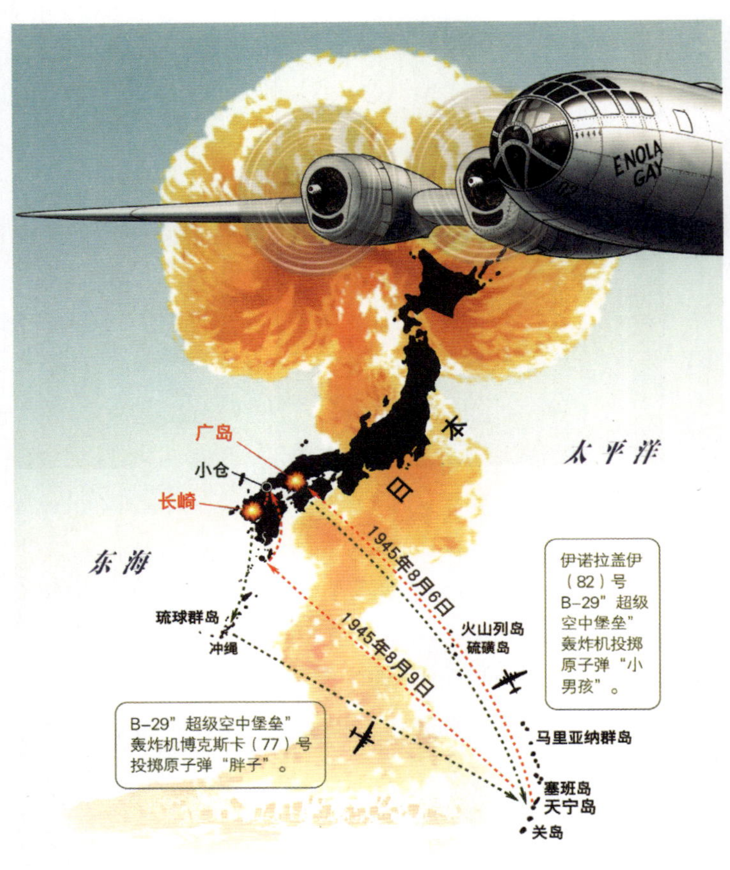

广岛、长崎上空的蘑菇云

部交出。同盟国最高司令官麦克阿瑟上将代表美、英、苏、中4个同盟国受降，并代表其他对日作战的同盟国签字。美国、英国、苏联、中国、澳大利亚、新西兰、加拿大、法国、荷兰9个同盟国代表也签了字。

日本《无条件投降书》由8条组成，开宗明义第1条就是：日本接受中、美、英共同签署的，后来又有苏联参加的1945年7月26日的《波茨坦公告》中的条款。其核心内容为：日本必须接受《波茨坦公告》并履行该公告的条款；保存日本政府但实行对日占领和管理；同盟国最高司令官保留不通过日本政府直接命令日本国民的权力；日本一切军队必须无条件投降，军队及臣民停止敌对行动和破坏行为；官厅职员和陆海军官员均应遵守命令，切勿擅离职守，解放、保护、运送被日本俘虏的同盟国战俘和被拘留的平民。

《开罗宣言》明确规定了日本的领土范围，宣告："三国之宗旨，在剥夺日本自从1914年第一次世界大战开始后在太平洋上所夺得或占领之一切岛屿。在使日本所窃取于中国之领土，例如东北四省、台湾、澎湖群岛等，归还中华民国。"钓鱼岛属于台湾岛的附属岛屿，理应包含在该条款之中。《波茨坦公告》第8条特别强调："《开罗宣言》之条件必将实施，而日本之主权必将限于本州、北海道、九州、四国及吾人所决定其他小岛之内。”

从法律上来看,《开罗宣言》是中、美、英三国在反法西斯战争取得重大胜利、二战即将结束之前共同签署的一个宣言，主要目的是促使日本无条件投降，同时对战争胜利之后进行了一些战略安排。由于三国首脑一起会晤，并就宣言条款认真磋商，考虑到苏联也是反法西斯同盟的重要国家，还特地征求了斯大林的意见。

《波茨坦公告》是中美英三国在战争即将取得全面胜利的前夕，对日本法西斯帝国发出的最后通牒。由于在同一时间同一地点，苏、美、英三国首脑斯大林、杜鲁门、丘吉尔签署了《柏林会议公报》，所以《波茨坦公告》中的主要内容斯大林也参与了意见。1945 年 9 月 2 日，日本在向各同盟国投降而签署的《无条件投降书》中表示，“接受中、美、英三国共同签署的，后来又有苏联参加的 1945 年 7 月 26 日的《波茨坦公告》中的条款”。其中，特别提到苏联在《波茨坦公告》中的地位和作用。

1945 年 10 月 25 日,中国政府正式收复台湾、澎湖列岛,恢复对台湾行使主权。

1945 年 10 月 10 日北平受降仪式

台湾省行政长官兼警备总司令陈仪在台北市接受了日军第10方面军司令长官安滕利吉的投降，被迫割让给日本50余年的台湾省终于彻底摆脱了日本的殖民统治，回到了祖国的怀抱。自即日起，台湾及澎湖列岛正式重入中国版图，所有一切土地、人民、政事皆置于中国主权之下。

援引法条：《波茨坦公告》

美、英、中三国政府领袖公告

1945年7月26日于波茨坦发出

（一）余等：美国总统、中国国民政府主席及英国首相代表余等亿万国民，业经会商，并同意对日本应予以一机会，以结束此次战事。

（二）美国、英帝国及中国之庞大陆、海、军部队，业已增强多倍，其由西方调来之军队及空军，即将予日本以最后之打击，彼等之武力受所有联合国之决心之支持及鼓励，对日作战，不至其停止抵抗不止。

（三）德国无效果及无意识抵抗全世界激起之自由人之力量，所得之结果，彰彰在前，可为日本人民之殷鉴。此种力量当其对付抵抗之纳粹时不得不将德国人民全体之土地、工业及其生活方式摧残殆尽。但现在集中对待日本之力量则较之更为庞大，不可衡量。吾等①之军力，加以吾人之坚决意志为后盾，若予以全部实施，必将使日本军队完全毁灭，无可逃避，而日本之本土亦必终归全部残毁。

（四）现时业已到来，日本必须决定一途，其将继续受其一意孤行计算错误，使日本帝国已陷于完全毁灭之境之军人之统制，抑或走向理智之路。

（五）以下为吾人之条件，吾人决不更改，亦无其他另一方式。犹豫迁延，更为吾人所不容许。

（六）欺骗及错误领导日本人民使其妄欲征服世界者之威权及势力，必须永久剔除。盖吾人坚持非将负责之穷兵黩武主义驱出世界，则和平安全及正义之新秩序势不可能。

（七）直至如此之新秩序成立时，及直至日本制造战争之力量业已毁灭，有确定可信之证据时，日本领土经盟国之指定，必须占领，俾吾人在此陈述之基本目的得以完成。

（八）《开罗宣言》之条件必将实施，而日本之主权必将限于本州、北海道、九州、四国及吾人所决定其他小岛之内。

（九）日本军队在完全解除武装以后，将被允许返其家乡，得有和平及生产生活之机会。

（十）吾人无意奴役日本民族或消灭其国家，但对于战罪人犯，包括虐待吾人俘虏在内，将处以法律之裁判，日本政府必将阻止日本人民民主趋势之复兴及增强之所有障碍予以消除，言论、宗教及思想自由以及对于基本人权之重视必须成立。

（十一）日本将被允许维持其经济所必须及可以偿付货物赔款之工业，但可以使其获得原料，以别于统制原料，日本最后参加国际贸易关系当可准许。

（十二）上述目的达到及依据日本人民自由表示之意志成立一倾向和平及负责之政府后，同盟国占领军队当撤退。

（十三）吾人通告日本政府立即宣布所有日本武装部队无条件投降，并以此种行动诚意实行予以适当之各项保证，除此一途，日本即将迅速完全毁灭。

注：

①公告中的“吾等”“吾人”，为中、美、英三国。

延伸阅读：《日本无条件投降书》

1945 年 9 月 2 日

我们谨奉日皇、日本政府与其帝国大本营的命令，并代表日皇、日本政府与其帝国大本营，接受美、中、英三国政府元首 7 月 26 日在波茨坦宣布的，及以后由苏联附署的公告各条款。以下称四大强国为同盟国。

我们兹宣布日本帝国大本营及在日本控制下驻扎各地的日本武装部

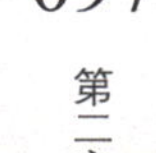

队，向同盟国无条件投降。

我们兹命令驻扎各地的一切日本武装部队及日本人民，即刻停止战事，保存一切舰艇、飞机、资源、军事及非军事的财产，免受损失，并服从同盟国最高统帅，或在他指导下日本政府各机关所要求的一切需要。

我们兹命令日本帝国大本营，即刻下令日本的一切武装部队及不论驻在何地的日本控制下的武装部队的指挥官，他们自己及他们所率的武装部队，无条件投降。

我们兹命令一切民政的、军事的与海军的官员，服从与实行盟国最高统帅认为实践这一投降所适当的一切宣言、命令与指令，以及盟国最高统帅及在他授权下所颁布的一切宣言、命令与指令，并训令上述一切官员留在他们现有职位，除非由盟国最高统帅或在他授权下特别解除职务者外，继续执行非战斗的职责。

我们兹担承日皇、日本政府及其继承者忠实实行《波茨坦公告》的各项条文，并颁布盟国最高统帅所需要的任何命令及采取盟国最高统帅所需要的任何行动，或者实行盟国代表为实行《波茨坦公告》的任何其他指令。

我们兹命令日本帝国政府及日本帝国大本营，即刻解放在日本控制下的一切盟国军事俘虏与被拘禁的公民，并给予他们保卫、照料，维持并供给运抵指定地点的运输工具。

日皇与日本政府统治国家的权力，将服从盟国最高统帅，盟国最高统帅将采取他们认为实行这些投降条款所需要的一切步骤。

德国认罪，日本认输，军国主义复活准备再战

古罗马著名政治家、演说家、雄辩家、法学家和哲学家马库斯·图留斯·西塞罗（前 106—前 43 年）说过：“正义的基础是诚实，即应当真诚和忠实于约定和协约。”1969 年签署的《维也纳条约法公约》第 26 条规定：“凡有效的条约对其各当事国有约束力，必须由该国认真履行。”就是说，订立的有效条约，对那些作为当事国并参与签订的国家有约束力，当事国必须诚实地遵守条约。这就是国际法中普遍遵守的一个基本原则，即“条约必须遵守的原则”，这一原则是实现（条约）国际法约束力的基础。

华沙惊世一跪

从二战后的法律实践来看，《开罗宣言》和《波茨坦公告》两个法律文件的精神没有得到很好的贯彻执行。同样是战败国，德国对于二战罪行进行认真反省和忏悔。1970 年 12 月 7 日，正在波兰访问的联邦德国总理勃兰特在向华沙犹太人死难者纪念碑献上花圈后，肃穆垂首，双腿下跪，并发出祈祷：“上帝饶恕我们吧，愿苦难的灵魂得到安宁！”勃兰特以此举向二战中无辜被纳粹党杀害的犹太人表示沉痛哀悼，并虔诚地为纳粹时代的德国认罪、赎罪。他作为德国总理，感到自己有替纳粹时代的德国认罪赎罪的社会责任。

勃兰特的下跪使全世界为之震惊，被称为“欧洲约一千年来最强烈的谢罪表现”，许多波兰人感动得热泪盈眶。一位记者写道：“不必这样做的他，替所有必须下跪而没有下跪的人跪下了。”是的，他完全不必这样做，事实是，他毕竟这样做了。他是为自己的同胞、自己的民族所犯下的罪行而忏悔谢罪。1971 年

主动代表德国认罪的维利·勃兰特

12月20日，勃兰特因此获得了“诺贝尔和平奖”。当晚德国青年举起火炬，络绎不绝地来到勃兰特的寓所，向他表示衷心的祝贺。由于德国认罪态度很好，得到了二战受害国人民的谅解，所以德国与其他国家关系发展很好，经济一枝独秀，长盛不衰。

日本与德国不同。虽然日本天皇颁布了投降诏书，日本也退守4个主岛，但日本只承认战败，并不认罪，更不道歉。日本右翼和军国主义分子认为，日本曾经是“亚洲唯一的发达国家”，是最早进入资本主义国家的亚洲国家，二战中差一点就成为亚洲和太平洋地区的统治者。不过，最后功败垂成，沦落为战败国，让世人不齿。日本右翼和军国主义分子不以为耻、反以为荣的反动立场，与美国的一味纵容、日本不认真反思和亚太受害国没有彻底清算其滔天罪行都有关联。

二战中担任东条英机内阁的大藏大臣贺屋兴宣，在战后被远东国际军事法庭判为甲级战犯，判处无期徒刑。1955年被假释，1958年被赦免，后多次当选为众议员，1963年居然担任了池田勇人内阁的法务大臣；安倍晋三的外祖父是岸信介，二战中曾担任东条英机内阁的商工大臣，战后被判为甲级战犯，就是拥有这种历史背景的人在2006年居然当选为日本首相，2012年竟再次当选。

极端狂热的法西斯主义者石原慎太郎，否认日本二战罪行，否认南京大屠杀，亲自登上冲之鸟礁，一手策划并制造购买钓鱼岛闹剧。就是这样一个逆历史潮流而上的人物，居然在日本拥有很高的人气。从1999年开始，先后4次担任东京都知事，执政时间长达13年。

小泉纯一郎与贺屋兴宣和安倍晋三等人不同，他内心深处并非主张排外、怀念法西斯，也并非主张日本至上、天皇至上的极右翼人士，但他为了迎合民众中的民族主义情绪和右翼思潮，2001年到2006年3次担任日本首相，期间6次参拜供奉有日本甲级战犯牌位的靖国神社，还向日本军国主义的招魂社自费捐款。在他担任首相期间，首次于2004年突破日本《和平宪法》、背离《波茨坦公告》精神，公然向伊拉克战场派遣日本自卫队，开战败国日本向海外派兵参战的先河。

2011年担任首相的野田佳彦和民主党政调会长前原诚司等，都属于小泉纯一郎之类的政治人物。上梁不正下梁歪，在这些右翼政治领导人的带领下，日本正在走向极其危险的军国主义道路。

按照《维也纳条约法公约》第45条规定：只要国家“明白同意条约有效，或仍然生效，或继续有效”，或者“已默认条约之效力或条约之继续或施行”，就不得认为“条约失效、终止、退出或停止施行”。《开罗宣言》和《波茨坦公告》发表后至今仍为中、美、英三国所确认，无论就形式或内容而言，都具有广义的国际条约的性质。中、美、英三国至今没有任何一国表示废除这两个法律文件，因而在法律上讲这两个法律文件继续有效。

前事不忘，后事之师。在2013年《开罗宣言》发表70周年之际，中、美、英三个签约国应该认真回顾70年前那场波澜壮阔的反法西斯战争，重新回忆当时的战胜国如何团结一致、军民同心同仇敌忾，在不同地域、不同战场共同为一个目标浴血奋战，取得最后胜利的光辉历史。

日本首相阁员频繁拜鬼

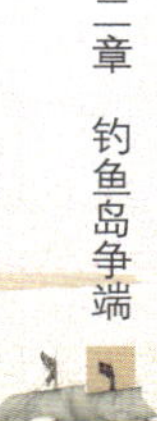

令人遗憾的是，二战结束之后不久，美、苏两个超级大国，北约和华约两大军事集团又挑起了一场“冷战”，在持续了40多年的时间里，昔日的反法西斯盟友——中、苏、美、英变成了仇敌，昔日势不两立的仇敌美、英与德、意、日却变成了盟友。

战略格局的错位与世界形势的动荡为日本军国主义复活提供了契机。作为战胜国的美国为了自己的国家利益背离了昔日盟国的利益，不仅没有对日本的二战罪行进行认真清算，反而对日本军国主义分子和战争罪犯进行庇护，使之得以卷土重来，许多极右翼分子甚至成为日本的社会精英，并进入国家权力高层。美国的所作所为是对二战胜利成果的玷污。要知道，日本军国主义复活不仅是世界人民的灾难，也是美国和日本人民的灾难。

“旧金山和约”与《归还冲绳协定》

美扶植日本，遏制中苏，非法操纵旧金山和会

1944年5月，美国战后计划委员会制定了《合众国的对日目标》，明确了美国对日政策的基本目标是：“使日本不再成为对美国及太平洋地区的威胁；为了美国的利益，将在日本建立尊重别国权利和日本国际义务的政府。”1945年6月，又制定了《战后初期的对日政策》。这一阶段美国的对日政策就是要遏制日本的发展，使其不再成为美国的竞争对手，维护美国在亚太地区的霸权地位。

1946年3月，丘吉尔的“铁幕演说”拉开了“冷战”的序幕，“杜鲁门主义”的诞生则标志着“冷战”的全面展开。“冷战”的开始迫使美国重新评估日本的战略地位。日本靠近苏联，如果美国在日本大量部署军事基地，联合部署在阿拉斯加和阿留申群岛的兵力，可以对苏联进行封锁遏制，切断苏联通向太平洋的海上交通线。美国逐渐改变了打压日本的政策，转而大力扶植日本，力图使其成为遏制苏联的桥头堡。

美国本来对中国国民党政府寄予很大希望，但在战场上，国民党军队节节败退，是一个扶不起来的阿斗，迫使美国不得不调整对华政策，最终把目光投向了日本。1948年10月，美国国家安全委员会通过了“扶植日本经济、发展日本军

事”的新政策，使日本成为其反苏反共、维护亚洲利益的工具。而日本在二战中战败，国力式微，千疮百孔，百废待兴，且与多个国家处于交战状态，在外交上毫无发言权。为了帮助日本实现战后复兴，美国需要通过对日媾和使之重返国际政治舞台，并恢复国力。所以美国积极策划并联络一些盟国签订对日和约。

1950 年 6 月 25 日，朝鲜战争爆发。次日，美国总统杜鲁门命令驻日本的美国远东空军协助韩国作战，27 日命令美国第 7 舰队驶入台湾基隆、高雄，在台湾海峡巡逻，阻止中国人民解放军解放台湾。1950 年 10 月，中国军队在得到苏联军事援助的情况下入朝作战，与朝鲜军队共同抗击侵朝美军。此时，中、美、苏三个二战中的反法西斯盟国已经演变为敌对国，这种国际战略格局的重大变化，促使美国考虑与日本、韩国和中国台湾国民党政府结盟，利用这三个不沉的航空母舰作为前进基地，逐渐建立起针对中国、苏联和朝鲜的一个岛屿锁链，对其进行封锁、遏制和打压。出于这样的战略思考，美国于 1951 年 9 月 4 日在旧金山召开“对日和约”会议，企图借此构建反华、反苏、反共的国际联盟。

1951 年 9 月 4 日，旧金山和会召开，苏联、波兰、捷克斯洛伐克的代表坚持全面会谈，要求中华人民共和国的代表出席会议，但控制和会的美国根本不予理会。这样，中华人民共和国被彻底排除在旧金山和会之外。9 月 8 日，美、英、日等 48 国代表在“旧金山和约”（草案）上签字，苏联、波兰、捷克斯洛伐克反对此和约草案，拒绝签署，而印度、缅甸拒绝参加会议。

“旧金山和约”

根据 1969 年《维也纳条约法公约》第

34 条规定：条约非经第三国同意，不为该国创设义务或权利。对第三国所赋予的义务和所给予的权利应加以区别，在赋予义务时，“第三国应以书面明示同意”，然后才给予肯定；赋予权利时，只需“第三国对此表示同意”即可，并规定“如无相反的表示应推定其表示同意”。这就是国际法中条约对第三国无效的“条约相对效力原则”，条约原则上只约束当事国，对当事国以外的第三国不具有法律上的约束力。由于迄今为止的国际社会是协议性社会，国家不分大小一律平等，所以要使条约的效力及于某一个国家，必须取得那个国家的同意。

1950 年 12 月 4 日，中国政府声明该合约是非法的，也是无效的。

援引法条：“旧金山和约”

1951 年 9 月 8 日

第 1 条 战争状态结束、承认日本主权

1. 日本与各联盟国之战争状态，依据本条约第 23 条之规定，为自日本与各联盟国之条约生效日起结束。

2. 联盟国承认日本与其领海之日本国民之完全主权。

第 2 条 领土放弃

1. 日本承认朝鲜的独立，并放弃对朝鲜包括济州岛、巨文岛与郁陵岛之所有权利、名器与请求权。

2. 日本放弃对台湾、澎湖之所有权利、名器与请求权。

3. 日本放弃对千岛群岛、1905 年 9 月 5 日获得之库页岛部分，以及邻近各岛屿之所有权利、名器与请求权。

4. 日本放弃国际联盟委任统治相关之所有权利、名器与请求权，同时接受联合国安全理事会于 1947 年 4 月 2 日所采取有关日本前述太平洋岛屿委任统治地之信托统治安排。

5. 日本放弃因为日本国家或国民在南极地区活动所衍生之所有权利、名器或利益之请求权。

6. 日本放弃对南沙群岛与西沙群岛之所有权利、名器与请求权。

第 3 条 信托统治

日本同意美国对北纬29度以南之西南群岛（含琉球群岛与大东群岛）、孀妇岩南方之南方各岛（含小笠原群岛、西之与火山群岛）和冲之鸟礁以及南鸟岛等地送交联合国之信托统治制度提议。在此提案获得通过之前，美国对上述地区、所属居民与所属海域得拥有实施行政、立法、司法之权利。

……

第5条 联合国之集体防卫、自卫权

1. 日本接受规定于联合国宪章第2条所规定之义务。

2. 在国际关系上，对国家领土完整或政治独立，且符合联合国成立之目的上，谨慎使用威吓或武力。

3. 支援联合国符合宪章之各项行动，且对联合国采取预防或强制行动的国家谨慎提供协助。

4. 联盟国确认与日本之关系，将依据联合国宪章第2条之原则为之。

5. 联盟国承认，身为主权国家之日本，依据联合国宪章第51条之规定，拥有个别或集体自卫权等固有权利，同时日本得自主缔结集体安全协议。

……

第10条 中国相关权益

日本放弃一切有关中国之特别权利与利益，包括源自1901年9月7日签署于北京之最后议定书条款、其附件、书简与文件所衍生之对中国的利益与特权；同时，同意放弃前述议定书条款、其附件、书简与文件。

“旧金山和约”为钓鱼岛主权争端埋下祸根

1951年签署的“旧金山和约”第2条第2款规定：日本放弃对台湾、澎湖之所有权利、名器与请求权。该约第3条规定：日本同意美国对北纬29度以南之西南群岛（含琉球群岛与大东群岛）、孀妇岩南方之南方各岛（含小笠原群岛、西之与火山群岛）和冲之鸟礁以及南鸟岛等地送交联合国之信托统治制度提议。在此提案获得通过之前，美国对上述地区、所属居民与所属海域得拥有实施行政、立法、司法之权利。

根据“旧金山和约”，日方提出两点法理依据：第一，“旧金山和约”中只

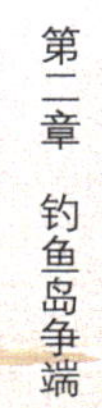

提到日本应放弃台湾和澎湖，并未将钓鱼岛列为应该放弃的领土之内。第二，中国对“旧金山和约”第3条中将钓鱼岛置于美国托管之下的条款并未提出异议，而且并未指出钓鱼岛是台湾的附属岛屿，所以根据第3条规定，1971年归还冲绳时连同钓鱼岛一并交于日本。

对于日方提出的两点质疑，我们可以从以下两个方面去解释：

第一，从历史学、地理学和国际法角度讲，钓鱼岛群岛从来都是中国的固有领土。从历史上看，在1403年的《顺风相送》等中国古典文献中可获取大量证据用来证明钓鱼岛群岛历史上就属于中国；从地质结构上看，钓鱼岛群岛是中国台湾省的附属岛屿，地处中国东海大陆架的边缘上，是中国大陆向琉球群岛方向的自然延伸。钓鱼岛与琉球群岛中间隔着一条冲绳海槽，冲绳海槽呈西南向东北方向延展，大部分深达1000米，最深处2716米，那里是东海大陆架的边缘，钓鱼岛处在东海大陆架的中国一侧，与琉球群岛在地质上并无关联；从法理上讲，规定日本放弃台湾和澎湖，其中当然包括钓鱼岛。“旧金山和约”第3条中“日本同意美国对北纬29度以南之西南群岛（含琉球群岛与大东群岛）”等地送交联合国之信托统治制度提议的规定，由于在西南群岛后面用括号进行标注，应该理解为特指琉球王国时期的岛屿，钓鱼岛如上所述，自然不在其列。

第二，在“旧金山和约”签订不久，周恩来外长就于1951年9月18日发表声明指出：“‘旧金山和约’由于没有中华人民共和国参加准备、拟制和签订，中央人民政府认为是非法的、无效的，因而是绝对不能承认的。”中国政府对“旧金山和约”进行了总体否定，当然其中的任何条款也被认为是否定的、非法的、无效的。

借《归还冲绳协定》，美国将钓鱼岛转让给日本

1951年美国等国与日本缔结的“旧金山和约”规定“北纬29度以南的西南诸岛等交由联合国托管”，美国为唯一的施政当局。此时，钓鱼岛包括在美国托管区域之内。不过，周恩来总理代表中华人民共和国发表声明指出：“旧金山和约”由于没有中华人民共和国参加准备、拟制和签订，中央人民政府认为是非法的、无效的，因而是绝对不能承认的。”

1952年2月29日、1953年12月25日，琉球列岛美国政府先后发布“第

68 号令”（即《琉球政府章典》）和“第 27 号令”（即关于“琉球列岛的地理界线”布告），擅自扩大托管范围，将中国领土钓鱼岛划入其中。此时，美国琉球政府管辖的区域包括北纬 24 度、东经 122 度区域内各岛、小岛、环形礁、岩礁及领海。此时，钓鱼岛群岛在此被囊括在美国托管区域之内。中国不承认“旧金山和约”，认为该条约是非法的和无效的。至于根据“旧金山和约”而细化的“第 27 号令”，由于美国是在未经联合国托管理事会批准，更没有征求中国意见的情况下做出的，因而没有任何法律依据，属于擅自扩大托管范围，将中国领土钓鱼岛群岛裹挟其中，是对中国主权的侵犯。

1966 年，联合国亚洲及远东经济委员会成立了“联合勘探亚洲近海地区矿物资源合作委员会”。经过长期勘测及研究，该会于 1968 年发布研究报告，称在琉球群岛、中国台湾至日本本土间的大陆礁层边缘地带，黄海及渤海海域都可能蕴藏有丰富的石油资源。这一消息震动日本，日本立即采取行动，企图将钓鱼岛据为己有。1969 年 11 月，日本媒体发表文章，公然把所谓的尖阁列岛（钓鱼岛群岛）说成是冲绳县海区。11 月 11 日，中国著名地理学家竺可桢（1890—1974 年）致函国务院总理周恩来：“钓鱼岛在东海大陆棚上”，“国际惯例以海深 200 米以内为大陆棚，毗连国家有权可以在海底开采矿产。而钓鱼岛与冲绳之间，却隔有 1000 ~ 2000 米深海，所以从深度和距离看来，钓鱼岛附近石油开采权统应归我国范围。日本觊觎已非一日”。1970 年 5 月 18 日，《人民日报》刊文《佐藤反动政府玩弄妄图吞并我钓鱼岛等岛屿新花招》，指出“钓鱼岛等岛屿和台湾一样，自古以来就是中国的领土”。这是中华人民共和国政府第一次在钓鱼岛群岛问题上公开表明立场。

1970 年 5 月 9 日，在美国纵容和默许下，日本冲绳县石垣市当局登上中国钓鱼屿、橄榄山、黄尾屿、赤尾屿等岛屿，竖立了所谓的“行政管辖标志牌”，又于同年 7 月在岛上竖立了“警示牌”；9 月，日本发表“尖阁列岛主权及大陆礁层资源开发主权之主张”，妄称“钓鱼岛海域属于日本”。台湾师范大学地理学系教授沙学浚发表《钓鱼台（钓鱼岛）属中国不属琉球之史地根据》一文，根据大量历史文献，指出“600 年前钓鱼台（钓鱼岛）被中国人发现命名，当然是中国领土”，“日人发现钓鱼台（钓鱼岛）说被中国史实、日本文献否定”，分析了“钓鱼台（钓鱼岛）被中国人不被琉球人发现之原因”，并绘制了《钓鱼台（钓鱼岛）列屿图》，对钓鱼岛群岛各岛屿做进一步的地质研究。1972 年 10 月，

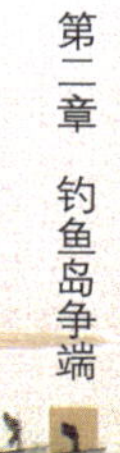

新出版的《中华人民共和国地图集》明确将钓鱼岛海域划入中国版图，并用大字标出。之后，台湾出版的地图也明确标出钓鱼台不属于琉球群岛，而属于台湾省宜兰县。这一系列行动对于维护钓鱼岛列岛属于中国的一部分意义深远。

1971 年 4 月，中国邀请美国乒乓球队访华，打开了两国交往的大门。小球推动了大球。1971 年 7 月 8 日，美国国务卿基辛格博士秘密访华；1972 年 2 月 21 日，美国总统尼克松访华，2 月 28 日，中美两国在上海签订了《上海公报》；1978 年 12 月 15 日，中美两国发表《中美建交公报》；1979 年 1 月 1 日，中美正式建立外交关系。

1972 年 9 月 25 日，日本首相田中角荣访华，双方于 9 月 29 日发表联合声明，宣布正式建立外交关系，中日结束战争状态，实现邦交正常化。

1971 年和 1972 年是中美关系、中日关系结束敌对状态和战争状态，走向关系正常化的重要起始阶段。美国从亚太战略格局全盘考虑，担心中国与日本之间过于亲密——如果这两个一衣带水、唇齿相依的邻邦走到一起，势必会削弱美国在东亚的影响力。因此，美国决定在两国之间打入一个楔子，在东海埋下一颗深

中日北京会谈之田中角荣、大平正芳

水炸弹，那就是钓鱼岛问题。中国和日本是两个自尊心非常强的民族，只有国家主权争端能够让这两个国家闹得头破血流。所以美国在钓鱼岛问题上模棱两可，似是而非，顾左右而言他，目的就是要保留一个模糊空间，使之进可攻，退可守，坐山观虎斗，鹬蚌相争，渔翁得利。

1971 年 6 月 17 日，日本外相爱知揆一和美国国务卿罗杰斯签署了《关于琉球诸岛及大东诸岛的协定》（简称《归还冲绳协定》），公然把中国领土钓鱼岛划入“归还”区域。美国国务院发言人表示：“归还冲绳的施政权，对尖阁列岛（钓鱼岛）的主权问题不发生任何影响。”这一立场美国至今仍在坚持，即美国归还日本的是行政管辖权——施政权，不是领土主权，美国对钓鱼岛的主权归属仍保持中立，但钓鱼岛适用于《美日安保条约》第 5 条。这个看似自相矛盾的立场美国一直坚持了 40 多年。美国一方面想讨好中国，因为对钓鱼岛主权是保持中立的；一方面又想讨好日本，告诉日本钓鱼岛适用于《美日安保条约》，也就是说如果中日爆发战争，美国会给日本提供武力保护。这样的立场让日本很尴尬，因为日本最想要的就是领土主权，而美国恰恰是在这个问题上没有立场。如果美国继续坚持这样的中立立场，日本作为二战的战败国，没有任何权利和勇气在国际舞台上去和联合国常任理事国、二战的战胜国中国去谈什么钓鱼岛的主权。

按照国际法基本原则，“一国的领土主权，不因其他国家间的条约对该领土有所处置而受到剥夺或影响”。1971 年 10 月，美国政府表示：“美国认为，把原从日本取得的对这些岛屿的行政权归还给日本，毫不损害有关主权的主张。美国既不能给日本增加在他们将这些岛屿行政权移交给我们之前所拥有的法律权利，也不能因为归还给日本行政权而削弱其他要求者的权利。……对此等岛屿的任何争议的要求均为当事者所应彼此解决的事项。”1971 年 12 月 30 日，中国外交部发表声明严正指出：“这是对中国领土主权的明目张胆的侵犯，中国人民绝对不能容忍。”中国政府向来不承认美国对钓鱼岛拥有托管权，日美之间这种私相授受的行为根本无法得到法律认可。直到 1996 年 9 月 11 日，美国政府发言人伯恩斯仍表示：“美国既不承认也不支持任何国家对钓鱼岛群岛的主权主张。”

从国际法程序上来看，即便是美国根据 1947 年 4 月 2 日联合国安理会通过的《战略防区之托管决定》对中国的钓鱼岛群岛进行托管，在未经联合国托管理事会审议批准、未征求中国政府意见的情况下，就擅自将钓鱼岛群岛管辖权转让

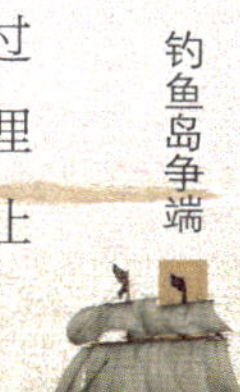

给日本这样一个战败国，这是严重违犯国际法的，也是对二战胜利成果的不尊重。中国对于钓鱼岛群岛的主权毋庸置疑，决不会因此而受到任何影响。

中日邦交正常化，钓鱼岛争端暂时搁置

1971年日本和美国签署《归还冲绳协定》，将对冲绳的行政管辖权“归还”日本。1972年5月15日，冲绳群岛在被美国占领27年后，正式归还日本。同年3月8日，日本外务省发表的《关于尖阁列岛所有权问题的基本见解》声称：“该列岛向来构成我国领土西南诸岛的一部分，而根据明治二十八年（1895年）五月生效的《马关条约》第2条，该列岛并不在清朝割让给我国的台湾、澎湖诸岛内。”这成为日本所谓拥有钓鱼岛主权的依据之一，其基本理由是：1885年对该地进行多次调查，确认这里不但是无人岛，而且没有清朝统治的痕迹，于是编入日本领土，“尖阁列岛”不包括在中日《马关条约》割让的领土中，“旧金山合约”也没有把尖阁列岛（钓鱼岛群岛）包括在第2条日本应该放弃的领土之中，中国对尖阁列岛（钓鱼岛群岛）置于美国施政地区从未提出任何异议。主张尖阁列岛（钓鱼岛群岛）是属于冲绳县的一部分，并将尖阁列岛（钓鱼岛群岛）及其周围海域划入日本自卫队的“防空识别区”，在立法、司法、行政等方面对钓鱼岛群岛加强管辖，使用海上保安厅和海上自卫队进行实际控制，并利用民间组织大肆开展霸占钓鱼岛群岛的活动。

至此，中日钓鱼岛争端浮出水面。日本的无理行径受到中国政府的强烈谴责，也引发世界各地华人保卫钓鱼岛运动的浪潮。最早的保钓运动是1972年在联合国总部由中国台湾留美学生发起的，现台湾地区领导人马英九及其老师丘宏达参与了游行示威。

随着20世纪70年代钓鱼岛群岛附近发现潜藏的油气资源，中日之间的钓鱼岛群岛之争变得异常敏感。在中日恢复邦交、缔结和平友好条约的谈判中，日本不断抛出所谓的“钓鱼岛争端”。针对钓鱼岛群岛问题，中国确定了“顾全大局，主权属我，搁置争议”的原则。在此基础上，中日就暂时搁置钓鱼岛争端达成共识，并于1972年9月29日发表《中日联合声明》。日本政府在声明中郑重承诺，充分理解和尊重中方关于台湾是中国不可分割一部分的立场，并坚持《波茨坦公告》第8条的立场。

1974年10月3日，邓小平副总理在会见黑田寿男和中岛健藏时，就《中日和平友好条约》明确提出：尽早排除一切障碍，实现条约的签订；谈判在事务性协定签署后开始也可以，或与事务性协定同时并进也可以；钓鱼岛的主权问题暂时搁置起来为好。“谈判时，钓鱼岛的主权问题最好搁置起来”，这个问题是当时双方的共识，因为一提出来，恐怕几年、几十年也解决不了。

但日本阳奉阴违，其政府建设省国土地理院从1972年着手制作，1977年出版了国家地图册《日本国势地图帐》，图集地方图部分第一幅“南西诸岛”用附图标示了其侵占的称之为“尖阁列岛”的中国钓鱼岛，并划归冲绳县石垣市管辖。对照日本1885年以前出版的地图，1897年至1945年出版的地图，以及1953年至1971年出版的地图，可以完全清楚地揭示出日本从侵占中国领土、放弃侵占的中国领土到重新侵占中国领土的轨迹，清晰地揭示出日本声称的“尖阁列岛（钓鱼岛群岛）自古以来就是日本国的固有领土”完全是无耻的谎言。

1978年8月12日，中日两国签订《中日和平友好条约》。10月23日，《中日和平友好条约》生效。10月25日，邓小平以中共中央副主席、国务院副总理的身份应邀访问日本期间，出席了东京日本记者俱乐部举办的记者招待会。在回答记者提出关于钓鱼岛问题的时候，邓小平说：“尖阁列岛是日本的叫法。中国叫钓鱼岛，是台湾省的附属岛屿，甲午战争后被割让给日本。1972年田中首相访华时，曾要求周总理明确该岛的归属权。周恩来表示，现在还是不要讨论。于是，这个问题一直搁置至今。‘尖阁列岛’我们叫钓鱼岛，双方叫法不同，也有着不同的看法。实现中日邦交正常化的时候，我们双方约定不涉及这一问题，这次谈《中日和平友好条约》的时候，双方也约定不涉及这一问题。倒是有人想在这个问题上挑些刺来阻碍中日关系的发展。我们认为，两国政府把这个问题避开是比较明智的。这样的问题放一下不要紧，等10年也没有关系。我们这一代缺少智慧，谈这个问题达不成一致意见，下一代总比我们聪明，一定会找到彼此都能接受的办法。”

1979年5月31日，邓小平会见来华访问的日本自民党众议员铃木善幸时表示，可考虑在不涉及领土主权情况下，共同开发钓鱼岛群岛附近资源。同年6月，中方通过外交渠道首次公开表示，中方愿以“搁置争议，共同开发”模式解决同周边邻国间领土和海洋权益争端。这是中国首次完整地提出了在钓鱼岛争端问题上采取“搁置争议，共同开发”的方针。1979年，日本首相福田赳夫在国会质

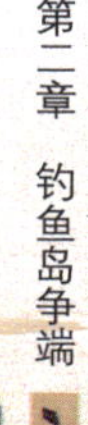

中国常态化巡航钓鱼岛

询时表示：中方提出搁置争议，这可为我方实际控制“尖阁列岛”（钓鱼岛群岛）累积时间，我们表示欢迎。

从1979年以来，中国一直以“搁置争议，共同开发”的原则解决钓鱼岛争端。

1990年，中国向日本提出“共同开发钓鱼岛周边海域”的建议。江泽民同志在讨论钓鱼岛争端问题时提出：“要坚持主权属我、搁置争议、共同开发。特别要使搁置争议、共同开发的精神深入人心，积极研究共同开发的切实可行的具体方案。”

从1972年9月29日中日邦交正常化，到2012年9月29日已经走过了40周年。回顾40年来中日在钓鱼岛问题上的争端，基本上体现了三大特点：一是日本根据1971年《归还冲绳协定》，在邦交正常化之前就从美国手里获取了冲绳群岛和钓鱼岛的行政管辖权。日本右翼多次登岛宣示主权，并在岛上修建灯塔、界碑、停机坪、神社等各种设施，经常出动巡逻舰和飞机驱赶中国渔民，企图造成实际控制和占领的事实。二是关于钓鱼岛的主权争端，中国坚持“搁置争议，共同开发”的基本原则，恪守中日两国领导人之间达成的默契，不在钓鱼岛问题上制造事端，刺激对方。三是中国台湾、香港及世界华人民间保钓运动此起彼伏，这种宣示主权的行动得到中国政府的支持和肯定，但大陆的民间保钓行动比较克制和理性。

第三章
琉球群岛争端
东海
球
群
岛
冲之鸟礁
03
83

封锁中国的坚固防线

萨南诸岛与大隅海峡

琉球群岛在日本又称西南诸岛，也叫琉球冲绳，是西太平洋上的一系列岛屿，是东海与太平洋的分界线，位于中国台湾岛与日本九州岛之间，成东北—西南走向，绵延 1100 千米，陆地总面积 3090 平方千米，包括大小岛屿 55 个。

琉球群岛由北向南的主要群岛和岛屿有大隅诸岛、吐噶喇列岛、奄美诸岛（统称萨南诸岛，属鹿儿岛县管辖），冲绳诸岛、先岛诸岛（统称琉球诸岛）。面积共 4600 平方千米，人口 140 多万。

由大隅诸岛、吐噶喇列岛、奄美诸岛组成的萨南诸岛历史上属于琉球王国领土，1868 年日本明治维新后，包括该群岛在内的整个琉球群岛被日本吞并。第二次世界大战中被美国占领，1953 年美国将行政权交给日本。

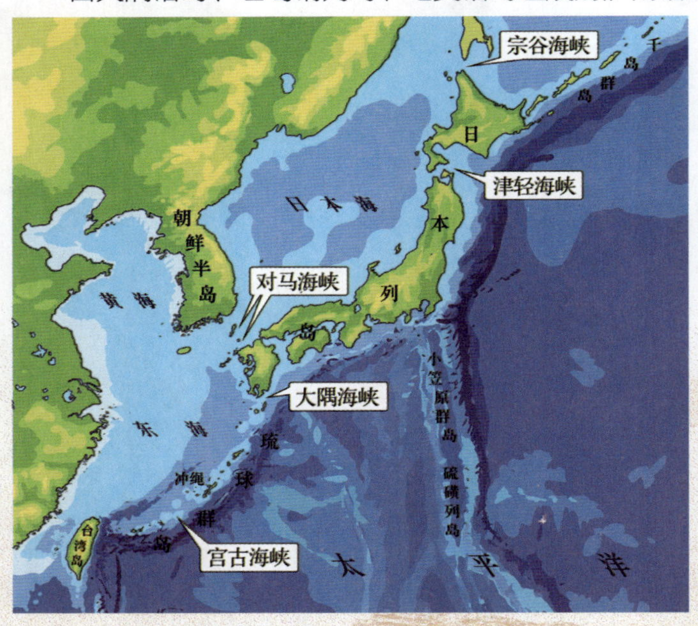

日本宣布的 5 个非领海海峡国际水道

萨南诸岛距离中国钓鱼岛最近 850 千米，从距离上看比较远，舰船从最南端出发到达钓鱼岛海域需要两三天的时间。萨南诸岛与日本本土之间的大隅海峡，是日本从西太平洋向东海调兵遣将的重要航道，也是美国海军第 7 舰队从横须贺向东海方向快速增援的战略通道，具有重要的战略意义。

大隅海峡呈东南—西北走向，长约24千米，宽约33千米，最窄处宽约28千米，水深 80 ~ 150 米，是连接太平洋和东海的重要水道，为东海、黄海沿岸港口和日本东岸港口间的海上要道，是美国海军第 7 舰队的常用航道。海峡中少暗礁，无碍航物，宜于舰船航行。海水透明度 16 ~ 30 米，每年 8 月达 48 米，潜艇水下航行容易暴露。

大隅海峡两端连接公海，属于国际海洋法中规定的国际海峡。海峡宽度小于 24 海里的非领海海峡，日本宣布了 5 个：对马海峡东水道和西水道、宗谷海峡、津轻海峡、大隅海峡、宫古海峡。这 5 个海峡，除两岸各宣布 3 海里领海外，中间航道可自由航行。

琉球诸岛与美军基地

冲绳诸岛是琉球群岛中最大的一个岛群，位于奄美诸岛和先岛诸岛之间，由主岛冲绳等 70 多个大小岛屿组成，属冲绳县管辖。最近处距离钓鱼岛 450 千米，距离中国大陆 650 千米。主岛冲绳岛在日本西南诸岛中位居核心位置，岛上设有那霸市、宜野湾市等城市。第二次世界大战后为美国占领，1972 年归还日本管辖。

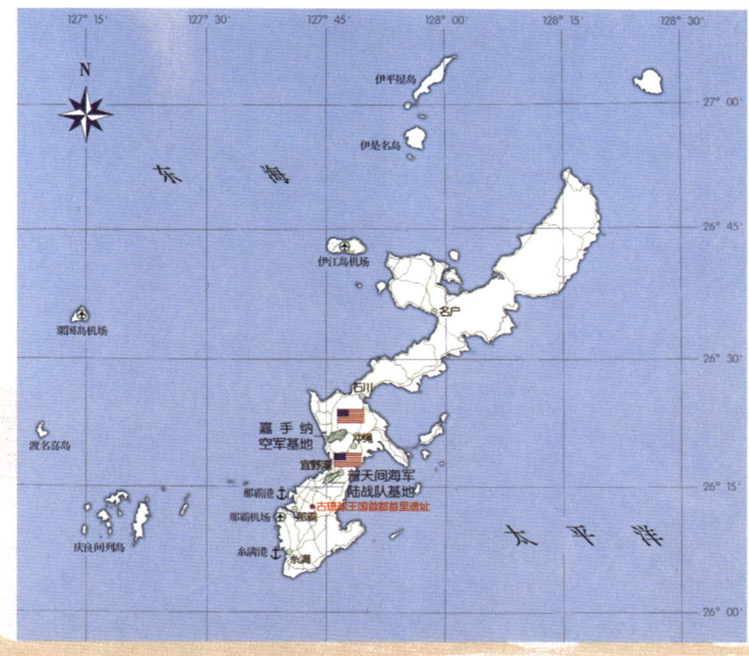

冲绳岛地图

那霸市位于冲

绳岛南部西海岸，面积 38 平方千米。那霸是古琉球王国首都首里遗址所在地，早在 14 世纪中期就是繁荣的海上贸易港口，现在是琉球群岛最大的政治、经济、文化中心。宜野湾市位于冲绳岛中部地区，面向西侧海岸，在那霸市东北方向 10 千米处。

冲绳岛西南部驻日美军嘉手纳空军基地，面积近 20 平方千米，拥有两条 3700 米长的跑道，比日本最大的民用机场羽田机场还大两倍多，是美国本土以外最大的空军基地，也是美国宇航局指定的航天飞机紧急着陆场。基地驻有美空军第 5 航空队第 18 航空联队、空军第 390 情报中队、第 55 侦察航空团第 82 侦察机中队和 353 特种作战大队等部队，常驻飞机 200 多架，不定期驻防 F–22、RC–135W、RC–135U、RC–135B 及 TC–135S 型电子侦察机。2013 年开始，美国在嘉手纳空军基地部署新型 P–8A 海神反潜巡逻机，以此基地为依托，美军的侦察机时常出没于西太平洋地区，成为美军窥视中国南海、东海、黄海及沿海地区情报的重要前沿基地。2001 年 4 月 1 日中美撞机事件中的 EP–3C 电子侦察机就是从这个基地起飞的。

美军嘉手纳空军基地

冲绳诸岛宜野湾市中心的美军普天间基地，是美国海军陆战队的军事基地，面积 4.8 平方千米，约占该市面积的 25%。1945 年美军占领冲绳岛后，美国陆军修建了一条长 2400 米的土质跑道，供 B–29 轰炸机起飞轰炸日本本土。1957 年该机场转交给美国海军，逐渐成为驻日美海军陆战队在冲绳岛上的两大基地之一。作为驻日美军最大的直升机机场，普天间基地拥有长达 2800 米的机场跑道，有 70 多架直升机、12 架空中加油机、12 架 MV–22 鱼鹰倾转旋翼飞机和 3600 多人的部队。

先岛诸岛为琉球群岛西南部宫古群岛、八重山群岛的总称，面积 800 多平方千米，行政划分上属于日本冲绳县管辖。14 世纪时，先岛诸岛原为琉球国的附属国。1609 年日本出兵征服琉球国后成为日本的附属国。日本明治维新后，将琉球改设冲绳县，引起与中国清政府之间的领土争议。经谈判，1880 年决定将先岛诸岛以南各岛划归中国，但 1895 年甲午战争后，日本将所有旧琉球王国的领土划入日本领土，先岛诸岛因此确定为日本领土。根据 1951 年“旧金山和约”，先岛诸岛成为美国管辖地区。根据 1971 年《归还冲绳协定》，先岛诸岛再次为日本管辖。与那国岛上空为防空识别区的边界，先岛诸岛西侧 1/3 的领空被划为台湾的防空识别区。

宫古海峡（也称宫古水道）是琉球群岛的主岛冲绳岛和宫古岛之间的一条海上航道，海峡宽 240 千米，比台湾海峡还宽，比海南岛与西沙群岛之间距离还要大，

鱼鹰降落普天间

中国船舰前往南太平洋到澳大利亚等国，或者横穿太平洋到中美洲、南美洲、北冰洋等地，穿行宫古海峡是非常经济的。中日有争议的钓鱼岛、黄尾屿、赤尾屿等都在这条海峡的附近。宫古海峡也是美国第 7 舰队经常航行的海域。

封锁中国的第一岛链

琉球群岛拥有数十个大型岛屿，它们就像是几十艘巨型的不沉的航空母舰，巍然屹立在东海边缘，成为阻碍中国舰船前往太平洋的坚固防线。依托这些不沉的航空母舰，美国在这一地区驻军数量和规模是世界上最多最集中的。主要兵力是空军和海军陆战队，海军舰队主要驻在横须贺和佐世保等地。

美国空军飞机的主要任务就是对中国和朝鲜进行全天候、全天时、不间断的侦察监视，获取空中、地面、海上、水下的情报信息，并将这些信息实时分发给美国在这一地区的盟国和盟友日本、韩国和中国的台湾政府。进行情报交换之后，美国会根据威胁情况进行危机管理和威胁判定，根据威胁情况确定是否出动海军舰队夺取制空权和制海权。

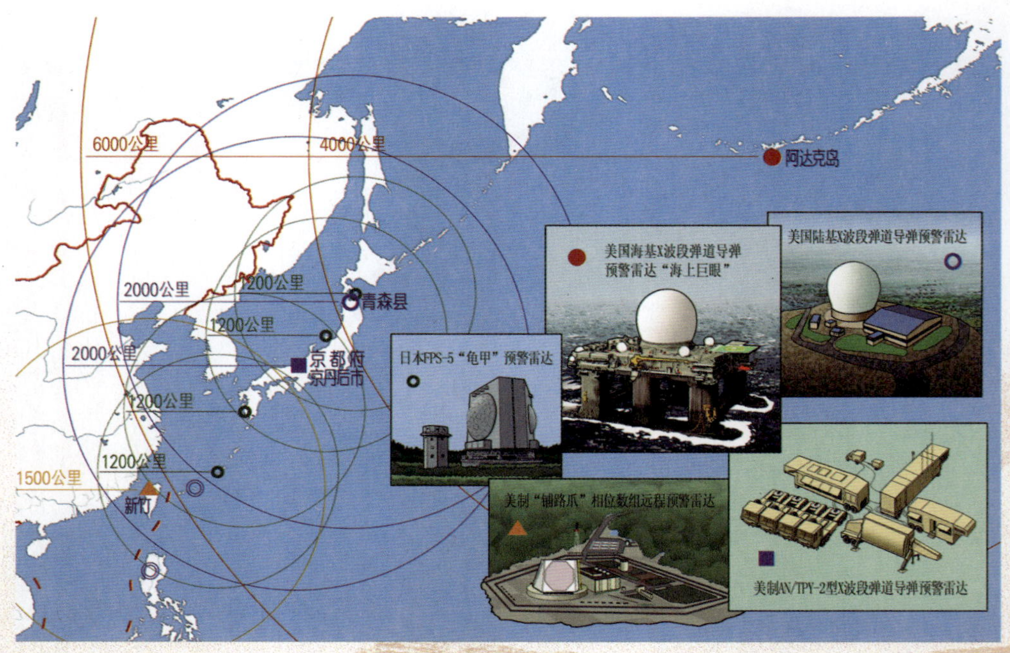

美军对华雷达分布示意图

美国海军陆战队部署在这个地区，主要任务是对付朝鲜，但在钓鱼岛危机爆发后，将迅速转变为支援日本两栖作战。美国已经在北部的青森县部署了一个 X 波段的弹道导弹预警雷达，下一步准备在琉球诸岛再部署一个，然后在菲律宾再部署一个，中国在台湾已经部署了“铺路爪”大型雷达，这样就可以在中国的正面建立一道反导弹防御体系，确保第一岛链基地的安全。

为了严防中国潜艇突破第一岛链，经过数十年的建设，日本已经在北至鹿儿岛、种子岛，南至冲绳群岛，西至石垣、西表岛一线构筑了一条反潜封锁链。日本在琉球诸岛一线的驻军主要是驻冲绳那霸的航空自卫队西南航空混成团，装备有 F-15J 等战斗机，在部分岛屿上还驻有陆上自卫队。近两年来，根据日本在西南诸岛增加兵力部署的新战略，将在冲绳附近的西南诸岛增派 1000 名特种兵，在冲绳那霸基地的 F-15 战机从 1 个飞行中队（18 架）增为 2 个中队。在宫古

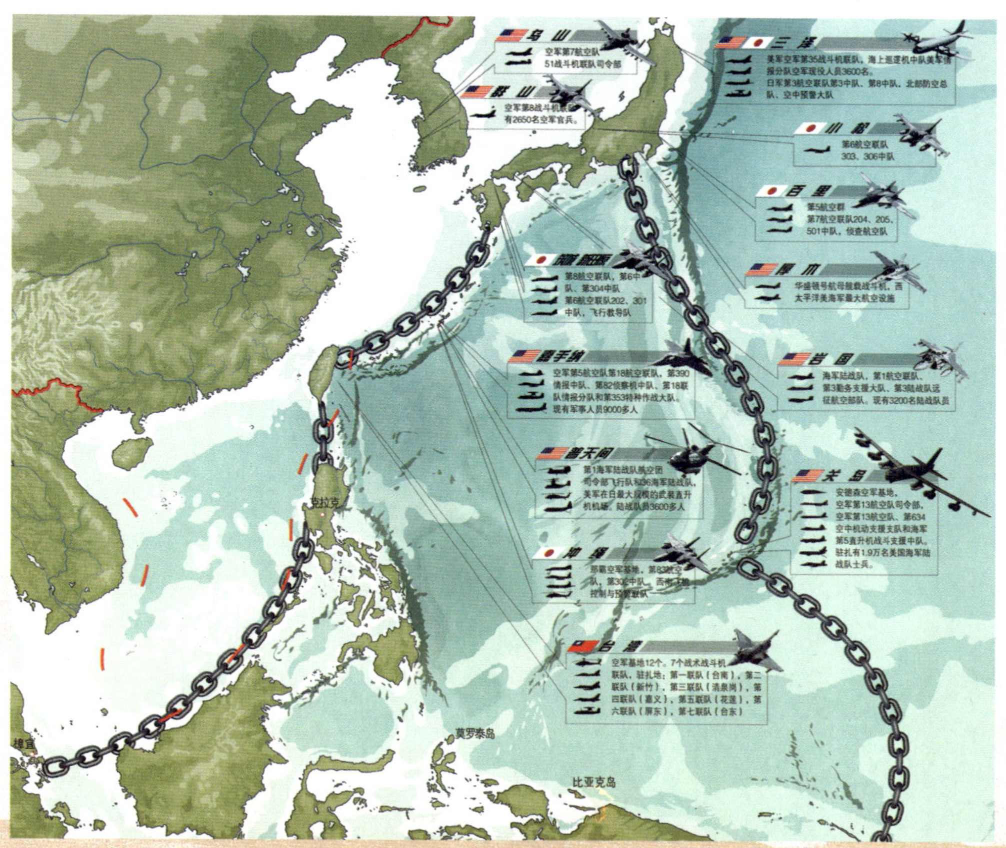

第一岛链空军基地分布示意图

海峡两岸和最遥远的与那国岛等岛屿上开始部署雷达和水声监听设备，部署海岸炮兵和岸舰导弹等对海作战的武器，部署陆上自卫队等常备军。

与冷战时期相比，琉球群岛一带的兵力部署强度有增无减，这是十分反常的。1951 年，美国前国务卿杜勒斯为了与苏联对抗，出于反华、反共的目的，在北起日本群岛、琉球群岛，中接中国台湾岛，南至菲律宾、大巽他群岛，构建了一条绵密漫长的海上岛屿锁链，在这条岛链中的一些重要节点，美军都建立了军事基地，并驻有陆海空军，这就是主要用来封锁中国海军进入太平洋的第一岛链。

为了确保对第一岛链的作战支援，美国还在数千千米以外的中太平洋上构建了一条漫长的第二岛链：北起日本的小笠原群岛、硫黄列岛，中接马里亚纳群岛、关岛，南至加罗林群岛。这条岛链以美国的关岛为中心向南北两侧展开，北部以日本为依托，南部延伸到澳大利亚、新西兰。

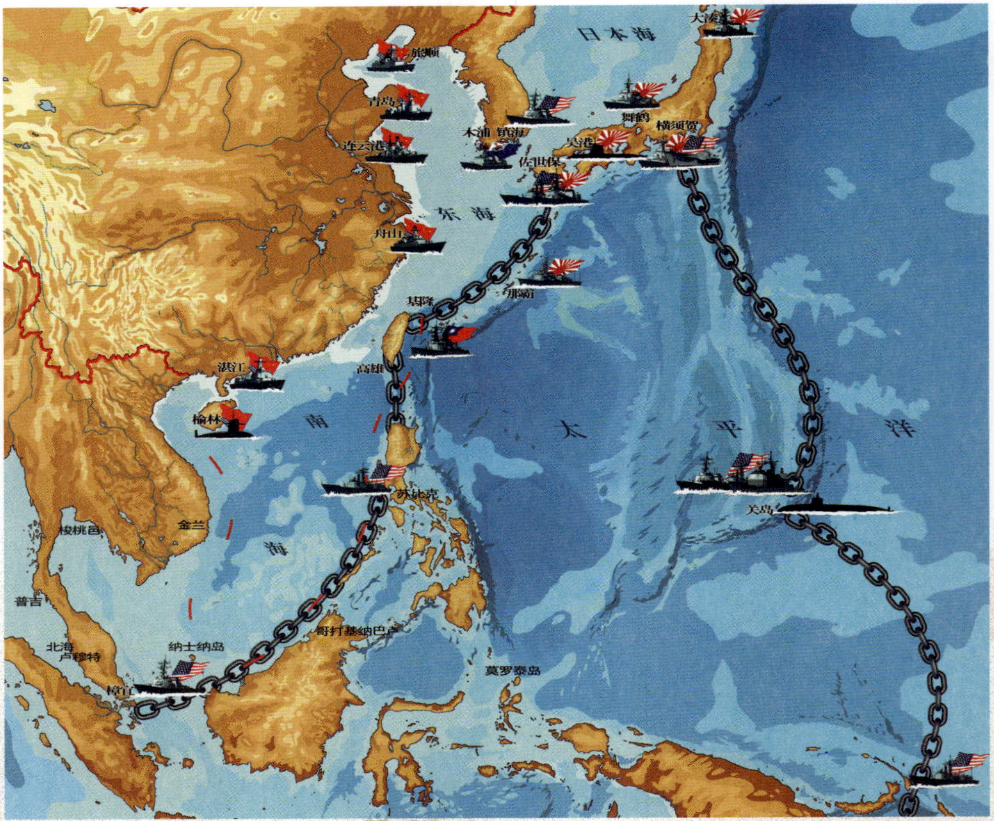

第一岛链海军基地分布示意图

这两条岛屿锁链上的各岛屿遥相呼应，环环相扣，成为控制岛链内海域和中国大陆的天然屏障。它既有地理上的含义，又有政治军事上的内容，主要用途是围堵中国，对亚洲大陆各国形成威慑之势。

琉球王国的历史变迁

明清时期，琉球是中国的藩属国

古代的琉球群岛是一个独立王国，疆域北起奄美大岛，东到喜界岛，南止波照间岛，西界与那国岛。早在中国明朝初期就接受明朝皇帝的册封，直到清朝时期一直是中国的藩属国，在近 500 年的时间里一直向中国明清政府纳贡。

12 世纪，琉球群岛出现南山、中山、北山三国，分布在琉球群岛的南部、中部和北部。明洪武五年（1372 年），明太祖朱元璋给琉球的中山王察度下达诏谕后，琉球的北山、中山、南山三王遂开始向明政府朝贡，从此琉球成为中国的藩属国。1429 年，中山国王尚巴志灭了其他两国，定都首里城，建立起统一

琉球人民迎接大明册封使节

的琉球王国，仍向中国朝贡，中山国国王被明政府册封为琉球王。

15 世纪至 16 世纪，大量倭寇骚扰中国沿海，也骚扰了琉球群岛。1609 年，日本首次大规模用兵侵略琉球，俘虏琉球王，派兵监督琉球国政 45 年。1654 年，琉球王摆脱日本控制，主动遣使臣到中国请求大清顺治皇帝册封，得到满足。1693 年，琉球国被迫割让北部的奄美诸岛予日本，开启了一个危险的先例。

1852 年 3 月，美国东印度舰队司令官马休·卡尔佩斯·佩里（1794—1858 年）被赋予“迫使日本开国”的指令。

同年 11 月，他带着美国总统的亲笔信函，率领着由 3220 吨“密西西比”号巡洋舰为旗舰的 4 艘黑船舰队，从美国西海岸的诺福克港出航，率先到达琉球，1853 年 7 月 8 日于日本江户湾（今东京湾）浦贺入港。1854 年佩里再访日本，3 月 31 日强迫日本德川幕府（又称江户幕府，1603 年至 1867 年统治日本，历时 265 年）签订了《神奈川条约》（又称《日美亲善条约》或《日美和亲条约》），这是日本历史上被迫签订的第一个不平等条约。条约中主要规定：日本必须开放下田与箱馆这两个港口与美国通商，并保证在日本的美国士兵得到安全保障。

条约谈判过程中，佩里误以为琉球是日本领土，要求日本开放包括琉球那霸

1609 年日本桦山久高率军攻打首里

佩里登陆纪念碑纪念馆

在内的 5 个港口。日本谈判代表向佩里解释，琉球是个遥远的独立的国家，日本天皇和政府无权决定它的港口开放权。1854 年 7 月 11 日，佩里与日本签约结束后，赶回琉球与琉球王国政府谈判，最后以中、英两种文字正式签订《琉美修好条约》，开放那霸港口。

佩里的黑船舰队是第一个入侵日本的外国舰队，对于这种以坚船利炮逼迫日本开放港埠的外国列强，日本不仅不把他看作是侵略者，反而认为佩里是促使日本改革开放、走上富国强兵之路的大恩人。在日本神奈川县横须贺市的久里滨，在当年佩里率领美国黑船登船的地点，竖立了一座佩里登陆纪念碑，上有日本前首相伊藤博文的亲笔手书："北米合众国水师提督佩里上陆纪念碑。"

明治维新后，日本侵占琉球

1868 年是日本历史上最为重要的一年。以明治天皇为首的新政府，于 1868

年4月6日发布具有政治纲领性的《五条誓文》，6月11日公布《政体书》，9月3日天皇下诏将江户改称“东京”，10月23日改年号为“明治”。1869年5月9日，明治天皇迁都东京，并颁布一系列改革措施。

明治维新是日本历史的转折点。日本全盘西化，大力学习西方先进思想理论和科学技术，重视教育，重视人才，提升民族凝聚力，大搞富国强兵。通过学习西方和大力改革，一个封闭落后的岛国迅速崛起，“脱亚入欧”，成为亚洲第一个走上资本主义道路的国家。西方工业革命的先进技术成果，西方“地理大发现”时代全球性殖民掠夺和开疆拓土的思维观念，使日本人认识到：一个四面环水的弹丸岛国，即使拥有先进的工业制造能力，但缺乏资源和市场。要想使日本快速崛起，就必须发展强大的海上力量，拥有海权，像西班牙、葡萄牙、英国、荷兰和美国那样四处征战，侵略扩张，扩大生存空间。为此，日本全面推行军国主义，宣扬武士道精神，大力改革军队编制，陆军学习德国，海军借鉴英国。1873年时，作战部队动员后的兵力可达40万人。同时，大力发展工业制造业和军火工业，军事预算约占政府经费的30% ~ 45%。

日本明治天皇

明治天皇的一系列改革措施很快取得重大成果，日本经济实力快速提升，军事力量迅速增强。利用强盛的国力，日本逐步废除与西方列强签订的不平等条约，收回国家主权，与西方列强积极开展外交活动，成为亚洲唯一能保持民族独立、没有沦为西方殖民地的国家。

强盛后的日本，第一个对外侵略扩张的目标就选中了琉球。1872年，日本单方面宣布琉球王国属于日本的“内藩”，琉球群岛是日本领土。这破坏了自1372年起中国为琉球王国长达500年的宗主国地位。

1874年，日本军力虽不及清朝，但对外扩张的野心很大，企图用武力挑战清朝，遂首次派兵侵入台南。清朝采取绥靖政策，赔偿日军50万两白银后日本退兵。当时的清朝，国富兵强却畏惧于相对国穷兵弱的岛国日本，这在很大程度上使日本的侵略扩张野心助长，催发了其对外侵略扩张的野心，也为20年后中日甲午海战埋下了伏笔。

侵台事件之后，日本就开始肆无忌惮地对琉球王国施压，千方百计地阻止其向清朝称臣纳贡。1875年，日军进驻琉球王国，日本天皇强令琉球断绝与清朝的册封关系，禁止琉球进贡中国和受大清册封，废止使用中国年号，从此改为使用日本明治年号。琉球王向清朝告急，但腐朽的清王朝未加重视。

1842年鸦片战争之后，清朝进入热火朝天的军事变革时期，李鸿章开始筹建北洋水师，编练新军，并从英国、德国购买坚船利炮。经过几十年的建设，到1875年，大清的军事力量已经在亚洲处于第1名，位列世界第9名，清朝海军比日本海军要强数十倍。可惜的是，大清政治上过于软弱，徒有强盛的军事力量不敢使用，只知道与日本进行外交斡旋，却不知利用庞大的海军舰队进行远洋作战和海上机动作战。虽然日本与中国文化接近，但经过明治维新后的日本的意识形态不再是传统概念中的东方文化，更不是“仁义礼智信”“己所不欲，勿施于人”之类的儒家文化，而是从西方那里学来的“丛林法则”：强者为王，武力为先，先下手为强。

1878年4月，得寸进尺的日本政府决定废琉球王国为日本郡县。虽然琉球人民不甘心亡国，但国力弱小无力抗衡日军，只能一心指望清政府救其出水火。8月30日，日本政府悍然宣布改琉球为日本的郡县，声明琉球与中国的关系由日本外务省处理。琉球终于没有逃脱被日本吞并的命运。

此时的清政府毕竟不能对日本吞并琉球袖手旁观。1879年3月，美国前总统格兰特来到中国，清政府委托格兰特斡旋，但没有结果。3月30日，日本派兵侵占琉球。琉球国由于向清朝称臣纳贡，以此来换取清朝的军事保护，所以自身并没有建设军事力量。由于军事不设防，致使日本军队很快侵入城中，把琉球并入日本版图，日本史称“琉球处分”。同年4月4日，日本强迫最后一位琉球国王尚泰流放到东京，乘机把琉球改为冲绳县，并开始在琉球王国实行残暴的同化、奴化和殖民政策。

中国的藩属国琉球被日本用战争的方式略走后，清朝没有出兵相助，只是提出口头抗议，并希望用和平的外交方式与日本展开交涉。清政府提出“三分琉球”

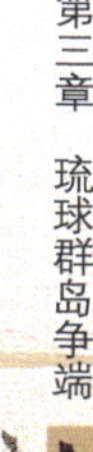

首里城的琉球王宫

方案：琉球群岛北部靠近日本九州的原岛津藩属地诸岛划归日本；琉球本岛及其附近岛屿作为一个独立的琉球王国存在，并恢复琉球国王王位；琉球南部的先岛诸岛划归中国，待琉球复国后还给琉球。日本不同意琉球王国继续存在的主张，提出了“分岛改约”方案，即把琉球划分成两部分：琉球本岛及其北方岛屿作为日本领土，而南部包括宫古和八重山群岛在内的先岛诸岛作为中国领土。由此可以看出，当时中日双方在先岛诸岛划归中国问题上取得了一致的意见。在谈判中并没有涉及钓鱼岛，也由此可见钓鱼岛并不属于琉球群岛。

1880 年 9 月，迫于日本的压力，清朝最初同意按日本提出的方案草签了分界条约，包括宫古、石横、八重山群岛在内的先岛诸岛划归中国。随后中方认识到“分岛改约”方案无助于琉球复国，反而使中国丧失主权，所以并未正式签署这一不平等条约。1882 年至 1883 年，日本与清政府再次谈判琉球问题，但是仍没有达成协定。1887 年，清朝总理衙门大臣曾纪泽还向日本驻华公使盐田三郎提出，“琉球问题尚未了结”。就这样，日本继续用军事手段抢占整个琉球王国，而中国希望通过外交手段和平解决争端无果而终，后来就稀里糊涂地拖而不决，成为中日之间的一个悬案。

1895 年，中国在中日甲午战争失败后，清廷四面楚歌，自身难保。根据《马关条约》中国割地赔款，台湾以及附属诸岛（包括钓鱼岛群岛）、澎湖列岛都被日本割让走，更不要说琉球群岛了。之后半个多世纪，台湾和琉球都沦为日本的殖民地。

1945 年日本投降之后，把台湾和澎湖列岛归还给中国，美国却把钓鱼岛攫取为自己的海上靶场，并对冲绳（原琉球）进行托管。1972 年，根据《归还冲绳协定》把冲绳连同钓鱼岛一起交给日本。由于中国一直处在兵荒马乱的年代，所以琉球王国被日本侵吞亡国的事情就很少有人过问了。日本干脆装聋作哑，不仅占领整个琉球群岛，也不再提将南部先岛诸岛划归中国的事了。1972 年冲绳回归后更是顺水推舟，继续窃居琉球群岛的全部岛屿，并于 1977 年出版国家地图将其永久性纳入日本的主权范围。

从上面的分析可以看出，如果琉球再议的话，可以从历史进程中寻找出三点：

第一点是接续 1880 年清朝提出的“三分琉球”方案，琉球北部归日本，中部恢复琉球王国，南部归中国。

第二点是 1945 年 9 月 2 日日本签署投降协议之后，日本应该按照《开罗宣言》和《波茨坦公告》，将琉球群岛归还给琉球人民，帮助其恢复昔日被日本灭亡的琉球国。1947 年美国人反而接管了琉球，琉球人民从此面临日、美两个外族的双重压迫。1951 年的“旧金山和约”，美国未与中国、苏联等战胜国协商，更没有征求琉球原住民的意见，擅自与日本签署和约，对琉球群岛进行托管，是非法的、无效的。

第三点是 1972 年，美国根据《归还冲绳协定》擅自把琉球私相授受交给了日本，日本从此宣布为自己的领土。美、日绕过联合国托管理事会暗箱操作，违反了联合国安理会有关托管领土的法规。中国、俄罗斯、英国等二战战胜国应该重新提起此事，由联合国安理会重新审议。

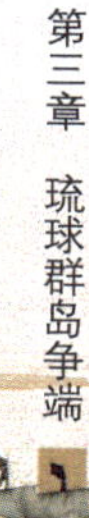

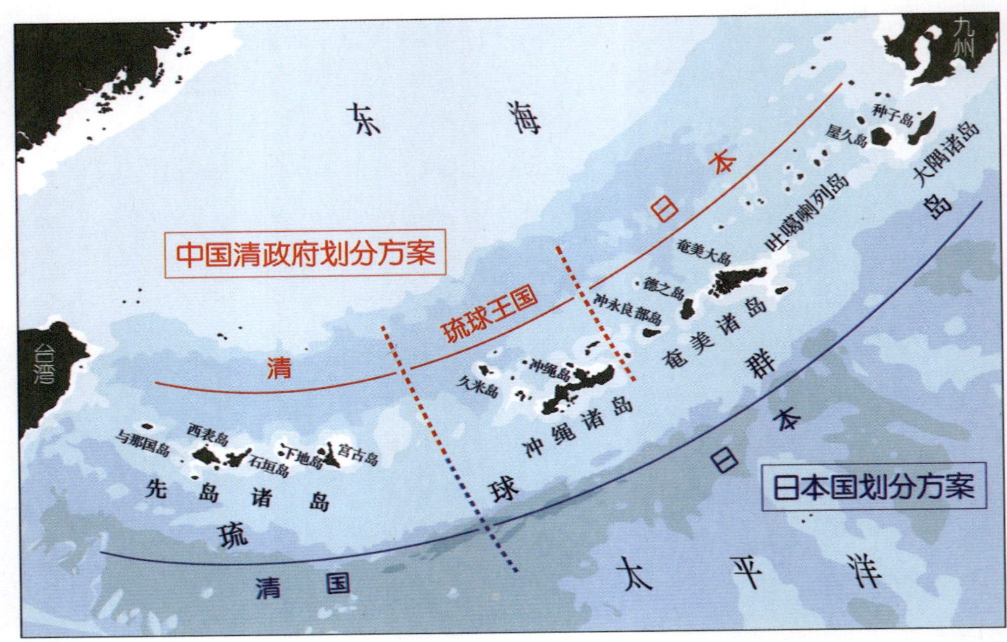

清日划分琉球方案

日本投降，美国托管琉球

1868 年明治维新后直至二战期间，日本通过一系列战争方式，侵略并殖民统治了大片日本国以外的领土和岛屿，所有这一切通过二战后期的《开罗宣言》《波茨坦公告》《日本无条件投降书》等一系列政治宣言、协定和条约进行了清算。

1941 年 12 月 7 日，日本偷袭珍珠港，美国太平洋舰队军事实力损失大半，后美国对日宣战，全国进入战争动员状态。1942 年 6 月 4 日至 6 月 7 日的中途岛海战，日本海军联合舰队受到重创，成为太平洋战争的转折点。经过较长时间的战争准备和战役积累，到 1943 年 6 月，美国开始进行战略反攻，首先夺占了马绍尔群岛。之后，美军开始在太平洋进行越岛作战，战场形势越来越不利于日本。在这种情况下，1943 年 11 月 22 日至 26 日，中、美、英三国首脑蒋介石、罗斯福、丘吉尔在埃及开罗举行会议，确认联合对日作战，直到日本投降。

开罗会议期间，美国总统罗斯福曾先后两次征询蒋介石的意见，希望战争结束后把琉球群岛全部交给中国管辖，但蒋介石两次都表示拒绝，且提出中、美共同管辖琉球群岛的建议，中、美因而达成战后共同管理琉球的共识。罗斯福总统的两次提议，说明在 1943 年的时候，美国还认为琉球群岛应该归还中国。会议发表的《开罗宣言》指出：中、美、英三国对日作战的目的在于制止和惩罚日本的侵略，“剥夺日本从第一次世界大战爆发后，在太平洋上夺得或占领的一切岛屿”，使日本强占的中国领土，例如东北四省、台湾和澎湖群岛等“归还中华民国”。

1945 年 3 月，美军发起冲绳战役，6 月攻占琉球，逼近日本本土，并打算在九州和关东平原进行两栖登陆，摆出将与日本进行本土决战的架势，对日本进行战略震慑。其中 4 月，美军作为占领军在岛上成立美国海军政府进行行政管辖，管辖的范围包括奄美群岛（1945—1953 年）、冲绳群岛、宫古群岛和八重山群岛（1945—1972 年）。7 月 17 日到 8 月 2 日，苏、美、英三国首脑斯大林、杜鲁门、丘吉尔（后为艾德礼）和三国外长在德国柏林近郊波茨坦举行了波茨坦会议，苏联决定对日宣战。7 月 26 日，中国、美国、英国发表《中美英三国促令日本投降之波茨坦公告》，向日本发出最后通牒，警告日本立即宣布所有武装部队无条件投降，否则盟国将进行致命打击。

《波茨坦公告》对日本战后领土范围提出了明确限定，第 8 条特别强调，“《开罗宣言》之条件必将实施，而日本之主权必将限于本州、北海道、九州、四国及吾人所决定其他小岛之内”。从法理上不仅强调了台湾和澎湖列岛必须归还中国，

美军攻占冲绳

还说明包括琉球群岛在内的日本侵占别国领土的归属将由战胜国决定。

8月6日和9日，美国向日本广岛和长崎投放了两颗原子弹，造成20多万人的重大伤亡，对日本产生了巨大的心理震撼。8月8日，苏联对日宣战，出动157万大军、3400多架飞机、5500多辆坦克，兵分三路向中国东北挺进。9日，苏军对日本关东军发起总攻击，同时进军库页岛南部和千岛群岛。与此同时，中国战场上的所有抗日武装力量开始向日军展开了全面反攻。8月10日，日本政府决定接受《波茨坦公告》，并通过瑞士、瑞典等中立国通知盟国方面。8月15日中午11时，日本天皇裕仁宣告日本无条件投降。

日本宣布投降后，麦克阿瑟上将被杜鲁门总统任命为驻日盟军最高司令，负责对日军事占领和日本的战后重建工作。9月2日，美、英、中、法等9国代表于停泊在东京湾的美国海军"密苏里"号战列舰上接受日本投降。日本外相重光葵代表日本天皇和日本政府、日军参谋总长梅津美治郎代表日军大本营在投降书上签字，同意接受《波茨坦公告》中所列的全部条款，无条件地将包括台湾、澎湖列岛等在内的所掠夺的领土全部交出。反法西斯联盟各国最终取得了太平洋战争的最后胜利。战争结束后，美国对日本单独受降，对琉球进行行政管辖的是美国海军行政当局，1946年7月转为美国陆军政府管辖。

1947年4月2日，联合国安理会第124次会议一致通过《战略防区之托管决定》（编号S/318）的决议案，又称为《关于前日本委任统治岛屿的协定》，后称《托管决定》。主要内容是把琉球群岛交给美国政府托管，美国管理当局对托管领土有行政、立法及司法权，有权在托管领土内设立海陆空军基地，有权建筑军事要塞，在托管领土内驻扎并使用军队。

1951年9月8日，美国等国与日本缔结的"旧金山和约"进一步拓宽了美国托管的范围，其中第3条规定：日本同意美国对北纬29度以南之西南群岛（含琉球群岛与大东群岛）、孀妇岩南方之南方各岛（含小笠原群岛、西之与火山群岛）和冲之鸟礁以及南鸟岛等地送交联合国之信托统治制度提议。在此提案获得通过之前，美国对上述地区、所属居民与所属海域得拥有实施行政、立法、司法之权利。规定北纬29度以南的西南诸岛等交由联合国托管，而美国为唯一的施政当局。美国行政当局由开始的海军、后来的陆军，到1952年4月起改为美国政府设立的琉球政府管辖。1951年9月18日，中国政府发表声明，不承认"旧金山和约"，认为是非法的和无效的。

1969 年 11 月，当时的日本首相佐藤荣作和美国总统尼克松举行会谈，会谈的内容是美国准备归还琉球（冲绳），但发表的联合公报声称：归还冲绳后，美军仍然可以保持在冲绳的驻军，因而遭到日本人民的强烈反对。1971 年 6 月 17 日，日本外相爱知揆一和美国国务卿罗杰斯签署了《关于琉球诸岛及大东诸岛的协定》（简称《归还冲绳协定》），将琉球的行政权归还日本。1972 年 5 月 15 日，琉球群岛在被美国占领 27 年后，正式归还日本。

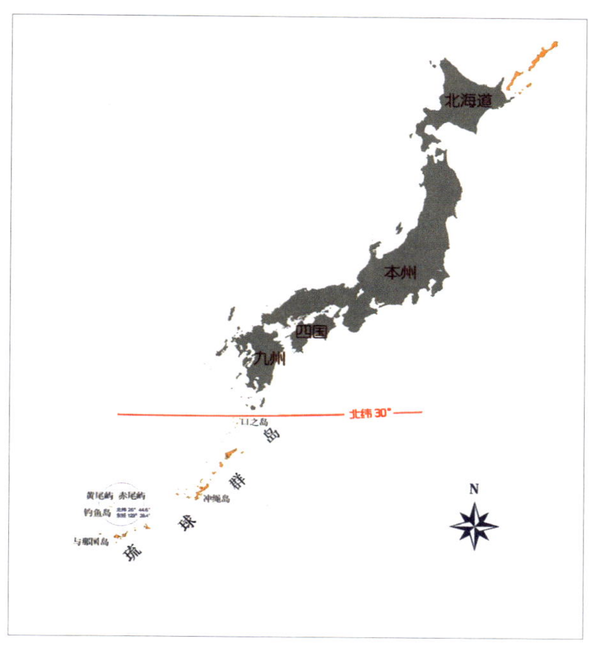

《波茨坦公告》第 8 条划定的日本领土范围

援引法条：《托管决定》

1947 年 4 月 2 日联合国安理会第 124 次会议一致通过《战略防区之托管决定》（编号 S/318）。

第 1 条，兹制定前日本依据国际联盟第 22 条受委统治之太平洋各岛屿为战略防区，并将其置于联合国宪章所制定之托管制度之下。此等太平洋岛屿以下简称托管领土。

第 2 条，兹指定美利坚合众国为托管领土之管理当局。

第 3 条，在本协定所规定之限制内，管理当局对托管领土应有行政、立法及司法之全权。

……

第 5 条，管理当局有权在托管领土内设立海陆空军基地，并建筑要塞；在托管领土内驻扎并使用军队。

……

援引法条：《归还冲绳协定》

1971 年 6 月 17 日在华盛顿和东京同时签署《关于琉球诸岛及大东诸岛的协定》（简称《归还冲绳协定》）。

第 1 条，根据 1951 年 9 月 8 日在旧金山市签署的“旧金山和约”之第 3 条规定，自本协定生效之日起，美利坚合众国将把第 2 条规定所指的关于琉球诸岛、大东诸岛的一切权利和利益放弃给日本。同一天起，日本国为行使对这些领域及其居民在行政、立法和司法方面的一切权利，接受完全的机能和责任。本协定的适用范围，所谓“琉球诸岛、大东诸岛”是指根据“旧金山和约”第 3 条规定美利坚合众国所给予的全部领土和领水范围内，日本有权行使行政、立法和司法方面的一切权利。这种权利不包括根据 1953 年 12 月 24 日和 1968 年 4 月 5 日美利坚合众国和日本国分别签署的《关于奄美诸岛的协定》和《关于南方岛屿及其他岛屿的协定》中已归还日本的部分。

……

第 3 条，根据 1960 年 1 月 19 日在华盛顿签署的《美日安保条约》及与此有关的协定，日本国同意自本协定生效之日起让美利坚合众国使用在琉球诸岛、大东诸岛上的设施和区域。关于美利坚合众国根据本条第 1 项规定，得以自本协定生效之日起使用琉球诸岛、大东诸岛的设施和区域事项，当应用 1960 年 1 月 19 日签署的《美日安保条约第 6 条规定的有关设施、区域以及驻日美军地位的协定》第 4 条规定，同条第 1 项中所谓“那些提供给美利坚合众国军队时的状态”是指该有关设施和区域最初为美利坚合众国军队使用时的状态，而同条第 2 项中的所谓“改良”应理解为包括在本协定生效之日加以改良之意。

第四章
冲之鸟礁争端
日
太
东京
洋
冲之鸟
176

是岛是礁关系重大

冲之鸟礁，日方称“冲之鸟岛”或“冲鸟岛”，是日本南部太平洋海域的一个珊瑚礁，位于北纬20度25分、东经136度04分，距离东京1700千米，距冲绳首府那霸1100千米，距离硫黄岛720千米，距离小笠原群岛的父岛910千米，距离关岛1200千米。

该礁礁盘呈东西方向，为细长的椭圆状，东西长约4.5千米，南北长约1.7千米，周长约11千米，礁湖内海水深度约3～5米。其西端有两处礁石——东露岩（日本称为“东小岛”）和北露岩（日本称为“北小岛”）。其中东露岩通常露出海面0.9米，北露岩通常露出海面1.0米。在最高潮时，北露岩露出海面16厘米，东露岩露出海面6厘米。目前，北露岩和东露岩都已被日方进行了加固。在北露岩和东露岩之间，日方还建立了高脚屋形式的无人值守气象观测站。

冲之鸟究竟是岛还是礁，关系非常大。

冲之鸟礁具有非常重要的军事战略地位，它扼守东海进出太平洋的主要航道，靠近关岛、塞班岛、菲律宾和中国台湾，战略位置非常重要。此外，“冲之鸟”还处于亚太地区封锁中国的第一岛链和第二岛链之间，如果日本把这几块礁石打造成人工岛，建立港口甚至起降飞机，那么它就可以成为连接第一岛链和第二岛链的重要跳板。

日本方面，主张冲之鸟是岛屿，称为“冲之鸟岛”，日本对“冲之鸟岛”拥有主权。日本方面对冲之鸟礁的描述为“高约1米，由直径仅为数米的两块岩石组成”。在此基础上，根据《联合国海洋法公约》关于岛屿的定义“岛屿是四面环水并在高潮时高于水面的自然形成的陆地区域”，主张附近海域43万平方千米的专属经济区和约25.5万平方千米的外大陆架都属于日本。

针对日本的主张，中国（包括中国台湾政府）、韩国等持反对意见。中国同样根据《联合国海洋法公约》第 121 条“不能维持人类居住或其本身的经济生活的岩礁，不应有专属经济区或大陆架”。中国方面则将其描述为 5 块岩石：涨潮前有 5 块岩石露出水面，涨潮时仅有两块岩石露于海面之上。这两块岩石分别被命名为北露岩和东露岩。冲之鸟礁由 3 部分组成：东礁石（东小岛，面积 1.6 平方米）、北礁石（北小岛，其实位于较西面，

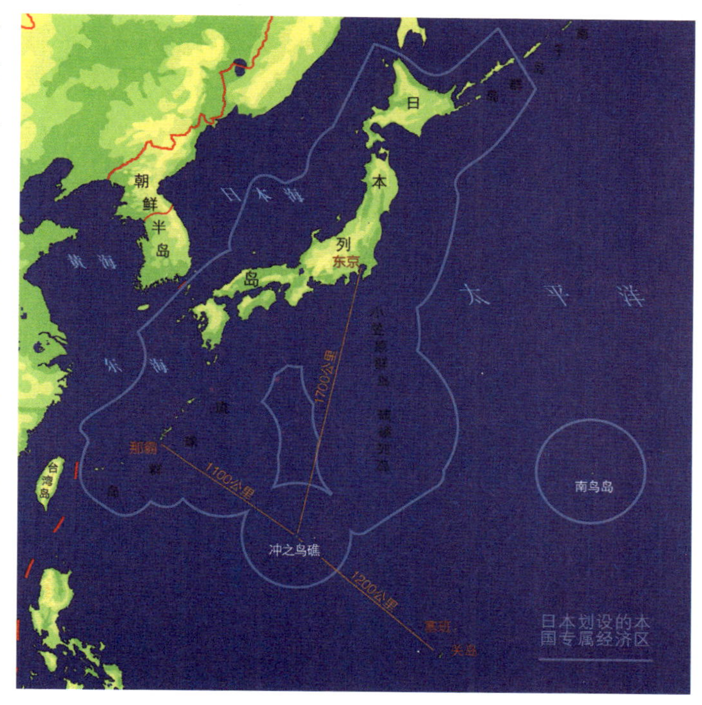

冲之鸟礁位置示意图

面积 6.4 平方米）、南礁石（人造礁）。中国认为，冲之鸟礁是“礁”，而非日本辩称的“岛”，日本无权以此设定大陆架。冲之鸟礁不能供人类居住，也无法维持经济生活，设定大陆架没有任何根据，因此不能提出专属经济区和大陆架的主张。

2008 年 11 月，日本向联合国大陆架委员会提交关于“冲之鸟岛”外大陆架划界案；2012 年 5 月 15 日，联合国大陆架委员会未认可其申请大陆架主张。

变礁为岛，让礁盘长出水面

自古以来是礁不是岛

1513 年 9 月 26 日，西班牙探险家巴斯科·巴尔沃亚从中美洲巴拿马海岸第一次见到太平洋，当时他将其称为“南海”。1520 年，葡萄牙航海家麦哲伦受

西班牙国王委托，率领船队向西横渡大西洋寻找通往东方的航线。经过 4 年多的艰难航程，越过狂风恶浪的大西洋，穿过波涛汹涌的麦哲伦海峡，进入了浩瀚的另一个大洋。洋面上风平浪静，这让麦哲伦感叹不已，于是便把这片一直称为“南海”的大洋命名为“和平之洋”，即“太平洋”。1543 年，西班牙人贝尔南多曾在现在的冲之鸟礁海域发现一处岩礁，并将其命名为“睁开眼睛看”，意思是“此处有一小岩礁，如果不睁大眼睛仔细看，你的船就可能会触礁”，这是西方人最早给冲之鸟礁命的名字。

1565 年 6 月，西班牙第一任菲律宾总督莱加斯比率舰队在日本东南部这一海域发现了一块岩礁，莱加斯比给其取名为“扬帆”。在西班牙 1639 年以前出版的海图上，在日本东南部海域有一个标为“扬帆”的岩礁，从经纬度来看，“扬帆”

日本在冲之鸟礁所在礁盘上的建筑物

即为冲之鸟礁。1789 年 9 月，英国人道格拉斯从夏威夷群岛启程向中国航行途中，发现了一片零散分布长约 5 英里的岩礁，就以发现者的名字命名为“道格拉斯礁”。至今，“扬帆”“道格拉斯礁”还作为冲之鸟礁的别名使用。

1922 年，日本海军水路部（现日本海上保安厅海洋情报部）派“满洲”号测量舰对冲之鸟礁进行了首次调查和测量，并以“道格拉斯礁”之名标注于日本海图上。1931 年，日本内务省发布第 163 号告示，将“道格拉斯礁”命名为“冲之鸟岛”，同时编入东京府小笠原支厅，将该礁列入日本领土。据日本资料记载，1930 年，“冲之鸟岛”所在的礁盘内尚有 6 块岩礁露出海面，1952 年还剩下 5 块，而到了 1987 年就只有北露岩和东露岩两块岩礁在涨潮时露出水面，其中东露岩在最高潮时仅露出海面 6 厘米。

1933 年，日本海军水路部派“胶州”号测量船对该岩礁进行了地质、地貌、地磁、水深等综合调查。参与此次测量任务的水路部测量科科长田山利三郎在 1952 年 5 月发表的《南洋群岛的珊瑚礁》论文中指出，“冲之鸟岛”既缺少中央岛也缺少潟湖，应该属介于环礁与礁盘间的准礁盘。其后信行在其所著《日本的珊瑚礁》中，也将“冲之鸟岛”归类为桌礁。

1941 年至 1945 年，日本原本准备在礁上修建灯塔和气象观测站，由于太平洋战争的影响，这一项目未能完工。1946 年，根据战后协定，包括冲之鸟礁在内的小笠原群岛的行政权力被移交给美国政府。1968 年，美国政府又将小笠原群岛的行政管辖权归还给日本，从此置于东京都政府的管辖之下。

变礁为岛

为了防止冲之鸟礁消失于太平洋中，1987 年 9 月，日本政府成立了“冲之鸟岛应急对策特别研讨会”。同年 10 月，建设省（现国土交通省）派“航洋丸”调查船对该海域进行大规模调查之后，决定抢修冲之鸟礁。

自 1988 年 4 月至 1989 年 10 月，日本共耗资 285 亿日元，在东露岩和北露岩周围放置了 9900 个铁制防波块，并在露出海面的岩体周围浇筑了水泥防护层。1988 年 3 月，日本海洋科学技术中心在始建于 1941 年的冲之鸟礁气象观测站平台上修建了海洋观测塔，以对该海域进行定点观测。1990 年，日方在原有气象观测站基础工程的基础上进行了修复，并建立了无人值守的高脚屋和观测

设施。另外，日本政府投资700多万美元在此礁盘上人工养殖珊瑚，计划在该礁盘成功培育5万多棵生长快速的鹿角珊瑚，借此扩展岛礁面积，保护该礁免受侵蚀，使之具备国际法中规定的岛屿创造条件。除了人工培育珊瑚，还在礁的周围布置了消波站台和灯塔，建造了混凝土墙，甚至还打算在礁上建发电厂，利用海洋温差发电。

1996年，日本建设省对冲之鸟礁进行了取样调查。调查结果显示，冲之鸟礁大约形成于2万~5万年以前，在地质构造上属于珊瑚礁，且正在以每百年没入海中1厘米的速度下沉。1999年6月，日本政府出资对冲之鸟礁进行了大规模修缮和保护，其中花费8亿日元为东露岩加装了钛合金防护网。目前，日本政府每年用于冲之鸟礁的维修经费高达2亿日元。

2002年以后，日本海上保安厅也加大了对冲之鸟礁海域的调查和巡视力度，以阻止其他国家的科考船进入该海域实施科学调查。2005年3月，日本政府拨款1000万日元在礁上设置高10米的灯塔，以明示礁周围200海里为日本专属经济区。5月20日，时任日本东京都知事石原慎太郎登礁"视察"，声称该礁石是"岛屿"。6月，日本国土交通省花费200万日元在"北小岛"岩礁的混凝土制护堤上安装了写有"东京都小笠原村冲之鸟岛一番地""日本国最南端的岛""冲之鸟岛由国土交通省管理"等字样的钛制地址标牌。

2008年11月，日本提出太平洋南部及东南部海域大陆架延伸申请，而冲之鸟礁是南部海域的重要申请理由之一。2009年8月，针对日本向联合国大陆架界限委员会申请的南太平洋大陆架延伸，中国以冲之鸟礁"是岩礁，无权设定大陆架"为由正式提出反对。11月6日，日本政府决定在冲之鸟礁上建设港湾和自卫队基地。同时，还计划建设可以供人长期居住生活的设施，在礁上驻扎自卫队和海上保安厅职员。

2010年1月19日，中国外交部发言人马朝旭重申，日本以冲之鸟礁为基点，主张大面积管辖海域的做法，不符合国际海洋法，也严重损害了国际社会的整体利益。马朝旭说，关于冲之鸟礁的问题，《联合国海洋法公约》第121条第3款明确规定：不能维持人类居住或其本身的经济生活的岩礁，不应有专属经济区或大陆架。他强调，冲之鸟礁在海水涨潮时露出水面的面积不足10平方米，显然属于《联合国海洋法公约》规定的岩礁，因此不应该拥有专属经济区或大陆架，建造人工设施也不能改变它的法律地位。2月9日，日本在内阁会议上

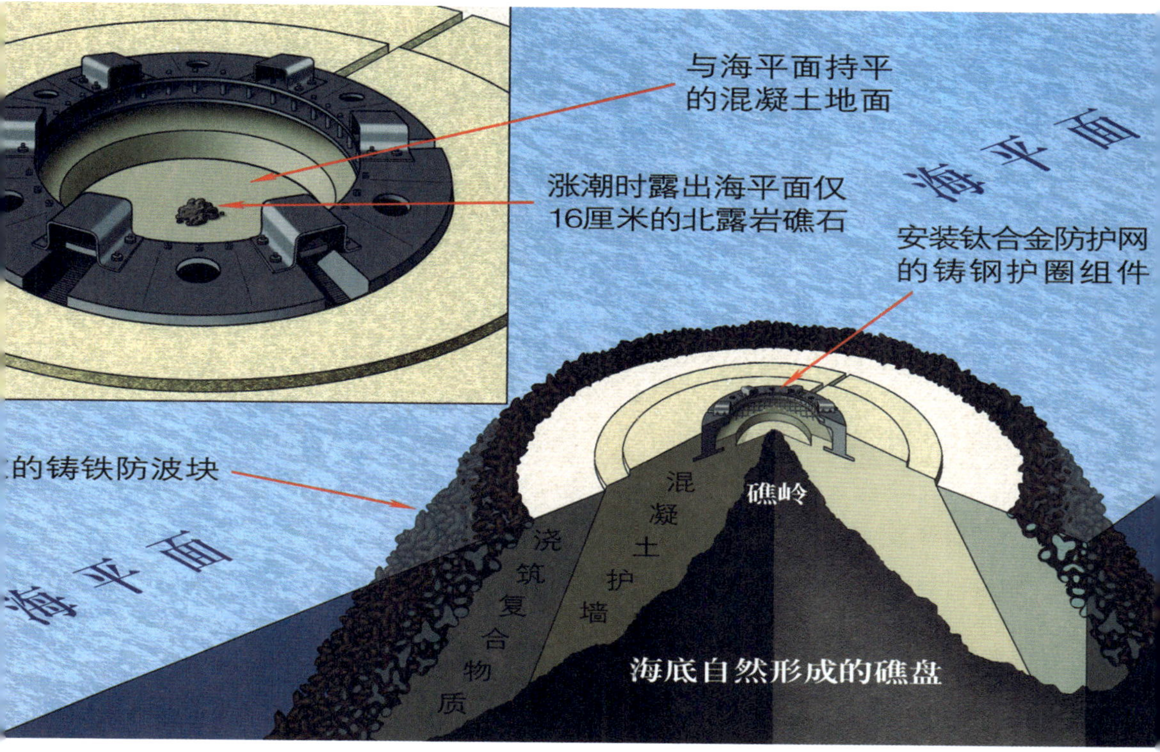

与海平面持平
的混凝土地面
涨潮时露出海平面仅
16厘米的北露岩礁石
安装钛合金防护网
的铸钢护圈组件
海平面
的铸铁防波块
混凝土护墙
礁岭
浇筑复合物质
海平面
海底自然形成的礁盘

今日冲之鸟礁

通过了旨在保护及促进利用专属经济区的新法案，规定由日本中央政府指定作为基点的“特定离岛”，直接负责建设和管理港湾设施，法案以日本最南端的东京都冲之鸟礁和最东端的南鸟岛为专属经济区的基点。5 月 18 日，日本众议院全体会议通过了《低潮线保全和基地设施整备法案》，要求保护日本最南端的冲之鸟礁和最东端的南鸟岛等，维护日本海底资源开发和专属经济区的权益。该法案要求在没有船舶靠岸设施的冲之鸟礁，通过设立经济活动基地，向国内外宣传冲之鸟礁是一座岛屿。5 月 27 日，日本综合海洋政策本部召开会议，决定在中日两国争议的冲之鸟礁西侧建设码头和连接周边的道路，年内开始施工。

2013 年 3 月 22 日《朝日新闻》称，日本国土交通省已经开始在领土最南端的冲之鸟礁建设港口，计划投资 750 亿日元在只有 10 平方米大小的礁盘上建造 160 米长的岸壁，为建设港口做准备。施工方自 2011 年开始准备，2012 年派潜

水员调查该工程可能对珊瑚礁产生的影响。在修建岸壁时，将把珊瑚礁下挖至8米水深，可停靠长130米的大型海底调查船。冲之鸟礁上还将修建补给燃料和水的设施。

日本这样做的目的，是试图将冲之鸟礁建成据点，以确保对周围约43万平方千米专属经济区的实际管辖。因为冲之鸟礁周围海底蕴含大量锰结核矿藏，富含镍、钴等金属。据调查，在其周围的专属经济区开采海底资源，可获得至少1160亿日元的收益。

依托冲之鸟礁，在太平洋上跑马占地

日本跑马占地

2008年4月，澳大利亚提出在200海里大陆架界线之外再延长150海里大陆架的主张，经过联合国大陆架界限委员会的审查后获得认可，从而使其外大陆架的面积因此而增大了250万平方千米，成为世界上第一个把大陆架延伸到200海里之外并获得国际权威机构认可的国家，也是国际上第一个外大陆架判例。澳大利亚在获得200海里大陆架的同时，又向外海延伸从而获得250万平方千米外大陆架的案例给日本极大的启发。日本重点考虑的一个问题是：如何以冲之鸟

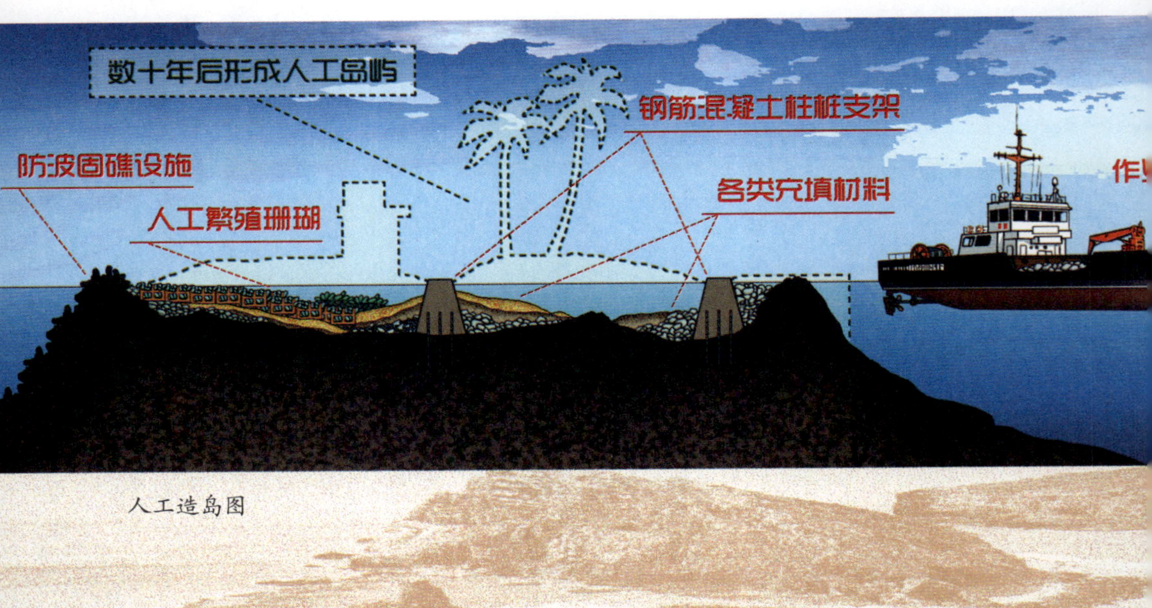

人工造岛图

礁为基础，最大限度地获得更多的海域和大陆架。

2008年11月，日本向联合国大陆架界限委员会提交了关于划定其大陆架外部界线的划界案，提出了7个外大陆架区块，总面积约74.7万平方千米。其中，日本以冲之鸟礁为基点，主张面积约43万平方千米的专属经济区和约25.5万平方千米的外大陆架区块（南九州帕劳洋脊区块，简称KPR）。此外，日本主张的另外两个外大陆架区块（四国海盆区块和南硫黄岛区块，分别简称SKB和MIT）也与冲之鸟礁的200海里线相关，面积分别约17.7万平方千米和4.6万平方千米。日本政府认为，日本对“冲之鸟岛”拥有主权。根据《联合国海洋法公约》关于岛屿的定义：“岛屿是四面环水并在高潮时高于水面的自然形成的陆地区域。”日本认为“冲之鸟岛”为“高约1米，由直径仅为数米的两块岩石组成”的岛屿。

中韩坚决反对

2009年9月11日，联合国大陆架界限委员会表示，该委员会下属的一个工作小组已经着手处理日本提出的南太平洋大陆架延伸申请。

日本向委员会提出外大陆架划界案后，中国和韩国多次照会联合国秘书长，强调根据国际法，冲之鸟礁不应有专属经济区和大陆架，要求委员会不认可日本依据冲之鸟礁主张的外大陆架。许多国家也对日方涉及冲之鸟礁非法主张提出异议。

根据《联合国海洋法公约》第121条“不能维持人类居住或其本身的经济生活的岩礁，不应有专属经济区或大陆架”的规定，中国认为冲之鸟礁是岩礁而非岛屿。涨潮时仅有两块岩石露于海面之上，这两块岩石分别被命名为“北露岩”和“东露岩”。中国认为：冲之鸟礁是“礁”，而非日本辩称的“岛”，日本无权以此设定大陆架；冲之鸟礁不能供人类居住，也无法维持经济生活，设定大陆架没有任何根据。中国和韩国先后发表外交照会，对日本关于冲之鸟礁的专属经济区和外大陆架主张提出质疑，并要求联合国大陆架界限委员会不对日本划界案涉及冲之鸟礁部分采取行动。

联合国大陆架界限委员会（以下简称委员会）是根据《联合国海洋法公约》成立的机构，与国际海洋法法庭、国际海底管理局一起并称为《联合国海洋

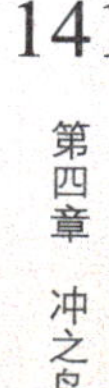

法公约》三大机构。委员会负责对沿海国所划定的外大陆架外部界线是否具有充分的科学技术和法律依据进行审议，然后以“建议”的方式对沿海国提交的外大陆架主张做出认可、部分认可或否定的决定，沿海国应依据该建议划定其大陆架外部界线。

2012年4月，日本再度热炒冲之鸟礁为冲之鸟岛。4月27日，日本外务省宣布：关于延伸大陆架的申请首次获得联合国批准。获批的是太平洋4个海域，总面积约达31万平方千米，相当于日本国土面积的82%。报道称，中方认为日本最南端的冲之鸟礁是“岩礁”，但此次也被列为划定大陆架的定点之一，可见联合国已将其认定为“岛”。至此，日本大陆架总面积（领海除外）扩大为约436万平方千米。日本政府对稀有金属的开采等充满期待，将根据国内法律加紧办理设定新大陆架的手续。

得知这一消息，中国外交部和国家海洋局对此给予坚决驳斥，韩国也给予强烈驳斥，所谓“中国认为是岩礁的日本最南领土冲之鸟被委员会认可为基点”的说法纯属谎言。委员会未认可日本依冲之鸟礁主张的外大陆架，这一处理公正合理，符合国际法，维护了国际社会整体利益。联合国大陆架界限委员会在获悉这一情况之后，于5月中旬在其网站上公布了第29届会议的《主席说明》（CLCS/74），介绍了该届会议审议日本划界案的情况。6月3日，联合国大陆架界限委员会进一步公布了划界案建议摘要，其立场很明确：关于2008年11月日本基于冲之鸟礁提出的25.5万平方千米的外大陆架区块，在中、日、韩存在争论且冲之鸟礁法律地位尚未解决之前，委员会无法采取行动。同时表明，委员会并没有认可冲之鸟礁是岛屿，更没有认可日本以冲之鸟礁为基点主张的外大陆架。

援引法条：《联合国海洋法公约》

……

第76条大陆架的定义

1．沿海国的大陆架包括其领海以外依其陆地领土的全部自然延伸，扩展到大陆边外缘的海底区域的海床和底土，如果从测算领海宽度的基线量起到大陆边的外缘的距离不到200海里，则扩展到200海里的距离。

2. 沿海国的大陆架不应扩展到第4至第6款所规定的界线以外。

3. 大陆边包括沿海国陆块没入水中的延伸部分，由陆架、陆坡和陆基的海床和底土构成，它不包括深洋洋底及其洋脊，也不包括其底土。

4. （a）为本公约的目的，在大陆边从测算领海宽度的基线量起超过200海里的任何情形下，沿海国应以下列两种方式之一，划定大陆边的外缘：

（1）按照第7款，以最外各定点为准划定界线，每一定点上沉积岩厚度至少为从该点至大陆坡脚最短距离的1%。

（2）按照第7款，以离大陆坡脚的距离不超过60海里的各定点为准划定界线。

（b）在没有相反证明的情形下，大陆坡脚应定为大陆坡底坡度变动最大之点。

5. 组成按照第4款（a）项（1）和（2）目划定的大陆架在海床上的外部界线的各定点，不应超过从测算领海宽度的基线量起350海里，或不应超过连接2500米深度各点的2500米等深线100海里。

6. 虽有第5款的规定，在海底洋脊上的大陆架外部界线不应超过从测算领海宽度的基线量起350海里。本款规定不适用于作为大陆边自然构成部分的海台、海隆、海峰、暗滩和坡尖等海底高地。

7. 沿海国的大陆架如从测算领海宽度的基线量起超过200海里，应连接以经纬度坐标标出的各定点画出长度各不超过60海里的若干直线，划定其大陆架的外部界线。

8. 从测算领海宽度的基线量起200海里以外大陆架界线的情报应由沿海国提交根据附件二在公平地区代表制基础上成立的大陆架界限委员会。委员会应就有关划定大陆架外部界线的事项向沿海国提出建议，沿海国在这些建议的基础上划定的大陆架界线应有确定性和拘束力。

9. 沿海国应将永久标明其大陆架外部界线的海图和有关情报，包括大地基准点，交存于联合国秘书长。秘书长应将这些情报妥为公布。

10. 本条的规定不妨害海岸相向或相邻国家间大陆架界线划定的问题。

……

第 121 条岛屿制度

1. 岛屿是四面环水并在高潮时高于水面的自然形成的陆地区域。

2. 除第 3 款另有规定外，岛屿的领海、毗连区、专属经济区和大陆架应按照本公约适用于其他陆地领土的规定加以确定。

3. 不能维持人类居住或其本身的经济生活的岩礁，不应有专属经济区或大陆架。

……

点石成金，日本打造太平洋前进基地

冲之鸟礁位于西太平洋上，无论怎么划分周围都没有其他相邻或相近的国家，这是有利的一个方面。不利的一个方面是，按照国际海洋法规定，只有岛屿才有资格作为领海基点向外划定领海基线，从而确定领海、专属经济区、大陆架的宽度。但冲之鸟礁不是岛屿，说起来共有 6 个礁盘，但涨潮之后只有两个礁盘高出水面不到 1 米，涨大潮的时候最多只有 16 厘米的岩石高出水面，也就是一个拳头大小，3 只鸟站在上面都嫌挤。

国际海洋法规定能够划定领海基点的条件很苛刻：必须是四面环水、自然生成的岛屿，岛屿上面要有淡水且能供人员生存。冲之鸟礁如此之小，并无淡水，更难以生存，所以不能将其视为岛屿，更不能以此为基点划分领海、专属经济区和大陆架。如果按照这样的逻辑推断，日本的如意算盘可能会落空，因为日本想以冲之鸟礁为基点，向外划分 200 海里的专属经济区，这样就可以获得 43 万平方千米的海域。这只是海域的面积，在海底方向，还可以像澳大利亚那样，在 200 海里之外再申请 150 海里的外大陆架，因此而获得的海底面积更多。要知道，日本 4 个本岛的面积只有 37.8 万平方千米，如果占领一个冲之鸟礁就可以获得 43 万平方千米的海域和 25.5 万平方千米的大陆架，那日本的海洋国土面积必将成倍增加。日本拥有数千个岛礁，如果全都按照这个思路去划分，日本必将成为世界上海洋国土面积最大的国家。问题是，如何美梦成真？

日本决定在冲之鸟礁问题上试一下身手，顺便测试一下国际社会的反应。日本的做法是变礁为岛，宣称冲之鸟礁是岛屿，使其符合《联合国海洋法公约》中规定的有关岛屿的诸多要素。对于面积太小、高潮时淹没、无法生存等固有问题，日本想解决办法：一种方法是用钢筋混凝土加固岛礁并使之高出海面，并在上面建立主权标志，宣示国家主权。但这种方式违背了国际法关于“自然生成”的要件。因此，日本又开始采用第二种方法，就是培育速生珊瑚，让这些珊瑚在冲之鸟礁大面积快速生长，最终希望其生成为珊瑚岛，以满足国际法关于“自然生成”的要求。

岛礁不论大小，关键看位置是否重要。冲之鸟礁位于西太平洋菲律宾海海域，距琉球东南约 1070 千米、关岛西北约 1200 千米、马尼拉以东约 1400 千米、东京南偏西约 1730 千米、中国台湾以东约 1300 千米。礁盘东西长约 4.5 千米，南北长约 1.7 千米，周长约 11 千米，礁湖内海水深度约 3 ~ 5 米。如果填平礁盘铺设机场跑道，则会使日本在太平洋上拥有一艘不沉的航空母舰；如果在冲之鸟礁上常驻反潜飞机和预警飞机，设立远程雷达站及港口码头，既能协助美国防控中国海军舰艇和飞机对第二岛链构成威胁，又能御敌于国门之外，在近 2000 千米的距离上对日本本土在

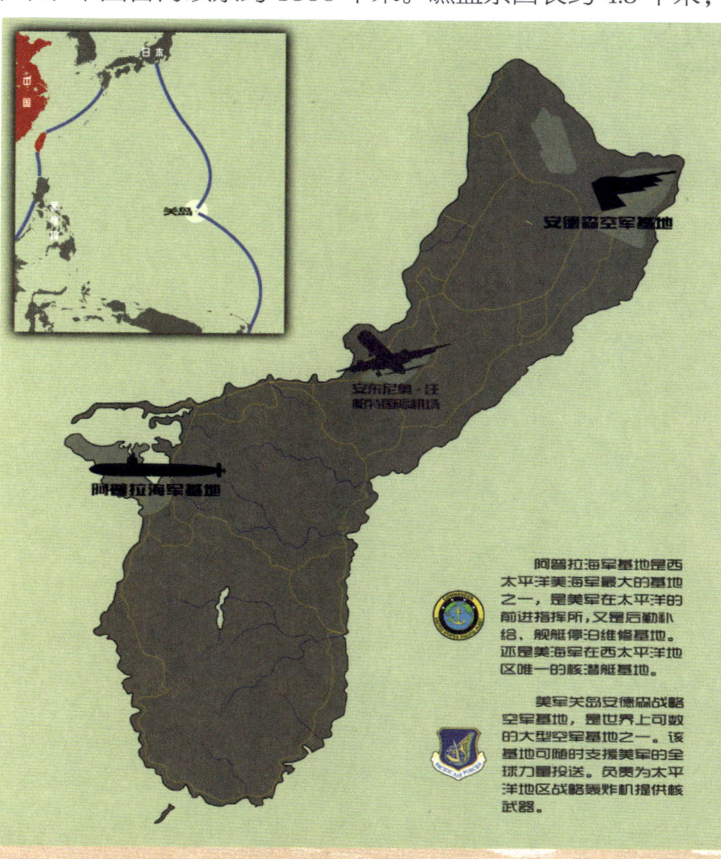

第二岛链之关岛

太平洋正面进行战略防御。由此可见，日本变礁为岛、开疆拓土，不仅有经济上的原因，更重要的是军事战略布局。

中国位于太平洋西岸，中国大陆面向太平洋中的日本列岛、琉球群岛、中国台湾岛、菲律宾群岛和马来半岛，也就是美国 1951 年划定的专门用来封锁中国的第一岛屿锁链。过第一岛链往太平洋方向看，在距离中国 4000 ~ 5000 千米的地方，有日本的小笠原群岛及硫黄列岛，还有美国的马里亚纳群岛等岛屿，因此构成了第二岛链。第二岛链的核心是马里亚纳群岛中的关岛和塞班岛，那里建有美国的大型军事基地。

在第一岛链和第二岛链之间数千千米宽阔的西太平洋上，是一大片开阔的海域，缺乏战略支点，而冲之鸟礁恰好在这片海域中冒出水面，因而成为战略之礁。如果以这几个礁盘为基础，建立机场、港口、码头等军事设施，就可以在第一岛链和第二岛链中间建立一个战略支点。利用这样一个跳板，对亚洲大陆进可攻退可守，对于日本而言由东向西可以扩展 2000 多千米的作战半径，由北向南可以扩展 1700 千米的前进基地。对于美国来讲，由东向西又多了一个西太平洋中心的战略支撑点，可以与关岛军事基地南北呼应，交叉控制西太平洋。据此可以判断，在美国的支持和默许下，日本将更加积极地开发建设冲之鸟礁，并逐渐将其建设为一个太平洋上重要的军事基地。

延伸阅读：冲之鸟礁的前世今生

1543 年，冲之鸟礁首先由西班牙人标于航海图上。

18 世纪后期，英国人确认了这一礁石的存在。

1922 年开始，日本测量船对该礁进行了多次测量。

1931 年，将该礁列入日本领土。

1941 年至 1945 年，日方原本准备在礁上修建灯塔和气象观测站，但由于太平洋战争的影响，这一项目未能完工。

1946 年，小笠原群岛的行政权力被盟军移交给美国政府。

1968 年，美国政府又将小笠原群岛行政权归还日本，包括冲之鸟礁在内的小笠原群岛被放置于东京都政府的管辖之下。

1987 年，日方开始对该礁进行加固，在冲之鸟礁四周筑成堤防设施，后又设置了气象观测装置。

1990 年，日方还在这里原有的气象观测站基础工程位置进行了新的修复，并建立了现有的无人值守高脚屋和观测设施。日本政府投资 700 多万美元用来在此礁人工养殖珊瑚，企图以此来宣示主权，为其开发此礁人工养殖珊瑚附近丰富的海洋资源提供方便。按照日本科学家制订的计划，他们将在该礁成功培育出 5 万多棵生长快速的鹿角珊瑚。据日本方面表示，他们此举旨在保护该礁免受侵蚀，以示这块礁“确实是一个岛”，具备划分专属经济区的条件。日本的动作不止这一个。除了种珊瑚，还在礁的周围布置了消波站台和灯塔、建造了混凝土墙，甚至还筹划在礁上建发电厂，利用海洋温差发电。

2005 年 3 月，日本政府决定拨款 1000 万日元，在冲之鸟礁设置灯塔，以明示礁周围 200 海里为日本专属经济区。5 月 20 日，日本东京都知事石原慎太郎上礁“视察”，声称该礁石是“岛屿”。随后，日本国土交通省在礁上安装地址标牌，上写“东京都小笠原村冲之鸟岛一番地”“日本国最南端的岛”“冲之鸟岛由国土交通省管理”等字样。

2008 年 11 月，日本提出太平洋南部及东南部海域大陆架延伸申请，而冲之鸟礁是南部海域的重要申请理由之一。

2009 年 8 月，针对日本向联合国大陆架界限委员会申请的南太平洋大陆架延伸，中国以冲之鸟礁“是岩礁，无权设定大陆架”为由正式提出反对。外交部发言人姜瑜表示，中国政府在此问题上的立场是一贯的。反对日本以不能维持人类居住和自身经济生活的礁岩为基点。

11 月 6 日，日本政府决定，在日本最南端的无人岛“冲之鸟岛”上建设港湾和自卫队基地。日本这种“人工造岛”的不光彩做法不仅仅有着不可告人的经济算计，还有着明显遏制中国的企图。日本政府计划大规模扩建“冲之鸟岛”，并在建设大型港湾的同时，还建设可以供人长期居住生活的设施。日本政府计划在岛上驻扎自卫队和海上保安厅职员。

2010 年 1 月 19 日，中国外交部发言人马朝旭在例行记者会上重申，日本以冲之鸟礁为基点，主张大面积管辖海域的做法，不符合国际海洋法，也严重损害了国际社会的整体利益。马朝旭说，关于冲之鸟礁的问题，《联合国海洋法公约》第 121 条第 3 款明确规定：不能维持人类居住或其本身

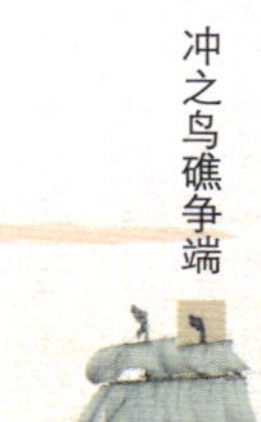

的经济生活的岩礁，不应有专属经济区或大陆架。他强调，冲之鸟礁在海水涨潮时露出水面的面积不足10平方米，显然属于《公约》规定的岩礁，因此不应该拥有专属经济区或大陆架，建造人工设施也不能改变它的法律地位。

2月9日，在日本内阁会议上通过了旨在保护及促进利用专属经济区的新法案。法案规定，由日本中央政府指定作为基点的“特定离岛”，直接负责建设和管理港湾设施。法案以日本最南端的东京都“冲之鸟岛”和最东端的南鸟岛为专属经济区的基点。

5月18日，日本众议院全体会议通过了《低潮线保全和基地设施整备法案》。这一法案要求保护日本最南端的“冲之鸟岛”和最东端的南鸟岛等，维护日本海底资源开发和专属经济区的权益。该法案要求在没有船舶靠岸设施的“冲之鸟岛”，通过设立经济活动基地，向国内外宣传“冲之鸟”是一座岛屿。在南鸟岛周边，准备推进海底资源的开发。日本为了防止“冲之鸟”被风化和潮水腐蚀而淹没，1987年起开始在冲之鸟四周筑成堤防设施，后又设置了气象观测装置。

5月27日，日本综合海洋政策本部召开会议，决定在中日两国争议的冲之鸟礁西侧建设码头和连接周边的道路，年内开始施工。

第五章

独岛（竹岛）争端

无人小岛引发争端

独岛（竹岛）位于日本海西南海域，是火山喷发熔岩生成的一个小岛，韩国称“独岛”，日本称“竹岛”。据西方有关日本海的考察探险史籍记载，1849 年，法国捕鲸船“利扬库尔”号曾来此勘查，他们根据船名将此岛命名为“利扬库尔岩”。现今英国出版的国际上最有影响的《泰晤士地图集》，仍将该岛标以这一法语名称——“利扬库尔岩”。

独岛（竹岛）是一个群岛，由东、西两个小岛及周围 37 块岩礁构成。东岛面积为 73297 平方米，西岛面积为 88639 平方米，总面积为 0.16 平方千米。低潮时东岛与西岛之间的最短距离为 151 米。两岛四周悬崖峭壁，航船难以停泊，只有东岛南部有点滩涂。西岛呈锥体状，海拔 174 米，东岛海拔为 99.4 米。独岛（竹岛）距离韩国东海岸的距离为 215 千米，距离日本岛根县惠云的距离为 212 千米，大体位于两国本土中间。但距离韩国郁陵岛的距离为 92 千米，距离日本隐岐诸岛的距离远一些，为 160 千米。因为险峻多石，面积狭小，终年大风不断，且缺少淡水供应，

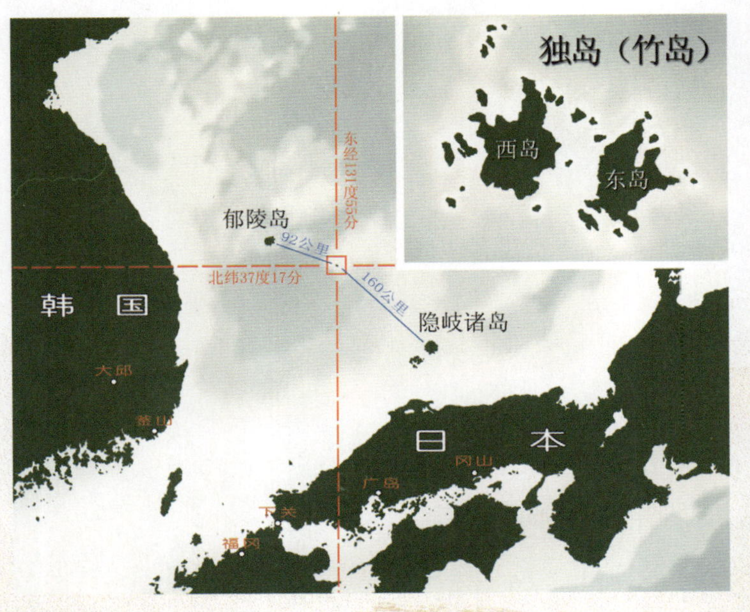

独岛（竹岛）位置示意图

原本是个无人居住的岛屿，就该岛自身而言并没有经济利益。但是，独岛（竹岛）周边海域是一片丰饶的渔场，海底还可能蕴藏有比较丰富的油气田。

史料记载，朝鲜王朝时（1392—1910 年），独岛（竹岛）被称为“于山岛”。2012 年 10 月 28 日，韩国国土海洋部宣布，把东岛最高峰更名为“于山峰”，以证明自古以来独岛（竹岛）就属于韩国；西岛最高峰更名为“大韩峰”，以彰显独岛（竹岛）是韩国领土。韩国还向包括日本在内的国际航道组织的 70 多个成员国代表发出了倡议，提议将夹在日本列岛与东北亚大陆和朝鲜半岛之间的海域名称由现在使用的“日本海”改名为“东海”。

长期以来，韩国一直对“日本海”这一称谓表示不满，早在 10 年前就在联合国大会上为其正名开始游说。国际航道组织正在重新讨论海域命名准则，要求日本与韩国商定出一个新名称来。韩国建议，在未找到正式名称之前，在世界地图上可同时标明两个名字，即“东海”与“日本海”。

谁先发现，谁先占领

韩国历史学家称，早在 6 世纪的新罗王朝，就已有关于独岛（竹岛）的记录。朝鲜王朝时代的《太宗实录》上记载当时独岛（竹岛）上的情况，有住家 15 户，男女共计 86 人。“壬辰倭乱”时，日本渔民频繁地出入郁陵岛和独岛（竹岛）的近海。朝鲜肃宗时代的平民安龙福东渡日本，拜见当时的日本幕府，幕府承认郁陵岛和独岛（竹岛）是韩国的领土并写下了文书。对此，日本史书《太政官指令》上有相关记载。而日本对独岛（竹岛）的最早记载是在 1618 年。

根据韩、日双方的举证，在历史性传承方面，根据国际法领土获得的要则，在“先发现”岛屿这个问题上韩国明显领先于日本。

日本对独岛（竹岛）的占领始于 1904 年 8 月的日俄战争中。日本政府为了侦察在朝鲜半岛东海岸的俄罗斯军舰活动，在郁陵岛和独岛（竹岛）上设置了军用望楼。日本政府自 1905 年侵占朝鲜半岛以后，即宣告对独岛（竹岛）拥有自主权。1905 年 1 月 28 日，日本内阁会议正式将过去日本地图的“松岛”改称为“竹岛”，在行政上隶属于岛根县管辖。2 月 22 日，岛根县知事发布第 40 号告示宣布“隐岐诸岛西北 85 海里处的岛屿称为‘竹岛’，并属于本县”。日本以竹岛（独

1934年独岛（竹岛）上的朝鲜妇女和日本劳工

岛）是无主土地的理由公布竹岛（独岛）是岛根县的岛屿（邮编番号为685 – 0000）。

1906年3月23日，朝鲜与日本签署《乙巳条约》（第二次日韩协约）时才发现日本吞并了岛屿。5月20日，朝鲜议政府参政大臣朴齐纯在指令第3号中，指出独岛（竹岛）划为日本领土纯属“诡妄”，此事状况及发展如何尚需调查。这说明，日本在1904年就“先占领”了独岛（竹岛），于次年对其进行了命名，并宣布为日本领土。而朝鲜方面发现后立即予以驳斥和抗议，坚称其属朝鲜主权。也说明当时日本以战争方式夺取并占领的并非无主地，而是侵占朝鲜的领土。由此，韩日双方开始就该岛的主权归属问题产生争端，并一直延续到现在。

1936年日本政府发行的《地图区域一览图》对证明独岛（竹岛）是韩国领土起到关键作用。《地图区域一览图》由日本参谋本部直属陆地测量部绘制，陆地测量部是日本参谋本部直属的日本政府机构。该地图按照区域标记了日本及其占领的朝鲜（指日本殖民统治时期的朝鲜）、中国台湾等地，正确标记了独岛（竹岛）和郁陵岛的具体位置，并用粗线区分朝鲜地区和日本地区，这是证明日本政府将独岛（竹岛）视为韩国领土的关键记录。

日本政府正式发行的地图将独岛（竹岛）列为日据时期的朝鲜领土，说明日本政府承认独岛（竹岛）是韩国固有领土的事实。

朝令夕改，美国为独岛（竹岛）争端埋下伏笔

1945 年二战结束后，美军对朝鲜南部（后成立大韩民国）和日本实行分别占领。1945 年 9 月和 11 月，美国先后发布了有关对日本占领和管制的《对日政策》和《基本指令》两个文件，提出占领目标是“确保日本今后不再成为美国的威胁”，建立一个“支持美国目标的政府”。美国还提出了实现目标的办法：彻底非军事化和消除军国主义影响；鼓励基本的人权民主、代议民主及代议组织；改变经济结构，消灭军事工业基础。美国在 1945 年至 1947 年间对日推行了如下严格政策：一是剥夺日本侵略所得的领土，使其主权仅限于本土四岛及周围小岛；二是解除武装；三是严惩战犯；四是政治整肃；五是非军国主义化；六是战争赔偿；七是修改宪法。

1945 年 9 月，驻日盟军最高司令部发布一份地图，独岛（竹岛）被划入负责对日本本土占领的美军第 6 集团军占领区。1946 年 1 月 29 日，驻日盟军最高司令部发布“第 677 号命令”，明确把独岛（竹岛）排除在日本领土之外，新的分界线被称为“麦克阿瑟线”，独岛（竹岛）又成为以韩国为基地的美第 24 军责任区域。所谓“第 677 号命令”，即《关于从政治和行政上分离日本若干周边区域的决定书》（通称 SCAPIN 第 677 号），其中第 3 条明确规定把独岛（竹岛）移交给驻韩美军管辖。同日发布的文件还包括《有关政治上行政上从日本分离若干的外围地区的事的觉书》，同年 6 月 22 日还发布了《有关被日本的渔业及捕鲸业认可区域的觉书》。这些文件规定，日本渔船被限制在独岛（竹岛）周围 12 海里以外。6 月 22 日，在盟军最高司令部“SCAPIN 第 1033 号令”第 3 项中设定了日本人渔业及捕鲸船的许可区域（通称麦克阿瑟线）。在此第 3 项（b）中，对于日本人接近独岛（竹岛）的事项做出了以下禁止规定：“今后日本的船舶及乘务员不得接近处于北纬 37 度 15 分、东经 131 度 53 分的利扬库尔岩（独岛，竹岛）12 海里以内区域，并且对于该岛不得进行任何形式的接近。”

根据 1943 年《开罗宣言》和 1945 年《波茨坦公告》，独岛（竹岛）理应交还韩国。依据盟军最高司令部“第 677 号令”和“第 1033 号令”，在美国军政府托管期间，在独岛（竹岛）法律地位上，独岛（竹岛）完全被排除在日本领

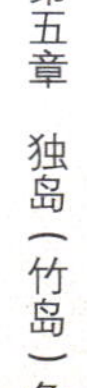

独岛（竹岛）主岛

土之外，并严禁日本在该岛周边海域进行捕捞作业，由此判定独岛（竹岛）不属于日本，但该法令也没有明确说该岛主权就属于韩国。

1948 年 8 月 15 日，大韩民国政府成立后，第一代总统李承晚就任，美军将其占领下的朝鲜半岛领土交给了韩国，独岛（竹岛）与其他领土理应一同归属于韩国政府，并由韩国政府行使主权。但在独岛（竹岛）的归属问题上，美国军政府却没有明确归属。因此，在这段时间内，独岛（竹岛）不属于日本是可以肯定的，但也没有规定归属于韩国，实际上处于美国军政府托管之下，主权搁置。美国实际上是要了一次滑头，手里留了一张牌，企图拿独岛（竹岛）来要挟日本和韩国，使双方日后都有求于自己。

1949 年至 1950 年上半年，远东发生了 3 件大事：中华人民共和国成立，中苏结盟，朝鲜战争爆发。在这种背景下，美国开始调整其远东政策，主要是组建军事同盟，依托第一岛链对中国、苏联和朝鲜进行封锁遏制。1949 年 11 月，美国开始起草对日和约草案，在初稿中已经明确规定将独岛（竹岛）归还给韩国。由于朝鲜半岛危机加剧，美国担心朝鲜半岛因发生战争而落入共产党控制之下，所以在 12 月 29 日修改后的草案中突然生变，第一次明确将独岛（竹岛）划给日本。

1950年春，杜勒斯担任美国国务卿顾问，负责监督起草对日和约。6月下旬，朝鲜战争爆发。在这种形势下，美国更坚定了把独岛（竹岛）划给日本的立场。1951年8月10日，美国远东事务助理国务卿迪安·腊斯克向驻美韩国大使梁裕灿发函，通报韩国政府独岛（竹岛）为日本领土。公函中说：独岛又名竹岛或利扬库尔岩，据我们了解这块岩礁通常没有人居住，历史上也不曾被看作是韩国领土的一部分。1905年以来一直是隶属于日本隐岐岛司的管辖之下，韩国以前也绝对没有对此岛的管理进行过主张。

日韩岛民争斗

1951年9月8日，美国纠集48个战胜国与战败国日本在美国旧金山签署“旧金山和约”，这个条约中没有提到独岛（竹岛）的归属，因此在日韩中间埋下了一颗定时炸弹，由此导致两国各自解读，引燃了韩、日独岛（竹岛）争夺战。

1952年1月18日，也就是在“旧金山和约”4月28日生效之前，韩国总统李承晚发表了“关于毗连海域主权的总统声明”（亦称“李承晚领海线”或“和平线”），宣布对邻接其领土半岛和岛屿沿岸的大陆架及所属范围的全部海域行使国家主权，并明确有关经纬度坐标，确定上述毗连海域范围，将独岛（竹岛）划入韩国领土范围之内。

对于韩国政府的行为，日本政府提出抗议，主张独岛（竹岛）为日本领土，因而爆发两国之间的领土纷争。日本方面认为“第677号令”和“第1033号令”两件备忘录，仅是暂时性的行政命令，不能作为主权的依据，“旧金山和约”才

美国设套，日韩相争

是外交正式的文件。1953年5月，日本趁朝鲜战争之际，派兵一度占领了该岛，并在岛上建立了领土标志碑。7月13日，日本政府对外发布了独岛（竹岛）是日本领土的宣言。1954年9月25日，日本向韩国建议将此岛提交海牙国际法庭审理领土争端，被韩国政府拒绝。韩国外交通商部认为“独岛问题已不是外交纠纷问题，而是主权问题”，以主权问题不容谈判为理由予以断然拒绝。

从历史上看，独岛（竹岛）和钓鱼岛一样，都是美国东北亚战略格局中的一个棋子。二战结束之后，美国对日本的态度很明确，就是看住日本，防止军国主义复活，所以打压日本是当时驻日美军的主要目的。在这种情况下，美国在独岛（竹岛）归属问题上一度偏袒韩国。朝鲜战争爆发前后，半岛局势出现变化，这时候美国在战略上重点考虑两个问题：一是中国和苏联参战之后，朝鲜半岛万一失守怎么办？二是美国要想打赢朝鲜战争，必须依靠日本提供基地、人员和物资，因而有求于日本。出于这样的考虑，美国决定加速对日和约的签署，模糊独岛（竹岛）的主权归属。

鹬蚌相争，渔翁得利。美国朝令夕改的岛屿归属政策导致日、韩两国数十年来争斗不断，双方打斗得越凶，对美国依赖就越大，美国从中获益也就越多。

援引法条：《关于从政治和行政上分离日本若干周边区域的决定书》

1946 年 1 月 29 日，盟军最高司令部颁发了《关于从政治和行政上分离日本若干周边区域的决定书》（通称 SCAPIN 第 677 号）。其中第 3 条对于将独岛（竹岛）从日本的领土中分离的内容在以下几方面做出了明确规定：

为确保此项指令的目的，这里把日本定义为：日本由日本的 4 个本岛（北海道、本州、九州、四国）和约 1000 个较小的邻接岛屿所组成。包括在 1000 个较小邻接岛屿的有对马岛及北纬 30 度以北的琉球（南西）岛屿。同时，排除在 1000 个较小岛屿外的有：

1. 郁陵岛、利扬库尔岩（独岛、竹岛）、济州岛。

2. 北纬 30 度以南的琉球（南西）诸岛（包括口之岛）、伊豆、南方、小笠原及火山群岛（硫黄群岛）和包括大东诸岛、中鸟岛、南鸟岛、中之鸟岛的其他所有外部太平洋诸岛。

3. 千岛列岛、齿舞群岛（包括小晶、勇留、秋勇留、志癸、多乐岛等）、色丹岛等。

维护主权，韩国用行动来说话

夺占独岛（竹岛），韩国军警大打出手

1951 年 9 月“旧金山和约”中对独岛（竹岛）主权归属问题态度暧昧，致使 1946 年美国划定的“麦克阿瑟线”失去了效力，日本借机对独岛（竹岛）及其周边海域进行占领和开发。当时日本水产业极度活跃，年均捕捞量达 200 万吨，而韩国只有 50 万吨，日本渔民使用先进技术在独岛（竹岛）周边海域“地毯式捕捞”令韩国民间怨声载道。

1952 年，在韩国宣布“李承晚线”后不久，日本外务省以韩国违反“公海

自由权”为名发表政府声明，强调“没有单方宣布公海上的国家主权的先例”。1952年1月28日，日本政府对韩国政府提出抗议，拒不承认韩国宣布的“李承晚线”，主张独岛（竹岛）为日本领土，指出韩国单方面宣布独岛（竹岛）为自己的领土是“侵略行径”。日本方面的依据是“旧金山和约”。2月12日，美国也宣布不承认“李承晚线”。

面对盟友的强烈反对，韩国依然我行我素。就在李承晚发表“关于毗连海域主权的总统声明”后不久，韩国军警便迫不及待地对越过“李承晚线”的日本渔船大打出手。对此，日本以限制向韩国出口冷冻船等捕捞装备进行报复。1952年2月4日，日本“第一大防丸”号和“第二大防丸”号渔船在济州岛以南海岸越过“李承晚线”，遭到韩国警察船只的追捕，韩国警察还击毙竭力反抗的“第一大防丸”号船长濑户重次郎。之后，日本海上保安厅的巡视船干脆直接武装护送渔船跨越“李承晚线”。5月28日，日本竹岛县渔业试验场的观测船“岛根丸”号在海上保安船的护送下越过“李承晚线”。6月25日，日本一艘水产试验船在海上保安船的掩护下停靠无人戍守的独岛（竹岛），并将写有“岛根县隐岐郡五筒村竹岛”字样的主权标牌碑竖立到岛上。7月18日，李承晚指示韩国警方要严厉打击“非法侵入作业的外国渔船”。9月20日，日本海上保安船与韩国海警艇在济州岛海域首次发生武装对峙。10月14日，韩国以“总

海上争斗打死濑户重次郎

统急令”的形式发布新的“捕捞宣判令”，同时成立捕捞审判所及高等捕捞审判所。

1952年12月12日，韩国正式颁布《渔业资源保护法》，明确设定“李承晚线”的地理坐标，规定进入线内作业的渔船不论国籍，都要经过韩国政府批准，否则将被重罚。1953年底，韩国在釜山成立海洋警察厅，下辖6艘180吨级的警备艇，主要执行打击侵犯“李承晚线”的外国船舶的任务。

韩国通过国内立法及行政命令，单方面改变了现状，维护了国家主权。在国内立法上确立了权威，为国内执法、武装力量维护主权提供了法律依据。

当时美国正深陷朝鲜战争的泥潭，对于日本和韩国这两个军事盟国之间的岛屿纷争，美国摆出了仲裁者的角色，希望息事宁人。1953年4月初，美国驻日大使馆二等秘书R·B.芬认为，日本对独岛（竹岛）具有所有权是不争的事实，并将这一事实通报给了韩国，还积极主张公开腊斯克1951年8月发给韩国驻美大使的公函［其中申明独岛（竹岛）是日本领土］，称这有利于解决韩国和日本对独岛（竹岛）所有权间的纠葛。这表明美国将独岛（竹岛）解释并确定为日本领土。在美国的支持下，日本胆大妄为，对独岛（竹岛）发动进攻。

1953年7月13日，日本政府对外发布了竹岛（独岛）是日本领土的宣言。

延伸阅读：美国国防部《独岛问题对策》

1953年7月，美国国防部编写的《独岛问题对策》表明，当时美国是站在调解、化解、仲裁或是司法调解纷争的立场上。当时美国预测日本对独岛（竹岛）问题的态度将是3个：邀请美国仲裁；向国际法院申述；提交到联合国大会或安理会。美国观测到韩国和日本都不想把独岛（竹岛）问题扩大：韩国拒绝国际法院的介入，日本不让此问题扩大到联合国大会。所以，美国国防部不打算采取任何措施。如果日本请求美国发表意见时，美国拒绝进行仲裁，不希望其将问题提交到联合国大会，并劝告国际法院做出“适当”的通报；如果日本请求美国以法律条文进行解释的话，就将《腊斯克备忘录》的解释给予日本作为回答。

当时，驻日美国大使约翰·艾莉森主张，根据《波茨坦公告》、“旧金山和约”和《腊斯克备忘录》等文件来看，美国已经和独岛（竹岛）纷争有着“不可避免的关联”，美国有责任解决此问题。艾莉森认为，在美

国已经通过《腊斯克备忘录》认定独岛（竹岛）是日本领土的情况下，还通过国际法院来执行的政策是不负责任的行为，因此对美国国防部施加压力。美国驻日大使馆参赞威廉·泰纳也威胁要公开《腊斯克备忘录》以给韩国政府施压。他主张如果韩国政府不接纳《腊斯克备忘录》，即独岛（竹岛）是日本领土的主张，那么最好的对策就是把此事交由国际法院来处理。

表面上，韩、日因独岛（竹岛）问题而在激烈地纷争着，但是在激烈纷争的背后却是美国国防部在不断地对韩国政府进行威胁，说要公开《腊斯克备忘录》，也在不断地对国际法院进行着“劝告”。这样就造成了这样的事实：一方面，日本政府对《腊斯克备忘录》是否明确表明独岛（竹岛）是日本领土的事实表示出满腹疑团；另一方面，亲日的美国国防部官员们以“合理的理由”为名义主张公开《腊斯克备忘录》对韩国施加压力。直到现在，韩国政府也不知道美国在独岛（竹岛）问题上到底采取什么样的态度。

义士洪淳七把“韩国领”刻上独岛（竹岛）

1910 年 8 月，日本正式吞并朝鲜半岛，对其进行殖民统治。1945 年 9 月 2 日日本投降后，盟军最高司令官麦克阿瑟在第 1 号指令中，以北纬 38 度线作为美、苏两国军队分别受理驻朝日军的投降事宜和对日开展军事活动的临时分界线，北纬 38 度线以北为驻朝苏军受降区，以南为美军受降区，美、苏军队分别进驻“三八线”南北地区。1948 年 8 月和 9 月，朝鲜南、北地区先后成立大韩民国和朝鲜民主主义人民共和国。1950 年 6 月 25 日，南北双方在“三八线”附近发生军事冲突，历时 3 年的朝鲜战争由此爆发。

洪淳七是一名普通的韩国士兵，1929 年 1 月 23 日出生于庆尚北道郁陵岛，他出生的那个时间正好是日本侵占朝鲜半岛并进行殖民统治的时代，所以从小就对日本占领军恨之入骨。他出生在郁陵岛，而独岛（竹岛）又正好处在该岛的管辖之下，因而对独岛（竹岛）具有深厚的感情。朝鲜战争爆发后，洪淳七积极参军，曾一度进攻至朝鲜咸镜北道清津，但在文山附近受伤，1952 年 7 月以特务上士的身份退伍，返回故乡郁陵岛。7 月底，洪淳七到郁陵岛警察所院办理退伍手续的时候，意外地发现了从独岛（竹岛）拔回的一个标牌，上面赫然写着“岛根县隐岐郡五箇村竹岛”的字样，洪淳七非常震惊，独岛（竹岛）什么时候成了日本人的领土？洪淳七决定进行调查，他发现日本人6月25日就已经把写有“岛根县隐岐郡五筒村竹岛”字样的主权碑竖立到岛上了。23岁的洪淳七义愤填膺，找到一起退伍的战友商量对策。最终，他们决定组建“独岛义勇守备队”，用自己的实际行动来保卫祖国领土。

洪淳七雕像

1953年4月20日，洪淳七率领的“独岛义勇守备队”装备有轻机枪2挺、M2机枪3挺、M1步枪10支、手枪2支、手榴弹50枚，以及在独岛（竹岛）生活的物资装备。他们乘坐一艘小船成功登上了独岛（竹岛），赶走了日本占领军，拆毁了日本人留下的主权标志，并在岛上升起了韩国国旗。登岛后，马上修筑了防御工事。由于岛上环境恶劣，淡水、食品等生活物资匮乏，不适于大批人在岛上长期固守，所以大部分守备队员返回郁陵岛待命，只留下少数队员常驻独岛（竹岛）。

两个月后的6月27日，日本派遣2艘巡逻艇强行在独岛（竹岛）登陆，赶走了岛上的6名守备队员，并竖立了日本主权碑标志，并在岛上升起了日本国旗。在郁陵岛待命的“独岛义勇守备队”的义士们闻讯后重整旗鼓，决定武装登岛，赶走日本占领军。

“独岛义勇守备队”的壮举让韩国总统李承晚大为感动，他亲自给庆尚北道厅长写信，要求他给守备队提供一门迫击炮和100枚炮弹，以“吓走”日本巡逻船。有了尚方宝剑，这位厅长急事急办，在下令时故意把总统“吓走”日本人的指示擅自改为“击沉”日本船。郁陵岛警方还主动出面，帮助守备队弄到更多武器，包括卡宾枪、机关枪等。

7月23日凌晨5时，日本海上保安厅的巡逻艇向独岛（竹岛）驶来。在距离独岛（竹岛）200米处的时候，岛上韩国守备队队员们分成两个战斗小组，一

个小组在岛上负责火力掩护，另一个小组驾驶小船向日本巡逻艇迎头冲去。当小船距离日本巡逻艇20米时，船上守备队员突然用轻机枪率先开火射击，岛上守备队员对日舰进行火力压制，日本巡逻艇遭受两面夹击，只好快速撤离。

此战获胜之后，独岛（竹岛）守卫开始向常态化、正规化方向发展。洪淳七搭乘在附近捕鱼的韩国渔船来到大邱，向韩国庆北警备司令部汇报，希望得到支持。庆北警察局对他们的英雄事迹早有耳闻，很慷慨地就给他们提供了3挺M2机枪和1门苏制火炮。之后，洪淳七又跑到釜山购买了充足的炮弹，然后返回独岛（竹岛）。在驻扎独岛（竹岛）一年多之后，守备队开始整编，洪淳七担任守备队队长，设1名副官，战斗部队设立两个支队，第1支队10人，第2支队9人，还有宣传队2人，教育队3人，后方支援队4人，运输队4人。洪淳七的妻子是队中唯一的女性队员，她的编制在宣传队。

1954年以后，日本每年都向韩国政府递交外交抗议文件，共计50多次，指出竹岛（独岛）是日本领土，韩国必须立即撤出该岛。而韩国政府则一再声明，独岛（竹岛）是韩国固有领土。双方各执一词，针锋相对，谁也不想在领土问题上让步。同年4月21日，3艘日本巡逻艇又来到独岛（竹岛），这次他们遭遇到了更为猛烈的炮火反击。义勇守备队击沉了一艘日本巡逻艇，再次将日本人逼退。8月23日，岛上守备队向距独岛（竹岛）5000米处的日本巡逻艇开火射击，又一次打退了逼近独岛（竹岛）的日本巡逻艇。

9月25日，日本政府向韩国建议将独岛（竹岛）归属问题提交海牙国际法庭审理，被韩国政府拒绝。日本软的不行就来硬的，11月21日，日本海上保安厅出动了3艘巡逻艇在飞机的掩护下向独岛（竹岛）驶来，决心派重兵夺占独岛（竹岛）。第一艘巡逻艇距离独岛（竹岛）1000米的时候被洪淳七发现，他随即下达命令做好战斗准备。日本巡逻艇进入武器射程之内以后，洪淳七发出开火的信号。第一发迫击炮弹就准确地落到了日本PS9巡逻艇上。日本海上保安厅死伤16人，遭受重创后不敢靠近独岛（竹岛），仓皇逃窜。此战韩国守备队大获全胜，后来被韩国誉为“独岛大捷”。此后，日本政府曾多次派出巡逻艇试图夺回独岛（竹岛），但均被英勇顽强的守备队员们击退。洪淳七带领的“独岛义勇守备队”在守备独岛（竹岛）3年零8个月的时间内先后经历了50多次大小战斗，成功把独岛（竹岛）牢牢控制在韩国人手里，捍卫了国家的主权和领土完整。在守备独岛（竹岛）期间，守备队员们还在岩石上刻下了“韩国领”3个大字，并在岛

洪淳七义勇队守卫独岛（竹岛）

上建立了灯塔和直升机坪。2012 年 8 月 10 日，当韩国总统李明博历史性地登上独岛（竹岛）的时候，他特地来到岛上的这处石刻前，与之合影。

1956 年 4 月，韩国政府决定接管独岛（竹岛）守备事务，郁陵岛警察署派遣 8 名武装警察常驻独岛（竹岛）。洪淳七和他的战友们结束了长达 3 年零 8 个月的“守土护国大业”，将岛上防御任务移交给前来换防的韩国警察。韩国政府和人民认为，正是由于洪淳七等人的不怕牺牲、英勇奋斗，韩国才得以至今仍牢牢地控制独岛（竹岛）。为表彰其爱国行为及不怕牺牲的精神，韩国政府向洪淳七等人颁发勋章，其爱国事迹也广为传颂。1987 年洪淳七去世，他的爱国奉献精神和英勇不屈的英雄事迹至今仍在激励着韩国人坚定地捍卫独岛（竹岛）的主权和领土完整大业。

维权执法，对独岛（竹岛）进行实际管控

在洪淳七守卫独岛（竹岛）期间，1955 年 12 月 4 日，韩国海警司令金玉卿

表示，韩国海警队所属舰船将对侵犯“李承晚线”的日本舰艇加强抓扣的同时，可坚决予以击沉。时任韩国联合参谋本部议长（时称总长）的李亨根表示，韩国舰艇可在必要时进行“击沉作战”。1956 年 4 月，李承晚政府派出海上警察守备队，接替爱国义士洪淳七坚持了 3 年零 8 个月的“守土护国大业”。从 1957 年开始，韩国政府在独岛（竹岛）修建永久性建筑物，先后设有灯塔一座、通信塔两座、哨所两个、营房一幢以及各种天线和石碑等军用设施。依托这些固定设施，韩国开始守卫独岛（竹岛）并进行常态巡逻。1965 年韩、日建立正式外交关系前，韩国在正常维权执法过程中共扣留日本渔船 328 艘 3929 名船员，其中 44 人死伤。1965 年 6 月，日、韩邦交正常化，两国一致同意“日、韩两国的所有纷争，首先要通过外交途径解决；外交途径不能解决的，通过两国政府认可的手段进行调解解决”。因此，日本政府提出与韩国就该岛纷争进行对话。但韩国官方则不容置疑地认为:“独岛自古以来是韩国领土，这个问题不能作为两国纷争进行对话。”

1981 年 12 月，为了应对突发事件及增强海上补给能力，韩国政府开始在岛上修建守岛工事和直升停机坪；1982 年 11 月 16 日，韩国把独岛（竹岛）范围

韩国军警驻守独岛（竹岛）

划为“独岛天然保护区域”，编号 336 号；1986 年开始，韩国在独岛（竹岛）举行防卫军演，每年举行两次。

1993 年，韩国在岛上兴建灯塔；1996 年 2 月 7 日，韩国政府宣布耗资 180 亿韩元（当时约合 1850 万美元）在独岛（竹岛）东岛修建一座能停靠 500 吨级船舰的码头，以便更好地解决驻扎在岛上的 3 名警官和 23 名海警的轮换及食品供应。日本政府照会要求停止这一工程项目，但遭到韩国政府的拒绝。1997 年该码头竣工，并建立了完工纪念碑，纪念碑上面刻有当时的韩国总统金永三的题词“大韩国东土端”。之后，韩国国防部为应付事态的进一步恶化，相应加强了在独岛（竹岛）海域的警戒措施。

2005 年，日本岛根县议会订立“竹岛日”。当日，朝鲜立即声援韩国，通过官方媒体称：“这是日本帝国主义、反动派光天化日之下公然抢劫的本性大暴露，是无耻行径的丑恶表演。”朝鲜宣布，在独岛（竹岛）问题上，南北方应“联合斗争”，反击日本侵略行为。

2006 年 4 月 14 日，时任日本首相的安倍晋三宣布：日本海上保安厅决定从当日开始勘测竹岛（独岛）周边水域。此行动是战后第一次。4 月 22 日，韩国和日本外交代表谈判后达成妥协，日本方面同意停止实施勘测计划。5 月 4 日，韩国政府宣布，在未来 5 年内投资 342.5 亿韩元用于开发独岛（竹岛）及周边地区的自然资源。7 月 5 日，韩国的海洋 2000 号海洋调查船在独岛（竹岛）附近海域进行了海流调查，日本提出抗议。7 月中旬，日本海上保安厅巡逻船试图阻止韩国海洋调查船对竹岛（独岛）周边海域实施调查，时任韩国总统卢武铉秘密下令，韩国海军舰艇准备对日本巡逻船实施警告性射击。时任日本内阁官房长官、前首相安倍晋三说，他担心阻止韩方实施海洋调查可能引发枪战，最终不得不“叫停”日本巡逻船的海上作业。

2012 年 9 月 7 日，韩国开始在独岛（竹岛）及其周边海域举行防卫军演，演习持续了 4 天。韩国军方表示，此次军演模拟日本极右团体突袭登岛情形，由海洋警察为主导击退敌方，海军在海面上负责支援。韩国海军出动了驱逐舰、护卫舰、警备舰、空军 F-15K 战斗机和侦察机参与军演。

从韩国对独岛（竹岛）主权的守护行动来看，大致经历了两个阶段：

第一阶段，是民间人士洪淳七自发的爱国行为，七八个人、十来条枪，拉杆子组织民间武装登岛，在岛上坚持 3 年多。虽然是民间自发行动，但在国际法上

已经构成了重要控制事实，这对于韩国坚持独岛（竹岛）主权是非常有利的证据。

第二阶段，是朝鲜战争结束之后，韩国海警和海军对独岛（竹岛）的守护，这个时期主要是在岛上建立永久性设施，确保人员的生存和持续守卫。在此基础上，派遣海警登岛并轮流执行护卫任务。2006 年安倍晋三第一次担任日本首相之后，曾对韩国发动挑衅，决定派船前往竹岛（独岛）进行海洋勘测，引发韩国强烈反弹。时任韩国总统卢武铉下达密令，授权可对日本舰船进行警告性射击。日方担心引发武装冲突，赶紧叫停。

为了改善岛上生存、守卫和执法环境，韩国在岛上修建了可供船只卸货的防波堤、直升机起降场、警备队房屋、仓库、发电所、通信所、雷达天线、火力阵地等设施。目前，韩国在独岛（竹岛）常年派驻数十名海洋警察守备队员，同时配置了驱逐舰、快艇、直升机，以及永久性的码头。依托这些设施，韩国经常进行军事演习，演习科目设定为海警在一线维权执法，海空军舰船和飞机对其进行空海保护，共同歼灭入侵之敌。2012 年在一次演习中，日本一架舰

韩国最大的军舰“独岛”号两栖突击舰

载直升机企图靠近演习区域，结果在距离 50 海里之外就被韩国海空军驱赶离去。

韩国在独岛（竹岛）的警备力量来自警察、海警和海军三家。其中，由庆北地方警察厅独岛（竹岛）警备队 40 余人常驻岛上，韩国东海（日本海）海警厅和海军第 1 舰队负责独岛（竹岛）邻近水域警备，通常是东海地方海警厅下属的两艘警备艇及海军岸基飞机出动。如果日本右翼分子等民间人士试图登陆独岛（竹岛），韩国海警舰艇和独岛（竹岛）海岸警备队队员将在一线予以应对，军队在后方发挥后盾作用。如果载有日本右翼分子的民间船只靠近独岛（竹岛）领海，海警警备艇将根据《独岛危机应对指针》紧急出动，并广播“侵犯领海将会拦截”的警告。韩国制定的《独岛危机应对指针》，针对日本右翼分子登岛等 6 种类型的突发事态制订了详细应对方案和程序。如果日本船只不顾警告入侵韩国领海，韩方将通过用警备艇船身与其碰撞的“推挤”方式予以拦截，防止其靠近独岛（竹岛）。

韩国空军驱离日本直升机

韩国海警在独岛（竹岛）近海部署了 5000 吨级“三峰”号和 3000 吨级“太平洋 7 号”等警备舰船，可以拦截日本大型船只。一旦日本右翼分子登上独岛（竹岛），独岛（竹岛）警备队队员会将他们逮捕，以违反《出入境管理法》的罪名将他们强行驱逐出境或进行审判。

为守护独岛（竹岛）安全，韩国政府在距离独岛（竹岛）只有 90 千米的郁

陵岛沙洞港投资 3520 亿韩元建设前进基地，确保韩国海军最大的“独岛”号两栖攻击舰和最新型“宙斯盾”驱逐舰能够驻泊。同时，从 20 世纪 90 年代中期开始，韩国军队每年举行两次名为“东方训练”的独岛（竹岛）防御联合机动演习，韩国陆海空军和海洋警察兵力参加。

总统登岛，捍卫主权一马当先

2006 年 5 月 1 日，时任韩国总统卢武铉和议会主席郑东泳登上独岛（竹岛）视察，围绕独岛（竹岛）问题提出 3 点声明：独岛（竹岛）不仅是领土问题，也是历史问题；要消除日本将独岛（竹岛）争端发展成为国际纠纷的意图，在牵制日本制造国际言论的同时，也要避免日本想经过国际司法裁判判决的打算；不惜任何代价保护独岛（竹岛）。

2008 年，当时的总理韩升洙及 40 余名国会议员陆续视察独岛（竹岛）军民，展现韩国对独岛（竹岛）的绝对主权。

2008 年 2 月 25 日，日本前首相福田康夫亲自出席李明博总统的就职仪式，以表示日本希望恢复两国关系的迫切愿望。福田康夫是东北亚国家中唯一参加李

韩国总统李明博登上独岛（竹岛）宣示主权

明博就职仪式的外国元首，对此李明博深表感激。4 月，李明博结束访美后顺访了日本，这是韩国总统 4 年来首次访问日本，两国关系从此开始走向缓和。但很快，李明博就面临独岛（竹岛）问题的挑战。

7月14日，日本文部科学省宣布将在2012年度使用的中学“新学习指导纲领”社会科解说书中，称“竹岛（独岛）为日本领土”，引起韩国民众抗议示威；7 月 18 日，韩国召回驻日大使；7 月 19 日，日韩自由贸易协定无限期延期；7 月 20 日起，韩国政府将以往对该岛所持的“实际控制”的说法改为“领土守卫”；7 月 29 日，时任韩国国务总理韩升洙登上独岛（竹岛），以此表明“独岛（竹岛）自古以来就是韩国领土的一部分”；9 月 5 日，日本发表 2008 年度《防卫白皮书》，主张竹岛（独岛）是日本领土。韩国外交通商部当日严正抗议。韩国海军驱逐舰在独岛（竹岛）附近军演，首次动用最新型 F-15K 战斗机在独岛（竹岛）上空巡逻，掌握制空权。韩国外交和军事两手都要抓，两手都很硬，不失时机地对日本的疯狂挑衅做出了坚决的回击。

2012 年 8 月 10 日，前韩国总统李明博搭乘直升机登上独岛（竹岛）宣示主权。他站在独岛（竹岛）上对日本天皇隔海喊话，要求日本就慰安妇等历史遗留问题向韩国国民真诚道歉。

8 月 14 日，李明博在谈到视察独岛（竹岛）的做法时说：“这是我两三年前就想做的事”，“日本没有很好地理解‘加害者’和‘被害者’的立场，（登岛）是为了提醒他们”。

8 月 17 日，时任日本首相野田佳彦向韩国驻日使馆转交写给李明博总统的一封亲笔信，称李明博登岛的做法和谈及日本天皇时的言论让人遗憾，建议把两国领土争议递交国际法院处理。这封亲笔信被送到韩国驻日使馆后，被印上“退回”字样，原封

野田佳彦收到韩国退回的外交信函

不动地用挂号信退回。这种做法在国际上很少出现，但是韩国却大胆地运用了这种手法以示抗议。之后，日本方面又三番五次派人前往韩国驻日使馆送信，但都被拦回。韩国拒绝接受日本方面的信函，这让日本感到很没有脸面。

8月19日上午，韩国庆尚北道地方政府在独岛（竹岛）东岛望洋台举行“守护独岛标志石碑”揭牌仪式。韩国前行政安全部长官孟亨奎、庆尚北道道知事金宽容等人士出席了揭牌仪式。“守护独岛标志石碑”碑石用黑曜石制作，高115厘米，横竖各30厘米。碑石前面和后面分别用韩语刻有“独岛”和“大韩民国”字样，侧面用韩语刻有“二千十二年夏总统李明博”。独岛（竹岛）上现有各种宣示独岛（竹岛）主权的碑石15个，但以总统名义立碑还是首次。象征独岛（竹岛）主权标志的石碑竖立在独岛（竹岛）上，这充分展现出韩国国民对捍卫独岛（竹岛）的强烈意愿和决心。

官民互动，万众一心守护独岛（竹岛）

为了显示独岛（竹岛）的主权，韩国自上而下举行了各种活动。

举办独岛（竹岛）历史展。2012年5月23日起，韩国国土地理情报院地图博物馆举办“东海、独岛古地图企划展”，展出标记韩国海和独岛（竹岛）的

韩国历届总统

49 张东西方古地图原本。韩国国土部介绍，曾经公开过标记韩国海和独岛（竹岛）的古地图手抄本，但公开日本、英国、法国绘制的多种地图原本尚属首次。特别是日本政府所绘制的世界地图显示，1929 年在韩国受到日本帝国殖民统治时期，直到国际海道测量组织单独标记“日本海”之前，日本一直将日本海标记为“朝鲜海”。1810 年江户幕府绘制的世界地图《新订万国全图》就将东海标记为“朝鲜海”。1850 年绘制的《本邦西北边境水陆略图》也将东海标记为“朝鲜海”，并标记郁陵岛和独岛（竹岛）。1863 年编纂的日本百科全书《江户大节用海内藏》收录的《朝鲜国图》标记郁陵岛和独岛（竹岛）为朝鲜领土。18 世纪至 19 世纪英国、法国等西方国家制作的古地图也将东海标记为“韩国海”。1794 年英国绘制的日本全图将东海标记为韩国海（COREANSEA），并标记郁陵岛和独岛（竹岛）隶属于韩国领土。1735 年法国地图学者唐维尔所画的《朝鲜王国全图》标记郁陵岛和独岛（竹岛）为朝鲜领土。

发放“独岛名誉居民证”。1954 年，韩国把独岛（竹岛）划归庆尚北道郁陵郡管辖，独岛（竹岛）距离郁陵岛大约 70 千米。1965 年 3 月，韩国渔民赵宗德把家搬到独岛（竹岛），并在独岛（竹岛）海域捕鱼。后来，他建了一个水下仓库，还养殖鲍鱼。在西岛中部，他找到一个弹坑，掏出了一口井。政府同期开始在岛上建设包括渔民住所、储水箱、净水设施、食品储藏设施、发电室、通信设施及简易气象站等在内的民用设施。1981 年，赵宗德正式把独岛（竹岛）登记为自己的永久居住地，成为第一位居民，一直到 1987 年因脑溢血逝世。

赵宗德死后，他的女婿赵骏基从郁陵岛搬到了独岛（竹岛），继承了岳父留给他的一些海产。1991 年 11 月，60 岁的金圣道和妻子迁居独岛（竹岛），一直生活至今。到 20 世纪末，先后有 6 个韩国家庭共 28 人曾在独岛（竹岛）住过，歌手钟光泰也是其中之一。钟光泰因演唱《独岛是韩国领土》一举成名，现在，几乎所有韩国人都会唱这首歌。2010 年 10 月 11 日，郁陵郡政府宣布，从 11 月起向访问独岛（竹岛）的游客发放“独岛名誉居民证”，以加强对独岛（竹岛）的实际控制。“独岛名誉居民证”长 8.5 厘米、宽 5.4 厘米，正面印有持有者姓名、国籍、独岛（竹岛）居民证号码等内容，背面印有韩国国旗和独岛（竹岛）照片。证件背面印有“根据郁陵郡独岛天然保护区管理条例第 11 条发放”。郁陵郡政府介绍，发放这一特殊居民证旨在提高韩国国民对独岛（竹岛）的关心程度。本国公民只要在访问独岛（竹岛）60 天前向独岛（竹岛）管理办事处提

交申请书、正面个人照等相关材料，就可以免费领取证件。外国公民也可以申请“独岛名誉居民证”。1990 年展开了“泛国民独岛户籍迁入运动”，已有 2204 人将户籍迁到独岛（竹岛）。现在，每个到访者都承认独岛（竹岛）不是一个无平民居住、毫无生机的荒岛。

发行独岛（竹岛）主权邮票。1953 年 9 月 15 日，韩国推出 3 种以独岛（竹岛）为主题的邮票，并售出总数 3000 万张：2 韩元及 5 韩元的各 500 万张，10 韩元的 2000 万张。不过，日本方面拒绝派递使用这些独岛（竹岛）邮票的邮件。韩国后来也曾三度发行其他新款式的独岛（竹岛）邮票：一次在 2002 年，另外两次在 2004 年。韩国银行发行的面值 10 万韩元纸币将独岛（竹岛）标记为韩国领土。2004 年 6 月，朝鲜也发行了独岛（竹岛）邮票。这枚独岛（竹岛）邮票与其他同样位于朝鲜的岛屿风光为题材的邮票组合成一套发售。

政府加大对独岛（竹岛）的宣传攻势。韩国网络、电台和电视台的天气预报每天都会播报独岛（竹岛）天气预报，不时提醒着国人“独岛是我们的”。一些

韩国发行的有关独岛（竹岛）的邮票

电视频道在每天播放结束时都会放上一段独岛（竹岛）视频，配乐为韩国国歌。

2012 年 9 月，韩国在 160 多个韩国驻外使馆发布英语、法语、日语、阿拉伯语等 10 个国家语言版本的独岛（竹岛）宣传册，这本共 33 页的宣传册整理了独岛（竹岛）属于韩国领土的历史依据、反驳日本主张的资料等。

9 月 11 日，日本政府以外务省的名义，首次在本国 70 余份报纸上刊登了题为“现在到了应该要了解的时候，竹岛（独岛）问题基础知识”的广告。刊载时间约为一个星期左右。在广告中，日本宣称无论从历史上还是从国际法上，日本都对竹岛（独岛）拥有领土主权。

2012 年末，韩国向在全世界运营的 1800 多个韩国语学校发布独岛（竹岛）教材。建立介绍独岛（竹岛）的英文网站，加强纠正错误信息的监控等。韩国政府出资，以韩英中日四国语言出版《独岛是韩国领土》教材，并把此书放在驻韩外国人常去的景点和饭店，以外国游客、留学生及在韩外国人为对象，加大对独岛（竹岛）为韩国领土的宣传。

民间广泛开展保卫独岛（竹岛）的活动。全国保护独岛（竹岛）马拉松大会每年举办马拉松比赛宣传独岛（竹岛），韩国新世界百货商店制作以独岛（竹岛）为主题的巧克力投放市场，韩国文艺界人士写歌或一起举办演唱会来提高国民对独岛（竹岛）主权的意识。海外韩国人除了在海外义务宣传独岛（竹岛）外，还创作了一些年轻人容易接受的歌曲，宣传独岛（竹岛）是韩国领土。2008 年，韩国十几万网民慷慨解囊，自发募捐资金在美国《纽约时报》、《华盛顿邮报》、CNN 等各大世界媒体上刊登一系列独岛（竹岛）宣传广告，网民在互联网上创建了各种保护独岛（竹岛）社区。2010 年，韩国民间组织和韩国教师联合会一道将 10 月 25 日设为“独岛日”，决议规定在每年的这个时候教育韩国的孩子热爱这块遥远的国土。

2012 年，在李明博总统登上独岛（竹岛）后，韩国的一些大学生、歌手和演员组织了一场通向独岛（竹岛）的海上接力游泳赛。著名韩国歌手金长勋、演员宋一国和 40 名韩国体育大学游泳部学生，于 8 月 13 日上午 7 时从庆尚北道蔚珍郡海岸出发，经过近 48 小时 30 分钟的不间断接力游泳，成功横渡约 220 千米的距离，于 15 日上午 7 时 30 分许抵达独岛（竹岛）附近海域。由于天气情况恶劣，海上的海浪超过 2 米，独岛（竹岛）守卫队出于安全考虑，禁止随行的船只靠岸。横渡队员们商定，由两名游泳实力最强的学生完成最后的接力，并

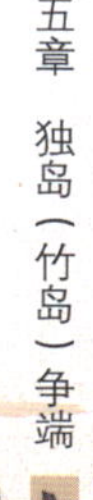

最终成功登上独岛（竹岛）。金长勋表示，此次活动充分显示了韩国年轻人对独岛（竹岛）的关心，近 3 天的横渡活动取得了十分有意义的成果，他们于 8 月 15 日光复节时完成了这项接力游泳。8 月 25 日，为展示国家对独岛（竹岛）拥有主权，韩国篮球协会在独岛（竹岛）上举办了多场比赛，参与的包括高中篮球队员以及在独岛（竹岛）上驻守的韩国警察。

政府举办独岛（竹岛）展览。在首尔，关于日本殖民朝鲜半岛的永久性展览时刻提醒着韩国："在我国的 5000 年历史中，我们曾从许多外国侵略和国家危机中复苏过来。但是，在 1910 年，日本对我国的侵害让我们留下了最耻辱的一页。"韩国前外交部长宋旻淳说："对韩国人来说，独岛担负着特别的象征意义，它象征着日本对韩国 36 年的殖民。任何时候，当韩国人听到日本关于独岛（竹岛）主权的声明，他们都会视为日本对历史不予道歉的证据。"2010 年 4 月 4 日到 5 月 21 日，韩国在天安独立纪念馆举行了第一次独岛（竹岛）展，之后在全国 4 个地区依次举行。独岛（竹岛）展用视频、图片、地图介绍独岛（竹岛）的位置、地名变化过程、岛上资源、居民居住历史等等。还展出了日本政府于 2010 年 3 月审核批准的主张对独岛（竹岛）领土主权的 18 种"歪曲历史的日本中学教科书"，以及将独岛（竹岛）标记为日本领土的地图。通过这样的展览，将会让人们更加深刻认识到，"独岛从历史、地理、国际法上都是韩国的固有领土"。

政府建立独岛（竹岛）体验馆。独岛（竹岛）体验馆位于韩国首都首尔，是由韩国政府下属东北亚历史财团筹建，韩国政府出资 23 亿韩元（约合 207 万美元）建造。独岛（竹岛）体验馆于 2012 年 9 月 14 日开馆，向公众免费开放，意在提高国民对独岛（竹岛）的主权意识。该馆分为独岛（竹岛）历史未来馆、自然馆、4D 影像馆及企划展示馆 4 个部分。在历史未来馆中，展示从新罗统一朝鲜到现在 1500 年来有关独岛（竹岛）的历史记录，包括《三国史记》《高丽史》《世宗实录地理志》等文献中的有关记载，并有明确显示大韩民国曾统治治理独岛（竹岛）的敕令和官文，驳斥了日本在独岛（竹岛）问题上坚持的逻辑。此外，这里还展示有日本江户时期鸟取藩发来的文书，上写有"经确认，郁陵岛和独岛（竹岛）并非日本领土"的内容，以及 1877 年刻有日本渡海禁令的木板（复制本），上面写有"要铭记郁陵岛和独岛不是日本领土"。在自然馆展示有巨大的独岛（竹岛）模型，与独岛（竹岛）实际大小按 1 ∶ 120 的比例制作，是韩国现有独岛（竹岛）模型中最大的一个。该馆运用了先进的投影机，使游客们可以切身感受浩渺

首尔独岛（竹岛）体验馆

的东海（日本海）中独岛（竹岛）的魅力，还可以亲手触摸只有在独岛（竹岛）才能看到的火山岩。在4D影像馆中，游客们可以坐在椅子上，模拟乘飞机或潜艇对独岛（竹岛）进行11分钟游览。

以韩国政府为主导掀起了一场清查韩奸运动。2005年，韩国政府掀起一股如火如荼的亲日历史调查活动，以查清日本对韩实行殖民统治期间与亲日行为有关的人与事。2006年9月23日，正式实行《日帝强占时期亲日反民族行为调查特别法》，就日本统治时期韩国人的亲日反民族行为进行调查。根据该法，日伪时期的韩国高官、“创氏改名”发起人、神社建造委员、带头歪曲朝鲜历史的人、通过媒体与日军侵略战争进行合作者都将被列入到亲日反民族行为者行列。

2009年11月8日，韩国《亲日人名词典》正式出版。该词典共分3册，厚达3000页左右，4389名在日本殖民统治朝鲜半岛期间向日本提供合作的人被收录其中，韩国人称之为“亲日反民族行为的人”，即通常所说的“韩奸”。被收录人的基本信息、曾经的亲日行为、日本投降后的活动、现状等皆包罗其中。被收录在词典中的韩奸包括中枢院、官员、警察、艺术、媒体出版界等16个领域，主要分为两大类：一是参加条约签署仪式等有卖国行为或直接镇压独立运动的民

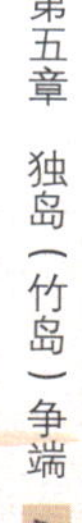

族叛徒；二是作为殖民统治机构的一员，充当日本帝国主义的走狗或美化和宣传侵略战争的文化艺术人员。编撰委员会介绍说，对于知识分子和文化艺术人士，考虑到其社会、道德责任和影响力，则更加严格地追究其责任。清查韩奸的对象虽然是 1945 年以前的人和事，但这项全民运动也影响到现实中的人和事，那些经常发表亲日言论、歪曲日本侵略历史且得到日本支持的专家学者和媒体工作人员经常遭到爱国人士的抨击。爱国人士呼吁要掀起一场清查当代韩奸的社会运动，让那些亲日的韩奸无处藏身。

第六章

南千岛群岛（北方四岛）争端

北太平洋上的战略要地

千岛群岛是位于西太平洋北部的一个半环形岛群，位于俄罗斯堪察加半岛南端的洛帕特卡角与日本北海道的纳沙布角之间，一长串岛屿连接成一个岛屿锁链，把鄂霍次克海锁在内侧，外侧则是波涛汹涌的太平洋。由包括占守岛、幌筵岛\新知岛、得抚岛等在内的北千岛群岛及南千岛群岛（北方四岛）在内的56个岛屿组成，南北绵延长达1200余千米，总面积约1.56万平方千米，各岛上火山纵横，地势崎岖，海岸线曲折。岛弧一侧是千岛海沟，最深处达10542米，群岛中最大的择捉岛有海湾10余处，可停泊大型舰船。各岛之间有多处海峡，是俄罗斯远东地区通往太平洋的必经之路。

南千岛群岛位置图

南千岛群岛（日本称为“北方四岛”）是千岛群岛中的一个组成部分，由择捉岛（俄方称“伊图鲁普岛”）、国后岛（俄方称“库纳施尔岛”）、色丹岛（俄方称“施科坦岛”）和齿舞群岛（俄方称“赫巴马伊群岛”）组成，总面积4996平方千米，现隶属俄罗斯远东地区萨哈林州，居民大多数是俄

偷袭珍珠港前的日本联合舰队聚集地单冠湾

罗斯人。四岛中择捉岛最大，面积 3139 平方千米，国后岛 1500 平方千米，色丹岛 255 平方千米，齿舞群岛 102 平方千米。岛上拥有丰富的矿产资源和优质的水产品，初步测算资源总价值将近 500 亿美元。

俄罗斯远东地区主要濒临太平洋的两个边缘海，一个是日本海，一个是鄂霍次克海。日本海是西北太平洋最大的边缘海，面积 106 万平方千米，平均水深 1350 米。日本海西岸有俄罗斯远东地区最大的港口和海军基地符拉迪沃斯托克，北部为库页岛，南部和东南部为日本本岛。符拉迪沃斯托克（海参崴）是俄罗斯太平洋舰队驻地，要想前出太平洋，必须经过韩日之间的朝鲜海峡、日本控制的对马海峡、津轻海峡和俄日之间的宗谷海峡。

鄂霍次克海是太平洋西北部的边缘海，面积 158 万平方千米，平均水深 777

米，西南部为萨哈林岛（库页岛），东部为堪察加半岛和千岛群岛。堪察加半岛上建有俄罗斯最大的弹道导弹实验靶场，俄罗斯最先进的北风之神级弹道导弹核潜艇基地也位于半岛附近。萨哈林岛（库页岛）上俄罗斯部署了大量弹道导弹，从那里发射导弹飞越太平洋可以到达美国本土，对美国威胁最大。

鄂霍次克海通过宗谷海峡和鞑靼海峡与日本海相连，经千岛群岛之间的多个海峡与北太平洋相通。这样的地理位置说明，俄罗斯太平洋舰队的舰船要想自由出入太平洋，经过千岛群岛中的数条海峡通道最为便捷，其余所有通道都被外国所控制。

受日本海暖流的影响，鄂霍次克海周边有许多不冻港，其中择捉岛上有海湾10余处，港口最多，可停泊大型舰船。1941年12月，日本偷袭珍珠港之前，山本五十六指挥的日本联合舰队6艘航母和数十艘战舰，就是在单冠湾隐蔽集结后出发的。千岛群岛就像一条长长的岛屿锁链，把鄂霍次克海与太平洋隔断开来，择捉岛、国后岛、色丹岛、齿舞群岛这几个有争议岛屿恰好处在这条岛链的关键位置。俄罗斯舰队经过鄂霍次克海进入太平洋，只有4个海峡通道：位于齿舞群岛和北海道之间的根室海峡、国后岛与择捉岛之间的叶卡捷琳娜海峡、择捉岛和得抚岛（俄方称“乌鲁普岛”）之间的弗里斯海峡，黑兄弟群岛和新知岛之间的罗盘海峡。俄罗斯如果丧失南千岛群岛（北方四岛），就只剩地形异常复杂的罗盘海峡，进入太平洋的海峡通道会遭到封锁。一旦发生战争，对于俄罗斯来说鄂霍次克海就会成为“死海”，俄罗斯太平洋舰队只好龟缩在海湾之内，难以前出太平洋作战。

岛屿归属，战胜国说了算

历史上的千岛群岛

在南千岛群岛（北方四岛）的历史归属问题上，日俄双方各有不同的历史记载。日本方面的记载说明，南千岛群岛（北方四岛）最早是日本早期居民阿伊努族人的生活地。早在1644年，日本绘制的地图就包含了南千岛群岛（北方四岛）。俄罗斯则宣称，俄探险家早在1691年就登上了千岛群岛，并给这些岛屿起名为“库里尔群岛”。

1779 年，沙俄政府正式把千岛群岛中尚未有明确领土归属的所有岛屿划归己有。1794 年，俄政府将 38 个流放犯和 20 名猎手送到千岛群岛上的乌鲁普岛（得抚岛）定居，正式建立移民点。日本方面称，德川幕府在这一时期曾命令有官方背景的富商屋嘉兵卫到择捉岛开辟 17 处渔场，派幕府官吏常驻该岛，建立行政组织。自 1801 年起，德川幕府就在择捉岛（伊图鲁普岛）驻兵 100 余人，并立下“天长地久大日本属岛”的标志。

中国库页岛成为日俄争夺的肥肉

1855 年 2 月 7 日，日本和俄国在日本下田签署第一份双边划界条约——《日俄和亲通好条约》（又称《下田条约》），关于南千岛群岛（北方四岛）中的岛屿归属问题有这样的规定：“今后日本国和俄罗斯国的疆界应在择捉岛（伊图鲁普岛）和得抚岛（乌鲁普岛）之间。择捉全岛（伊图鲁普岛）属于日本，得抚全

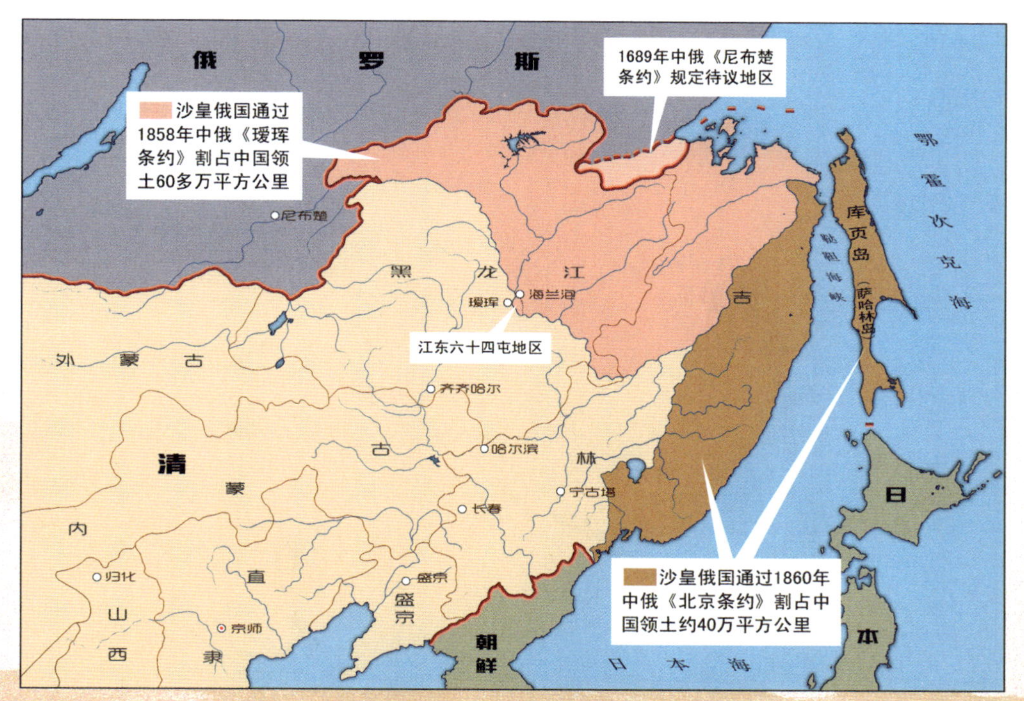

沙俄割占中国东北国土

岛（乌鲁普岛）及其以北的千岛群岛属于俄罗斯。至于桦太岛（即当时的中国库页岛），日本国和俄罗斯国之间不分界，维持以往之惯例。”

根据这个条约，可以理解为南千岛群岛（北方四岛）归属日本，日俄争夺中的桦太岛（库页岛）在条约中定义模糊，没有明确边界，为两国共管，主权搁置。桦太岛是日本的称谓，俄罗斯称作萨哈林岛，中国称作库页岛，面积 7.64 万平方千米，与日本北海道隔宗谷海峡相望，原为中国领土，1860 年通过《中俄北京条约》，清政府被迫割让给俄国。

1875 年 5 月 7 日，日本和俄国在圣彼得堡签署了《库页岛千岛群岛交换条约》（又称《1875 年圣彼得堡条约》）。条约规定：日本获得堪察加半岛以南整个千岛群岛的主权、鄂霍次克海的捕鱼权和其周边俄罗斯港口 10 年的免费使用权，条件为放弃整个库页岛的主权给俄国。这是一个双边领土交换协定，交换之后的结果是：整个千岛群岛全部归属日本，俄国则获取了库页岛的主权。

1904 年日俄战争爆发，日本背信弃义，武装占领库页岛南部，并夺得沙俄

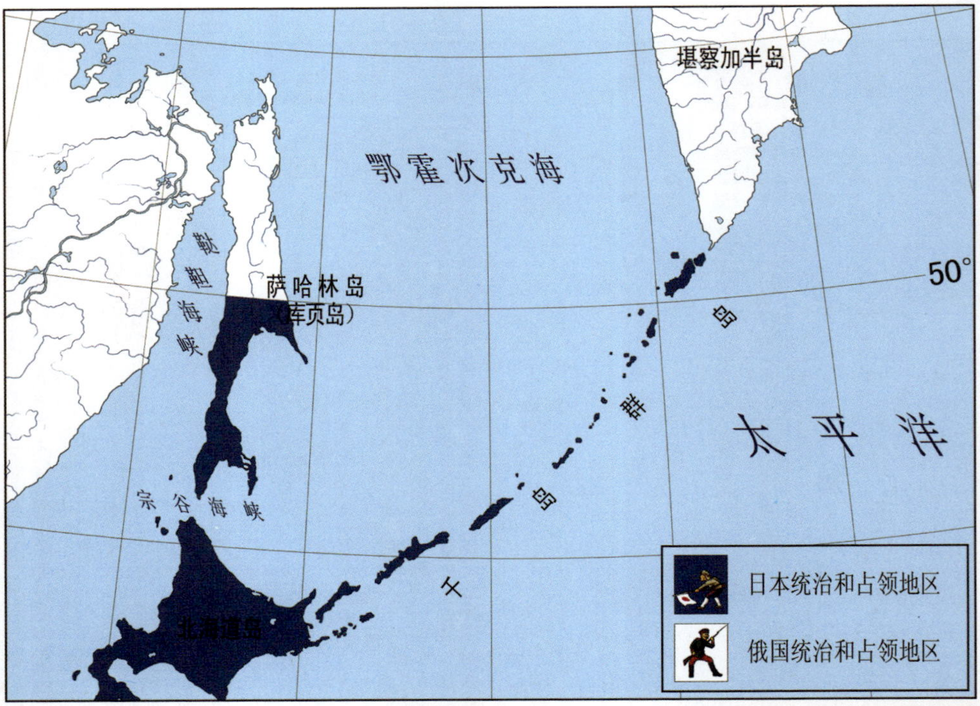

《朴次茅斯条约》划界示意图

在远东的大部分权益。1905 年 9 月 5 日，日俄双方在美国缅因州的朴次茅斯海军基地经过了长达 25 天的艰苦谈判后，签订了《朴次茅斯条约》，正式结束了在中国土地上进行的日俄战争。该条约第 9 条规定："俄国政府允将库页岛南部及其附近一切岛屿，并各该处之一切公共营造物及财产之主权，永远让与日本政府；其让与地域之北方境界，以北纬 50 度为起点，至该处确界须按照本条约附约第 2 条所载为准。"根据这个条约，俄日两国将库页岛一分为二，北纬 50 度以南的部分割让给日本，以北仍属俄罗斯。

苏联对日宣战，美英投桃报李

《日苏中立条约》

1941 年 4 月 13 日，日本和苏联在克里姆林宫签署了《日苏中立条约》。条约规定：相互尊重领土完整，互不侵犯；缔约一方若受到第三国攻击时，另一方保持中立；条约有效期为 5 年。

苏联和日本签订这个条约，各自都怀有不同的战略目的：苏联主要是全力以赴对付德国，对日本采用缓兵之计，防止东西方向两面受敌；日本决定停止北上的战略，加速推进南下战略发动太平洋战争，免除苏联的威胁，防止其从背后发动攻击，避免两线作战。

1943 年 9 月 3 日，意大利向盟国投降。1943 年 11 月末的德黑兰会议期间，斯大林就曾对罗斯福和丘吉尔表示："一旦德国最后垮台，那时就有可能把必要的支援部队调到西伯利亚，然后我们就能联合起来打击日本。"这是斯大林首次明确表示在对德国战争结束后，苏联将参加对日作战。当时，三方曾就苏联出兵东北的政治条件进行了试探性的会谈。

1944 年 1 月开始，苏军从北起巴伦支海、南至黑海大约 4500 千米的战线上，连续对德军及其仆从军实施了 10 次歼灭性打击，势如破竹，锐不可当。苏联红军在欧洲战场上的胜利极大地震撼了日本，日本担心苏联红军在粉碎德军之后挥师东进，于年底主动提出将整个千岛群岛还给苏联，条件是希望苏联信守承诺，遵守 1941 年《日苏中立条约》，保证不参加对日作战。

雅尔塔会议

1945 年 2 月 4 日，在苏联红军攻入奥地利境内、法西斯德国行将崩溃的背景下，苏联战时最高统帅斯大林按照事先约定来到克里米亚半岛上的雅尔塔参加苏、美、英三国会议。在这里，斯大林与先后抵达的美国总统罗斯福、英国首相丘吉尔举行了安排战后世界政治版图的三巨头重要聚会。在此次聚会期间，三国首脑原则上就分割德国、未来联合国常任理事国否决权的使用、苏联的乌克兰和白俄罗斯加盟共和国成为联合国创始成员国、苏波和德波边疆、波兰政府的组成和南斯拉夫等多项战后重大问题达成了协议或初步协议。而其中重要内容之一，还包括讨论打败法西斯德国后苏联在远东加入对日作战问题。

1944 年 12 月 28 日，《美国关于千岛群岛领土问题的备忘录》中记载，美国曾提出将南千岛群岛归属日本所有，将北千岛群岛置于国际托管之下。1945 年 2 月的雅尔塔会议上，由于斯大林强烈坚持将千岛群岛划归苏联，最终美方做出了让步，并把这一条件作为苏军参加对日作战的先决条件之一写进了《雅尔塔

雅尔塔会议举行地

协定》。2 月 11 日，苏、美、英三国首脑斯大林、罗斯福、丘吉尔签署了《苏、美、英三国关于远东问题的协定》（《苏联参加对日作战的协定》），即《雅尔塔协定》。根据这个条约，在德国投降和欧洲战争结束两三个月后，苏联将加入盟国对日作战；作为交换条件，萨哈林岛（库页岛）南部及其全部附属岛屿归还苏联，千岛群岛交给苏联。

雅尔塔会议三巨头

4 月 5 日，苏联政府正式宣布废除《日苏中立条约》；4 月 30 日，苏联红军攻克柏林，希特勒自杀。5 月 8 日，在柏林举行了德国向苏、美、英、法等国无条件投降的正式签字仪式，标志着第二次世界大战的欧洲战火至此熄灭。下一步，苏、美、英等同盟国的主要任务就是调集兵力转向亚洲、太平洋地区，彻底打败日本。

7 月 17 日，美、英、中三国首脑杜鲁门、丘吉尔、蒋介石在柏林西南 30 千米处的波茨坦举行会议；7 月 26 日，最终签署《中、美、英三国促令日本投降之波茨坦公告》，即《波茨坦公告》；8 月 6 日，美国使用 B-29 重型轰炸机在日本的广岛和长崎投放了两枚原子弹；8 月 8 日，苏联正式对日宣战，并加入《波茨坦公告》。

《雅尔塔协定》确定了苏联参加对日作战的时间，协调了同盟国对日作战的军事行动，对加速击败日本法西斯固然起了积极作用，然而，苏、美、英三国背着当时反法西斯战争主要盟国中国，在中国和远东地区划分势力范围，则是对中国领土、主权的蔑视和严重侵犯，是大国沙文主义和强权政治的典型表现。中华人民共和国成立后，经中、苏双方 1950 年、1952 年和 1954 年 3 次谈判，苏联才先后将大连港、中长铁路和旅顺口海军基地的有关权益全部归还中国。

援引法条：《苏联参加对日作战的协定》

1945 年 2 月 11 日

苏、美、英三大国领袖同意，在德国投降及欧洲战争结束后两个月或 3 个月内，苏联将参加同盟国方面对日作战，其条件为：

一、外蒙古（时属中国领土）的现状须予维持。

二、由日本 1904 年背信弃义进攻所破坏的俄国以前权益须予恢复，即：

甲，库页岛及邻近一切岛屿须交还苏联；乙，大连商港须国际化，苏联在该港的优越权益须予保证，苏联之租用旅顺港为海军基地须予恢复；丙，对担负苏联通往大连之出路的中东铁路和南满铁路，应设立一中苏合办的公司以共同经营之。

经谅解，苏联的优越权益须予保证而中国须保持在满洲的全部主权。

三、千岛群岛须交予苏联。

经谅解，有关外蒙古及上述港口铁路的协定，尚须征求得蒋介石委员长的同意。根据斯大林元帅的提议，美总统将采取措施步骤取得该项同意。

三国领袖同意，苏联之此项要求须在击败日本后毫无问题地予以实现。

苏联本身表示准备和中国国民政府签订一项中苏友好同盟协定，俾以其武力协助中国达成自日本枷锁下解放中国之目的。

约瑟夫·斯大林

富兰克林·罗斯福

温斯顿·丘吉尔

对日宣战，苏联收复失地

北千岛群岛登陆作战

1945 年 8 月 8 日，苏联红军对日宣战之后迅速发起远东战役，3 个方面军共150万人在长达4000多千米长的中苏、中蒙战线上向日本关东军发起大规模进攻。8月11日，苏联陆军集团军和太平洋舰队海军舰艇部队开始对库页岛上的日军展开进攻。苏联红军以摧枯拉朽、势不可挡之势大举进攻，而此时的日军已是强弩之末，迅速溃败。

8月15日，日本裕仁天皇颁布停战诏书，宣布无条件投降。美国政府就接受日本投降问题给盟军总司令麦克阿瑟拟就了一份命令，详细规定了受降的地点和细节。斯大林阅后基本同意，但提出对命令做一些变动，即苏军受降的地区要从萨哈林岛扩展至日本的北海道。当时的美国总统杜鲁门婉言回绝了斯大林的要求，苏联决定抓住战争结束前最后的机会争取更大的利益。15日夜，远东苏军总司令瓦西里耶夫斯基元帅发布命令，准备实施在萨哈林岛北部和千岛群岛的登陆行动。

按照作战计划，苏军应该先攻占千岛群岛最北面的占守岛，再以此为跳板攻占面积较大的幌筵岛，继而攻占温弥古丹岛。8月17日，日本第5方面军司令发出命令："立即停止战斗行动，但不得已时可采取自卫行动。"8月18日凌

苏军"基洛夫"号轻巡舰炮轰占守岛

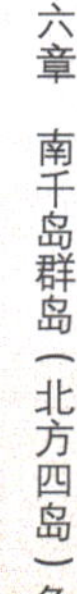

晨2时15分，苏联登陆舰队驶入千岛第一海峡，对占守岛发起登陆作战行动。苏联海岸炮兵对占守岛进行轰击，苏联空军和海军航空兵出动了78架飞机负责空中支援，海军出动了60多艘登陆和作战支援舰艇。

8月19日凌晨，苏联登陆部队占领滩头阵地，开始登陆作战行动。占守岛地势平坦，日军防御体系极为坚固，由地道和交通壕相连接的钢筋混凝土和土木质火炮机枪工事、堑壕、掩体和埋设的各种各样的地雷多得数不胜数，遍布这个380平方千米的小岛。岛上驻守日军有8000人，配备64辆坦克。为了加强占守岛的抗登陆作战，日军从幌筵岛调来大量人员和装备严防死守，准备与苏军决一死战。就在两军兵力对峙、战斗一触即发之际，守岛日军接到第5方面军发来的停战命令，要求其于19日16时前停止一切作战行动，如遭到攻击可恢复战斗行动。守岛日军与苏军就此展开谈判，18时双方达成停战协议，日军表示向苏军无条件投降。

次日凌晨，负责受降的苏联海军舰队在经过千岛第二海峡的时候突然遭到日军袭击，一艘护卫舰遭重创。苏联航空兵借机对日军阵地发起长达6小时的猛烈轰炸。21日7时，苏军联合指挥部向日军发出最后通牒，日军被迫投降。

苏军的作战命令最初包括在日本北海道登陆，但考虑到美国的态度，直到22日才最终取消，但在北千岛群岛登陆作战的命令继续执行。8月23日午后，占守岛上12000名守军全部向苏军投降，幌筵岛上的日军也相继投降。8月25日，苏军在松轮岛登陆；26日在温弥古丹岛和舍子古丹岛登陆；28日在新知岛登陆；30日在得抚岛登陆。31日，苏军宣布在北千岛群岛的战斗行动全部结束。苏联堪察加防区所属部队的进攻终止线推进到得抚岛。

苏联占领南千岛群岛（北方四岛）

1945年8月28日，苏联海军北太平洋舰队的舰艇在南千岛群岛登陆。此时日军已经投降，苏军登岛行动没有遇到抵抗。当日夜晚，苏军士兵乘坐登陆舰艇在择捉岛单冠湾登陆，岛上13500名日军投降。9月1日，苏军开始在国后岛登陆，岛上1250名日军投降。同一天，苏军在色丹岛登陆，4800名日军投降。此时，苏军远东总司令部宣布第二次世界大战的最后一场战役——千岛群岛登陆战役全

苏军占领整个千岛群岛

部结束。苏军在半个月的时间内夺取了绵延 1200 多千米的整个千岛群岛，俘虏日军近 6 万人。

9 月 2 日，日本政府代表在东京湾密苏里号战列舰上正式签字，向中、美、英、苏四大国无条件投降。9 月 5 日，苏军占领了南千岛群岛的所有岛屿，收回了 1905 年日俄战争中失去的所有岛屿。

千岛群岛战役是苏联红军在第二次世界大战中进行的最干净利索的一场重大战役。由于战役发起之时日军已经宣布无条件投降，所以日军无心再战。战役进行过程中，日军也只是进行被动防守，并没有组织起有力的抗登陆作战，所以苏军伤亡较小，一路过关斩将，快速推进。甚至在 9 月 2 日日本正式签署投降书之后，苏军还于次日占领了齿舞群岛和色丹岛。这些作战行动说明苏联对千岛群岛极为重视，因为在这个群岛中有许多从内海通往太平洋的海峡通道，是苏联面向太平洋的大门。

苏联在夺取库页岛和千岛群岛之后，一度还想夺占北海道，遭到美国强烈反对后才作罢。这说明，当时苏联和美国都在自觉地遵守《雅尔塔协定》，即苏联对日宣战，条件是日本投降后归还库页岛和千岛群岛。对此，美国一直是认账的，到现在也没有反悔。

东西方反目为敌，苏联乘机严控四岛

第二次世界大战结束后，新的世界格局开始形成：大英帝国沦为二流强国；美国取代英国成为世界第一强国；美、英联手，逐渐形成掌控世界的趋势。苏联作为社会主义国家，不仅成为欧洲最强大的国家，而且在欧洲和世界推行大国沙文主义，不断扩张自己的势力范围，对美、英及西方国家利益构成挑战。

1946年3月5日，英国首相丘吉尔访问美国期间，发表了题为《和平砥柱》的演讲。他说："从波罗的海边的什切青到亚得里亚海边的里雅斯特，已经拉下了横贯欧洲大陆的铁幕。这张铁幕后面坐落着所有中欧、东欧古老国家的首都——华沙、柏林、布拉格、维也纳、布达佩斯、贝尔格莱德、布加勒斯特和索菲亚，这些著名的都市和周围的人口全都处于苏联势力范围之内，全都以这种或那种方式，不仅落入苏联影响之下，而且越来越强烈地为莫斯科所控制。"丘吉尔认为，美国正高居于世界权力的顶峰，应担负起领导自由世界的责任。他主张英、美结成同盟，英语民族联合起来，制止苏联的侵略。

温斯顿·丘吉尔

由于丘吉尔在这一演讲中使用了"铁幕"一词，所以后来人们称之为"铁幕演说"。10天后，斯大林发表谈话，严厉谴责丘吉尔和他的朋友非常像希特勒及其同伴，丘吉尔演说的本质是杜鲁门借他人之口发表的"冷战"宣言，是美国发动"冷战"的前奏曲。苏联与美、英等西方国家的关系从合作走向对抗，从二战时期的盟友逐渐变为分庭抗礼的死敌。

1946年2月2日，苏联最高

苏维埃主席团做出了将萨哈林岛和千岛群岛并入俄罗斯联邦的决定，随即在国后岛和择捉岛上修建边防工事。1947 年，苏联正式将南千岛群岛并入其版图，归萨哈林州管辖。同时，苏联当局开始“清理”南千岛群岛，将这里居住的 1.7 万名日本人（包括阿伊努族人）驱逐回日本。苏联随之开始向岛上大规模移民，将 2000 多名来自中亚地区的俄罗斯族、鞑靼族和朝鲜族复员军人安置到岛上，成为岛上的“先民”。

由于当时东西方刚刚反目为仇，新的世界战略格局正在构建之中，日本处在盟军的管辖之下，没有外交权，没有国家主权，对于苏联的决定敢怒不敢言。

利用岛争，美在日、苏间栽种仇恨

遏制中苏，美国扶持日本

1950 年 4 月 6 日，杜勒斯被任命为美国国务院最高顾问，接管国务院远东事务及对日媾和问题。杜勒斯主张早日对日媾和，美国国防部则提出相反的意见，认为日本是构成美国在太平洋防卫阵线的关键一环，如果此时结束占领会削弱美国在日本的特权。即使对日媾和，也要有先决条件，即日本可以有限度地重新武装，但美国必须在日本长期驻军并建立基地，以保证日本的亲西方倾向。

1950 年 6 月 25 日，朝鲜战争爆发，美国对日本的军事需求增大，杜勒斯再次提出尽快缔结对日和约——不仅把日本作为反共的政治防线，更要把日本打造成反共的军事基地。时任日本首相吉田茂随即表态，愿把日本变成美国对朝鲜作战的军事、经济、技术供应基地，并答应“充实并增强警察预备队和海上保安队，由治安省之类的机关予以统辖”。1950 年 9 月 8 日，美国总统杜鲁门在美国对日媾和政策的纲领性文件（NSC60/1）上签字。

1951 年 3 月 29 日，美国将对日和约草案提交给远东委员会各成员国讨论，遭到苏联和中国的强烈谴责与反对。苏联提出：对日和约准备工作应由美、英、苏、中四国外长会议承担；中华人民共和国应参加对日和约的准备工作；限制日本所能保持的武装力量；外国军队不得在日本领土上驻留或设置军事基地等。英国也一直认为在亚太地区主要潜在的敌人是日本而不是苏联，尽管这一判断为朝

鲜战争所改变，但它仍倾向于严惩和限制日本，并主张在对日媾和问题上与中华人民共和国合作——英国当时已正式承认中华人民共和国。

为了应对朝鲜战争，美国急于重新武装日本，主张放弃战争赔偿，取消对日本经济限制。在此时刻，美国不愿意失去英国及英联邦成员国的支持。6月19日，英、美双方经过协商后发表了一份联合声明草案，对双方有争议的3个重点问题做了如下安排：中华人民共和国和国民党政权都不参加对日和约的签署，由日本在和约签署后自行选择同哪方缔约；日本放弃对台湾及澎湖列岛的主权，但和约本身将不决定这些岛屿的归属；同意日本以劳务赔偿的方式进行战争赔偿。

7月12日，英、美联合和约草案在伦敦和华盛顿同时公布。最后由美国在7月20日通知有关国家于9月4日召开旧金山和会，以解决对日媾和问题。

1951年8月13日，苏联政府正式照会美国政府，表示苏联接受出席9月4日"旧金山和约"签订大会的邀请。美国为了给澳大利亚、新西兰和菲律宾吃下定心丸，赶在旧金山和会召开前几日，分别与其签订了《美澳新条约》和《美菲共同防御条约》。9月5日，旧金山和会的正式会议开始后，尽管苏联代表多次尝试提出和约修正案，却都被否决。9月8日，在美国主导下，48个国家举行了"旧金山和约"签字仪式。受邀出席会议但被排除在和约条款谈判过程之外的苏联、波兰、捷克斯洛伐克三国代表拒绝在和约上签字。艰苦抗战8年、蒙受最大战争损失的中国从一开始就被美国排除在和约之外。就在"旧金山和约"签字仪式完毕的傍晚，日、美两国代表又举行了《日美安保条约》的签署仪式。

"旧金山和约"签字仪式

美国利用"旧金山和约"达到了4个战略目的：一是扶植日本，避免让日本进行战争赔款，使之休养生息，积蓄力量，以便支援美国对朝鲜进行战争；二是利用日本本土建立大量军事前进基地，依托这些军事基地前沿存在，在亚太地区对抗苏联和中国；三是通过解决日本战后地位问题，使之拥有外交权和国家主权，以此为基础，美国与之签订军事同盟条约，并借机与澳大利亚、菲律宾、韩国、泰国及中国台湾等亚太国家和地区签署军事同盟条约，构建起围堵中国、苏联和朝鲜的第一岛屿锁链；四是在日、苏之间打入楔子，让其永远为敌。

美国作法，岛屿争端风雨再起

岛屿争端是最容易挑起国家和民族之间仇恨的。为此，在岛屿问题上，“旧金山和约”使用了模糊的措辞：“日本放弃对千岛群岛、1905 年 9 月 5 日获得之库页岛部分（南桦太），以及邻近各岛屿的一切权利、名义与要求。”条款中没有表明日本放弃权利之后这些岛屿应该归苏联所有，这与1943年《波茨坦公告》中明确规定的“日本不再对齿舞、色丹、国后、择捉及附近小岛拥有主权”的条款不符，也与 1945 年《雅尔塔协定》中规定的“苏联以占领日本千岛群岛和南库页岛为条件，参加对日作战”规定相违背。在此之前，根据《波茨坦公告》《雅尔塔协定》，本来南千岛群岛和库页岛主权归属苏联已无异议，“旧金山和约”之后，日本又有了夺回南千岛群岛（北方四岛）的理由，日、苏岛屿争端风波再起。

1954 年 12 月 10 日，以民主党总裁鸠山一郎为首相的日本新内阁成立。1955 年 1 月 4 日，民主党通过《自主和平外交政策》提出 3 项基本主张：充实安全保障，维持和平体制，包括坚持日美合作路线，努力缓和国际紧张局势，与苏联结束战争状态，实现日苏邦交正常化，争取加入联合国；确立独立体制，收复原来属于日本的领土；推进经济外交，包括迅速解决战争赔偿问题，与东南亚各国建立正式外交关系，发展经济关系，促进对苏、对华贸易等。

日本处于东西方冷战的前沿，如果冷战扩大为热战，日本有被卷入的可能，鸠山想通过与苏联复交，缓和东西方关系。苏联政府迅速积极回应，1955 年 6 月，日本和苏联在伦敦举行“关系正常化”谈判。双方在北方四岛（南千岛群岛）这个问题上互不相让，都有充足的理由证明对这些岛屿拥有无可争辩的主权。1956 年 10 月 16 日，赫鲁晓夫表示，苏联最多只能交出齿舞和色丹，并且提出两个条件：一是“实际向日本转交上述领土应在签订和平条约之后”；二是“应

“冷战”期间北约某次会议

在美国把它占领的冲绳岛和其他历来就是日本的领土交给日本之后”。

谈话最后，赫鲁晓夫解释说：“我们不想在这方面有不平等的状态。为什么美国控制着日本的领土并在那里建造反对我国的军事基地，但却要求我们把属于我们的领土交给日本呢？”

双方最终在 19 日签署了一份联合宣言，声明“苏联同意把齿舞和色丹交给日本，但这些岛屿的实际交付将在缔结苏日和约之后进行”。1960 年，日、美签订《日美共同合作和安全条约》后，苏联强调由于日本丧失了独立性，向日本交出齿舞和色丹已不可能。于是，在整个苏联时期，日本没有要回一寸土地。

苏联解体，俄罗斯提出解决问题新方案

对日示弱，俄罗斯人穷志短

1991 年，苏联解体、俄罗斯建国后的第一任外交部长是安德烈·弗拉基米

罗维奇·科济列夫，其外交政策主要表现在3个方面：争取西方援助；停止与西方对抗；与西方结盟。为了实现这些战略目标，俄罗斯政府对西方一味迁就，希望通过建立西方式的民主自由政体融入西方社会。事实上，这3个预定目标都没有实现。

1991年，戈尔巴乔夫访日时提出了解决“有争议的岛屿”的建议，即南千岛群岛（北方四岛）的问题。他是战后40多年来明确承认苏、日间有领土问题的第一位苏联领导人。他提出的解决办法是逐渐地使这些岛屿非军事化，实行双方居民的免签访问，加强这些岛屿和日本沿海地区居民直接的经济联系等。1991年12月苏联解体后，俄罗斯继承了苏联的政治遗产。出于发展东部经济的考虑，俄罗斯开始寻求改善与日本的关系，岛屿争端再次浮出水面。

1992年，俄罗斯外交部长科济列夫向叶利钦提出了解决俄、日领土纠纷的五点方案，主要内容是：俄罗斯承认与日本存在领土争端；俄罗斯在四岛上建立为期15～20年的自由经济区；俄罗斯在四岛上实现非军事化；俄日签署和平条约；谁最终拥有四岛主权的问题留给后人解决。

为了表达对日本的友好，俄罗斯政府默许日本资本大规模进入俄罗斯，日本

苏联解体后俄罗斯经济困难，建造中的最大航母“乌里扬诺夫”胎死腹中

财团迅速在俄罗斯大专院校建立了研究所、民间社团、非营利组织和一些智库，同时收购了一批媒体，日本资本及情报机构渗透到莫斯科的报纸杂志、广播电视等各种媒体。被收买后的俄罗斯专家学者、研究员和教授们，开始针对南千岛群岛（北方四岛）频繁发表报道、评论、访谈，主题内容都是声称“南千岛群岛（北方四岛）地位未定”，“以土地换金钱合理”，主张向日本归还南千岛群岛（北方四岛），以换取日本对俄罗斯的经济支援，加速俄日双边友好关系，进而与美国保持良好的外交关系。

据时任俄远东问题研究所专家回忆，在1992年，俄罗斯国家杜马议员、国家及远东地方政府高级官员，以及专家学者都争相前往日本进行所谓的学术交流和参观访问。他们只要在演讲时承认南千岛群岛（北方四岛）属于日本，并宣布“我们这一代人有责任纠正历史错误”，就能得到500～1500美元不等的报酬。钱虽然不算多，但对于极度贫穷的俄罗斯而言已经是雪中送炭了。面对这种诱惑，大量俄罗斯专家、学者、教授前往日本进行所谓的学术交流。日本人对这些人不屑一顾，背地里骂他们是吃里爬外的“外汇洗劫者”。当然，对于俄罗斯那些赞成归还日本岛屿的高级官员，日本出手阔绰，赠送的礼品不仅是金钱，还有汽车和游艇等。

守岛还是让岛，态度强硬的格拉乔夫

1991年12月25日苏联解体，1992年3月16日俄罗斯宣布组建国防部，叶利钦总统亲自兼任第一任国防部长。当时俄罗斯军队员额为280万人。4月3日，他任命42岁的格拉乔夫担任国防部第一副部长。两个月后的6月18日，格拉乔夫被任命为国防部长，军衔晋升为大将。

格拉乔夫是职业军人出身，历任排长、连长、营长、团长、师长、军长、空降兵司令等职务，是叶利钦总统的心腹之一，也是俄罗斯最高决策层安全会议的成员。1992年5月初，刚刚担任俄罗斯国防部第一副部长的格拉乔夫上将突然接到指示，要求军方迅速制订一个从南千岛群岛（北方四岛）撤军的计划。对于这个莫名其妙的指示格拉乔夫不知所措：南千岛群岛（北方四岛）是俄罗斯的主权领土，在那里驻军是天经地义，为何要求军方从自己的主权领土上撤军？这两者之间究竟有什么联系？

格拉乔夫陪同叶利钦总统视察

作为职业军人，格拉乔夫性格直率，不太擅长于外交事务。俄罗斯军队打算从南千岛群岛（北方四岛）撤离的消息很快在日俄社会中传播开来。1992 年 5 月 20 日，日本共同社记者在采访格拉乔夫的时候，面对他提出有关从南千岛群岛（北方四岛）撤军的问题，格拉乔夫一下子火冒三丈："谁告诉你俄罗斯打算从南千岛群岛（北方四岛）撤军？俄罗斯从没想过从南千岛群岛（北方四岛）撤军！"

作为俄罗斯国防部第一副部长的格拉乔夫，发出如此严厉的声音，让日本记者有点莫名其妙。

1992 年 6 月，叶利钦总统访问美国，美国总统克林顿越俎代庖，站在日本的立场上居然力劝叶利钦要尽快把北方四岛（南千岛群岛）归还日本。叶利钦听后只是默默点头，并未表示抗议。

关于南千岛群岛的归属问题，美国揣着明白装糊涂，其实比谁都清楚，历史上有《波茨坦公告》《雅尔塔协定》，即便是美国主导的"旧金山和约"也没有规定应该归还给日本。更有甚者，在叶利钦访美期间，日本人收买了一大批俄罗斯媒体和俄罗斯的专家学者让他们发表评论，大谈北方四岛（南千岛群岛）归还日本的好处，大肆制造舆论，还声称叶利钦曾专门拜访移居美国的苏联著名"持

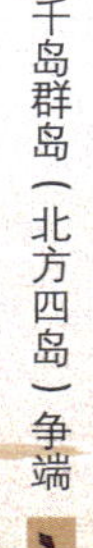

不同政见”作家索尔仁尼琴，后者要叶利钦相信：“从12世纪以来的历史可以证明，南千岛群岛（北方四岛）就应当归还（日本）。”后来，索尔仁尼琴纠正了这一说法，他的原话是：“即便南千岛群岛（北方四岛）归还日本，也得让他们付出高昂的代价。”

为了俄罗斯的利益，爱国将领护岛尽责

与格拉乔夫同时担任俄罗斯军界高层职务的还有一位叫维克托·彼得罗维奇·杜贝宁。此人出身贫寒，从农村应征入伍，在军内没有人脉关系，全凭自己苦干一步一步得到晋升，先后曾经担任过排长、连长、营长、团长、师长、集团军司令、军区副司令、驻阿富汗苏军司令等职务。

俄罗斯前总统叶利钦

杜贝宁与格拉乔夫是老相识，格拉乔夫十分尊重杜贝宁的为人和军事才能，他担任国防部长后亲自打电话，邀请杜贝宁出任俄罗斯军队总参谋长。格拉乔夫的建议得到杜贝宁的同意和总统的批准，1992年6月10日正式出任俄罗斯国防部第一副部长兼俄军总参谋长，被授予上将军衔。格拉乔夫和杜贝宁并肩作战，对于建国初期的俄罗斯军队建设做出了重大贡献。

杜贝宁廉洁奉公，遵纪守法，具有杰出的军事指挥才能，在军队中一呼百应，威望很高，是俄罗斯军队的中流砥柱，堪称俄军之军魂。作为国防部长的格拉乔夫大将十分钦佩杜贝宁的为人和才能，他曾多次向叶利钦总统建

议，与杜贝宁交换一下职务，请杜贝宁出任国防部长，自己改任总参谋长。

为了配合叶利钦总统9月份对日本的正式访问，1992年初开始，整个俄罗斯都在为将南千岛群岛（北方四岛）交还给日本而做舆论上的准备。

6月10日刚刚被任命为国防部第一副部长兼总参谋长的杜贝宁上将与国防部长格拉乔夫大将的观点相同，他们一致认为：作为军队高级将领，守卫国家领土主权是自己神圣的职责，绝不能任由那些被日本人收买的俄奸为所欲为，一定要利用自己的职权为国家利益和国家尊严而战。杜贝宁决定争取媒体界爱国人士的支持，在俄罗斯掀起一场“反对放弃领土”的运动。但是，由于官方媒体大部分都已经被日本等西方资本购买，俄罗斯媒体上的主流声音大都是“苦难的南千岛群岛（北方四岛）居民都希望依靠日本来改变困境”“俄罗斯人民也都希望早日将南千岛群岛（北方四岛）归还日本”这样的新闻和评论。维护国家主权、反对将南千岛群岛（北方四岛）交还日本的爱国人士的评论文章及声音难以在媒体上出现，这些媒体的生存环境面临严重困难，编辑、记者甚至连工资都拿不到，更谈不上前往南千岛群岛（北方四岛）进行采访了。

为了夺回被日本人和俄奸们控制的舆论阵地，7月初，杜贝宁亲自下达命令，派遣军用运输机运送一大批媒体记者前往南千岛群岛（北方四岛）的国后岛实地采访。为了避免与国内部门产生对抗，他特意交代前去采访的《真理报》总编辑谢列兹尼奥夫说：“注意，千万不要在文章末尾写上感谢军方的帮助。”这是媒体记者历史上第一次踏上俄罗斯远东地区的国土南千岛群岛（北方四岛），他们不负众望，俄罗斯多家公共电视台连续播出《俄罗斯的东方角落》节目，南千岛群岛（北方四岛）军民决心捍卫国家主权和领土完整的坚强态度在节目中表露无遗。其中，一个驻国后岛的军人妻子放弃内地的优越生活环境，坚持把孩子生在岛上并表示“只要远东有俄罗斯人，南千岛群岛（北方四岛）就是我们的”，这个镜头感动了所有观众。7月9日，俄罗斯军报《红星报》刊登了一封读者来信，信中有这样一段文字：“叶利钦有可能在南千岛群岛（北方四岛）问题上重犯俄国沙皇把阿拉斯加贱卖给美国的错误。”总统办公厅看到文章后，立即打电话给总参谋长杜贝宁：“为什么报纸如此放肆地评论总统？”杜贝宁回答：“没有什么可怕的，现在是民主社会，要讲究多元化和言论自由嘛。”

杜贝宁从事过政治宣传工作，深知舆论导向的重要性。在发动媒体开展舆论攻势的同时，杜贝宁亲自组织总参谋部情报总局（格鲁乌）撰写大量令人忐忑不

安的内参报告，送到正在积极为总统访日进行准备的外交部官员手中，这些报告中用十分严厉的口气转述远东居民和一线部队官兵的言论，声称：他们已经准备好拿起武器捍卫南千岛群岛（北方四岛）的主权和领土完整，他们的严正立场得到俄罗斯广大人民的支持，他们决心要同那些出卖南千岛群岛（北方四岛）俄罗斯国土的势力斗争到底。

在进行舆论战和心理战的同时，杜贝宁还在准备一场特殊的战役。7月28日，俄罗斯国家杜马（联邦会议下议院）召开听证会，在叶利钦正式访日之前要对是否归还日本南千岛群岛（北方四岛）问题进行最后听证。杜贝宁接到通知需要参加会议。为了唤醒俄罗斯人被麻醉了的爱国主义意识和领土观念，这位已经癌症晚期的总参谋长夜以继日地工作，他组织总参动员部、总参军事战略研究中心、总参对外联络局等单位的专家学者，悄悄地搜集整理各种与南千岛群岛有关的资料，包括当地俄罗斯驻军与对面美日军队的详细构成，以及一旦将南千岛群岛（北方四岛）全部或部分岛屿抛弃对俄罗斯远东安全形势所产生的影响，等等。

杜贝宁在国家杜马慷慨陈词

7月28日，俄罗斯国家杜马在莫斯科白宫召开“关于俄日关系及俄联邦领土完整的宪法问题”听证会。杜贝宁上将拖着病体走上讲台，滔滔不绝地列出放弃南千岛群岛（北方四岛）会给俄罗斯带来的恶劣后果。他指出：俄联邦的国际威信可能下降，因为对外国做出领土让步通常不会让国家受到尊重；此举将开创其他国家对俄罗斯提出领土要求的先例，甚至导致俄罗斯与许多国家在二战后形成的边界发生改变，步日本后尘的很可能还有德国（要求买走“飞地”加里宁格勒）；日本的胃口绝不止于要走南千岛群岛（北方四岛）的一两个岛屿，它很可能会提出对整个南千岛群岛（北方四岛）乃至萨哈林岛南半部的主权要求；南千岛群岛（北方四岛）的丢失将使俄罗斯失去一道有利的“战略堤坝”，既不能监视抵近的美、日军队，又将使俄太平洋舰队的大部分舰艇被封锁在鄂霍次克海；俄罗斯从日本所获得的经济补偿将远远低于南千岛群岛（北方四岛）所蕴含的潜在经济价值，那里不仅有丰富的贵金属，还有居世界前四的大规模渔场。

杜贝宁强调，围绕南千岛群岛（北方四岛）的问题，绝不是俄罗斯自我解除武装、实行所谓的“非军事化”，而是改善俄罗斯驻军的生活条件并为他们更新装备。

最终，大多数议员接受了军方的观点，国家杜马议员格·弗·萨延科强调，即便是1951年美国主导的“旧金山和约”，也清楚地规定日本放弃对南千岛群岛（北方四岛）及其毗连岛屿的一切权利，“为什么我们非要在完全是日本人臆想出来的领土纠纷中和他们扯淡？”

最后，杜贝宁上将的国土保卫战获得了胜利。

杜贝宁早就患了不治之症，他知道自己在这个世界上的时日不多了，为了这场听证会他付出了太多的心血。会上他舌战群儒，力克众多俄奸。这次斗争的胜利对他而言虽然是一个安慰，但终归心力交瘁，体力不支，很快就住进了医院。在生命的最后几天，他抓紧时间向国防部长格拉乔夫大将交代后事，他提醒北约可能武力干预苏联中亚国家、南高加索地区、巴尔干地区的民族冲突；他认为北约必定东扩，直逼俄罗斯腹地。为此，俄军务必加强加里宁格勒地区的军事力量，将其建成要塞，死死钉在北约后方；他判断南、北奥塞梯，印古什，车臣，达吉斯坦等地的民族冲突会波及整个俄罗斯；他建议俄罗斯在维持核大国地位时缩减常规力量，加强快速反应部队；他希望能维持独联体军事力量联盟，能开展和中国的军事合作，用以制约北约……

杜贝宁的这些担忧和遗愿，都被后来的实践所验证。

1992 年 11 月 18 日，医院的主治医生打电话给国防部长格拉乔夫，通报杜贝宁病危，他的生命只有几天时间了。格拉乔夫闻讯后心情异常沉重，便直接打电话给叶利钦总统，哽咽着报告杜贝宁的病情。他建议叶利钦能授予杜贝宁大将军衔，这样做对杜贝宁也算是个安慰和肯定。叶利钦当即批准了格拉乔夫的请求。格拉乔夫立刻叫来后勤部长丘拉诺夫少将，命令他当天晚上赶制一套大将制服和肩章，次日晨送到格拉乔夫的办公室。同时命令将杜贝宁授予大将军衔的消息次日见报。

第二天一大早，格拉乔夫到医院探视。他向躺在病床上的杜贝宁展示了崭新的大将军服，并宣读了叶利钦授予杜贝宁陆军大将军衔的命令。3 天后，杜贝宁大将在医院去世，享年只有 49 岁。俄罗斯三军将士哭声震天，国防部和军队高级将领前往杜贝宁家去慰问家属的时候，才发现他家住的居然是普通的两居室单元房。

俄罗斯军界高度评价杜贝宁大将的生平，称他是“百年一遇的统帅级人物”。2003 年 11 月 23 日，普京总统发布命令，追授杜贝宁“俄罗斯英雄”称号。

1992 年 12 月，俄罗斯发布总统令，把千岛群岛辟为经济特区，以吸引外国投资，甚至提出南千岛群岛（北方四岛）可出租给外商，其时间可长达 99 年。

1993 年 8 月 17 日，在叶利钦访日之前，俄罗斯总理切尔诺梅尔金就南千岛群岛（北方四岛）问题发表讲话称：“本国的领土绝不会交出去，今后这个问题同谁也不再谈。”

俄罗斯前总理切尔诺梅尔金

恼羞成怒的日本政府抛出了俄、日关系“政经挂钩”的原则，即：如果俄、日之间不解决领土问题，就不缔结和平条约，更不会向俄提供大规模经济援助，甚至可能停止对俄的一切经济援助——日本通过收买俄奸“收复北方四岛”的图谋彻底破产了。

1993 年 10 月，叶利钦访日期间，双方共同发表了《东京宣言》，就解决北方领土问题确认：莫斯科承认俄、日间存在领土问题，即“北方四岛”问题；作为苏联的法律继承人，俄罗斯要遵守苏联所签订的一切协定。

1997 年 11 月 1 日，叶利钦和日本前首相桥本龙太郎在俄罗斯的克拉斯诺亚尔斯克市举行了非正式会晤，签署了一个内容空洞的《克拉斯诺亚尔斯克协议》，南千岛群岛（北方四岛）问题没有得到任何实质性的解决。

梅普联手，铁心守岛建岛

俄罗斯强硬，日本无可奈何

1992 年俄罗斯建国初期，内政外交都十分混乱，根本顾不上远离本土的南千岛群岛。当时日本资本大举进入俄罗斯，利用金钱发动外交和舆论攻势，企图征服俄罗斯高层，但遭到军方的坚决抵制，最终日本的阴谋未能得逞。在南千岛群岛（北方四岛），由于俄罗斯自顾不暇，所以对岛上居民的照顾很差。日本利用这个机会，向岛上居民提供人道主义援助，致使岛上居民对日本感恩戴德。在 20 世纪 90 年代进行的一系列舆论调查中，岛上居民超过半数赞成将国后岛等归还日本。历史的惨痛教训让俄罗斯后来的领导人深感内疚。

2000 年普京总统执政后，试图解决南千岛群岛（北方四岛）问题，曾和日本首相森喜朗进行过接触和谈判，但没有任何结果。普京不承认 1956 年赫鲁晓夫的方案是解决这一问题的基础，并否认了要将齿舞和色丹交给日本的说法。2001 年 3 月 25 日，普京和森喜朗在俄罗斯的伊尔库茨克会晤后共同举行记者招待会，普京委婉而又坚定地否认了“交还两岛”的过时的原则，他说：“1956 年宣言是发展我们两国关系的重要文件，但不是唯一的文件。至于宣言的第 9 条，涉及的仅仅是齿舞和色丹两岛的命运。为了对它有一个一致的理解，需要两国专家再做一些工作。”

2004 年，有俄罗斯政治家建议以 2.5 万亿美元的天价把四岛卖给日本。俄罗斯岛民闻讯后群情激昂，誓以鲜血和生命捍卫自古以来的俄罗斯领土！日方认

普京和梅德韦杰夫

为，俄方利用日本战败强占四岛属于“非法占领”，死守《东京宣言》，明确表示同时归还北方四岛（南千岛群岛）是签订日、俄间和平条约的前提条件。只有将四岛全部归还日本后，日本才能与俄签署和平条约。时任日本首相的小泉纯一郎乘船从海上视察了俄、日争议岛屿，再次表达了日本政府收复四岛的态度。于是，日俄之间的岛屿争端重新陷入僵持状态。2005 年，普京在一次电视演讲中重申：“南千岛群岛（北方四岛）属于俄罗斯的领土，俄罗斯绝不会就该群岛的主权问题举行任何谈判。”

普京 8 年总统任期结束之后，梅德韦杰夫继任总统，普京就任总理，梅、普二人珠联璧合，在捍卫国家主权和领土完整问题上态度十分坚决，日本企图分化瓦解的图谋再也无机可乘。2009 年 5 月，在普京总理访日期间，俄、日双方一致同意：“为了不将南千岛群岛（北方四岛）问题拖到下一代，应加快开展工作，探索两国均能接受的解决方案。”

2009 年 7 月 24 日，全俄社会舆论调查中心进行的民调显示，89％的俄罗斯民众反对将南千岛群岛（北方四岛）归还日本，4％的人支持将四岛还给日本，7％的人难以作答。2009 年 6 月和 7 月，日本国会众参两院先后高票通过一项题为《促进北方领土等问题解决特别措施法》修正案，并于 2010 年 4 月生效。该法案在战后历史上首次将有争议的北方四岛（南千岛群岛）明确为日本“固有领土”。这是日本首度在法案中将北方领土明定为“固有领土”，明确赋予日本拥有北方四岛（南千岛群岛）主权的法源依据。这招致俄罗斯在对待与日本的岛争问题上采取更为强硬的态度——俄政府表示永不放弃南千岛群岛（北方四岛）。2009 年 8 月，俄罗斯外交部照会日本驻俄大使馆，停止接受日本对南千岛群岛（北方四岛）的人道援助。

俄罗斯领土很多，但是没有一寸是多余的

山重水复疑无路，柳暗花明又一村。从痛苦中一路走来的俄罗斯已经饱尝了遭受西方欺骗最终又被残忍抛弃的屈辱历史，2010 年终于成为一个创造历史的转折点，俄罗斯在南千岛群岛（北方四岛）问题上开始表现出强硬态度，俄罗斯外交再现昔日苏联的王道之风。2010 年，俄罗斯修改了法律，把日本 1945 年签署二战投降书的 9 月 2 日定为“二战结束纪念日”，实际上设立了“对日战争胜利纪念日”，并与中国共同举行了庆祝活动。正如普京所言，“这些岛屿（南千岛群岛）属于俄罗斯，不应当出现归属争议，因为这是第二次世界大战的结果，得到国际法确认。”

普京有一句名言：“俄罗斯领土很多，但是没有一寸是多余的。”针对世界上图谋篡改二战历史、美化纳粹和军国主义分子及其帮凶、抹黑解放者、变更战争结果的逆流，梅德韦杰夫总统 9 月底访华期间与中方领导人发表了《关于第二次世界大战结束 65 周年联合声明》，声明强调，中俄双方重申第二次世界大战结论不容改变，反对篡改二战历史、美化纳粹和军国主义分子及其帮凶、抹黑解放者的图谋。中俄在涉及国家主权、统一和领土完整等两国核心利益问题上相互支持是中俄战略协作的重要内容。

11 月 11 日，俄罗斯总统梅德韦杰夫登上了南千岛群岛（北方四岛）中的国后岛。这是俄国家元首第一次视察俄、日之间存在争议的岛屿，日方对此表示强烈不满，次日宣布召回日本驻俄大使。俄罗斯外交部长拉夫罗夫立即表示，俄总统梅德韦杰夫计划视察南千岛群岛（北方四岛）其他岛屿。12 月 13 日，俄罗斯政府第一副总理舒瓦洛夫受俄总统梅德韦杰夫委托，视察了同日本存在归属争议的南千岛群岛

俄罗斯没有一寸土地是多余的

（北方四岛）中的择捉岛和国后岛。之后，俄罗斯各级政府高官纷纷前往视察，制订南千岛群岛（北方四岛）经济社会发展计划，吸引外国投资参与岛上经济开发。随着俄罗斯国力和军力逐渐恢复，南千岛群岛（北方四岛）的经济建设和军事部署也在快速加强，岛上基础设施建设逐渐展开，岛民的物质生活日渐改善。2010 年的一项民调显示，90% 以上的岛民反对把国后岛归还日本，这与十几年前的民调形成鲜明对照。

俄罗斯在南千岛群岛（北方四岛）的军事部署和防卫作战方面也毫不退让。2010 年，俄罗斯在择捉岛举行了“东方 – 2010 演习”，周边海域的军事演习也长年不断。俄罗斯目前在择捉岛和国后岛都驻扎有常备部队，即俄罗斯第 18 机枪炮兵师。近年来俄罗斯军队进行了一系列改革，师这一级的建制已经全部取消，但考虑到南千岛群岛（北方四岛）防卫作战的特殊性，第 18 机枪炮兵师被保留下来，这是俄罗斯陆军体系中唯一的一个师级编制部队，共有 3500 名官兵，配备有坦克、装甲车、火炮、装甲炮和火箭炮装备，以及防空装备。

在此基础上，俄罗斯还将向该师增派一个防空导弹旅以加强岛上现代化防御作战力量。为加强千岛群岛的防卫能力，计划部署道尔 – M2 短程地空导弹以及红宝石岸基反舰导弹，在南千岛群岛（北方四岛）中的择捉岛部署米 – 28N 武

时任俄罗斯总统的梅德韦杰夫登上争议岛屿视察

装直升机。在四岛配备 T – 80BV 坦克和新型装甲车，并且建成了择捉岛机场。还打算在岛上部署威力强大的 S – 400 型防空导弹，这种武器系统由 8 个导弹发射单元、32 枚导弹和一个可移动的控制中心组成，可以对付来自作战飞机、预警机、战术导弹和其他精确制导武器的空中威胁，拦截和摧毁 400 千米外的空中目标。从法国购买的两艘西北风级两栖攻击舰也将部署到南千岛群岛（北方四岛），该舰可以搭载 16 架直升机、4 艘登陆艇、包括 13 辆坦克在内的 70 辆装甲车以及 900 名士兵。

2012 年 7 月 3 日，俄罗斯总理梅德韦杰夫第二次赴南千岛群岛（北方四岛）最南端的国后岛视察。10 月 22 日，俄罗斯国防部长谢尔久科夫在莫斯科表示，未来两年内，俄罗斯政府将拨款约 2.25 亿美元用于建设和改善南千岛群岛（北方四岛）的驻军设施。负责南千岛群岛（北方四岛）守卫的俄罗斯太平洋舰队已被俄罗斯政府列为未来 10 年重点建设的海军舰队，正加大力度改善军备水平。

领土主权没有谈判，只有战争

从理性的角度分析，国家主权的静态模式通常分为两种类型：一种是国家继承下来的主权，比如台湾岛、钓鱼岛、南沙群岛等是中国世代传承的固有领土；另一种是战争遗留下来的主权，即用战争方式占领的领土，国家边界是战争推进的结果，领土作为战胜后的战利品而保留下来，比如南千岛群岛（北方四岛）。传统的国际法认为，国家领土的变更分为先占、时效、添附、割让和征服等 5 种形式。其中，时效制度认为，不管是合法还是非法，只要有效占领较长的时间，就可取得对领土的主权。国际法尊重岛屿的实际管辖权和占领权，不管岛屿的历史归属如何，只要长期保持军事占领和行政管辖，久而久之，宣称拥有主权的别国将很难将其收回。所以，从动态模式分析，国家对主权的实际控制情况也是一个重要因素。

日、俄两国在南千岛群岛（北方四岛）问题上的争论焦点主要表现在两个方面：在地理上，南千岛群岛（北方四岛）是否属于千岛群岛。俄罗斯认为其属于千岛群岛，日本则认为不属于千岛群岛。在主权上，南千岛群岛（北方四岛）能否分割或共享。俄罗斯认为南千岛群岛（北方四岛）可以分割为两部分，有意

把齿舞、色丹与国后、择捉分开处理，但日本坚持四岛不可分割，必须同时解决，即“四岛返回论”。日本前首相鸠山由纪夫提出的共同统治论，类似一战后列强对德国殖民地采取的“共治”模式，可以共享主权、共同开发，但俄罗斯却坚持对该地区独立行使主权，禁止日本介入。日方关于北方领土问题及如何解决的立场还有几个：二岛返还论，即首先归还齿舞、色丹，然后再处理国后和择捉；三岛返还论，在归还齿舞、色丹的基础上放弃择捉岛；日本前首相麻生太郎 2006 年提出的面积二等分论，即不以具体的岛屿，而是按照四岛面积平分。

从历史上来看，俄罗斯是一个骁勇彪悍的民族，它获得的领土许多都是通过战争的方式掠夺的。因而在领土问题上，俄罗斯向来具有自己独特的一套风范，即从不道歉、从不赔偿、从不抗议，但一寸土地也不会出让，在主权问题上没有商量的余地，根本用不着讨价还价。形成这样的做事风格，除了俄罗斯民族的特殊性格之外，还有俄罗斯担心形成多米诺骨牌效应，牵一发而动全身，扔出一根骨头引来一大堆饿狼，如果周边国家纷纷跟俄罗斯算旧账，索要数十年、数百年、数千年之前的固有领土，俄罗斯哪里吃得消？所以，强硬、固执、坚持、抗争是俄罗斯维护国家主权和领土完整的唯一出路。

朋友来了有好酒，豺狼来了有猎枪。2004 年 9 月 2 日，日本首相小泉纯一

小泉座船“襟裳”号转舵离去

郎乘坐海上保安厅的巡视船，从北海道根室市出发，从海上视察被俄罗斯控制的“北方领土”。当时小泉乘坐的巡视船离岛仅有几千米远，此时，一艘俄罗斯边防巡逻艇荷枪实弹，迅速驶近并横在日舰前方，阻挡日方巡视船的进一步靠近。日方巡视船见状后快速撤离，否则俄罗斯巡逻艇开枪开炮的可能性非常大。俄罗斯信奉的理念就是在领土主权问题上没有谈判的余地，如果对方强行夺占，就毫不犹豫地开枪开炮，发动战争。在俄罗斯人眼中，凡是涉及领土主权之类的争端，一般都不会用和平和外交的方式来解决，更不能用谈判的方式解决，他们最推崇的就是战争。

第七章

日本海洋政策

四次瓜分海洋，沿海国家不断扩张

第一次瓜分海洋

陆地是人类文明的摇篮，占地球 70% 以上的海洋把陆地隔开，在相当长的历史时期内都成为人类相互交往的自然障碍。人类第一次对海洋大规模探索的开始是 600 多年前的 1405 年，中国的郑和船队浩浩荡荡扬帆出海，28 年内七下西洋，足迹踏遍 37 个国家。不过，郑和船队的远航主要任务是进行海上友好往来，

明朝航海家郑和

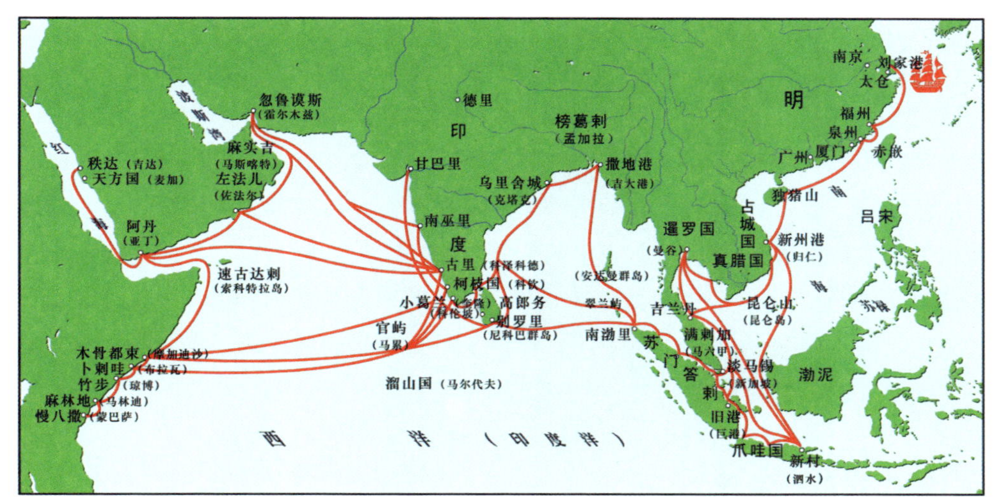

郑和下西洋路线图

炫耀大明皇威，属于政治外交性质的远洋活动，既没有进行海外贸易，也没有进行海上掠夺，更没有进行海外军事扩张。因此，郑和船队在耗尽国家精力、财力和物力之后，没有得到持续发展，最终成为中国远洋史上的一次绝响，之后500多年再也没有出过远洋。

郑和下西洋是一次偶然的远洋活动，虽然为构建和谐海洋奠定了一些基础，但也为海洋冒险提供了一些契机。郑和下西洋数十年后，葡萄牙、西班牙的恩里克、达伽马、哥伦布、麦哲伦等一大批探险家纷纷驾船出海远洋。

欧洲人远洋探险的理解从一开始在性质上就区别于郑和船队，他们不是为了政治外交，不是为了建立海外友好关系，不是为了构建和谐海洋，仅仅是为了一个目的——就是看看大海的对面是什么地方，那里有没有土地、财富和宝藏。中国的郑和下西洋的时候，郑和宝船已经达到数千吨，一艘船上能够容纳上千人。数十年后西班牙和葡萄牙的远洋探险船只小得可怜，最大的船上也只能容纳十来个人。船小人少，风险就很大，远洋过程中就很容易遭遇风浪和危险，尽管如此，欧洲的探险家不屈不挠，所到之处，第一个动作是把预先准备好的国旗和主权碑安放在脚下的土地上，以示对这片土地的占领；第二个动作是对前来阻挠的当地人和原住民进行坚决的斗争，烧杀抢掠，无恶不作；第三个动作是用更大的船运送更多的人，到这些被发现的陆地上进行殖民掠夺和扩张，以期永久性占领。哪里有反抗，他们就会用残酷的战争手段进行武装镇压，从此开辟了一个崭新的殖

民时代。

为了争夺势力范围，当时最为强大的两个殖民帝国——西班牙和葡萄牙在进行武力厮杀未果的情况下，还向教皇提出诉讼，希望教皇出面调解。1493 年，教皇亚历山大六世颁布教谕，裁定世界海洋分属西班牙和葡萄牙所有。1494 年，西、葡两国订立《托德西利亚斯条约》，规定在大西洋佛得角群岛以西划一条南北线（又称教皇子午线），线西归西班牙，线东归葡萄牙。麦哲伦发现太平洋后，1529 年两国又订立《萨拉戈萨条约》，在太平洋中再划一条线。于是全球海洋就像切西瓜一样被切分为两部分，分别归属西班牙和葡萄牙两个国家所有。

这是人类社会对海洋的第一次理性瓜分。

第二次瓜分海洋

偌大的海洋世界岂能容忍西、葡两个小国瓜分？西班牙和葡萄牙分享世界海洋并大量掠取海外财富的做法严重刺激了欧洲其他国家。随着科学技术的进步和造船技术的发展，荷兰、英国、意大利、法国等其他欧洲国家相继出现了一股海洋探险热潮，他们都梦想着像西班牙和葡萄牙那样出海远洋，掠夺殖民，一夜暴富。因此，新一轮轰轰烈烈的远洋探险活动开始了。

国际法专家

这些新型的海洋国家要向远洋出海，很自然地就会打破“教皇子午线”的神圣教规，同时也对西班牙和葡萄牙构成严重挑战。第一个站出来向教皇挑战的是一位 26 岁的荷兰法律专家格劳秀斯，1609 年他发表了一本书《海上自由论》，首次提出海上自由贸易的理论，认为海洋应该成为人类的共同财产而不能成为任何国家的财产。格劳秀斯的观点很快得到新型海洋国家的坚定支持，但也遭到西班牙和葡萄牙等既得利益国家的反对。

1703 年，又有一个荷兰人叫宾刻舒克，他撰写了一本书《海上主权论》，书中第一次提出沿海国家应该享有 3 海里领海的主张。之后，世界海洋被划分成两个法律范围：一个是领海，属于沿海国家主权；另一个是公海，公海享有航行自由权。

这是人类对海洋的第二次理性瓜分。

第三次瓜分海洋

20 世纪的两次世界大战，虽然在大西洋和太平洋都发生了激烈的海上作战，交战双方为了争夺海洋岛屿也进行大量的殊死搏斗，但当时的作战目的仅仅是为了控制海洋，控制海洋的目的是为了借助于海洋岛屿这样的海上跳板更好地去占领和控制陆地。1941 年 12 月太平洋战争爆发之后，日本海军利用强大的海空军优势在太平洋全面进攻，一度夺占了中国沿海城市和岛屿，以及东南亚国家、太平洋上几乎所有大小岛屿，并逼近美国的夏威夷和中途岛，形成进攻美国本土和澳大利亚本土的战略态势。但是，这样的战略态势仅仅持续了几个月，从 1942 年 6 月中途岛海战后，美国就进行战略反攻，日本从武装占领的岛屿上逐渐后退，最终龟缩回 4 个本岛，直到宣布无条件投降。日本人就像做梦一样，几年之内一个大轮回，吃进去的最后全都吐了出来。

两次世界大战中类似的攻防转换只是一种军事上的临时占领，不具备长期的法律效能，更不是以经济建设和海洋开发为目的，因为当时谁都没有想到海洋本身也是一个资源和能源的宝库，人们所能认识到的海洋只是一个从陆地到达另外一块陆地的海上跳板而已。

1945 年二战结束之后，美国总统杜鲁门于 9 月份发布《大陆架公告》，宣布："处于公海以下但毗邻美国海岸的大陆架底土和海床的自然资源属于美国，受美国的管辖和控制。"美国国务院发表补充声明：大陆架指上覆水深 800 英尺（266 米）的海床和底土。美国把大约 240 万平方千米的海底资源据为己有。这是人类第一次把地质学上的大陆架概念引入国内法。美国作为沿海国第一次提出享有大陆架以及大陆架内的资源。之后，墨西哥、巴拿马、哥斯达黎加等许多国家先

1942 年日本侵略扩张的势力范围

后发表类似的公告和法令，纷纷提出 200 海里管辖权主张。

1958 年 4 月，联合国在日内瓦召开海洋法会议，签订了 4 个公约，即：《领海及毗连区公约》《公海公约》《捕鱼及养护公海生物资源公约》《大陆架公约》。从此国际海洋法上就有了大陆架制度，沿海国不但拥有领海，还有了毗连区和大陆架。公海自由的范围被进一步缩小，沿海国海洋权益被进一步扩大。

这就是国际社会对海洋的第三次理性瓜分。

第四次瓜分海洋

1958 年，日内瓦海洋法会议之后，各沿海国根据新通过的几个法律文件对号入座，纷纷率先宣布各自的领海、毗连区、渔区和大陆架范围。由于海洋具有共通性特征，各沿海国不受限制地各取所需，在海上跑马占地之后，严重影响到相邻和相向国家的海洋利益，因而遭到许多沿海国家的反对。

为了缓解海洋权益的争端，寻求一种更好的解决方法，国际社会从1973年开始召开了11次国际会议，试图分析研究和解决海洋争端。令所有与会国没有想到的是，随着会议的不断深入，讨论的话题逐渐增多，原有的问题不仅没有解决，反而滋生出一系列新的问题，比如海峡、专属经济区、群岛国、岛屿制度等等。

1982年12月10日，在牙买加召开了第三次联合国海洋法会议，最终通过了《联合国海洋法公约》。《联合国海洋法公约》确认的“群岛国”概念，使一大片公海成为这些群岛国家的内水；确认的宽度为200海里“专属经济区”概念，使公海的范围进一步缩小；重新定义的“大陆架”概念，把大陆架扩展到最远可达350海里，不足200海里也可以扩展到200海里。根据这样的规定，公海再一次被缩小，沿海国对海洋的管辖范围被扩大。据估算，按照《联合国海洋法公约》的规定，全世界大体上要划出领海、大陆架和经济专属区总面积达1.3亿平方千米，占全球海洋总面积的36%。

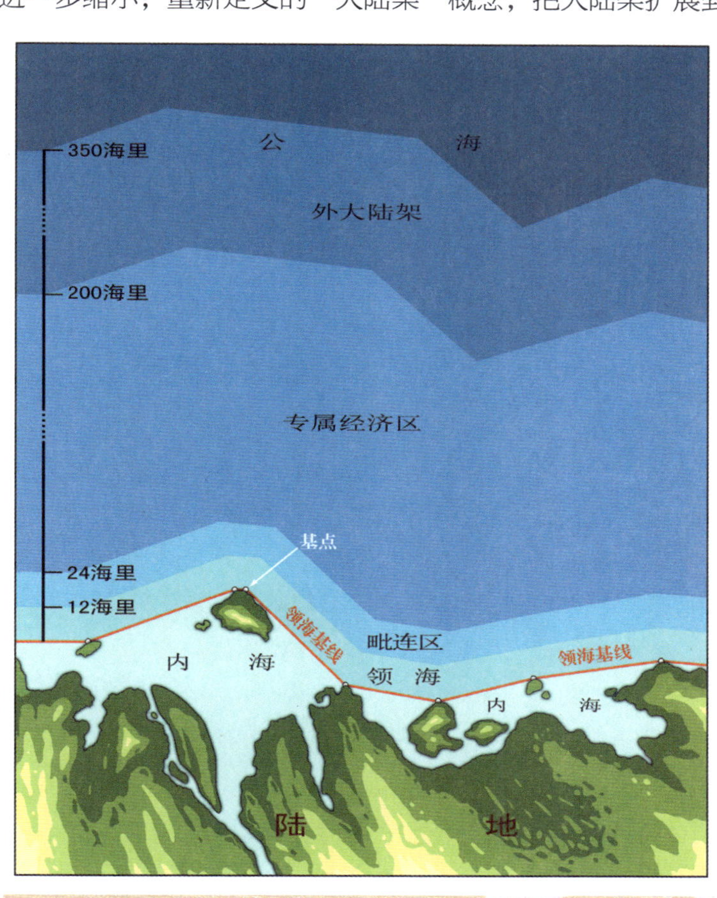

《联合国海洋法公约》规定的领海、毗连区、经济专属区、外大陆架

1994年11月16日，《联合国海洋法公约》正式生效，新的海洋制

度正式确立，因而被认为是沿海国对世界海洋的第四次瓜分。世界海洋秩序从此发生了重大变化，海洋不再是中立的缓冲地带，而是海上的直接国界。

图 005《联合国海洋法公约》规定的领海、毗连区、经济专属区、外大陆架

延伸阅读：《联合国海洋法公约》引起的岛屿纷争

国际法基本原则是陆地决定海洋，而不是海洋决定陆地。据此拓展的概念是岛屿决定海洋，而不是海洋决定岛屿。如果在海洋上夺占一个岛屿，就可以把这个岛屿宣布为国家的领海基点，据此连线后宣布领海基线，由此计算出 12 海里领海范围。同理，也可以宣布毗连区、专属经济区和大陆架。也就是说，占领一个海洋岛屿，就可以获得数十万平方千米的海洋权益，这是新的海洋制度赋予沿海国的新权利，之前是不存在的，也是非法的。正是由于这样的原因，才引发了 20 世纪 80 年代初期开始的关于海洋岛屿的激烈争夺。

位于南美大陆麦哲伦海峡东部的马尔维纳斯群岛（以下简称马岛）由近 200 个小岛组成，面积 11961 平方千米，扼南大西洋通往太平洋之要冲。1816 年，阿根廷摆脱西班牙殖民统治后继承马岛主权，但 1883 年英国人武力占领该岛，阿根廷历届政府一再与英国交涉要求收回马岛主权遭到拒绝。20 世纪 70 年代后期，马岛周围海域发现蕴藏有丰富的石油天然气后，双方立场更趋强硬。1982 年 4 月 2 日，阿根廷军在马岛登陆，宣布该群岛为阿根廷第 24 个省。3 天后，英国宣布出兵马岛，由 118 艘舰艇组成的特混舰队长驱 13000 千米，以强大的海空优势在 74 天内用战争的方式夺回马岛。这是《联合国海洋法公约》通过之后第一个用战争方式解决岛屿争端的案例。

1982 年希腊签署《联合国海洋法公约》后，要求把领海扩大到 12 海里。土耳其极力反对，认为爱琴海 2000 多个岛屿中希腊所属占多数，不少岛屿又与土耳其非常近，希腊领海一经扩大，整个爱琴海 70% 以上将归希腊所有，土耳其的舰船、飞机在爱琴海的水域和空中活动范围将大打折扣。1 月 28 日，土耳其《自由报》3 名记者来到纳米亚岛，降下岛上的希腊国旗，升起土耳其国旗，随后希腊军队又将土耳其国旗换成希腊国旗。1 月 30 日，

希腊指责土耳其军舰和直升机侵犯其领海领空，土耳其也指责希腊侵犯其领海。双方共调动了至少 20 艘军舰，在纳米亚岛附近紧张对峙，战争大有一触即发之势。最后由联合国秘书长加利出马和美国政府的斡旋，形势才趋缓和。1982 年希、土岛屿争端是《联合国海洋法公约》通过之后出现的第二个差点酿成战争的案例。

越南、菲律宾等南海周边国家，利用 1973 年国际海洋会议讨论新的海洋制度但尚未确定新的海洋法规的机会，抓紧时机抢占了除太平岛之外的全部中国南沙群岛岛屿。武装夺取南沙群岛岛屿之后，非法宣布领海基点基线，单方面划定领海、毗连区、专属经济区和大陆架，严重侵犯了中国的岛屿主权和传统国家管辖海域以内的海洋权益。1974 年 1 月，中国海军与越南海军在西沙群岛发生了海战。1988 年 3 月，中国海军又与越南海军在南沙群岛赤瓜礁发生了海战。这是联合国海洋法通过之后发生的又一次海上岛屿争夺战。

加速海洋立法，开拓万里波涛

海洋立国，争夺生存空间

日本是一个岛国，国土面积只有 37.7 万平方千米，人口众多，面积狭小，因而对海洋具有特殊的认知。1868 年日本明治天皇发表《御笔信》，宣称日本的基本国策是“开拓万里波涛，布国威于四方”。明治维新后以“殖产兴业”“文明开化”和“富国强兵”三大政策为建国方针，迅速崛起为亚洲地区强国。

日本崛起后的第一个战略目标就瞄准了中国，1872 年先是从夺占中国的藩属国琉球群岛开始，继而占领了中国台湾，接下来挑起甲午海战，进而占领中国本土东北地区和朝鲜半岛。最盛的时候就是挑起太平洋战争，日本连美国都不放在眼里，企图把大半个亚洲和整个太平洋全部据为己有。按照明治天皇“开拓万里波涛”的理念，日本的对外扩张战略主要是跨过波涛汹涌的海洋去征服陆地，进行殖民掠夺和侵略扩张。从 1868 年日本明治维新开始，到 1945 年日本无条件投降，期间经历了 77 年。这段时间日本曾经历过辉煌，爬上过世界之巅，但

最终仍难以逃脱跌入低谷和万丈深渊的后果。

二战结束后，直到1951年日本才拥有国家外交权和部分主权，1972年获得冲绳管辖权后又获得国家主权，但至今美国还在日本驻军，日本仍算不上是一个完全的主权国家。由于美国对日本长期采取军事高压政策，加之日本《和平宪法》的制约，致使日本只能老老实实地进行国内经济建设和战争恢复，很少在军事方面进行开拓和发展。

在美国的扶持下，经过战后20多年的经济恢复，到20世纪60年代末期，日本在重工业、化工工业、机械制造业和轻工业等方面已经处于世界先进水平，经济上也已经名列前茅。在这种情况下，日本经济如果继续无休止地发展下去，将很难持续，因为国土面积狭小，资源和能源严重不足，日后将难以为继。在这种情况下，日本只有一条出路，就是继续遵从明治天皇制定的国策——“开拓万里波涛，布国威于四方”。但新形势下的日本，“开拓万里波涛”绝不是说要再次进行海上对外侵略扩张，“布国威于四方”也并不意味着四处讨伐，再次对外交战。日本新的国家战略定位在发展海洋经济，把开拓海洋作为日本扩大岛国面积、获取资源能源和生存空间的一个大战略。

1968年，日本出台《日本海洋科学技术计划》，主张海洋强国，通过发展海洋科学技术来快速发展海洋经济。当时，中国、苏联和美国构成世界大三角战略格局，相互处于最为激烈的冷战时期，各国都把自己最宝贵的战略资源投入到武器装备发展和军事战争准备之中，因而掀起了一轮又一轮军备竞赛热潮。很显然，日本打了一个漂亮的穿插，利用大国之间军备竞赛的空当，率先吹响了向海洋进军的号角，并开始从思维观念、理论创新、科技创新方面进行战略准备，小心翼翼地在基础建设、行业建设等方面取得突破，积累经验。1980年以后，日本先后制订了《海岸事业计划》和《日本海洋开发推进计划》。总的来看，在20世纪80年代中期之前，日本基本上是老老实实，以发展经济为主，右翼势力得到遏制，反对战争、反对军国主义复活成为社会主流。在这种情况下，日本虽然与中国、韩国和俄罗斯存在岛屿争端，但并没有发展到危机、冲突和战争的边缘。

国内立法，为争夺领土提供依据

1994年，《联合国海洋法公约》生效，标志着新的国际海洋法律制度的确立，标志着人类和平利用海洋和全面管理海洋新时期的开始。它规定了各国在开发、利用、保护、管理海洋中的行为准则，是迄今为止最全面的世界性的海洋法典。1996 年 5 月 15 日，中国加入了《联合国海洋法公约》，是世界上第 93 个加入该公约的国家。同年日本也加入了该公约。

日本加入《联合国海洋法公约》之后，依照公约中的相关规定进行了测算。由于日本拥有 35000 千米长的海岸线，所以测算的结果令人吃惊，按照公约赋予日本的海洋权益计算，日本可以获得 444 万平方千米的海洋国土面积，这个数字是陆地国土面积的 12 倍。这对于弹丸岛国日本而言无疑是一个巨大利好，但问题是，这名义上的 444 万平方千米的海洋国土如何才能落到实处？日本所处的地理环境与澳大利亚不同，它与周边国家的直线距离都在 400 海里之内，与中国、韩国、朝鲜、俄罗斯等相邻和相向国家之间在海域划分方面都存在海上交叉重复的问题。这就需要对 444 万平方千米的海洋国土进行明确划界，制定法律法规，依照法规进行海洋执法和行政管辖。同时，日本自卫队要进行军事配合，捍卫国家主权和海洋权益。

为了配合国家海洋战略的制定，20 世纪 90 年代，日本国内掀起了一股海洋研究热潮，专家学者与媒体紧密配合，炒作海洋对于日本未来发展的重要性。当时，日本国内学术界提出“文明的海洋史观”“海洋国家日本论”“海洋亚洲论”等观点，主张日本应该向海洋立国、海洋强国方向发展，并提出了“新南洋战略”和“海洋国土”的新概念，把 444 万平方千米的海域界定为日本的海洋国土，在理论上提高到国家领土的高度来进行保卫。在学术界和舆论界的煽动下，日本全民海洋观念开始大幅度提升，1996 年，日本政府以设立“海洋日”的名义恢复了 1872 年日本近代海洋扩张时期明治天皇钦定的“海洋纪念日”，日本政界、社会和民间潜伏了近半个世纪的海洋扩张意识再度张扬起来。19 世纪后半叶，日本“开拓万里波涛”，利用坚船利炮，借助一系列侵略战争迅速跻身于世界强国之林。而这一次，日本“开拓万里波涛”，则是希望通过推行“海洋立国”战略，通过开发海洋本身来提升海洋经济和海洋军事，最终实现“海洋强国”的目标。

1996 年 2 月上旬，中国海上石油钻井平台“勘探 3 号”在距离钓鱼岛 320 千米、超过日方认为的中线 570 米的海域采集到喷出火焰的天然气。4 个月后，日本国会通过了《日本国专属经济区及大陆架法》（1996 年法律第 74 号）。该法第 1 条、第 2 条规定，与邻国所主张的专属经济区、大陆架的重合部分，以“中间线”确

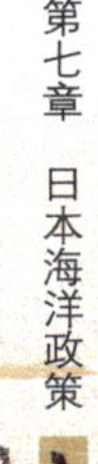

定，为日本在东海管辖海域划界中歪曲解读国际海洋法、提出所谓“中间线原则”提供了国内法支持。同年，日本还完成了对其他相关海洋法规的修订和制定工作，国会相继通过了《关于在专属经济区行使渔业等主权权利法案》《养护及管理海洋生物资源法》和《水产基本法》。此外，还修改和完善了《领海法及毗连区法》《海上保安厅设置法》《核废料污染法》《防止海洋污染和海上灾害法》《海岸带管理暂行规定》以及《无人海洋岛的利用与保护管理规定》等法律法规。这些法律法规的制定和修订，使日本明确了按照《联合国海洋法公约》应该拥有的主权海域和管辖的海洋权益范围，并对在这些不同法律地位海域中的海洋开发活动进行了规范。

为了保卫国家的海洋经济活动，还特别制定了海上保安厅的相关法规，赋予海上保安厅相应的海上维权执法的权限。同时，日本加固与美国的军事同盟关系，借台海危机进行造势，把中国作为日美的潜在作战对象，并以此作为军事牵引点来拉动日美军事合作。为此，1997 年，日本与美国签订了《日美防卫合作指导方针》，实现了日本国内保守派借助美国、打压中国、强化日美军事合作，维护

日本海洋战略

日本海洋权益，实现日本海权扩张的战略目的。

1999年5月，日本国会又通过了《周边事态法案》，其中第3条第3款就规定，日本自卫队为美军提供支援的“后方地域”，不仅包括公海，还包括《联合国海洋法公约》规定的日本周边的专属经济区。日本通过国内立法，首先确定了国家主权及200海里专属经济区管辖海域，然后把这些海域界定在日美共同防御的作战区域之内。“指针”和“法案”确定的这种逻辑关系，很明显把中国大陆和朝鲜作为潜在作战对象。如果日本与其发生危机、冲突和战争，日本就可以依据这些法规要求美国军事介入和武装干涉，美国也可以借助这些法规在日本长期驻军，对中国和朝鲜进行军事威慑。

争岛占礁，全面经略海洋

20世纪后期，日本经过两个十年规划，基本上完成了经略海洋的前期工作：80年代进行了舆论准备；90年代进行了法理准备，从理论到法律对开拓海洋提供了行动指南，最终落脚到日本海上保安厅对海洋进行行政执法和日常管辖，日美防卫合作指针对海洋安全进行联合防卫作战的政治、经济和军事格局。

进入21世纪之后，日本于2007年制定了国家基本大法——《海洋基本法》。据此，2010年接连颁布了3个子法：《离岛法》《实施令》《基本计划》。这3个法规主要是用来有序地开发海洋和利用海洋。在此基础上，还制定了新防卫大纲，即《关于2011年以后的防卫计划大纲》和《2011—2015年度中期防卫力量整备计划》。这两个与防卫相关的法规，主要用途是保卫海洋，根据一系列新的海洋法规，在具体行动中海上保安厅和海上自卫队如何依法维权，确保离岛、专属经济区和大陆架的安全。

二战结束之后，日本与中国、韩国、俄罗斯3个邻国都存在岛屿争端。中日主要是钓鱼岛争端，日韩主要是独岛（竹岛）争端，日俄则是南千岛群岛（北方四岛）争端。

1991年12月苏联解体之后，俄罗斯经历了一段内忧外患的危机时期，日本乘人之危，敲诈勒索，威逼利诱，企图迫使俄罗斯总统叶利钦交出南千岛群岛。2000年至2008年普京担任总统期间，俄罗斯经济逐渐恢复，国力日益增强，

加上普京极具个性化的执政风格，使日本在南千岛群岛（北方四岛）问题上没有空子可钻，所以21世纪之后日、俄之间岛屿争端的危机逐渐缓和下来。惹不起躲得起，面对强硬的俄罗斯，日本采取了一系列缓冲措施，避免与俄罗斯正面相撞。

在俄罗斯那里碰得头破血流的日本人，开始对韩国进行压力测试，2005年在岛根县设立“竹岛（独岛）日”，2006年安倍晋三担任首相后派遣海上保安厅舰船对竹岛（独岛）周围海域进行勘测，2008年把竹岛（独岛）作为日本领土写入《日本防卫白皮书》，之后又写入日本教科书。日本针对韩国的这一系列挑衅行动迅速引发韩国的激烈反弹，韩国开始建造大中型战斗舰艇，在独岛（竹岛）周边举行联合军事演习，总统、总理登岛宣示主权，并在独岛（竹岛）修建永久性基础设施。日本绝对没有想到同样作为美国盟友的韩国会这样对待日本。

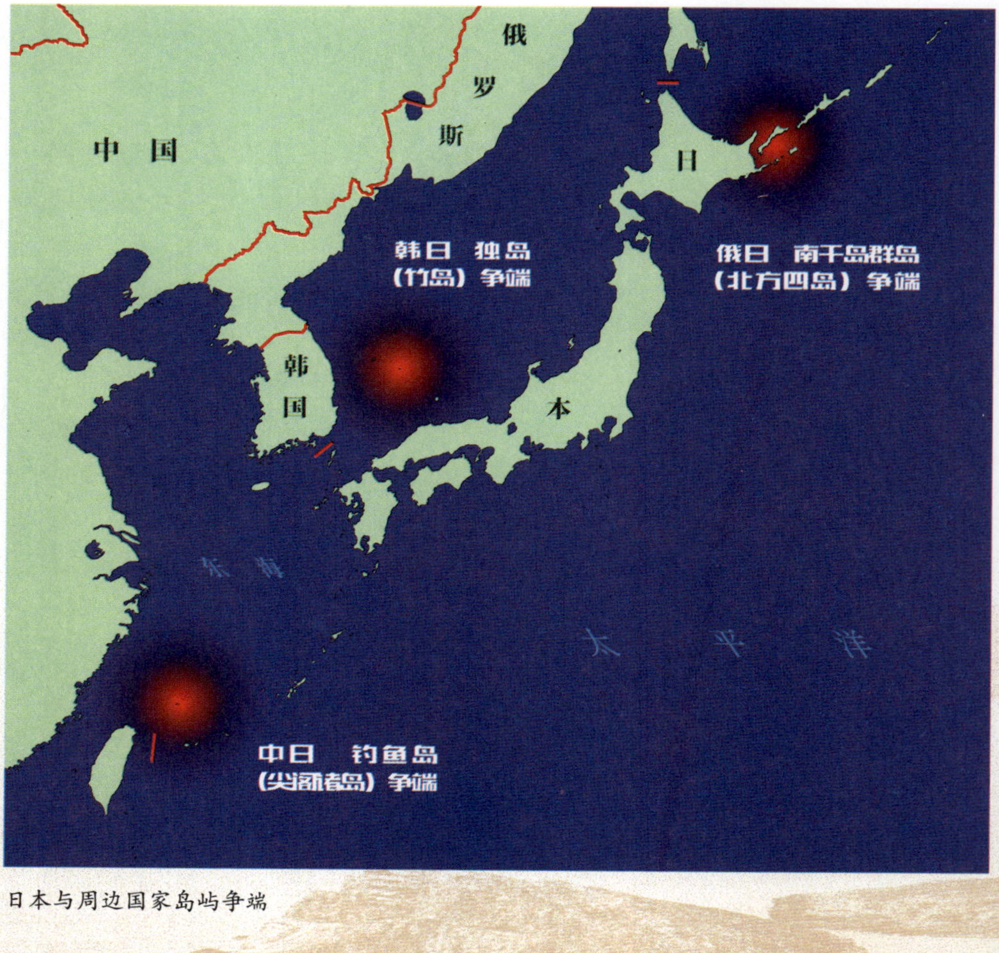

日本与周边国家岛屿争端

“本是同根生，相煎何太急。”日、韩两国同为一个主子服务，何必相互残杀？日本最终决定，暂缓与韩国在岛屿争端方面进行针锋相对的斗争。

钓鱼岛是中国的固有领土。1895 年，中日甲午海战后根据《马关条约》被日本割占。二战结束后，根据《开罗宣言》和《波茨坦公告》，日本理应将钓鱼岛与台湾和澎湖列岛一起归还中国。由于美国从中作梗，将钓鱼岛列为美军靶场，此事一直搁置到 1972 年。1971 年 6 月 17 日，根据美、日签署的《归还冲绳协定》，美国擅自将冲绳连同钓鱼岛的管辖权归还给日本，从而造成日本对钓鱼岛管辖的事实。1982 年 10 月，邓小平访问日本时首次提出“主权属我，搁置争议，共同开发”的理念，钓鱼岛问题的暂时搁置为中日友好关系的发展提供了基础。

进入 21 世纪之后，日本建立健全了海洋法规，从国家海洋母法、子法到部门法规形成了一个完整的体系，海洋开发、利用、管理和维权有法可依。日本依据相关法规，不断修正与美国之间的军事同盟关系，并借“中国威胁论”加速防卫力量建设，在军事实力方面突飞猛进。尤其是 2010 年，中国取代日本成为世界第二大经济体，这让日本开始产生“酸葡萄心理”，脸面上挂不住，心底里也不是滋味，醋性大发。正是这些复杂的原因纠结在一起，才促使日本对俄、韩采取缓兵之计，把火力瞄准中国，在钓鱼岛问题上不断挑衅。2002 年 4 月，小泉政府租借钓鱼岛南小岛和北小岛；2005 年，对岛上灯塔实现“国有化”；2010 年 9 月 7 日，抓扣中国船长；2011 年上半年，将钓鱼岛中的黄尾屿和赤尾屿国有化；最终于 2012 年 9 月 10 日，日本单方面打破既有格局，非法国有化钓鱼岛，从而引发中日钓鱼岛危机。中国针锋相对，宣布钓鱼岛领海基点基线，中国海监和渔政进入周边 12 海里进行常态性巡航，维护国家主权和海洋权益。

在与中、俄、韩进行岛屿争端的同时，日本还加紧开发、利用和控制冲之鸟礁，企图变礁为岛，使之成为日本海上国土。2005 年 1 月 31 日，东京都知事石原慎太郎向小泉首相建议，日本政府拨款在冲之鸟礁周围建设渔场；同年 3 月底，日本国土交通省拨款 3.3 亿日元，在冲之鸟礁现有的一个建筑物上设置了一部气象雷达，监视附近海域的船只活动及水文情况，并且加大驱逐台湾渔船的力度；10 月 8 日，日本政府以两块岩礁为圆心划定“冲之鸟岛专属经济区”；2008 年 11 月 12 日，日本又在提交联合国大陆架界线委员会的日本外大陆架申请书中，

将冲之鸟礁称为“岛屿”，主张200海里的大陆架和200海里以外的外大陆架。如果申请获准，日本将获得冲之鸟礁周边74万平方千米的海底大陆架，这一数字是日本本土面积的两倍；日本同时还将获得超过40万平方千米的海洋专属经济区，享有海洋资源开采权。

利欲熏心，共同开发搁浅

东海大陆架东西宽150 ~ 360海里，南北长630海里。中国与日本在东海的专属经济区和大陆架存在部分重叠海域，双方存在划界争议。实际上，划界争议分为专属经济区和大陆架划界两种，考虑到专属经济区和大陆架重叠，《联合国海洋法公约》规定，沿海国对专属经济区海床和底土的权利应按大陆架制度执行或行使。可见，沿海国对于海床及其底土的自然资源的权利，大陆架制度优先于专属经济区制度。

关于东海划界，中国认为，东海海底的地形和地貌结构决定了中、日之间的界线划分应遵循“大陆架自然延伸”的原则。按照《联合国海洋法公约》第76条确定的大陆架自然延伸原则，包含钓鱼岛所处的海床在内，东海大陆架是一个广阔而平缓的大陆架，向东延至冲绳海槽。这个大陆架原本就是中国大陆架的水下自然延伸部分，自然就属于中国。中国东海大陆架可延伸到200 ~ 370海里。

日本主张，中间线或等距离线原则应为东海划界的原则。日方按照1958年《大陆架公约》第6条的规定，认为两国在划定距离不足400海里的专属经济区分界线时，要以双方等距离的中心线进行划分，这便是日方所强调的“中间线”原则。日方认为，中国与日本琉球群岛大陆架之间是“共大陆架”，冲绳海槽不构成日、中东海大陆架的自然分界，它只是紧密相连的中日大陆架之间的偶然凹陷，就同挪威海槽一样，不能成为划界的重要因素，因此可不考虑中、日相向大陆架间的具体情况而平分划界。据此划界，中、日大陆架界线将在冲绳海槽以西，中国可能得到的大陆架范围约为140 ~ 180海里。而日本将获得冲绳海槽以西最有石油储藏远景的大部分海域。如果按照日方所主张的原则和方法划界，中方将失去约30万平方千米的大陆架面积，中国钓鱼岛将被囊括在日方所谓的大陆架之内。

1982 年开始，日本曾数次向中国提出这一划界原则，希望正式界定两国的海洋专属经济区分界线。

由于日方提出的“中间线”主张没有法理和地质依据，中方一直没有承认。尽管中国一贯认为中、日专属经济区的界线应该在冲绳海槽，但考虑到存在争议，为维护两国关系，中国方面一直没在争议海域进行资源开采活动。中国开采的油气田全部在日本单方面提出的“日中中间线”中国一侧。中国开发这些油气田同

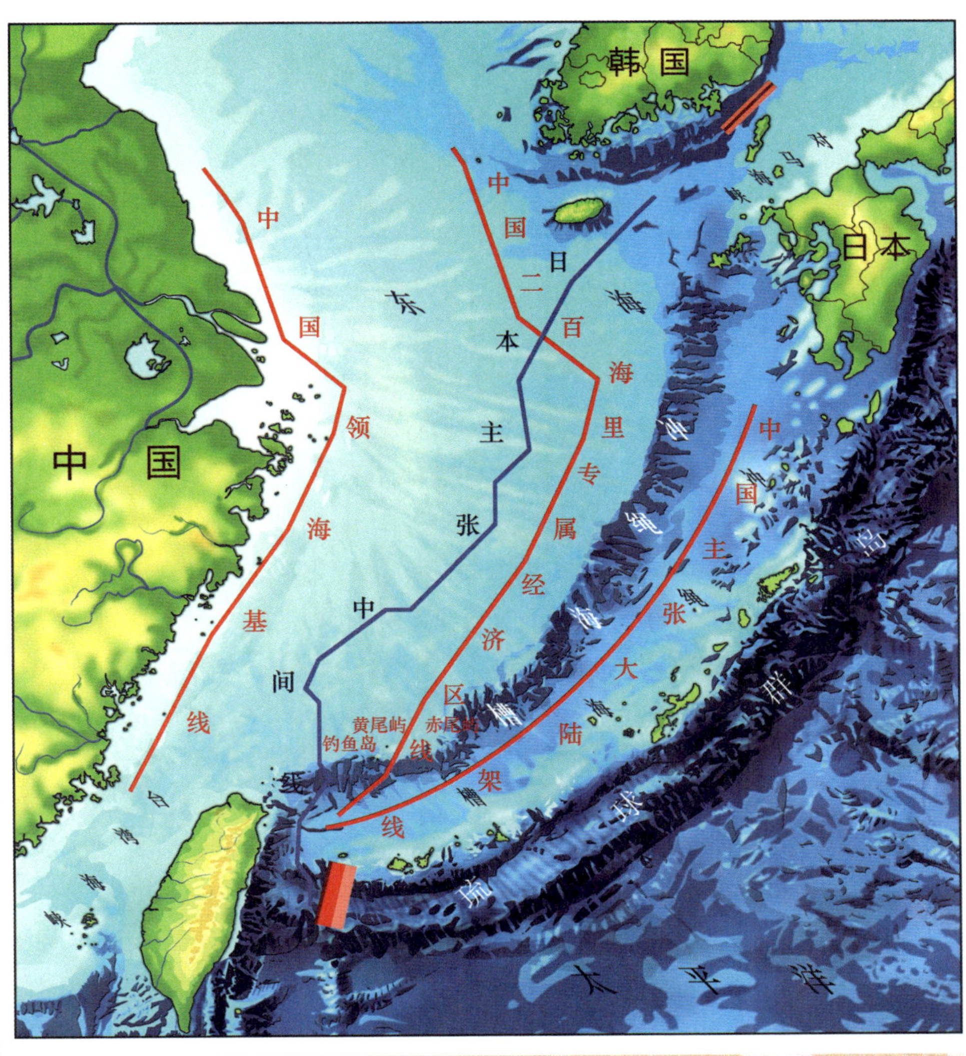

东海划界示意图

日本没任何关系，因为连双方有争议的海域都没涉及。但是，日方认为“春晓”“断桥”两个油气田与“日中中间线”东侧的油气田属同一矿脉，这两个油气田投产之后，中国就可以利用“吸管原理”将东侧的石油天然气吸走，所以日方强烈要求中方立即停止这两个油气田的采掘。经权威的石油地质专家确认，所谓“吸管原理”纯属胡说八道，地下的石油绝非是地面湖泊河流般的液体存储状态，根本不存在吸管现象。中方断然拒绝了日本这一无理要求。

2003 年 8 月，中国海洋石油总公司开发位于所谓“中间线”中国一侧的“春晓”油气田时，日本资源能源厅要求中方提供数据。2004 年 10 月，中、日双方在北京就“东海划界争端”举行工作磋商，日方改变以往主张“中间线”进行交涉的做法，提出“相互主张 200 海里线的中间的所有海域都是争议中的海域”。2005 年 2 月，中国海洋石油总公司正式宣布“春晓”油气田下半年投产。7 月，日本采取“对抗措施”，授予帝国石油公司在东海试开采权，允许日本企业在中国主张的专属经济区内开采石油天然气，这一举措加剧了东海海域的紧张局势。为解决该争议，两国进行了 11 次外交磋商，但由于双方对钓鱼群岛（尖阁列岛）的归属、东海划界适用的原则等内容存在严重的对立与分歧，致使磋商并未取得实质性的进展。经双方努力，作为阶段性过渡措施，2008 年 6 月 18 日中国外交部公布了双方认可的《关于中日东海问题的原则共识》（简称《原则共识》或《东海共识》）文件。

《原则共识》的基本内容有 3 个：一是不损害各方在东海问题上的立场与主张，即《原则共识》不损害中国在东海的主权权利和管辖权，不损害中国在东海有关问题上的法律立场和主张，包括中国在东海划界问题上不承认日本的“中间线”主张，不存在以“中间线”划界问题。二是中、日关于“春晓”油气田是合作开发，不是共同开发，即日本同意依照中国法律参加春晓油气田有关合作，接受中国法律的管辖，承认“春晓”油气田的主权权利属于中国，此方式为合作开发不是共同开发，其最重要的标志为，春晓油气田的开发必须要依照中国法律进行。三是《原则共识》为双方以共同开发的政治共识为前提的具体成果。

遗憾的是，中、日在东海问题上达成的共识遭到日本各大媒体的批评。这项被西方媒体形容为“里程碑式”的重大突破却在日本引起众多不满，甚至还被日本右翼形容为“像明治时代日本对外签订的不平等条约”。指责“共识”文件关于“春晓”油气田没有“共同开发”的字眼，日本企业只是以法人的方式去投资，

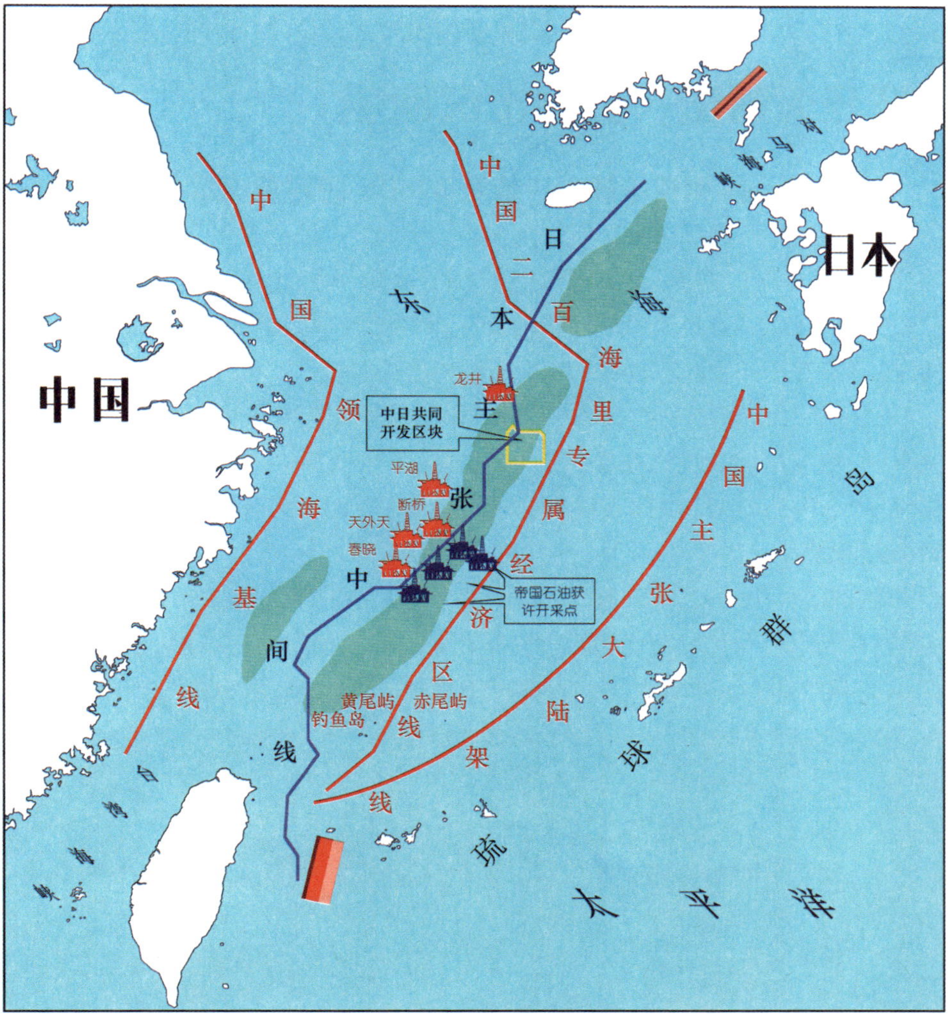

东海中日油气田分布示意图

实际上等于承认中国的所有权。在这种情况下，中、日两国错过了一个合作开发东海油气田的历史机遇。

2009 年 9 月，日本民主党执政后，中、日关系明显升温。但是，在双方决定重启东海谈判之际，2010 年 9 月发生了日本在中国钓鱼岛海域非法扣押中国船长事件，导致谈判搁置。2012 年，日本购岛闹剧使中日关系日趋紧张，东海谈判遥遥无期。

悍然开火射击，日舰击沉渔船

日本海空一体围追堵截，“长渔 3750”船终被击沉

1996 年，日、美两国首脑发表《日美安全保障联合宣言》；1997 年，《日美防卫合作指针》出台。为把“新指针”原则落到实处，日本从 1999 年开始相继制定或修订了《周边事态法》等一系列相关法案。

2000 年 11 月 30 日，日本国会通过《船舶检查活动法》。该法的主要内容是：在发生所谓“周边事态”时，日本自卫队在日本领海、周边海域对其他国家船舶上的货物等进行登船检查并询问其目的地，必要时有权要求被检查的船舶改变航线。

2001 年 11 月，日本又通过了所谓的《海上保安厅法修正案》和《自卫队法修正案》，规定“对在本国领海内不听从停船命令逃逸的船只可以合理地使用武器”。其核心内容是扩大了海上保安厅管理周边海域的治安权限，可对可疑船只

日追击“长渔 3750”号渔船

进行警告射击，甚至向船体发动攻击。

2001 年 12 月 22 日凌晨 1 时 30 分，日本鹿儿岛县奄美大岛西北 240 千米海域上空，日本海上自卫队的 P – 3C 海上巡逻机发现一艘可疑船只。6 时 20 分确认，该船左舷标有“长渔 3750”字样，排水量 100 吨左右，外形类似渔船。P – 3C 巡逻机认定此船形迹可疑，立即向正在附近海域游弋的海上保安厅巡逻艇发出拦截信号，日本海上保安厅出动 PM – 95、PS – 04、PS – 03、PS – 11 等 25 艘巡逻舰艇赶赴现场，海上自卫队也派出 14 架飞机、最先进的 7500 吨宙斯盾导弹驱逐舰和一艘导弹护卫舰在周围海域掌握制空权和制海权。

中午时分，日本海上保安厅 4 艘巡逻艇在距离奄美大岛西北 400 千米处包围了“长渔 3750”船，对空鸣枪示警，命令其停船并接受检查，但遭到拒绝，“长渔 3750”船继续向正西方向中国海域航行。日本海上保安厅巡逻艇以违反日本渔业法嫌疑向该船上空和附近海面连续进行了 5 次鸣枪示警，但“长渔 3750”船仍拒绝停船受检。

16 时 16 分，日本海上保安厅两艘巡逻艇用 20 毫米速射炮向“长渔 3750”船尾部射击 13 次，子弹全部击中船体，企图破坏该船的螺旋桨和操作舵，迫使其停船。很快，该船前部甲板部分起火，随即停止航行，船上人员开始紧急灭火。两艘巡逻艇对“长渔 3750”船进行夹击，准备强行登船检查，“长渔 3750”船上人员突然向日方巡逻艇开火射击，造成 2 名警官受伤。“长渔 3750”船还向日方巡逻艇发射了 2 枚反坦克火箭弹，由于风高浪急，未命中目标。随后，该船还使用高射机枪与另一艘巡逻船展开对射。在日本海上保安厅巡逻艇的火力压制下，该船停止射击。

18 时 53 分，日本海上保安厅人员准备登船检查，这时“长渔 3750”船甲板上突然冒出 10 个人，其中的三四个人挥舞着手中的铁棍不让日本人接近，双方近距离对峙了近 3 个小时。

21 时 22 分，“长渔 3750”船突然启动。日本海上保安厅巡逻艇决定强行登船。突然，“长渔 3750”船上两名裹着毯子的男子架起机枪朝日本巡逻艇猛烈扫射，当即打伤两名日本警员，日方 3 艘巡逻艇轻度受损。日本巡逻艇立即开火射击。22 点 13 分左右，“长渔 3750”船发生剧烈爆炸并沉没，15 名船员失踪，在中国领海外约 260 千米（140 海里）处海域沉没。23 日，日本海上保安厅的巡逻艇在沉没现场附近打捞起 2 具尸体。

“长渔 3750”船究竟是一艘什么船？是哪个国家的船？它是怎么沉没的？被日本击沉的，着火后沉没的，还是自行炸沉的？日本海上保安厅发布消息说，是他们击沉的。为了弄清事件真相，日方多次与中方磋商，希望打捞“长渔3750”船。2002 年 6 月 18 日，中国批准日方提交的打捞方案。当年 9 月 11 日，该船在中国专属经济区海域被打捞出水。一个月后，日本海上保安厅公布了调查结果和回收物的照片，结果在船上发现了火箭发射器和冲锋枪等 7 种武器和一些物品，部分武器上刻有朝鲜文字。

2003 年，日本政府公开展示了这艘“间谍船”。它配有 4 台俄制大功率发动机，航速高达 33 节，船尾两扇大门内藏着一艘小型快艇。船上设有自爆装置，危急关头可以爆炸沉没。船内还隐藏有一门 14.5 毫米的机枪。另外，船上还发现了很多日本生产的罐头、不同型号的日本短波收音机、全球定位系统和通信器材，甚至打捞出来的日本手机上还记录有打给日本黑帮的电话号码。日本政府据此宣布，已打捞的“长渔 3750”船是“朝鲜间谍船”。朝鲜方面断然否认，并强烈谴责日本袭击船只的行为是“残暴的海盗行为”和“现代恐怖主义”。

日本胆大妄为，居然在中国海域击沉可疑渔船

日本海上保安厅击沉“长渔 3750”船事件后，日本各界为之震惊，它毕竟是日本 1945 年战败后 56 年来首次向外国船只开火射击，并致其船毁人亡。如何定义这次事件？是正当防卫还是过度自卫？是否拥有足够的法理依据？日本前首相小泉纯一郎表示，日本开火纯属“正当防卫”。

仅仅从日本海上保安厅巡逻艇与“长渔 3750”船近距离交火的战术动作来看，似乎日本所说的正当防卫有一定的理由。但是，从执法权角度来看，日本海上保安厅和海上自卫队有权在其 12 海里领海以外的中国专属经济区内执法吗？“长渔 3750”船被击沉的海域距离中国领海基线 260 千米（140 海里），处在中国专属经济区内，即便是按照日本单方面宣布的“日中中间线”也在界线以外的中方一侧。那里不是他们的执法海域，他们前往中国专属经济区内执法已经侵犯了中国的海洋权益，日本已经违法在先，还谈什么正当防卫？

日本海上自卫队的海上巡逻机发现“长渔 3750”船形迹可疑，所以才通报海上保安厅 25 艘巡逻艇进行围追堵截和强行临检。但因为看到这艘船可疑就对

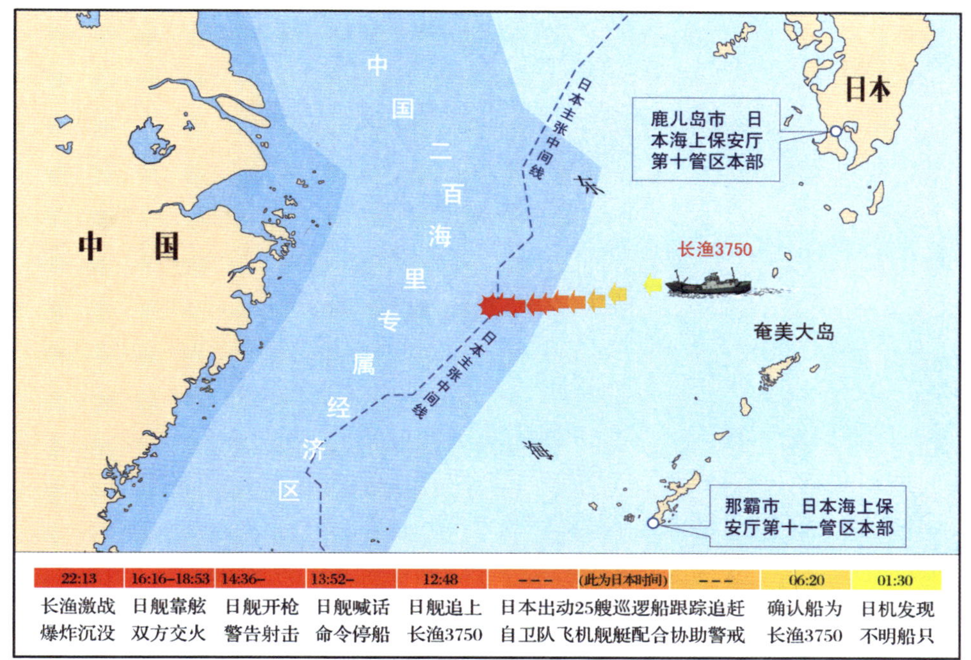

日舰击沉不明船只

其进行围追堵截，这样做合法吗？

按照国际法规定，领海以外是专属经济区，专属经济区以外是公海，外国船舶在专属经济区和公海享有航行自由权。“长渔 3750”船即便是一艘不明国籍且非法武装的间谍船，在日本领海以外 400 千米的海域内行驶也是完全合法的。不要说间谍船，就是航空母舰、核潜艇在这些海域航行也是合法的，日本海上自卫队和海上保安厅有什么理由对其进行侦察、监视、围堵、临检和开火射击？这样的粗暴行为的确属于海盗行径。

肆意妄为，日非法划定防空识别区

什么叫防空识别区

防空识别区也称防空识别圈、防空确认区域或毗连空域，是指沿海国为了本

国的安全而在与领海上空毗连的公海上空划定一定区域，要求在此空域飞行的航空器事先提出飞行计划，报告其所在位置，对违反者将以国内法惩处。防空识别区最初是第二次世界大战后美国太平洋总部于1950年制定，用于规范美国及其盟国之间的对空防御作战，此种划界只针对美国的盟国，非盟国则未划界。

关于防空识别区的地理范围，作为限制对象的航空器的种类、目的以及对违反者的惩处方法等，各国规定内容不尽相同。例如，美国规定：美国和外国航空器均有义务提交飞行计划和报告飞行位置，凡要通过设置在沿岸的防空识别区进入美国领域的外国民用航空器，在进入地图上划定的防空识别区之前或者该航空器在距美国领域的平均直线航程为1～2小时以内者，须向美国报告其位置，违反该规定者将处一定限额的罚款或予以监禁。

防空识别区在军事上的主要作用就是增大国家的空中防御纵深，增加空中预警时间，在外国飞机进入本国领空之前警告和拦截对方飞机，防止其误入或闯入主权国领空。防空识别区通常自领海基线起算，向公海方向的空域延伸200海里，基本上是在专属经济区的范围之内。在东海，中国面临两个防空识别区：一个是日本在东海单方面划定的防空识别区；另一个是台湾地区单方面在海峡划定的“海峡中线”。这些问题是“冷战”时期遗留下来的产物，相关各方在认同上还存在较大的争议，明显缺乏军事互信。如果区域内各方都我行我素，经常抵近侦察，空中拦截，相互追逐、跟踪和监视，就很可能出现撞机甚至擦枪走火的不测事件。

防空识别区，东海最危险的空域

日本在东海划定的空中识别区起源于1953年12月25日，当时的美国根据1951年“旧金山和约”，把钓鱼岛及其附属岛屿划入琉球群岛的地理界线，纳入美国托管范围之内。在此期间，美国划定钓鱼岛主岛东北方的黄尾屿、赤尾屿两个岛屿为美军专用靶场。同时，美国将此区域确定为禁航区，美国以外任何国家的飞行器均不得进入。1969年，日本政府依照美军的防空识别区，由日本防卫厅重新划定其防空识别区，在东海基本上是沿着东经125度往南，至北纬30度，再往北纬25度、东经120度的方向斜向西南，至东经123度再折往正南的线，将包括钓鱼岛及其附属岛屿全部纳入日本防空识别区。当时台湾国民党政府

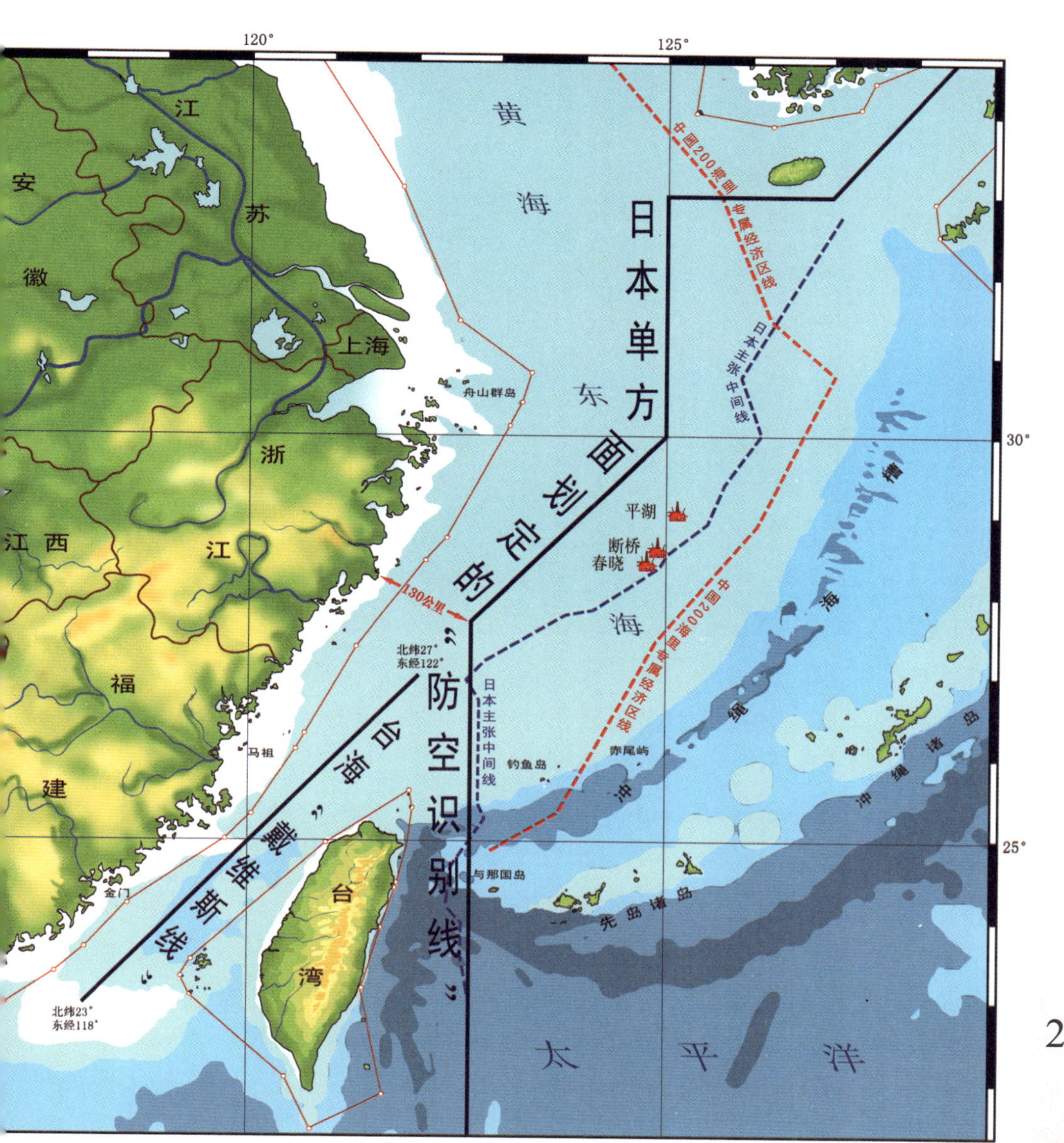

日本单方面划定的东海防空识别区示间图

迫于美国的强大压力，默认了这一界线划定。1972 年，日本根据《归还冲绳协定》接管冲绳后，重新修订日本与那国岛和中国台湾苏澳之间的防空识别区，确定于东经 123 度，并在此区域内弯折向西突出抵近台湾岛苏澳，大大压缩了台湾地区的空中管辖区域。春晓油气田群位于北纬 28 度 10 分 ~28 度 40 分，东经 124 度 50 分 ~125 度 20 分之间，在日本单方面划定的防空识别区内。

2006 年，日本授权航空自卫队和海上自卫队，在执行警戒监视任务时，如果遇到紧急情况可使用武器进行射击。并扩大解释自卫队法，除 1972 年防空识别区的既定范围外，依日本自定的中间线在东海中国春晓油气田群单方面划定所谓日本防空识别区，不仅将中国春晓油气田群全部纳入，而且还将北部的平湖油田也包含在内。这样一来，日本的防空识别区，最近处距离中国浙江省海岸仅约 130 千米，而距离日本九州本岛和冲绳离岛的距离都在 560 ~ 600 千米，东海的空域大部分都让日本划入了所谓的防空识别区。中国的飞机即使在自己的沿海以及自己的东海专属经济区上空正常飞行，也会被定义为“闯入”日本的防空识别区。日本方面对此做出的解释是日本防空识别区可以划定在其领土外 270 海里（500 千米），他国飞行器进入识别区，须事先向日方提供飞行计划，否则将视为侵犯日本领空，日方有权采取警告驱赶或者击落的手段。

除中日防空识别区外，台湾地区单方面划定的“海峡中线”也是一条空中和海上识别区域。台湾海峡是一条呈东北—西南走向的狭窄水道，南宽北窄，长 205 海里（约 380 千米），平均宽 102 海里（约 189 千米），最窄处仅 70 海里（约 130 千米）。台湾海峡两点之间叫中点，把这些中点连起来就成为所谓的“海峡中线”。事实上，“海峡中线”又分为空军与海军使用两种：据台湾军方公布的地理坐标，空军划定的海峡中线由北纬 27 度、东经 122 度 ~ 北纬 23 度、东经 118 度；海军划定的“海峡中线”由北纬 26 度 30 分、东经 121 度 23 分 ~ 北纬 23 度 17 分、东经 117 度 51 分，中段还带有一定弯折。1954 年 12 月 2 日，台湾当局与美国签订《美台共同防御条约》后，美国军方出于控制冲突规模、明哲保身的考虑，要求台军所有战机和舰艇必须在台湾海峡中线以东活动，否则就得不到美军安全保障。由于这条中线是美军太平洋司令部军官戴维斯划定的，因此台湾海峡中线又称“戴维斯线”。从此以后，台湾空军即以“海峡中线”规划出自己的所谓防空识别区。“海峡中线”是两岸为避免擦枪走火，军机和军舰避免超越的假设线，双方长期形成默契，没有明文协定。

从法律角度讲，《美台共同防御条约》是美国与台湾 1954 年签署的双边军事协定，1978 年 12 月 16 日发表《中美建交公报》，其中明确表示：美利坚合众国政府承认中国的立场，即只有一个中国，台湾是中国的一部分。也就是说，美国承认中国对台湾拥有主权，1954 年签署的《美台共同防御条约》自动作废。中国作为主权国家，有权自己划定自己主权范围内的特定空域，对于美国强加于中国的“戴维斯线”不予承认。

空中拦截，双方对峙动作频频

近年来，日本媒体和日本防卫省统合幕僚监部不断发布有关中日军用飞机在东海上空对峙的消息：

2010 年 3 月 12 日，一架中国空军运 – 8 警戒机从冲绳本岛西北方向进入日本单方面划定的东海防空识别区，日本航空自卫队 F – 15J 战斗机紧急起飞跟踪。据日本方面报道，当年 10 月中日撞船事件发生后，中国海军航空兵歼轰 – 7 攻击机越过“日中中间线”进入“日本领空”，日本航空自卫队出动战机进行

中国歼轰 –7“飞豹”战机巡航东海

拦截，中国军机随后返航。当年 12 月美、日联合军演期间，中国一架运－8 海上警戒机越过“日中中间线”，进入“日本一侧”进行侦察活动，日本航空自卫队那霸基地紧急出动数架 F － 15 战斗机进行拦截。

2011 年 3 月 2 日中午，中国一架运－8 海上警戒机以及一架运－8 电子侦察机，先是由北向南飞行，随后改变飞行线路，向西飞去，从钓鱼岛偏北方飞过，一度接近钓鱼岛 60 千米处，中国军机越过“日中中间线”并接近钓鱼岛尚属首次。日本那霸空军基地紧急出动 F － 15 战机进行拦截。日本防卫省公布的统计数据显示，2011 年日本航空自卫队战机针对中国飞机紧急出动 156 次，创下 10 年以来新纪录。

2012 年 6 月 29 日，4 架携带有空对舰导弹的俄军图－22 逆火超音速远程战略轰炸机曾多次飞近日本领空，进行“震慑飞行”。当年 7 月 26 日，日本防卫省发布统计数据显示，在 2012 年 4 月至 6 月期间，日本航空自卫队战机紧急升空拦截中国军机 15 次，拦截俄罗斯军机 62 次，该数据比 2011 年同期的 24 次增加了 2.5 倍。

据日本防卫省统合幕僚监部 2008 年发表的报告称，2007 年 4 月 1 日至 2008 年 3 月 31 日，日本航空自卫队进行的紧急起飞 307 次。其中，针对俄罗

俄罗斯图－160 战略轰炸机到日本沿海示威

斯军用飞机而紧急起飞约 250 次。近年来，进入日本东海防空识别区的中国军用飞机架次持续大幅增加，2003 年 2 次，2004 年 13 次，2005 年猛增到 107 次，随后连续 3 年有所下滑，达 50 次之多。

从日本媒体和防卫省发布的消息来看，中、日军用飞机空中遭遇的概率持续增长，这就为空中摩擦和危机冲突埋下了伏笔。为了尽可能避免这类摩擦、碰撞和危机事件的发生，有必要在国际法角度对防空识别区进行一些界定，进而再讨论军用飞机空中识别、拦截和驱赶的一些技术性措施。

防空识别区是美国 1951 年开始在其领空以外的公海上空单方面划定的一片空域，日本作为美国的盟国，继承和沿袭了这一军事霸权主义的强势做法。美国和日本在本国领海范围之外划定 200 ~ 270 海里的一大片空域，专门用于本国飞机排他式的航行和飞越，严禁外国飞机进入这一空域，如果进入，则会遭到警告、驱离，甚至是开火击落。从传统国际法来讲，这属于严重违法行为，错误地把公海当作本国领海，直接违反了“公海航行自由”原则和“公海上空飞行自由”原则。

1982 年，《联合国海洋法公约》对公海做了新的界定，以前的公海范围是指 12 海里以外的所有海域，而新的规定中增加了专属经济区的内容，一国专属经济区、领海、内水和群岛水域以外才是公海。专属经济区不同于公海，它是受国家管辖和支配的海域，沿海国对该区域的自然资源享有主权，并在其他一些方面享有管辖权，从而限制了其他国家在该区域内的活动。很显然，日本在中国专属经济区上空宣布一大片空域作为自己的空中识别区，是违反国际法的，也是无效的。中国绝不会承认日本单方面非法划定的空中识别区。

从国际法上讲，防空识别区本身是非法的、无效的，中国军用飞机应该理直气壮地按照中国 1992 年宣布的《领海及毗连区法》、1998 年宣布的《专属经济区与大陆架法》和 2012 年 9 月 10 日宣布的钓鱼岛领海基点和基线，在其上空进行常态性巡逻和飞越。但是，按照日本国内的相关法律，不仅对空中识别区正式立法，而且对进入空中识别区以内的外国飞机采取何种措施在自卫队法等法律上也进行了界定。总的来看，日本国内法对空中识别区和领空在性质上做了区分，对于进入领空的外国飞机，可以认定是侵犯日本国家的主权，但对于进入空中识别区的飞行器则不然，要完成 3 个相互递进的程序：

外国飞机要进入日本的空中识别区，必须提前向日本有关方面报告飞行计划。

如果没有报告就闯入空中识别区，日本航空自卫队可使用全球通用的军民两用G波段紧急广播提醒已经进入空中识别区的飞机注意，警告其不要继续前行，防止误入日本领空。同时，启动防空警报体系，对外国飞机进行跟踪、监视、定位，地空导弹要做好防空准备，战斗机要做好起飞拦截准备。

警告如果得不到回应，或者对方回应表示拒绝，这时便转入第二个程序，就是紧急起飞战斗机进行空中驱离。战斗机起飞后直接飞往出事空域，发现外国飞机后要通过特定飞行动作，告诉对方改变航向，尽快飞离防空识别区。这样的飞行动作可以循环多次，但每次都不要距离太近，应该保持安全距离，防止因动作不当而造成撞机事件。俄罗斯军用飞机飞行员经常与前来拦截的日本飞行员进行空中竞技，双方飞机最近的时候相隔只有几十厘米，有一次俄罗斯飞行员还故意把日本前来执行拦截任务的飞机肚皮划破，用这种勇敢、大胆、惊险、刺激的动作，向对方表示抗议。

如果外国飞机仍然我行我素，置若罔闻，这时可进行3个方面的判断：首先要看外国飞机是什么机种、机型，从而确定其任务性质。如果是数量很少的侦察机、巡逻机、公务执法飞机，通常可采用伴飞的方式予以警告，直至将其驱离空中识别区。其次是看对方飞机的航向及出现的频度。如果对方飞机机头不是朝向日本领空和内陆本土，而是进行常态式空中巡逻的飞机，则采用伴飞的方式警示即可。如果对方是从未出现过的数量众多、速度很快的战斗机、攻击机、战略轰炸机等重型机群，日本航空自卫队有理由怀疑该机群可能将闯入日本领空，所以必须采取紧急措施。最后在拦截无效的情况下，可进行警告性射击。警告性射击的要点是，使用机炮，掠过对方的机头开火，一定不要命中对方飞机，目的是严重警告。如果对方仍然不听从警告，且航行方向直指日本领空，从机型、姿态、航线等完全能够判明其带有明显敌意，即可在目标进入日本领空时按最高当局指令采取攻击手段，将目标击落或者迫降在本土机场。

俄罗斯图－160战略轰炸机经常在苏－27和苏－30战斗机的护航下贴近日本领空飞行，这样的空中机群当然是重型机群，但日本每次都是客客气气，起飞两三架战斗机在空中伴飞，然后悄悄离去，从未发生过空中碰撞，更没有发生过空中交火事件。俄罗斯采取的是“悬崖政策”：用战略轰炸机和战斗机满油载弹全副武装逼近日本领空，沿着领空飞行，给日本划地图，告诉日本要正确认识自己的战败国地位，正确认识自己的主权范围，南千岛群岛（北方四岛）不是日本的领土和领空，擅自单方面划分防空识别区更是非法的、无效的。为了表示捍卫国家主权和尊严的严正立场，2005 年普京担任总统的时候，亲自驾驶图－160 战略轰炸机飞行 5 个小时，并发射了射程 3000 多千米的巡航导弹。2010 年，俄罗斯总统梅德韦杰夫还亲自登上国后岛宣示主权。

第八章
国家主权的界定
中国
领海基点
方位点

美国航母进入黄海是否侵犯了中国主权

2010 年下半年，围绕美国航母进入黄海和南海问题展开了激烈的争论，争论的焦点集中在美国航母是否有权进入中国专属经济区。美国方面认为，中国 12 海里领海以外的任何海域都可以自由航行，中国无权干预。中国方面的观点比较混乱，大致分为 3 类：一是国家主权说，认为南海、东海和黄海是中国的传统海域，中国在这些海域享有无可争辩的主权，捍卫国家的海洋主权，事关中国的核心利益，对于美国军舰进入上述海域中国表示反对和抗议。如果美国执意进入，中国有权采取军事行动进行反击。二是国家管辖说，认为中国有权对 200 海里专属经济区进行管辖，外国军舰和军用飞机如果进入这些区域，应该提前申请和报批，未经批准不得进入这些区域。三是无害通行说，认为中国领海以外的专属经济区和大陆架上覆水域，外国舰艇和军用飞机可以无害通行，但不得停留下来进行海洋调查、军事演习、海上作战等危及中国安全的军事行动。如果出现上述情况，中国将武装驱离。

中、美各执一词，孰是孰非，莫衷一是。从 2010 年 7 月份开始，中国针对美国航母进黄海先后发表了 10 次抗议和主权声明，结果美国航母还是大摇大摆地来了，联合军演在这里还搞得很热闹。演习结束之后，美国参联会主席马伦上将得意扬扬地宣称：今后还要常来黄海进行军演！为了表示向中国挑战，“华盛顿”号航母战斗群在结束了美韩黄海军演之后，马不停蹄赶往琉球群岛，参加美、日联合军演。这是几十年来美日之间最大规模的一次军演，也是第一次专门针对中国和钓鱼岛问题的军演，来势凶猛，令人震惊。

一年之后的 2011 年 7 月，马伦上将访问中国，再次重提美国海军要进南海，以确保美国海上航行自由权。

国家主权是一个国家的尊严所在，主权不可侵犯，领土不可让与，这是原则。但是，中国的国家主权界定非常复杂，有的在理论上属于国家主权，如香港、澳

美国航母全球军演耀武扬威

门、台湾、南沙群岛、钓鱼岛等，但在法律地位上却各有不同，因而在维权执法层面也要有所区分，照顾到各自不同的特点及法律特性。有的区域并不属于国家主权范围，比如专属经济区、南海“九段线”等等，这些海域在法律上享有怎样的地位？在处理国际关系问题中，有的时候可以通过外交谈判的方式解决，有的时候可以通过军事斗争的方式解决，但在运用这些方式的时候都必须以国内法和国际法为基础，如果脱离了法律基础去解决涉及国家主权的问题，就很容易走向两个极端，要么是丧权辱国，要么是过度用武。

国家领土主权

领土的获得方式

传统国际法提出所谓领土取得的方式，即：先占或占领、时效、添附、割让和征服。这些方式除添附，即土地由于新形成而造成的增加外，在现代情况下实际意义已不甚大。割让和征服因《联合国宪章》禁止侵略战争而被禁止。现在地球上已基本上没有无主的、可以由个别国家任意占领的土地，因而先占已不大可能。一国领土被他国长期侵占而不反抗的情形也不大可能，因此“取得时效”也极难成立。但在处理领土争端时，为了查明有关国家领土权利的来源，这些方式

有时还被引用。至于有些领土转让方式，如赠予、买卖、交换等虽是合法的，但现已少见，仅在划定边界时有时有部分领土的交换。

在现代国际实践中，领土的变动主要是发生在殖民地独立的情况。民族自决是现代国际法上主要的领土取得方式，所取得的领土主要是有关民族原来居住的土地。两次世界大战后的国际会议都曾对一些国家的领土作了变动，这种变动有的是以民族自决原则为根据，有的是以恢复被侵略前原状为根据，有的则带有强权政治的色彩。此外，公民投票也曾被一些学者看作领土取得的一种方式。公民投票既是由居民以投票方式决定土地的归属，也是民族自决原则的一种表现方式，但实际上有时被一些强国利用作为欺骗国际舆论的手段。

领土的国际共管机制指两个或两个以上国家根据条约对同一领土享有主权。在此情形下，可以认为这些国家对该领土的主权互为限制。如 1867 年 3 月 18 日，日、俄签订的《桦太岛（库页岛）暂行章程》规定，日、俄共同领有桦太岛（库页岛）；又如 1914 年以后，英、法对南太平洋的新赫布里底群岛共管；第一次世界大战后，英、澳、新对瑙鲁岛共管。

应该和上述情况严格加以区别的是，根据不平等条约对一国领土主权所加的限制。这种限制是对有关国家领土主权的严重侵犯，是违反国际法的。例如，近代以来帝国主义列强强迫清政府在中国取得租借地、在北京设立由外国管理的使馆区，美国根据 1903 年《关于开凿通洋运河的条约》从巴拿马取得巴拿马运河区的租借权等，这都是违反国际法的，是对国家领土主权的严重侵犯。

领土的法律地位

国家领土分为领陆、领水（包括内水和领海）和领空 3 个部分，上及高空，下及底土。领陆指国家国界范围内的陆地及其底土，是国家领土组成的基本部分。一国的领陆包括其大陆部分，也包括其所属岛屿。如果是岛国或群岛国，其领陆就由其全部岛屿或群岛构成。国家有权对所属陆地地表以下深度无限的地下资源进行勘探、开采，修建隧道、铺设管道和经营其他事业。领水附随于领陆，领空和底土又附随于领陆和领水。因此领陆是最重要的部分，是领土的主要成分。领陆如发生变动，附随于领陆的领水、领空和底土亦随之变动。

领土包括陆地和水域及其底土和上空。领土是国家构成要素之一，国家必须具备一定的领土，不问其大小。逐水草而居的游牧部落，在国际法上不构成国家。国家的领土并不要求绝对确定，部分边界未划定，或存在边界争端，均不妨碍其为国家。

领土指主权国家管辖下的全部疆域，属于空间的范畴。包括陆地和河流、湖泊等内陆水域及其底下层，以及与陆地相连的海港、内陆湾、领空和领海。领土同时也是国家行使主权的对象，是国际法的客体。领土包括一个国家的陆地、河流、湖泊、内海、领海以及它们的底床、底土和上空（领空），是主权国管辖的国家全部疆域。国际法承认国家在其领土上行使排他的管辖权。领土位于国家主权下的地球表面的特定部分，以及其底土和上空。领土是国家行使主权的空间。

在国家领土的组成部分之中领陆是主要的，其他组成部分往往是领陆的附属部分，是与领陆不能分别的，除非在特殊情况有条约的规定。除领陆、领水和领空之外，有些海域，例如毗连区、大陆架、专属经济区等，尽管在严格意义上不被视为国家领土的一部分，但沿海国可以对其及其资源行使主权权利，从而构成国家管辖范围的海域。

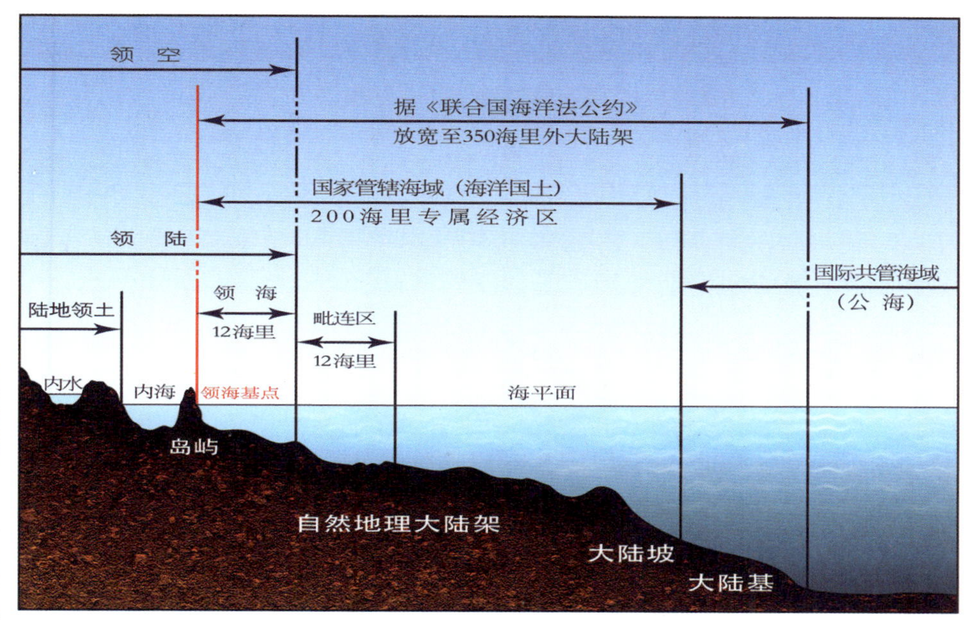

国家领土主权

相对于国家领土的是国际领土，指国家主权管辖范围之外的区域。这些区域原则上属于全人类，由国际机构代表全人类加以管理，如国际海底区域由《海洋法公约》设立的国际海底管理局实行管理。有人认为国家领土还有虚拟的部分，这个部分是在一切方面或为某些目的被视为国家领土。例如，在公海上以及在外国领水内的军舰和其他公有船舶，被视为国家的浮动领土；又如用作使馆馆舍的房屋在许多方面被认为是使节本国的领土。但是，这是虚拟的说法，而不是真正的领土。

领土的主权原则

国家领土不仅是国家行使主权的空间，同时也是国家及其人民生存和发展的物质基础。1974 年 12 月 12 日，联合国大会通过的《各国经济权利和义务宪章》第 2 条确认国家对其自然资源享有“充分的永久主权”。国家对领土的主权是国家主权的重要内容和表现。领土主权是指国家在其领土内行使的最高的、排他的权力，处在其领土内的一切人和物都受其管辖。

领土主权和领土完整是国家独立的重要标志。侵犯一国的领土主权和领土完整，在现代国际法上是最严重的违法行为。领土主权不可侵犯是国际法久经确认的重要原则。1945 年制定的《联合国宪章》第 2 条第 4 项规定：“各会员国在其国际关系上不得使用威胁或武力，侵害任何会员国或国家之领土完整或政治独立。”中国于 1954 年倡导的“和平共处五项原则”、1955 年万隆会议“十项原则”、1974 年联合国大会通过的《各国经济权利和义务宪章》，都强调领土主权原则为现代国际法的基本原则。

国际法认为，领土主权包括 3 个方面的内容：

一是领土所有权。国家对其领土范围内的一切土地、水域、底土和空间资源拥有占有权、使用权、开发权、支配权和保卫权。任何外来势力，侵犯了一个国家的上述权利，就构成了侵略。一个国家有权力运用任何手段反对外来侵略，以保卫自己的领土主权不受侵犯。

二是领土管辖权。国家对其领土范围内的人、事、物，拥有排他的管辖权。国家可依照本国法律，对领土范围内的一切人、事、物进行管辖和处理，任何外来势力和他国无权干预。

三是领土主权不容侵犯。领土主权、领土完整是国家政治独立的重要标志，是久经确认的最基本的国际关系准则和最重要的国际法基本原则。

领土是一个国家立足的根本，是国家自下而上与发展的物质基础。领土之争，实质就是争夺国家主权，争夺国家的生存权和发展权。历史上的大多数战争，都是因领土争端而引发的。由于多方面的原因，领土争端成为当今世界局部战争和冲突不断的一个重要原因。

国际法承认领土的不可侵犯性和领土主权的排他性，但这并不排除国际法或国际条约对领土主权的行使加以某些限制。国际法对国家领土主权行使设定的一般限制，包括每个国家应允许外国商船在其领海内无害通过；每个国家都有义务防止任何人在其领土上做有害他国的行为，如污染邻国的空气或水流、用人为的方法妨害下游邻国对河水的利用、在边界地区设立靶场危及邻国人民的安全，或利用其领土作为对邻国进行颠覆活动或其他犯罪的基地等。

领土主权也可以受到国际条约的特殊限制。如果这种条约是根据缔约双方平等和自愿的原则签订的，不损害任何一方主权的，则为国际法所允许。例如，根据条约，一国允许另一国公民在其领水内捕鱼，一国给予一个内陆国在其领土上通过的权利等。

中国的领土范围

1958 年 9 月 4 日，《中华人民共和国政府关于领海的声明》宣称：中国领土除大陆外，还包括沿海岛屿和同大陆及其沿海岛屿隔有公海的台湾及其周围各岛、澎湖列岛、东沙群岛、西沙群岛、中沙群岛、南沙群岛以及其他属于中国的岛屿。中国领海宽度为 12 海里，并采用直线基线，在基线以内的水域，包括渤海湾、琼州海峡在内都是中国的内海。在基线以内的岛屿，包括东引岛、高登岛、马祖列岛、白犬列岛、乌岻岛、大小金门岛、大担岛、二担岛、东碇岛在内，都是中国的内海岛屿。

陆地面积居世界前 8 位的国家中，中国排在第三位，分别为：俄罗斯 1707.5 万平方千米；加拿大 997.6 万平方千米；中国 960 万平方千米；美国 937 万平方千米；巴西 854.7 万平方千米；澳大利亚 771.3 万平方千米；印度 297.4 万平方千米；阿根廷 276.7 万平方千米。

中国陆上疆界，从中朝边界的鸭绿江口起，到中越边界的北仑河口止，总长2万多千米，陆上与14个国家相邻：东为朝鲜，东北为俄罗斯联邦，北为蒙古，西北为俄罗斯联邦、哈萨克斯坦，西为吉尔吉斯斯坦、塔吉克斯坦、阿富汗、巴基斯坦，西南为印度、尼泊尔、不丹，南为缅甸、老挝、越南。与中国隔海相望的邻国自北而南依次是：韩国、日本、菲律宾、文莱、马来西亚及印度尼西亚。

中国大陆海岸线北起辽宁的鸭绿江口，南达广西的北仑河口，全长1.8万多千米。岛屿主要有台湾岛、海南岛、崇明岛、舟山岛、平潭岛、东海岛、东山岛、金门岛、玉环岛、厦门岛、上川岛、洞头岛、钓鱼岛、南澳岛、涠洲岛、长山群岛、庙岛群岛、舟山群岛、南日群岛、万山群岛、西沙群岛、南沙群岛、东沙群岛、中沙群岛、澎湖列岛等群岛。钓鱼岛属于台湾岛的附属岛屿。

毗邻中国大陆边缘及台湾岛的海洋有黄海、东海、南海及台湾以东的太平洋，渤海则是伸入中国大陆的内海。渤海、黄海、东海、南海四海，东西横跨经度32度，南北纵越纬度44度。另外有渤海海峡、台湾海峡、琼州海峡等三大海峡。海域总面积473万平方千米。

领土是位于国家主权下的地球表面的特定部分，是国家行使主权的空间，是构成国家主权的根本要素之一。具备一定面积的国际公认的固定领土，是构成国家的基本条件之一。由于历史的原因，我国与周边某些国家之间存在的领土争议问题尚未完全解决。比如，中、印两国边境存在着复杂的领土争端。中印边界全长约2000千米，两国涉及争议的边界领土面积达12.5万平方千米，不仅是中国周边国家而且是世界上国家间争议面积最大的地区。其中东段约9万平方千米、中段约2000平方千米为印方控制，西段约3.3万平方千米为中国控制。

中国的海上岛屿

岛屿是指散布在海洋、江河或湖泊中的四面环水、高潮时露出水面、自然形成的陆地。在狭小的地域集中2个以上的岛屿，即成“岛屿群”，大规模的岛屿群称作“群岛”或“诸岛”，列状排列的群岛即为“列岛”。而如果一个国家的整个国土都坐落在一个或数个岛之上，则此国家可以被称为岛屿国家，简称“岛国”。海洋中的岛屿面积大小不一，小的不足1平方千米，称“屿”；大的达几百万平方千米，称为“岛”。按岛屿的数量及分布特点，分为孤立的岛屿和彼此相距很近、成群的岛屿（群岛）；按岛屿的成因可分成大陆岛、火山岛、珊瑚岛和冲积岛四大类。大陆岛是一种由大陆向海洋延伸露出水面的岛屿。世界上较大的岛基本上都是大陆岛，是因地壳上升、陆地下沉或海面上升、海水侵入，使部分陆地与大陆分离而形成的。中国的台湾岛、海南岛，都是大陆岛。珊瑚岛是由珊瑚虫遗体堆积而成的海岛。海洋岛一般远离大陆，它主要有火山岛和珊瑚岛两种类型，我国台湾岛周围的澎湖列岛和钓鱼岛等属于火山岛，而南海诸岛则属于珊瑚岛。珊瑚岛主要分布在南北纬 20 度之间的热带浅海地区，以太平洋的浅海比较集中，我国南海诸岛中的多数岛屿均为珊瑚岛。冲积岛则是由河流或波浪冲积而成的岛屿。中国共有 400 多个冲积岛，长江入海口的崇明岛，是中国的第一大冲积岛。

中国是世界上岛屿众多的国家之一，面积达 500 平方米以上的岛屿为 6536 个，总面积 72800 多平方千米，岛屿海岸线长 14217.8 千米。其中有人居住的岛屿为 450 个。据测算，大约 90％的岛屿集中分布在浙江、福建、广东三省，仅次于上述三省的是辽宁、山东、台湾。

中国岛屿中小岛多、大岛少；无人岛多、有人岛少；缺水岛多、有水岛少。岛屿面积一般不太大，90％的岛屿面积不足 1 平方千米，超过 100 平方千米的岛屿仅有 10 个。我国面积超过 1000 平方千米的大岛有 3 个：台湾岛、海南岛、崇明岛。其中，台湾岛面积 3.578 万平方千米，为中国第一大岛；海南岛面积 3.438 万平方千米，为中国第二大岛；崇明岛面积 1041.21 平方千米，是中国第三大岛。

从中国海区岛屿的分布情况来看，东海最多，占全国海岛总面积的 58%；南海次之，占 28%；黄海和渤海最少，仅占 14%。

东海的主要岛屿有台湾岛、舟山群岛、澎湖列岛和钓鱼岛等。台湾岛位于东海和南海之间，东向太平洋，西扼台湾海峡，战略地位非常重要。台湾岛南北长 390 千米，东西最宽为 144 千米。台湾省由台湾岛、澎湖列岛、钓鱼岛群岛等 200 多个大小岛屿组成，总面积 3.6 万平方千米，相当于浙江省面积的 1/3，比荷兰的面积还大一些。总人口 1827 万。舟山群岛由 600 多个岛屿组成，也是我国沿海最大的群岛。南海的大陆岛主要有海南岛、南澳岛、万山群岛等；海洋岛屿主要有东沙群岛、西沙群岛、中沙群岛和南沙群岛等。海南岛是我国第二大岛，

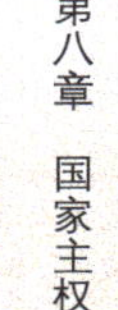

面积 3.4 万平方千米，人口 500 多万。海南岛扼两广通往大洋的咽喉，可控制太平洋和印度洋的海上交通线，是华南的一座海上堡垒。万山群岛由 100 多个岛屿组成，是珠江口的天然屏障，在海防上具有重要意义。

南海岛屿星罗棋布于万顷碧波之中，展布位置自北向南分为 4 个岛群，分别称为东沙群岛、西沙群岛、中沙群岛和南沙群岛，由 300 多个大小不等的岛屿、沙洲、暗礁、暗滩和暗沙组成，这些岛群习惯上又称为南海诸岛。其中，东沙群岛距祖国大陆最近，西沙群岛居中，中沙群岛紧靠西沙东南方，是一个水下大环礁，只有黄岩岛出露海面；南沙群岛居南，距祖国大陆最远。除西沙群岛中的高尖石岛外，南海诸岛都是珊瑚岛。

东沙群岛位于南海东北部，主要由东沙岛等岛、礁、滩组成。最大的东沙岛面积 2 平方千米，距汕头 160 海里。西沙群岛由 40 多个岛、礁、滩组成，其中岛屿 30 个，较大的岛 15 个，按地理位置分为东、西两群，东群叫宣德群岛，由 7 个岛屿组成，其中最大的是永兴岛，面积 1.85 平方千米；西群叫永乐群岛，由 8 个岛屿组成，西距越南 150 海里。中沙群岛由黄岩岛和中沙群礁组成，黄岩岛由环带珊瑚礁围成，面积 150 平方千米，距菲律宾约 90 海里。南沙群岛南北长 500 海里，东西宽 400 海里，由 230 多个岛屿、礁盘和沙洲组成，其中露出水面的岛屿 25 个、礁盘 128 个、沙洲 77 个。较大的岛屿有太平岛、中业岛、南威岛等，其中以太平岛最大，面积 0.498 平方千米。南沙群岛暗礁和险滩星罗棋布，是舰船航行的危险地带。

南海中的珊瑚岛数量很多，但面积都很小。我国的南海诸岛岛礁有 300 多座，总面积有 12 平方千米，存在形式各不一样，分别以岛、礁、沙、滩相称。一般讲，大潮时露出水面、面积较大的称岛或沙渚洲；出露水面面积较小的礁石称明礁，大潮涨潮淹没、退潮露出的称暗礁；长期淹没于水下的称暗沙；淹没较深，表面平坦的水下台地称暗滩。南海诸岛现已命名的岛、礁、沙、滩有 258 个，其中岛屿 35 个、沙洲 13 个、暗礁 113 个、暗沙 60 个、暗滩 31 个，以“石”或“岩”命名的礁石 6 个，分布海域面积从北面的东沙岛到最南端的曾母暗沙附近，达 100 多万平方千米。

渤海和黄海岛屿较少，主要有庙岛群岛和长山群岛等。庙岛群岛由大小 32 个岛屿或礁石组成，分布在渤海海峡的大部分海面上，是控制渤海的战略要地。长山群岛，位于黄海北部海面，是辽东半岛的前卫，由 200 多个岛屿组成。

中国的岛屿争端

领海基点是测算领海和连接领海基线的重要参照点，只有确定了基点才能连接基线，只有领海基点和基线全部确定，才能划定毗连区、专属经济区和大陆架。

领海基点多由远离海岸的岛礁构成，这些岛礁是一国的主权所在，是划定领海、专属经济区和大陆架的基本参照物。正因为如此，散落在茫茫大海上的各种岛礁才成为各国相互争夺的对象。有些历史上无人居住和管辖的岛礁，现在突然身价百倍，甚至那些从来就没有浮出过水面的礁盘也成为争夺的对象。有些国家甚至不惜巨额投资，让那些水下礁盘“长出水面”。传统国际法承认：“国家为了取得领土，必须以割让、兼并、征服、先占、时效和添附 6 种方式取得合法权益中的任何一种为依据。”为此，有关国家便开始人为地制造依据，以造成首先发现、占领和管辖的既成事实。

中国的岛屿争端主要分 3 种类型：

一是台湾问题的争端。主要表现为台海两岸中国国内的争端。

二是钓鱼岛争端。虽然表现为中国大陆、中国台湾和日本三方争端，但台湾是中国的一部分，因此在主权问题上中国台湾与中国大陆立场是一致的，即钓鱼岛是中国固有领土。钓鱼岛位于中国台湾岛基隆港东偏北约 186 千米、大陆浙江温州港东南约 356 千米、福建福州长乐国际机场东偏南约 385 千米处，距日本冲绳那霸空港西偏南约 417 千米。钓鱼岛群岛由钓鱼岛、黄尾屿、赤尾屿、南小岛、北小岛 5 个小岛和北屿、南屿、飞屿 3 块岩礁等共 8 个无人岛礁组成，总面积约 6.344 平方千米。

钓鱼岛是列岛中面积最大的岛屿，呈番薯形，东西长约 3.5 千米，南北宽约 1.5 千米，约 4.3 平方千米。岛上地势北部较平坦，南部陡峭，中央山脉横贯东西。最高山峰海拔 362 米，位于中部。其他尚有海拔 320 米、258 米、242 米的山峰若干，另有 4 条主要溪流。在地质上，钓鱼岛群岛和花瓶屿、棉花屿、彭佳屿一样，都是台湾岛北部近海的观音山、大屯山等海岸山脉延伸入海后的突出部分，为台湾岛的附属岛屿。依据 20 世纪 60 年代生效的大陆架公约，钓鱼岛群岛理应为台湾岛的一部分。在行政上，钓鱼岛群岛隶属于中国台湾省

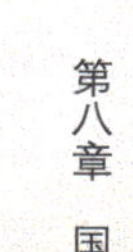

宜兰县头城镇大溪里管辖。从海底地形地貌看，钓鱼岛群岛是中国大陆的自然延伸，位于东海大陆架的边缘，其西面朝向中国大陆一方为东海大陆架，诸岛周围水深不足 200 米，海水呈蓝色。愈靠近中国大陆，水深愈浅。其东面朝向琉球群岛一方，距诸岛最东端的赤尾屿不远处有一条水深 1000 ~ 2000 米的海沟，称冲绳海槽，海水呈蓝黑色，中国东海大陆架到此结束。冲绳海槽以东的琉球群岛则是大陆架之外的火山岛。

三是南沙群岛争端。主要是中国大陆、中国台湾与越南、菲律宾、马来西亚等国的主权争端。南沙群岛岛礁争端的现状为：

我国大陆控制的岛屿共 7 个：永暑礁、赤瓜礁、东门礁、南薰礁、渚碧礁、华阳礁、美济礁。我国台湾控制的岛屿共 2 个：太平岛、中洲岛。

越南控制的岛屿共 29 个：南子岛、奈罗礁、敦谦沙洲、鸿庥岛、舶兰礁、

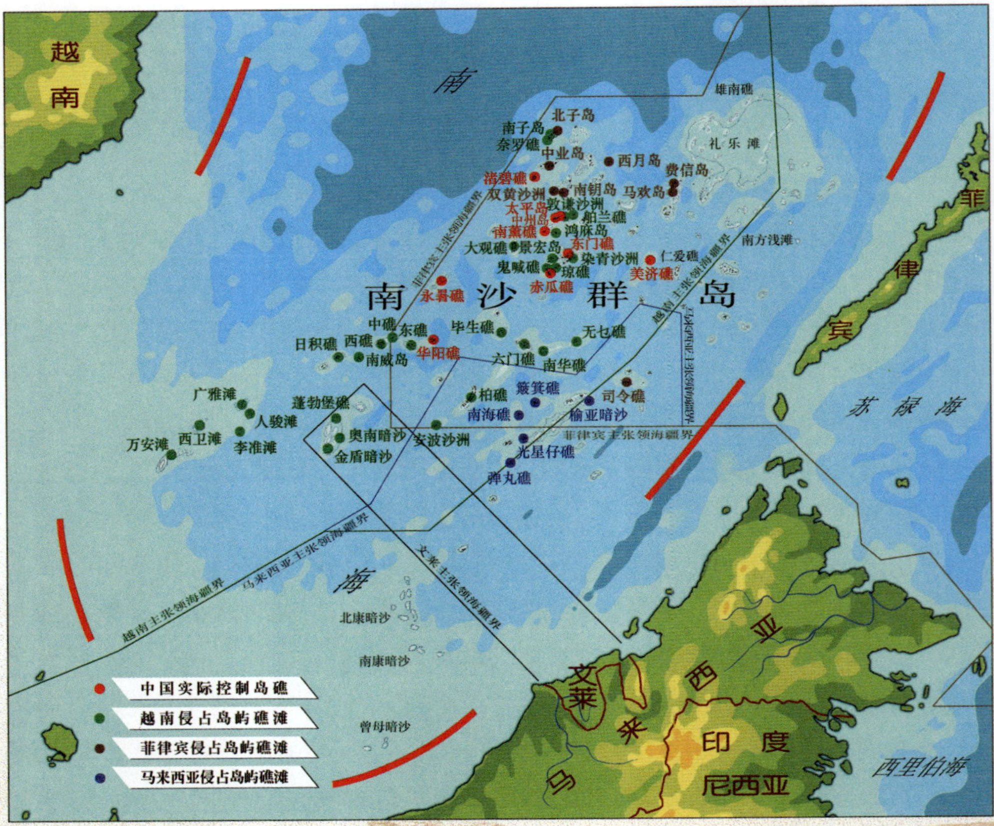

南沙群岛各国实际控制态势

大观礁、景宏岛、鬼喊礁、染青沙洲、琼礁、毕生礁（沙洲）、无乜礁、南华礁、六门礁、柏礁、安波沙洲、金盾暗沙、奥南暗沙、东礁、中礁（沙洲）、西礁（沙洲）、日积礁、南威岛、广雅滩、蓬勃堡礁、万安滩、西卫滩、人骏滩、李准滩。

马来西亚控制的岛屿共5个：弹丸礁、光星仔礁、南海礁、榆亚暗沙、簸箕礁。

菲律宾控制的岛屿共8个：马欢岛、南钥岛、中业岛、西月岛、北子岛、费信岛、双黄沙洲、司令礁。

中国与韩国没有岛屿等领土争端，苏岩礁属于礁石不是岛屿。

国家领海主权

内水主权

内水是指国家领陆内以及领海基线向陆一面的水域。包括港口、河流、湖泊、内海、封闭性海湾和泊船处。被陆地包围的陆锁海和湖泊也属于内水。内河、内湖、内海以及同外国之间的界水的一部分，通常是以水域中心线为界，如果是可通航的河道，则以主航道中心线为界。

沿岸国对内水拥有和自己陆上领土同样的完全主权。1982年《联合国海洋法公约》称“领海基线向陆一面的水域构成国家内水的一部分”。但如果某一沿岸国由于选择直线基线而使原先认为是公海一部分的水域变成了内水，外国船只在这一新形成的内水内享有无害通过权。

内水是国家领水的组成部分，具有与国家陆地领土相同的地位，完全处在一国管辖之下，非经该国许可，他国船只不得进入。内水的法律地位：一是一切外国的船舶非经沿海国许可不得在其内水航行；二是外国商船如获准进入一国内水，可遵照该国法律和规章驶入该国指定的港口。遇难的船舶可以进入，但必须遵照沿海国的规章制度；三是外国军用船舶必须通过外交途径办理一定手续，才得进入一国的内水；四是沿海国对于进入其内水的外国船舶得行使属地管辖权，但通常仅在其利益受到损害时才强制执行其法律，对于纯属船舶内部的事务，一般由船旗国管辖。

公海航行自由

外国军舰如经允许进入一国港口，应遵守沿岸国的航行法令和卫生规则，但沿岸国当局在未获得舰长或船旗国有关当局同意时，不得登上外国军舰，或在舰上执行任何命令。如果外国军舰有违反沿岸国法律或危害沿岸国安全的行为，沿岸国有权令其离境。

1958 年 9 月 4 日颁布的《中华人民共和国关于领海的声明》规定：“在基线以内的水域，包括渤海海峡、琼州海峡在内都是中国的内海。”在这些海域中，我国享有完全的、排他的管辖权，任何外国船舶未经许可不得入内。渤海湾属于历史性海湾，即自古以来就是属于中国的内海。由于最宽的老铁山水道为 22.5 海里，因此，即使按照《联合国海洋法公约》规定的“24 海里封口线”的规定也完全允许将其划入我国内海范围。位于雷州半岛和海南岛之间的琼州海峡，宽约 10.8 海里，所以也允许划为内海海峡。

领海主权

领海，在地理上是指与海岸平行并具有一定距离宽度的带状海洋水域。根据海洋法，领海定义为：国家主权扩展于其陆地领土及其内水以外邻接其海岸的一带海域，称为领海。主权不仅是指水域，还扩展到领海之上的空间及海底和底土。关于领海中的“一带海域”涉及领海的基线、领海的宽度和领海的外沿线的确定。1958 年《领海及毗连区公约》规定：国家主权及于其陆地领土及其内水以外邻接其海岸的海域，称为领海。1982 年《联合国海洋法公约》也采用类似的规定，但增加了群岛国领海的情况，即群岛国领海“扩展于其陆地领土及其内水以外邻接其海岸的一带海域”，国家的主权也及于领海的上空及其海床和底土。

确定领海宽度的方法是首先确定领海基点，然后连接成领海基线。领海的基线是指“沿海国官方承认的大比例尺海图所标明的沿岸低潮线”。但是，“在海岸极为曲折的地方，或者如果紧接海岸有一系列岛屿，测算领海宽度的基线的划定可采用连接各适当点的直线基线法”。直线基线法就是在岸上向外突出的地方和一些接近海岸的岛屿上选一系列的基点，各基点依次相连，各点间的直线就连成沿海岸的折线。

长期以来，关于领海宽度的问题，国际上一直争论不休，主要焦点集中在两个方面：一个是强调领海要尽量地窄，最好限制在 3 海里以内；另一个是强调领海要尽量地宽，以维护濒海国的安全和利益。

关于领海宽度的争论，实际上是海洋大国和濒海国家权益的争论。早在 14 世纪，一些欧洲海洋大国就提出按航程、按视距和按大炮射程等计算领海宽度的主张，其中流行最广的是按大炮射程来计算领海的主张。由于当时大炮的射程最大只有 3 海里，所以确认为领海宽度为 3 海里，这种主张到今天仍为美、英等海洋大国所推崇。目前，保留 3 海里领海的还有 13 个国家，其中包括美国。根据公海自由的原则，海洋大国则希望各濒海国的领海越窄越好，这样，他们在进行海上航行、推行海上霸权和掠夺别国资源时就很少受限，可以自由出入于别国近海海域，海军舰艇也可驶近敌国近岸，以便使用舰载武器对其内陆本土进行纵深攻击或抢滩登陆作战。广大发展中国家积极主张扩大领海宽度，这样，可使国家

锡德拉湾海战时的利比亚舰艇

领土得以扩大，海洋资源得以保护，海峡通道和关键岛礁得以控制，使海上防卫的纵深也有所扩展。

1982 年的《联合国海洋法公约》第 3 条规定，领海宽度不超过 12 海里，但一些群岛国、临近海湾的国家和少数第三世界国家却任意宣布自己的领海宽度，致使领海权方面的斗争越来越激烈。1986 年，美国和利比亚在锡德拉湾发生的海空局部战争，就是由于该海湾是否属于利比亚领海而引发的。

目前，世界上确定 12 海里领海的国家有 74 个，宣称 200 海里领海的有 13 个。

中国的领海范围

1840 年鸦片战争后，西方国际法中的毗连区制度传到中国，1899 年，清政府正式以法律形式设置了海关、检疫、渔业、安全和中立等专门管辖区域。中华人民共和国成立后，设置了专门的禁渔区、机轮拖网保护区、军事警戒区和军事作战区等，对保护我国近海海洋权益和海防安全发挥了重要作用。

1930 年海牙国际法编纂会议上，中华民国政府与其他 19 个国家一起表示：主张从海岸低潮线量起 3 海里范围的领海宽度。1934 年 6 月 19 日，中国政府法令宣布执行海关法，对沿海 12 海里海域实行管辖。中华民国政府在 1931 年沿袭了英美领海宽度为 3 海里的习惯做法，确定采用正常基线法划定。

1958 年 9 月 4 日，《中华人民共和国关于领海的声明》规定：中华人民共和国的领海宽度为 12 海里。关于领海基线，声明中规定："中国大陆及其沿海岛屿的领海以连接大陆岸上和沿海岸外缘岛屿上各基点之间的各直线为基线，从基线向外延伸 12 海里的水域是中国领海。"1992 年 2 月，中华人民共和国《关于领海和毗连区法》中又重申了这一立场。但是，对领海基线的参照基点，直到 1996 年才宣布了一部分，这样，外国舰船和飞机便经常以无法计算和识别为借口故意侵犯我领海领空。

中国领海范围是按照《联合国海洋法公约》中直线基线的方法划定的。要划定领海基线，首先必须确定领海基点。领海基点必须满足两个基本条件：是自然形成的岛屿，且该岛屿不存在争议，人工岛、水下礁盘、沙洲不能作为划分领海的基点。由于我国大量海上岛屿存在争端，致使我国领海基点长期以来难以确定，领海基线从哪里算起也不太明确，12 海里领海宽度和领海范围内的执法自然就存在一些严重问题。

1996 年 5 月 15 日，中华人民共和国宣布了大陆领海的部分基线、海南岛和西沙群岛的领海基线，但考虑到与周边邻国的关系，对于钓鱼岛、南沙群岛等争议海域的领海基线尚未宣布，更没有宣布专属经济区和大陆架的范围。因此，许多争议岛礁和争议海域的基点和基线自然也还是个悬案。有些国家恰恰是以无法计算和识别中国的领海基线为借口，故意侵犯我领海领空，经常窜入我国领海范围内炫耀武力或开发、掠夺海洋资源。

2012年9月10日上午，日本政府举行内阁会议，决定用20.5亿日元从所谓"土地权所有者"手中将钓鱼岛、北小岛、南小岛购入，将其"国有化"。

日本单方面将中国钓鱼岛国有化的行为，严重侵犯了中国的主权和领土完整。当日，中华人民共和国政府根据 1992 年 2 月 25 日颁行的《中华人民共和国领海及毗连区法》，宣布了中华人民共和国钓鱼岛及其附属岛屿的领海基线。

沿海国在领海内的权利

领海是沿岸国领土的一部分，属于沿岸国的主权，但在一国领海内，外国船

舶享有无害通过权。“通过”指为下列目的通过领海的航行：一是穿过领海但不进入内水或停靠内水以外的泊船处或港口设施；二是驶往或驶出领海内水或停靠这种泊船处或港口设施。通过应继续不停行驶和迅速进行。通过包括停船和下锚在内，但以通常航行所附带发生或由于不可抗力或遇难所必要或为救助遇险或遭难人员、船舶或飞机的目的为限。

沿岸国家在领海行使自然资源的所有权、沿岸航运权、国防保卫权、边防与关税和卫生监督权、管辖权及领空权等主权的同时，必须承认外国船舶享有无害通过权。1958 年的《领海及毗连区公约》和 1982 年的《联合国海洋法公约》都没有规定军舰不享有无害通过权，但许多国家对军舰在领海通过做出了一定限制性的规定，如限制每次通过的舰只或吨位，或要求事先通知，或经事先许可。

无害通过权的条件：一是外国船舶通过领海必须是无害的。“无害”指不损害沿岸国的和平、良好秩序或安全，也不违反国际法规则。1982 年《联合国海洋法公约》规定，损害沿岸国的和平、良好秩序和安全的行为包括：一是非法使用武力、进行军事演习、搜集沿岸国的防务情报、影响沿岸国安全的宣传行为、在船上起落飞机、发射或降落军事装置、故意污染海洋、非法捕鱼、进行研究或测量活动、干扰沿岸国通信系统等等；二是外国船舶通过一国领海时，应当遵守沿岸国的有关法令，例如关于海关、财政、移民、卫生、航行安全、养护海洋生物资源、环保、科研与测量等事项的法律规章。

根据国家的属地优越权，各国对在本国领海内发生的一切犯罪行为，包括发生在外国船舶上的犯罪行为，有权行使司法管辖。但在实践中，对领海内外国商船上的犯罪行为是否行使刑事管辖权，各国大都从罪行是否涉及本国的安全和利益考虑。对驶离内水后通过领海的外国船舶，沿海国得行使较为充分的刑事管辖权。沿海国对仅仅通过其领海的外国船舶上的民事案件，通常采取不干涉态度。

中国政府发表的领海声明中就明确规定：“任何外国船舶在中国领海航行，必须遵守中华人民共和国政府的有关法令。”中国政府的领海声明和 1992 年《领海及毗连区法》都指出，一切外国飞机和军用船舶，未经中华人民共和国政府的许可，不得进入中国的领海和领海上空。

1982 年通过的《联合国海洋法公约》第 17 条规定：“所有国家，不论为沿海国或内陆国，其船舶均享有无害通过领海的权利。”这里所指的船舶应该被理解为包括军舰和商船，无害通过权中的“无害”是指不妨碍沿海国的和平、良好

航母通过苏伊士运河

秩序与安全，不违反有关法律法令。所谓“通过”包括仅通过领海而不进入内水或经过内水驶向公海的航行，通过要继续和迅速，除非发生不可抗力而特别需要时，一般不停船和抛锚；潜艇通过时必须以水面状态航行并展示国旗。

通过只要不损害沿海国的和平、良好秩序或安全，就是无害的。需要指出的是：公约中关于船舶无害通过别国领海的规定，虽然包括军舰，但并不能认为已经确认了军舰无害通过领海的权利。在这个问题上，国际法学界还存在许多争论，有些国家仍然主张实行事先通知或经获许后方可无害通过的制度。

1958 年的《领海及毗连区公约》虽于 1964 年 9 月 10 日生效，但在批准和加入公约的国家中有 10 多个国家对领海的通过制度做了保留，有几十个国家在其领海制度中规定，外国军舰通过其领海须事先核准或通知，其中主要有：越南、印度、巴基斯坦、孟加拉国、韩国、苏联、叙利亚、索马里、斯里兰卡、苏丹、尼日利亚、格林纳达、缅甸、保加利亚、阿尔巴尼亚、阿尔及利亚和中国等。也就是说，中国对军舰和飞机无害通过领海的制度有所保留，外国舰船和军用飞机通过或飞越中国领海和领空必须预先申报，未经批准不得通过或飞越。

韩国与中国相同，在外国军舰和飞机通过领海的问题上也采取了保留立场。

但是，根据国际海峡自由航行的原则，1995 年 3 月 3 日，韩国表示，虽然大韩民国在朝鲜海峡的领海由 3 海里扩大到 12 海里，但鉴于该海峡为用于国际航行的海峡，将免除包括军舰在内的各种舰船事先通告的义务。这样，外国的军舰、核动力航空母舰和潜艇、非商业用政府船舶等所有通航船只，都可以不需履行事先通告的手续而无害通过朝鲜海峡，飞机也可以在领海上空飞行而无须事先通告。

1997 年 11 月 17 日，我们从电视画面中看到了这样的场面：美国海军一艘 10 万吨级的华盛顿号核动力航空母舰大摇大摆地通过苏伊士运河前往波斯湾去制裁伊拉克，舰面上站满了人，但舰载机不能起飞，侦察和火控雷达不能开机，所有武器不能处于打开或运行状态。与这艘航空母舰同行的还有一艘洛杉矶级核动力攻击型潜艇，虽然它是美国海军的秘密武器，在水下航行时不仅不悬挂国旗，连舷号都要涂掉，但在通过位于埃及领海内的运河时却不得不按照海洋法规定浮出水面，而且悬挂美国国旗，电子设施和武器都实行严格管制。

国际海洋法虽然有明文规定，但各主权国家也有对某些条款进行保留的权

苏联舰艇撞击美舰

利和制定国内法的权利。所以，不能用国际法这一把尺子去衡量全世界。这种理论似乎是顺理成章的事情，但某些大国却不这样认为，美国就经常站出来挑剔别国的海洋法规，并指责该海洋法规如何违反国际法，如何与国际习惯法相违背。

早在“冷战”时期武力对峙的20世纪80年代，美、苏两国就曾因此而走向战争边缘，险些诱发一场战争。那是1986年3月，美国海军一艘巡洋舰和一艘驱逐舰突然闯入苏联领海，行驶到距其军港只有6海里的海域时，苏联海军北方舰队十分紧张，立即进入战争状态，并向美舰发出严正警告，提醒它已经侵犯苏联领海主权。但美国却不以为然，继续以“领海内船舶无害通行”为由向前行驶，后为避免冲突而撤离。1988年2月12日，美国海军3艘巡洋舰和驱逐舰借口“维护领海内船舶无害通过权”，又一次闯入苏联领海，一直行驶到距塞瓦斯托尔军港7海里处。苏联北方舰队以美舰“侵犯领海且有危险动作”为由，命令两艘护卫舰前往拦截。美、苏舰艇在苏联领海内剑拔弩张，战争处于一触即发之际。为防止诱发战争，苏联命令军舰不得使用武器，于是苏舰先向美舰发出抗议，然后发出“我舰奉命撞击你舰”的信号，开足马力全速撞击上去。经多次连续撞击后，双方军舰各有损伤。美舰为控制事态发展，迅速撤出其领海海域。

时至今日，关于军舰能否无害通过别国领海一直是各国争论的一个重要问题。

国家领空主权

领空，是指主权国家领陆和领海上空的空气空间，是国家领土的组成部分。主权国家领陆和领海垂直向太空100千米之内的空间，称之为领空。《巴黎航空公约》和《国际民用航空公约》规定：国家对其领土上空的空气空间享有绝对主权。

20世纪以前，关于国家对领陆和领水的上空是否拥有完全的主权，曾有以下4种不同的主张：一是认为整个空间是自由的和不可占有的，国家对其国土的上空不拥有主权；二是认为离地面一定高度以下的空间为领空，其上为公共空间，公空和公海一样是完全自由的，不属于任何国家；三是承认国家对领空的主权，

但以允许外国飞机无害通过（见领海）为条件；四是认为国家对领陆和领水的上空，即空气空间，具有完全的主权。

领空主权是指地面国家对其领土和领陆上空，即本国领空具有完全的排他的领空主权。按照领空主权原则，国家对本国领空主权的内容包括：一是地面国家对本国领空的资源有完全的排他占有使用的权利，并且没有得到地面国家许可，外国的航空器不得飞经或者飞入。因此，国家基于领空主权对于非法飞入的外国航空器，有权采取措施，目的是维护国家领空安全。对军用航空器必要时可以采取武力，对民用飞机不可以。二是地面国家有权保留领空内的国内运输权，即一国境内的城市之间航空运输，专门留给本国的航空运输公司。三是地面国家有权设立空中禁区，即使允许外国航空器飞入了领空，但禁区是不可以飞行的。四是地面国家有权制定航空法律以及涉及领空的海关财政、移民和卫生的法律规章，要求外国航空器飞经或者是飞入时遵守。如果不遵守，地面国家享有执行权。

国家群岛主权

群岛水域是由群岛的地位所决定的，群岛是指彼此相距很近、自然形成为一个地理单位的一系列岛屿。群岛一般可以分为两类：一类是在本土沿岸附近存在的许多岛屿，从而形成沿海群岛；另一类是在大洋中存在的许多岛屿，形成大洋群岛。关于群岛的领海问题，存在不同的观点和争论。一种被称为群岛理论的观点认为：当岛群成为一体时，连接外侧岛屿的基线以内的海域为内水，而在基线以外的水域可划定为领海。这种观点中有争议的问题是具有什么样地形的岛群才能够适用这种理论。

1930 年的海牙国际法编纂会议上曾提出过一项议案，认为群岛理论可适用于本土与岛屿之间，或岛屿与岛屿之间的距离不超过 10 海里的场合，但后来人们认为这种规定也是不合适的。

1958 年的《领海与毗连区公约》对于沿海群岛做了一个明确的直线基线的规定，即在紧接海岸有一系列岛屿的地方，可在适当地点划定直线基线。关于大洋中的群岛是否适用群岛理论，也存有不同意见。印度尼西亚和菲律宾等群岛国家主张，当岛群属于一个国家且能够将其作为一个岛群整体来考虑时，其领海可以从连接最外侧各岛屿的直线基线开始划定。在这种情况下，组成群岛的各岛屿之间及其直线基线以内的水域为内水；如果这种水域形成海峡时，外国船舶也可无害通过，但须遵守沿岸国国内法令，如按照限定的航线航行、实行船舶通行分离制、对特殊船舶的通过要求事先获许以及防止海洋污染等。反对这种观点的人们认为，由于这种群岛理论不受岛屿之间距离的限制，因此对于什么样的岛群才能构成一个整体缺乏一定的标准。如果对散布在广阔海域中的群岛适用直线基线方法，那么与其土地面积相比，它们就可能拥有非常广阔的水域，这是不合理的。尽管如此，印度尼西亚和菲律宾等国都已通过国内法令，按照群岛理论划定了自己的领海。

群岛国是指全部由一个或多个群岛构成的国家，群岛水域是指群岛国的群岛基线所包围的水域。关于群岛基线的划定，1982 年《联合国海洋法公约》中做了详细规定：群岛国可划定连接群岛最外缘各岛和各干礁[①]的最外缘各点的直线为群岛基线，但这种基线应包括主要的岛屿和一个区域。在该区域内，水域面积和包括环礁在内的陆地面积的比例应在 1 ∶ 1 到 9 ∶ 1 之间。这种基线的长度不应超过 100 海里。但围绕任何群岛的基线总数中至多 3% 可超过该长度，且最长以 125 海里为限。群岛国的领海应从群岛基线向外测算一定宽度，即群岛基线以外邻接的一带海域为群岛国的领海。群岛国的毗连区、专属经济区和大陆架的宽度，都应从群岛基线向外测量划定。

群岛国的主权及于群岛水域及其上空、海床和底土，以及其中所包含的资源。必须引起注意的是：群岛水域虽被划定在基线以内，但其法律地位并不是内水，群岛国的内水可在河口、海湾、港口等处用封闭线划定。群岛水域具有不同于内水，又不同于领海的独立的法律地位。

关于群岛水域的通过制度，《联合国海洋法公约》规定：所有国家的船舶均享有通过群岛水域的无害通过权。群岛国可制定适当的海道和空中航道，以便外国船舶和飞机连续不停顿地、迅速地通过或飞越其群岛水域和邻接的领海。所有外国船舶和飞机均享有这种群岛海道通过权。如果群岛国没有指定海道或空中航道，外国船舶或飞机均可通过那些正常用于国际航行的航道，行使群岛海道通过权。外国船舶或飞机在通过群岛水域时应遵守群岛国的有关法律和规章。

注：

①干礁，即低潮高地，是指在海平面低潮时四面环水，但在高潮时没入水中

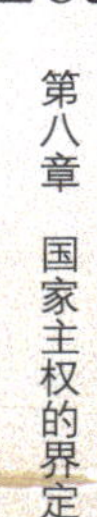

的自然形成的陆地，在确定沿海国领海基线时具有重要的作用。

捍卫国家主权的原则

《国际法原则宣言》

20 世纪以来，国际法以更快的速度发展并产生了巨大的飞跃和转变，因此，人们将其认为是现代国际法。和近代国际法相比，对国际法产生巨大推动力和影响力的因素主要有 3 个：

第一，现代国际法调整的对象发生了变化。科学技术的迅猛发展，使国际法的范围不断扩展。例如，航空器的出现，提出了空气空间是国家领空的问题；人造卫星和宇宙火箭等航天器的研制成功，提出了国际法对宇宙空间的调整问题；南极大陆由探险发展到大规模科学考察，进而出现军事利用和提出领土要求等问题，致使国际法不得不确立南极的地位并调整其关系；捕渔业的发展、大陆架资源的开发和深海海底资源的勘探，引起了人们对海洋的重视和争夺，国际社会不得不召开一系列会议来研究和制定有关海洋的国际法规。科学技术的发展使地球“变成了一个小村庄”，独立国家与其他国家及国际社会之间的往来日益增多，在当今社会中，国家再小，也不可能闭门锁国，与外界断绝一切往来，所以国际法就显得更为重要。

第二，近代国际法向现代国际法转变的一个重要因素，是战争的地位发生了巨大变化，即国际法宣布战争为非法，也就是说禁止战争。近代国际法并没有明确禁止战争，现代国际法宣布战争为非法后即转变了国际法的逻辑推理，从而出现了以和平手段解决国际争端、建立集体安全制度、成立普遍的国际和平组织等现象。

第三，民族解放运动和发展中国家的独立，使国际法产生了根本性变革。近代国际法长期以来是作为欧洲的公法而产生于平等的主权国家之间的，在整个地球上，这些国际法的主体仅局限于欧洲，无论在面积或人口方面所占比重都很小，而亚、非、拉等其他广大地区，当时却都没有被看作是国际法的主体，被置于客体的地位。20 世纪以来，全世界民族解放运动风起云涌，曾经是殖民地的国家

联合国大会全体会议

几乎全部宣布独立，其数量在世界主权国家中占一半以上，这意味着国际法的职能必须发生变化。这些新兴独立国家的出现，使传统的近代国际法在内容方面受到冲击。现代国际法应这一潮流不断补充新的内容，建立了诸如民族自决权、对自然财富及资源拥有永久性主权等新的观念。

1970 年 10 月 24 日，联合国第 25 届大会全体一致通过《关于各国依联合国宪章建立友好关系及合作之国际法原则之宣言》（简称《国际法原则宣言》）。依据国际法基本原则的定义，国际法基本原则具有下列特征：首先必须得到国际社会普遍接受并且为各国所公认。这种公认主要表现在各国缔结的条约中，或者作为国际习惯被各国所接受。国际法是国家之间的法律，一个国家或少数国家提出的某一原则，虽然具有重大的政治、法律意义，在没有得到各国公认之前尚不能成为国际法基本原则。其次是具有普遍意义。国际法基本原则不是个别领域中的具体原则或局部性原则，而是具有普遍意义的原则，适用于国际法一切效力范围，关系到国际关系全局性，贯穿于国际法的各个方面并具有指导作用。再次是构成国际法的基础。国际法基本原则对其他一般性法律具有指导作用，可以在此基础上派生或引申出一般性法规，这些法规必须符合国际法基本原则的精神，不得与之相抵触。最后，具有强行法的性质，在国际社会中属于公认的必须绝对执

行和严格遵守且不得任意抛弃、违反或更改的国际法规范。

互相尊重主权和领土完整

主权，即国家主权，是国家的最重要属性，是国家在国际法上所固有的独立处理对内对外事务的权利。主权不可分割，不可让与。主权是国家最主要、最基本的权利，是国家所固有的，并非由国际法所赋予的。

主权作为国家的固有权利，表现为3个方面：对内最高权、对外独立权和防止侵略自卫权。所谓对内最高权，是指国家行使最高统治权，国内的一切中央和地方的行政、立法和司法机关都必须服从国家的管辖；还指国家的属人优越权和属地优越权。所谓对外独立权，是指按照国际法原则，在国际关系中享有独立权，即独立自主地、不受任何外力干涉地处理国内外一切事务，如国家有权按照自己的意志、根据本国的情况自由选择自己的社会制度、国家形式、组织自己的政府、制定国家的法律、决定国家的对内对外政策等等。这就是国家行使主权权利的自主性和排他性。所谓防止侵略自卫权，是指国家为了防止外来侵略和武力攻击而进行国防建设，在国家已经遭到外来侵略和武力攻击时，进行单独的或集体的自卫的权利。

主权原则是现代国际法所确立的重要原则，是国际关系的基础和现代国际法的基础，已经得到国际社会的广泛承认，几乎所有的国际文献都确认了这一原则。要求各国在其相互关系中要尊重对方的主权，尊重对方的国际人格，不得有任何形式的侵犯。国家是独立的、平等的，各国独立自主地处理自己内外事务的权利应当受到尊重，各国自行决定自己的命运，自由选择自己的社会、政治制度和国家形式的权利应该得到保障，其他国家不得进行任何形式的侵略和干涉。在国际实践中，只有互相尊重国家主权，才能使国家主权原则得到切实的保障。相反，如果各国可以互相干涉，可以恣意侵犯，可以借口主权性质不同而兵戎相见，国际关系就要混乱，国际法也就无法存在了。因此，将国家主权原则比作各国保护自己生存，反对他国控制和干涉的法律盾牌，是完全正确的。

领土完整是构成国家主权的重要部分，是鉴别国家是否真正享有独立和主权的重要标准。领土完整是指国家领土不能被分裂，领土主权不能被侵占。国家是在自己的主权范围内行使主权的，只有国家主权存在，才能保证国家领土主权不可侵犯，才能保证领土完整。如果国家主权被剥夺，领土主权就失去了保证。国家领土主权受到侵犯，领土也不可能完整。如果侵犯了一国的领土完整，肢解、分裂、侵占了该国领土，当然就破坏了该国的主权。因此，尊重一国主权是国家行使主权的基础，尊重一国的主权必然应该首先尊重一国的领土完整，领土完整构成国家主权的重要组成部分。

互相尊重国家主权和领土完整原则主要强调国家的主权原则，它是国际法最重要的原则，是维护国家独立自主、免受外来侵略的法律依据，是国家进行自由合作与友好往来的法律基础，是保障国际和平与安全的法律武器。它赋予国家以独立自主地处理内外事务的权利，确认国家主权在国内是最高的，在国际上是独立的。否定国家主权就是否定国家本身，因此也就否定国际法的存在。和平共处五项原则把国家主权原则和领土完整原则结合在一起，强调领土主权是国家主权的重要组成部分，此外还包括国家的交往权、自卫权、外交权和管辖权等。一国虽然没有侵犯他国的领土主权，但如果侵犯了其他方面的主权权利，也是侵犯他国主权的不法行为。

互不侵犯、互不干涉内政

互不侵犯原则是世界人民经过两次世界大战之后，为了反对侵略战争而形成的一项国际法基本原则，也是现代战争法和海战法的基本原则，它是第二次世界大战以后确立的新的国际法准则。互不侵犯原则是指各国在其相互关系中不得以任何借口进行侵略，不得以违反国际法的任何其他方法使用武力或以武力威胁侵犯另一国的主权、独立或领土完整，不得以战争作为解决国际争端的手段。在和平共处五项原则中，互不侵犯并不是反对所有类型的战争，而是反对侵略战争。国际法禁止的是侵略战争和侵略行为，但下述两种行为不在禁止之列：第一是联合国按照宪章规定合法使用武力；第二是在殖民主义和种族主义政权或其他形态的外国统治下的人民和民族，为争取独立解放而进行的民族独立战争、解放战争和反侵略的自卫战争。

否定战争权和废止侵略战争，确定互不侵犯原则的国际法文件，主要有《联合国宪章》《国际法原则宣言》和《关于侵略定义的决议》。关于侵略的定义是个国际上长期讨论的问题。从 1950 年到 1974 年 12 月 14 日，第 29 届联合国

大会才一致通过了一项《关于侵略定义的决议》。大会建议安理会在确定是否发生了侵略行为时，以该定义为指导。联合国安理会负责依据《联合国宪章》判定侵略行为，并决定对侵略者进行制裁的方式和手段。侵略战争是破坏国际和平的罪行，任何人都不得以任何理由为侵略行为进行辩护。因侵略行为而取得的任何领土或特殊利益，均不得也不应承认为合法。各国人民都有争取民族自决、自由和独立的权利，有权为此目的而进行斗争并寻求和接受援助。

武装侵犯一个主权国家是最严重的违反国际法的罪行，一个关于侵略的定义是不能将侵略行为的特征包罗无遗的，该定义把侵略行为仅仅限定为使用武力的行为，而且，侵略行为是否存在，应由安理会断定，可见这个定义还存在着严重的缺陷。正如我国代表在联大会议上指出的，定义把侵略只限于武装侵略行为而没有包括其他形式的侵略像领土兼并和扩张、政治干涉和颠覆以及经济控制和掠夺等，而这些也恰是当今世界上超级大国推行侵略扩张政策的主要形式。再者，定义中某些条文的含义模糊不清，在适用或解释时会造成不同理解而发生分歧。互不侵犯原则不仅反对各种武装进攻，也禁止进行武力威胁、禁止武装进攻的准备和进行战争的宣传。纽伦堡《国际军事法庭规约》第5条规定，凡计划准备发动或从事任何一种战争的行动都构成违反和平罪，是严重的国际罪行。

互不干涉内政原则是从国家主权直接引申出来的。依此原则，任何国家或国家集团都无权以任何理由直接或间接地对别国进行干涉，不得以任何借口干涉他国的内政与外交事务，不得以任何手段强迫他国接受别国的意志、社会政治制度和意识形态。内政是国家在其管辖的领土上行使最高权力的表现。凡是国家在宪法和法律中规定的事项，即本质上属于国家主权管辖的事项都是国家内政。发生在一国境内的种族歧视、种族灭绝等行为，国家不加干扰和制止，甚至默许和支持，就不属于一国内政的范围。各国对实行种族隔离或违反国际法基本原则的行为的斗争，不构成国际法上的干涉。

干涉指一国或数国为实现自己的意图，使用政治、经济甚至军事的手段，以直接或间接的、公开或隐蔽的方式干涉另一国的内外事务，使被干涉国按照干涉国的意图行事，以改变被干涉国所执行的某种方针、政策或存在的情势。如苏联对阿富汗的干涉，美国对科索沃的干涉。干涉有多种形式，有采用武力的干涉，也有采取其他形式的干涉。侵略是非法使用武力侵犯他国主权，是最严重的干涉，是最直接露骨、最粗暴的干涉。但是，干涉并不仅限于使用武力，还包括军事、政治、经济、外交等方面的各种手段。如在他国收买代理人，组织、制造、资助、煽动或怂恿在他国内部进行颠覆活动，或者鼓励插手他国内乱，派遣间谍、特务，刺探情报和进行破坏，对他国的内政事务指手画脚，等等。

国际法允许根据国际条约和国际义务对他国提供援助，这种援助必须是在完全平等和自愿的基础上的。

平等互利、和平共处、民族自决

平等互利原则包括平等和互利两项内容。

平等就是国家不分大小强弱、人口多寡、政治制度和经济制度如何，都具有平等地位。因而都应该互相尊重，平等相处，任何国家不应谋求任何特权。互利就是各国在其相互关系中，不能谋取片面的利益，更不能以损害、剥削或榨取别国为目的，而应该对双方都有利。国家关系只有建立在平等的基础上才能做到互利，同样也只有实现互利，才可能有真正的平等。在国际实践中形成了一系列平等的国际习惯，包括：非经一国的同意，不得对该国强加以有约束力的规则；国家在外国享有司法豁免权，国家行为和国家财产不受外国法院管辖；在国际会议上表决时，各国都有一票，而且大小国家的投票具有同等性质，在国际会议上各国位次的排列或采用圆桌会议或用抽签方式或依会议采用文字的本国国名字母顺序确定；各国在缔约时，有使用本国文字的权利，各种文字文本具有同等效力，签约时双边条约往往采用“轮换制”；国家在外交礼仪上享有平等权利，如国家的尊严应受到尊重，国家元首、国旗、国徽、代表不受侮辱等。

“和平共处五项原则”是指“互相尊重主权和领土完整，互不侵犯，互不干涉内政，平等互利，和平共处”。从国际法原则角度看，和平共处是指国家在其相互关系上，应彼此尊重对方现存的社会经济制度，不得使用武力或武力威胁，以及其他任何方法改变或企图改变对方的社会经济制度，根据国际法的要求，实行广泛的合作，发展友好关系，和睦相处。

这五项原则最先是周恩来总理于 1953 年 12 月底在会见来访的印度代表团时提出的。1954 年 4 月 29 日，第一次写入中印两国签署的《关于中国西藏地方和印度之间的通商和交通协定》。半个世纪以来，“和平共处五项原则”不仅成为中国奉行独立自主和平外交政策的基础，而且也被世界上绝大多数国家接受，

成为规范国际关系的重要准则。

“和平共处五项原则”不仅在各国大量的双边条约中得到体现，而且被许多国际多边条约和国际文献所确认。1970 年第 25 届联大通过的《关于各国依联合国宪章建立友好关系及合作的国际法原则宣言》和 1974 年第 6 届特别联大《关于建立新的国际经济秩序宣言》，都明确把“和平共处五项原则”包括在内。据统计，至今已有 100 多个条约全面承认了这五项原则，这足以证明“和平共处五项原则”已经得到各国公认，已经成为指导国际关系的基本准则及维护世界和平与发展的有力武器。在建立国际政治、经济新秩序的今天，和平共处五项原则将显示出其特别的重要性。和平共处五项原则已被国家社会承认为国际法基本原则。和平共处五项原则的确立不仅丰富和发展了国际法，也表明了中国对现代国际法发展的重大贡献。

民族自决原则早在资产阶级革命时期以及列宁领导俄国“十月社会主义革命”时即已提出。第二次世界大战后，随着民族解放运动的蓬勃发展和殖民体系的瓦解，民族自决原则逐步得到国际社会的承认，发展成为国际法的基本原则。《联合国宪章》是第一个确认民族自决原则的国际文件。

国际法上民族自决原则的含义是指，被殖民主义奴役和压迫的民族，有采取国际法确认的一切合法手段，摆脱殖民统治，建立民族独立的主权国家，并选择适合于自己的社会政治制度发展民族经济的权利。按照民族自决原则，虽然允许国家对行使民族自决权的民族给以支持和援助，但任何国家假借民族自决名义制造、煽动或支持民族分裂，破坏国家统一和领土完整的任何行动，不仅是对民族自决权的曲解、滥用，而且是对国家主权原则的破坏，是完全违背国际法的。

和平解决国际争端

国际争端是由国家之间在法律上或事实上因观点不同或利益抵触而引起的冲突和争执。国际争端按性质可分为两大类：法律性争端和政治性争端。

《国际法院规约》规定的法律性争端包括：条约的解释；国际法中的任何问题；任何事实的存在，经确定属于违反国际义务；因违反国际义务而应予以赔偿的性质及其范围。政治性争端，主要是指因当事国之间的利益而发生的冲突。法律性质的争端多通过仲裁和司法方式解决，政治性争端多通过外交方式解决。

和平解决国际争端原则，是指国家之间在发生纠纷或争端时，应通过和平方法予以解决，任何使用或企图使用武力或武力威胁的办法来解决争端，都是违反国际法的。《国际法原则宣言》对和平解决国际争端原则作了详细解释，《联合国宪章》也把和平解决争端作为最主要的争端解决模式。只有在和平努力失去效力，侵略行为威胁世界和平的时候，作为唯一有权评判侵略行为的联合国安理会才可以授权诉诸武力制止战争，维持和平。

传统国际法承认国家享有诉诸战争权，可以用战争的方式作为推行国家政策、解决国际争端的手段，所以在解决国际争端中主要采用以下两种主要方式：一是

和平解决国际争端——联合国雕塑

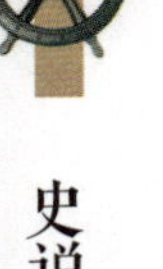

强制方式，即一国为使另一国满足其某些要求而采取的某些强迫手段，如反报、报复、扣留或拿捕对方的船舶、进行军事示威或平时封锁和干涉等；二是非强制方式，即采用外交和法律手段解决。现代国际法和传统国际法最大的一个区别就是宣布战争为非法，并禁止侵略战争，国家不再拥有诉诸战争的权利。因此，将和平解决国际争端作为现代国际关系中的一项基本原则是非常重要的。

《联合国宪章》不仅禁止战争，而且禁止以武力或以武力相威胁的方法解决国际争端。宪章不仅确定了谈判、调查、调停、和解、仲裁和司法等和平解决方法，而且还提出了区域机关或区域办法的利用，或各国自行选择的其他方法作为解决争端的方法。现代国际法虽然确定了和平解决国际争端的原则，但并不意味着完全否定强制方法。例如，只要符合特定条件并严格遵守国际法，采取反报和报复的强制方法也是允许的。反报主要发生在外交、贸易、关税、航运等领域。报复是一国针对另一国的国际不法行为，采取与之相应的强制性措施作为回报，以示惩戒或迫使对方纠正其不法行为。报复和反报的区别在于手段的非法性。

报复分为平时报复和战时报复。平时报复应遵循的原则是：报复必须针对另一方的国际不法行为，报复的目的应是为了使争端得到解决，报复不应过度。引起报复的行为主要有：不履行条约义务、不支付到期债务、军舰在公海上撞沉别国商船而不予赔偿等等。传统国际法中把某些武力行为也作为报复的措施，例如：平时封锁、军事示威以及军事占领等。现代国际法一般禁止采用武力进行报复。《联合国宪章》的基本原则确定了军事报复行为的非法性。依照第 51 条规定，国家只有在受到武力攻击时，才有采取自卫的权利。自卫与报复是两个不同的概念，自卫是消极的防御概念，而报复则是积极的强制措施。

忠诚履行国际义务

古罗马的西塞罗说过："正义的基础是诚实，即应当真诚和忠实于约定和协约。"《维也纳条约法公约》第 26 条规定："凡有效的条约对其各当事国有约束力，必须由各该国善意履行。"就是说，有效地订立的条约，对那些作为当事国参加的国家有约束力，而当事国则必须诚实地遵守条约。

忠诚履行国际义务原则是由"条约必须遵守"这一古老的国际习惯演变而来

的，已为国际实践和国际文件所确认。忠诚履行国际义务原则是指，一个国家应善意履行《联合国宪章》规定的、由公认的国际法原则和规则产生的、其作为缔约国参加的国际条约所承担的各项义务。在国际交往中，国家必须善意地履行其依国际法所承担的国际义务。一个国家既然对某项国际义务明示的（通过条约）或默示的（通过习惯）表示接受，那么就必须善意地履行。如果国家可以不履行自己承担的国际义务，那么，国际法就失去了有效性，国际法本身也就不会存在，国际社会也不会有正常的交往关系和正常的秩序。凡是符合国际法的、由有效条约产生的国际义务，而非奴役性的、侵略性的或由非法条约所产生的国际义务，国家都应善意地履行，不得违背。在国际战争法规中，忠诚履行国际义务还涉及以下几项原则：

一是普遍参加条款。普遍参加条款是指只有在所有交战国均为有关公约缔约国时，才能在它们彼此之间适用该公约。交战国中只要有一国不是公约缔约国，该公约即不适用于处于交战状态的其他缔约国，它们将不受这一公约的约束。最早规定这一原则的条约，是 1868 年 12 月 11 日签订的《圣彼得堡宣言》，其中规定，即使是缔约国之间的战争，一旦有非缔约国支持交战国一方，条约即失去约束力。1899 年和 1907 年通过的所有海牙系列战争法规和宣言，几乎无一例外地规定了这项原则，这一原则明显地反映了当时的主权平等观念，及力图避免因交战国中有非缔约国的存在而造成的损失。在第一次世界大战后所缔结的条约和战争法规中，均不再包括这一原则，而只是强调缔约国相互遵守的义务。这种变化反映了战争不可能局部化，战争将有向全面战争、世界战争发展的趋势。第二次世界大战以后，1949 年日内瓦四公约和其他一些战争法规也都删除了这一普遍参加条款。

二是特别法优于一般法（条约优于习惯法）原则。国际条约和国际惯例作为国际法的渊源自然是非常重要的，但是，由条约制定的规则，一般都比国际习惯法更明确地记载了适用的场合、事项、对象或人的特定范围。一般来说，国际习惯法作为原则对国际社会是一般适用的。因此，如果把条约作为特别法，国际习惯法就是一般法，从而导致了“特别法优于一般法”，即“条约优于国际习惯法”这一原则。例如，关于国际水道苏伊士运河的自由航行问题，1888 年《君士坦丁堡条约》和包括有国际关系内容的、关于可航水道的 1921 年《巴塞罗那公约》都适用。但 1888 年公约属于特别条约，而 1921 年公约则属于一般条约，

忠诚履行国际义务——中国维和部队

这种情况下，“特别条约优于一般条约”的原则将适用。上述原则也有例外，例如《联合国宪章》第103条规定，在成员国之间，《联合国宪章》应居于优先地位，而成员国之间的条约，无论特别条约或是一般条约，对其所加的义务都不能优先于根据《联合国宪章》所承担的义务。

三是条约对第三国无效原则。条约原则上只约束当事国，对当事国以外的第三国不具有法律上的约束力。由于迄今为止的国际社会是协议性社会，国家不分大小一律平等。所以，要使条约的效力及于某一个国家，必须取得那个国家的同意。根据《维也纳条约法公约》规定，对第三国所赋予的义务和所给予的权利应加以区别。在赋予义务时，“第三国应以书面明示同意”，然后才给予肯定；赋予权利时，只需“第三国对此表示同意”即可，并规定“如无相反的表示应推定其表示同意”。关于《联合国宪章》中所规定的要求非会员国遵守宪章的义务，应该理解为道义上的，而不是法律上的义务。

四是强迫签订的条约无效的原则。不是根据谈判国或其代表的自由意志，而是有其他谈判国强迫缔结的不平等条约无效。强迫签订的条约分为，对拥有缔约权国家的代表个人所进行的强迫和对谈判国所进行的武力强迫两种情况。根据《维也纳条约法公约》第51条规定，出现其中任何一种情况时，条约均认为无效。对谈判代表个人所进行的强迫构成条约无效的原因在习惯法上早已确立，但对国家进行的武力强迫在过去被认为是有效成立的。只是到了 21 世纪，随着战争的非法化和否认行使武力的观念在国际法上的发展，开始否定对国家行使武力强迫所缔结的条约的效力。《维也纳条约法公约》第 52 条规定，条约如果违反《联合国宪章》所含的国际法原则，以威胁或使用武力而缔结的条约无效。这一规定不仅将很久以前确立条约无效的理由加以文字化，而且把国际联盟时期以来在国际法上逐渐形成的观念通过写进条约法公约中予以确认。

在中国近代史上，帝国主义列强用坚船利炮胁迫旧中国签订了一系列割地赔款、丧权辱国的不平等条约，这类条约属于强迫签订的条约，没有任何法律效力。

禁止侵略战争

禁止侵略战争的国际公约主要是《非战公约》和《联合国宪章》。1928 年《非战公约》提出，缔约各方约定放弃战争，并且同意和平解决争端。缔约国之间事先就两点取得谅解："作为国际联盟的制裁而进行的战争"和"自卫战争"不在此限。《非战公约》是人类历史上第一次以普遍性国际公约的形式正式宣布废弃以战争作为推行国家政策的公约。在此以前，西方传统国际法理论和实践一向主张，以战争作为解决国际争端、推行国家政策的手段是合法的，主权国家有诉诸战争的绝对权利。它是第二次世界大战后审判德日主要战犯（危害和平罪）的重要法律依据。公约是宣示性的国际文件，无有效期限的规定，已成为一项国际惯例。总的来看，该公约具有极为重要的意义，关于限制战争的基本原则为后来的《联合国宪章》所继承，关于存在的不足之处也在《联合国宪章》中得以克服，从而推进了关于宣布战争违法的历史进程。

该公约存在的主要问题是笼统地使用"战争"一词，而未明确区分侵略战争与自卫战争、正义战争与非正义战争。使用"废弃战争"一词，而未使用当时一些国际文件已经使用的"禁止使用武力"，这就使侵略者有可能以不宣而战为手段或借口它所进行的武装侵略不是"战争"而开脱罪责。公约完全没有考虑对违反公约的制裁，也没有考虑设立国际机构来判定自卫权的行使是否正当。此外，公约没有禁止战争以外的使用武力的情况，只是根据只有宣战才标志着战争开始这样一种古典的定义来禁止所谓的战争，从而为侵略者的不宣而战提供了逃避违反国际法的借口。由于公约的约束力因美、英、法等国的保留而受到削弱。这些

位于美国纽约的联合国总部大楼

保留超出了自卫权的范围，是帝国主义国家强权政治的表现。《非战公约》在国际法和战争发展史上具有重要意义，但实际并没有起到制止侵略战争的作用。条约签署后，1931 年日本就侵略中国东北，1937 年日本又侵略中国全境。

第二次世界大战后成立的联合国组织是世界上最大的国际性组织，在其著名的《联合国宪章》中也明确规定禁止侵略战争："各会员国在国际关系上不得使用威胁和武力，或以与联合国宗旨不符的任何其他方法，侵害任何会员国或国家的领土完整或政治独立。"

禁止战争、禁止使用武力和以武力相威胁已成为联合国组织及其会员国的行动原则之一。根据这一原则，可以允许的情况只有一个，即联合国本身采取的集体措施，或者是个别或集体地行使自卫权。在禁止战争的基础上，国际秩序主要靠集体安全保障来维护，而不是靠同盟和取得势力均衡来维持。战争实际上是由侵略者、制裁者和集体自卫者来进行和维持的，战争当事国不再拥有诉诸战争权。战争已不再是无差别的，侵略者将遭到世界各国的谴责和制裁。交战双方不大可能公平地得到第三国的支持，因此战时保持中立已非常困难。

根据《非战公约》和《联合国宪章》等国际公约规定，禁止进攻性的侵略战争目前已经在国际法中得到确认。战争不再以其原因的正义或非正义，而是以其属于进攻性还是防御性为标准而受到禁止。因此，发动进攻性侵略战争被认为是严重违法行为和破坏国际法准则的犯罪行为。当代国际法对战争概念的调整，是专门针对构成战争的具体行为而提出的战争法，并不涉及诉诸战争的权利。

第九章
中国国家主权的维护
中国人民解放军海
CHINA COAST GUARD 中国海警
2350

国家领土主权的维护

近年来，在网络媒体的推波助澜之下，一个流传较广的学术观点逐渐扩散开来：中国不仅拥有960万平方千米的陆地国土，而且拥有300万平方千米的海洋国土，我们应该像守卫陆地国土那样守卫海洋国土，寸土必争，寸权必夺。

这个观点在法律地位上把陆地国土与海洋国土并列起来，认为它们具有相同的法律地位。在国土面积上把960万平方千米陆地国土与300万平方千米海洋国土对等起来，使中国海洋国土面积有了一个具体的数量概念。

海洋问题十分复杂。要研究这个问题，要注意从历史、现状、未来等纵的方面去研究，同时还要注重从国际法、国内法、战争法等法律方面去规范和界定。所有这些都烂熟于胸之后，必须提升到国家战略、国际战略、国际关系和外交层面去思考。

国土是指国家主权与主权权利管辖范围内的地域空间，包括国家的陆地、陆上水域、内水、领海以及它们的底土和上空。在海上方面，海洋国土指包含领海水域、领海水域下面的底土和上面的领空。而陆地国土与海洋国土的概念完全是两回事，不能混为一谈。从法律上来讲，960万平方千米陆地国土面积是国家的领土主权，其上为国家领空，受国际法和国内法保护，神圣不可侵犯，外国平民未经许可不得入内，外国武装力量未经许可擅自进入上述区域，是对中国领土主权和尊严的侵犯，中国有权采取相应措施制止这种侵犯主权的行为，必要时可通过自卫反击作战抗击外来侵略。“人不犯我，我不犯人；人若犯我，我必犯人”的原则适用于960万平方千米的陆地国土。

海洋国土是日本人在20世纪80年代率先提出的，中国学界沿用了这个概念而国际法中没有这个词汇。这是一个定义不清晰的概念。传统国际法认为沿海国可以拥有3海里领海，3海里以外是公海，公海中外国舰船享有航行自由权，外国飞机享有飞越自由权。目前，美国等一些海洋强国仍然坚持这个国际法原则。

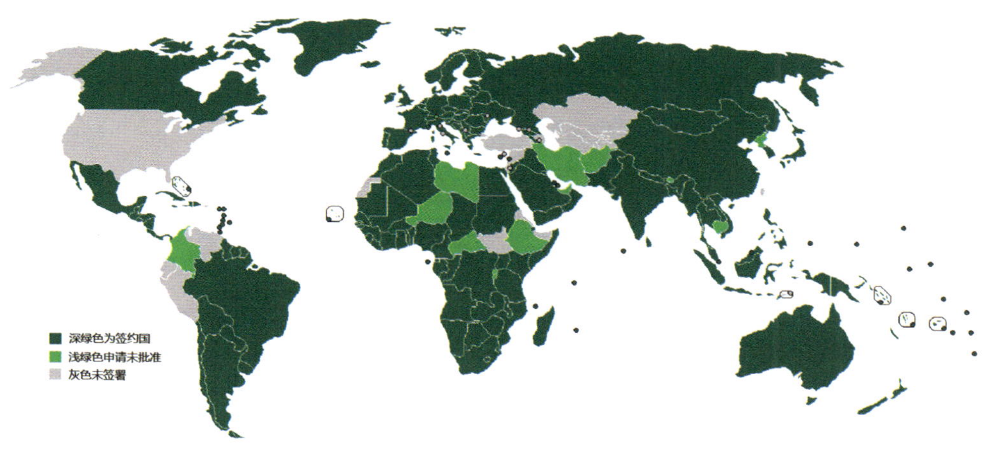

《联合国海洋法公约》签约国与地区

1973 年开始酝酿、1982 年通过、1994 年正式生效的《联合国海洋法公约》对传统国际法中的某些规定进行了重新界定，变化最大的是赋予沿海国 12 海里领海、24 海里毗连区、200 海里专属经济区和 350 海里大陆架。其中，12 海里领海为国家主权范围，其余为国家海洋权益。但海洋国土概念涵盖了上述所有海上区域，显然是一个含混不清的概念。

960 万平方千米陆地国土与 300 万平方千米海洋国土法律地位不同，不可进行类比。960 万平方千米陆地国土在法律上是有效的，在军事上建有分界标志，且有边防部队、边防警察长期驻守。300 万平方千米的海洋国土在什么地方？显然是把中国领海、毗连区、专属经济区和大陆架的所有面积全都计算在内了，但这些不同海域如何划分，全都依托于国家对领海基点的宣布，有了领海基点才能连接领海基线，根据领海基线才能计算 12 海里领海范围，根据领海基线才能算出 24 海里毗连区、200 海里专属经济区和 350 海里大陆架的范围。

根据 1996 年 5 月 15 日《中国政府关于中华人民共和国领海基线的声明》，中国政府公开宣布的领海基点和基线主要包括北起成山头、南至北部湾的中国大陆沿岸线和岛岸线，此外还有海南岛、西沙群岛等岛岸线。钓鱼岛群岛的领海基点基线是 2012 年 9 月 10 日宣布的。根据这样的领海基点基线计算下来，我国实际拥有的领海面积不到 42 万平方千米，这个面积可以宣称为海洋国土，在法

律上享有与陆地国土相同的法律地位，是国家的主权所在。所谓主权所在，因为这些区域国内法进行了权威立法，国家海警局进行行政执法，国家武装力量设立了主权标志，并站岗执勤，捍卫主权，因而可称之为海洋国土。

国家主权神圣不可侵犯，永远不可让与，如果外国舰船和飞机未经许可闯入上述区域，中国武装力量有权进行武力驱逐甚至自卫反击。换句话来讲，在上述区域内，中国武装警察部队和中国人民解放军共同担负着捍卫国家主权和领土完整的神圣职责。其中，钓鱼岛群岛是个例外，虽然宣布了领海基点和基线，但尚未在岛上建立领海基点的标志，也未在岛上建立主权标志，更没有在岛上驻军，即便是 12 海里领海也没有进行全面的排他式管辖，所以目前还不能算是实际控制的海洋国土。

国家争议领土的维护

台湾岛、澎湖列岛、金门岛和马祖岛，东沙群岛以及南沙群岛的太平岛都属于中国固有领土，但长期以来处在台湾地方政府的实际控制之下，这个问题只有在实现了中国统一之后才能最终解决。南沙群岛数十个高出水面且四面环水的岛屿全都是中国的固有领土，但数十年来处在越南、菲律宾、马来西亚、印度尼西亚、文莱等国的实际控制之下。中国在南沙群岛武装占领了数个礁盘和沙洲，但这些礁盘和沙洲都没有高出水面，所以不具备国际法界定的岛屿性质，不能以此为依据宣布领海基点基线。实际控制的概念是国家正式立法宣布领海基点基线，国家测绘部门建立明显标志，国家行政部门进行执法，国家武装力量进行维权。显然，从实际控制的这些标志性事件和国际法律角度来看，上述岛屿都不在中国政府的实际控制之下。

根据国际法规定，岛屿决定海洋，只有率先占领了海上岛屿才能依托岛屿划定领海基点基线，最终确定其领海范围和管辖海域。南沙群岛、中沙群岛都是中国的固有领土，数百年来中国一直在进行主权声索，但实际上这两个群岛中国至今仍未宣布领海基点和基线，主要原因是南沙群岛高出水面的岛屿都被外国非法占领，中沙群岛中的黄岩岛中国也没有进行实际控制。越南、菲律宾、马来西亚、印度尼西亚、文莱等国实际控制了南沙群岛之后，便在岛上驻军，建立军事设施，并以此为基准非法宣布了领海基点基线。在这种情况下，中国如果强行登岛或在

三沙市政府所在地西沙永兴岛

其周围进行维权执法必然与上述国家发生武装冲突，如果长期置之不理则会被认为是放弃主权，因而进退维谷，处于两难之中。

早在 1984 年，邓小平就对南沙群岛争端提出了两个选项：“一个办法是我们用武力统统把这些岛收回来；一个办法是把主权问题搁置起来，共同开发。”基于睦邻友好的和平外交政策，中国确定了以和平方式解决南海争端的选项。但是，这并不意味着中国放弃使用武力收回被占岛礁的权利。对此，1945 年《联合国宪章》第 51 条及联合国有关决议提供了充足的国际法依据，即当一个国家遭受侵略等武力攻击时，受害国有权行使自卫权收回被占领土。据此，中国有权随时使用武力收回被占岛礁，更有权随时占领、管控中国主权范围内全部岛礁。数十年来，中国一直坚持通过和平方式解决争端。为此，2002 年还与东盟签署了《南海各方行为宣言》，2013 年就是否签署更有约束力的南海行为准则进行磋商。

遗憾的是，数十年来中国和平解决争端的举措不仅没有得到相关声索国的响应，反而被认为中国是软弱可欺，这些国家变本加厉，在南沙群岛所占岛礁上加强行政管辖，建立军事设施，积极进行战争准备。为了应对这种情况，中国必须做好军事斗争准备，只有敢战方能言和，只有做好打赢战争的准备才能迫使对方

专属经济区驱逐外国间谍

采用谈判的方式和平解决争端。战争与和平、军事与外交是相辅相成的，二者并不矛盾，更不冲突。因此，要做好军事斗争准备，经常使用强大的海空兵力在争议海域和岛屿进行常态性军事演习，给对方发出一个明显的信号：中国维护国家主权的意志是坚定不移的。

国家海洋权益的维护

中国的海洋权益包括 3 个方面：

第一，中国已经宣布领海基点基线的海域。到目前为止，中国已经宣布了大陆岛岸、钓鱼岛群岛、西沙群岛和海南岛的领海基点基线，由此宣布了向外拓展的专属经济区和大陆架范围。理论上来讲，这些海域有法可依，起止线也比较清楚，但由于在向公海方向延伸的过程中与相邻相向国家所宣称的海上专属经济区和大陆架范围产生了相交和重叠，因而构成了海洋划界方面的争端。中国在东海与日本之间有数万平方千米的划界争端，主要是日本单方面宣布的中间线与中国向外延伸的专属经济区和大陆架之间发生了重叠。类似的情况也发生在南海，中国与越南和菲律宾之间都有类似的划界争端。在这些争端海域，从外交层面来讲，应该加强沟通，用和平谈判的方式解决争端。从维权执法层面来讲，由于国家已经宣布了领海基点基线，法律上赋予了执法权，明确了执法范围，所以应该大刀阔斧地进行维权执法。维权执法力量应该以中国海警力量为主，国家武装力量提供支援。

第二，中国尚未宣布领海基点基线，但处于中国实际控制的海域。在南沙群岛，中国海军在数个礁盘和沙洲上面建立了军事设施，并有守备部队长期驻守。此外，还有一些岛礁沙洲尚未建立军事设施也没有派兵驻守，但实际上处于中国实际控制之内。对于这些海域，中国海警执法力量与中国武装力量密切合作，加强常态性巡逻，进行实际管辖，为国家宣布领海基点基线的立法创造条件。

第三是南海“九段线”以内的海域。2012 年 12 月，海南省人大通过《海南省沿海边防治安管理条例》以后，美国及南海周边国家纷纷质询，这个条例的适用范围在什么地方？有些专家学者认为，既然三沙市成立了，那么这个条例就应

中国海警常态化巡航我国水域

该适用于“九段线”之内。换句话来讲，凡是进入南海“九段线”以内的外国舰船和飞机，都应该纳入这个条例进行管辖，也就是说，外国舰船和飞机如果进入“九段线”之内，海南省行政执法部门、海警部门就应该依法管辖，该抓的抓，该扣的扣，该罚没的罚没。某些专家的这些过度解读很快引起美国及周边国家的高度紧张，迅速升级为外交事件。我当时提出的观点正好相反，认为海南省这个条例的适用范围仅限于海南岛和西沙群岛所宣布的 12 海里领海之内，但可视情况延伸到专属经济区。当前国家还没有法律依据将这个条例延伸到“九段线”。很遗憾，我的这个表述在当时引发大量激进人士的反对。大约过了数个月之后，我的观点得到相关方面的认可。

南海“九段线”以内的海域法律地位非常复杂，大致可以做这样几种理解：第一，“九段线”是一条历史传承的国界线，1947 年中华民国内政部第一次正式宣布的时候为“十一段线”，当时认定为中国的海上疆界线。第二，作为国家海上疆界线应该具有明确的精度和维度，疆界线应该采用粗实线。事实上是没有

加强训练随时准备捍卫国家主权和领土完整

明确的经纬度且采用的是虚线，所以很难把这条线作为中国的海上疆界线，不能认定这条线内的所有海域中国都可采取排他式主权管辖。第三，这条线与越南、菲律宾、马来西亚、印度尼西亚和文莱各国的领海、专属经济区和大陆架外延线全都构成了重叠，因而造成了海洋划界争端。中国应该如何看待这条线，应该怎样进行维权执法？我曾经在《走向深蓝》和《规范海洋》两部专著中进行过大量论述，并创造了一个新的词汇“国家传统管辖海域”。

我认为，中国学界应该从理论上廓清南海“九段线”的一些法律问题：

第一，这条线是老祖宗数百上千年代代相传下来的海上疆界线，不能说丢就丢了，中国有责任进行传承，中国海警和国家武装力量应沿线进行常态性巡逻，宣示国家主权。在这里必须要明确的一点就是宣示的主权是什么主权？这种主权不是国家领土主权，而应该理解为国家海洋权益的主权性管辖，要把“九段线”以内的区域作为“国家传统管辖海域”而不是“国家排他式主权范围”。在“九段线”之内，国家要用行政执法力量和武装力量经常宣示主权，表示国家管辖的意愿，但不能把这种管辖理解为 12 海里内的排他式主权管辖，进入这个区域中的外国舰船和飞机仍然享有航行自由权。

第二，这条线虽然早就形成了惯例，但真正进行权威发布是在 1947 年，即便是从这个时期算起，也比 1982 年通过、1994 年生效的《联合国海洋法公约》早了 35 年和 47 年。中国对南海提出的主权声索有两个概念：一个是南沙群岛和中沙群岛都是中国的固有领土；另一个是“九段线”以内是中国的传统管辖海域。数十年来，南海周边国家在这个问题上混淆视听，颠倒黑白，他们采取的方式有两个：一个是先非法武装占领中国岛礁，再依托这些岛礁宣布领海基点基线，划定领海和专属经济区范围。另一个是依托自己的岛岸线宣布领海基点基线，然后向中国“九段线”以内划定 12 海里领海、200 海里专属经济区和 350 海里大陆架，只要是处于这个区域中的所有岛礁都宣布为自己的国家领土。这样的逻辑关系严重违反了国际法准则，因为是岛屿决定海洋而不是海洋决定岛屿，通过划定一个区域来圈定岛礁的方式是非法的、无效的。根据国际惯例中“后来法规无法对之前法规产生约束力”的相关条款，南海周边国家不能用《联合国海洋法公约》中有关领海、专属经济区和大陆架的相关法规去框定数十年前就已经划定的南海“九段线”，更无权非法侵占历史上就属于中国的南海岛礁。

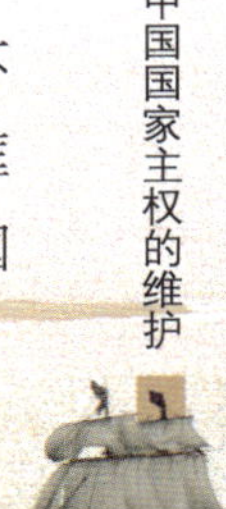

第三，鉴于在历史传承的国家疆界线与现行海洋法中赋予沿海国的管辖区域相互重叠而产生的划界争端，应该通过双边外交谈判的方式解决。解决的方式可以先易后难，率先避过与国家主权相关的敏感划界争端，先通过划分渔区、油气开发区等经济区域的模式进行共同开发，过程之中再视情况进行划界谈判。

第十章
为维护国家主权而战
D80

领土争端谈判不成，唯有通过战争解决

马岛海战是 20 世纪 80 年代世界上发生的影响最大的军事事件之一。英、阿两国对马岛主权的争议，有着复杂的历史背景，也经历了漫长而曲折的斗争。争议的焦点是，谁先发现和有效占领这些群岛。

马尔维纳斯群岛[①]位于南大西洋，距阿根廷东海岸最近处 511 千米，距英国 13149 海里，距英属阿森松岛 6296 海里。该群岛有大小岛屿 200 多个，总面积约 1.22 万平方千米，其中长期有人居住的岛屿 5 个，总人口 2000 人。历史上曾遭受过英国、西班牙和法国殖民统治，关于主权之争已有 150 年之久。

在“谁先发现”这个问题上，据历史记载，马岛最早被发现于 16 世纪，但何人何时发现，说法不一。阿方认为，1520 年麦哲伦探险队的一名葡萄牙人最早发现了该群岛。英国则认为是由英国航海家 1592 年 8 月 14 日首先发现的。1690 年，英国人约翰·斯特朗来到该岛时，发现了东、西两个主岛之间的海峡，将其取名为“福克兰海峡”。此后，英国称该岛为“福克兰群岛”。

在“谁先占领”这个问题上，双方都承认后来先后被法国、西班牙占领。1816 年，阿根廷独立后宣布继承原来由西班牙殖民主义者统治的马岛主权，并于 1820 年宣布拥有该岛主权。1829 年，英国宣称对马岛拥有主权，并于 1833 年 1 月 3 日派兵占领了两大岛屿，此后一直占据该岛。在主权问题上双方争执不下，进行多次谈判未果。谈判过程中，都曾多次派人登岛，升旗、派兵和建立设施，宣示主权。

1958 年，英、阿马岛争端提交联合国裁决。1965 年，联大第一次审议马岛争端。阿强调，马岛是西班牙殖民体系的组成部分，应根据《给予殖民地国家和人民独立宣言》（简称《反殖宣言》）中确认的领土完整原则将马岛归还阿方；英则坚持其对马岛的主权，强调岛上居民自决权。大会最后通过了敦促阿、英立即进行谈判、和平解决问题的决议。1966 年至 1976 年间，多届联大都做出了类似的协议或决议。

1971 年，英、阿签署协定，英同意逐步把岛上居民国籍并入阿根廷，以解决岛民的身份证问题，使他们可以在阿各地通行和接受高等教育。1972 年，阿在岛上修建了机场，班机定期往来，英、阿关系逐渐缓和。不久，马岛南部海域勘探出蕴藏有丰富的石油天然气和其他矿藏，英、阿谈判气氛急转直下。

1980 年，英外交官与阿根廷谈判中提出这样的设想：马岛主权移交给阿根廷，但要把马岛长期租借给英国。阿对此表示反对。英政府重归先前立场，强调岛上居民自决权。

1982 年 2 月 26 日至 27 日，英、阿举行正式谈判，毫无结果，双方关系恶化。阿根廷为了维护民族尊严、国家主权及领土完整，决定采取军事行动来结束英国殖民主义者对马岛、南乔治亚群岛和南桑德韦奇群岛的武力统治，并开始了积极的备战活动。3 月 19 日，阿根廷一企业 60 名工人乘海军运输船，以拆除南乔治亚群岛一座鲸鱼加工厂陈旧设备为名，在该群岛的利斯滩登陆，并插上阿国旗，两国关系旋即恶化。3 月 31 日，阿根廷政府决定武装收复马岛，结束英军对马岛的长期军事占领。

4 月 2 日 0 时 15 分，阿根廷总统加尔铁里下令实施武力收复马岛的“罗萨里奥计划”。由 1 艘航母、4 艘驱逐舰和 20 艘其他舰船及 4000 名登陆兵组成的阿根廷海军第 40 特混舰队在马岛周边岛屿登陆，随即攻占了岛上的机场和港口。阿军 7 架 C – 130 运输机运送 3000 多后续梯队增援，使岛上阿军总兵力达 4000 人。

阿根廷前总统加尔铁里

夺岛战役打响后，岛上英国守军只有近 200 人，只进行了一般抵抗后即全部投降。4 月 7 日，阿宣布成立“南大西洋战

英国首相撒切尔夫人

区”，战区包括阿大陆沿岸200海里及马岛、南乔治亚群岛和南桑德韦奇群岛周围200海里水域。与此同时，阿军第60两栖编队又占领一个小岛，英国守军23人投降。

阿军以伤亡7人，损失2架直升机的代价占领了整个马岛。到4月底，岛上驻军增至1.3万人。阿军开始扩建岛上机场，部署雷达站及防空部队，构筑工事，并向岛上运送武器、弹药及其他补给品等。阿根廷利用地理上的有利条件，乘英不备，以武力收复马岛，企图迫使英国在事实面前承认其拥有马岛的主权。

英国在获悉马岛被阿根廷占领后，4月2日立即宣布与阿断交，成立以首相撒切尔夫人为主席的战时内阁作为最高决策机构，并制定了以武力为后盾，政治、外交、经济多管齐下，迫使阿方撤军，如果阿根廷不屈服，就出兵夺占马岛的战略方针。4月3日，英战时内阁做出派遣特混舰队重新夺占马岛的决策，并宣布了第一批征用商船参战的征召令。

4月5日，英特混舰队40余艘舰船和部分征召的商船携载约4000人的地面部队，20 架“鹞”式飞机和 45 架直升机，分别由英国朴次茅斯和英属直布罗陀起航驶往南大西洋。

注：
①拉美国家和中国大陆称为马尔维纳斯群岛，其他国家称为福克兰群岛。

延伸阅读：马岛海战的启示

英阿马岛海战的启示有两点：一是岛屿主权与岛屿距离本土的远近无关。马岛（福克兰群岛）距离英国 13000 多千米，距离阿根廷只有三四百千米，表面上看来，英国对在如此遥远的距离上宣称主权似乎有点问题，实际上没有任何问题。菲律宾之所以占领中国南沙群岛的多个岛屿，并提出这些岛屿距离其本土很近，而距离中国很远，这种说法实属无稽之谈。

二是当国家主权受到侵犯，国家尊严受到挑战的时候，就不惜一切使用武力夺取被占岛屿。1982 年的英国经济危机十分严重，国力衰败。尽管如此，英国在阿根廷占领岛屿 3 天后成立战时内阁并对阿宣战，继而全国进行战争动员，用了一个多月的时间舰队才抵达南大西洋，最终以全国之力夺取被占岛屿。试想一下，如果当时不是如此坚决地动用武力，而是与阿根廷谈判，或者是提交国际仲裁的话，马岛很可能被永久性悬而不决。

马岛海战，吸引全球目光

万里远征，74 天夺回马岛

1982 年 4 月 7 日，英国宣布对马岛周围 200 海里实施全面海空封锁。4 月 12 日，英军核潜艇到达马岛后立即开始对马岛进行封锁。由于特混舰队尚未抵达，当时只有 2 ~ 4 艘潜艇进行封锁，但迫使阿根廷海军舰船绝大部分于 12 日前由战区返回大陆港口，14 日开始在英军宣布的封锁区外机动。阿根廷对马岛的运输补给主要由运输机空中补给，只有 2 艘巡逻艇和 2 艘商船冲破封锁线，为马岛

运送了物资。

4 月 17 日，英国战时内阁提出把战争控制在马岛地区，不进攻阿根廷本土的原则，并积极展开了外交和政治攻势，美国及其他北约成员国都表示支持英国，中断了与阿根廷的军火贸易。特别是法国和德国，原来与阿根廷有军火销售协议，但都支持对阿的军事禁运。同时，各国还向英国提供后勤保障、通信、卫星情报等便利。当天，英国首批特混舰队抵达中大西洋的阿森松岛，4 月 24 日抵达南乔治亚群岛附近水域。

4 月 25 日，第 42 陆战突击营机降在岛上，进行短促的夺岛作战后英军抢占了重要的前进基地。3 架英军“山猫”式直升机在南乔治亚群岛附近发现阿方潜艇“圣菲”号随即将其击沉。4 月 26 日，由 23 艘军舰、20 架飞机、2000 名陆军组成第 2 梯队从波特兰起航奔赴战场。5 月 12 日，由 18 艘军舰和 3000 名陆军组成的第 3 梯队从安普顿起航奔赴战场。

4 月 29 日，英国特混舰队主力抵达马岛水域，30 日完成了对马岛周围 200 海里海上、空中封锁的部署。英国国防部宣布从格林尼治时间 4 月 30 日 11 时起，所有进入马岛周围 200 海里禁区的飞机和舰只都将遭到攻击。29 日，阿根廷也宣布：“从即日起在阿根廷海岸、马尔维纳斯群岛、南乔治亚群岛和南桑德韦奇群岛起的 200 海里阿根廷海域航行的所有英国舰船，包括商船和渔轮，任何在阿根廷领空飞行的英国军用和民用飞机都将被认为是敌对的，并将受到相应的对待。”此时，战场形势发生急剧变化，海上封锁反封锁的斗争全面展开。

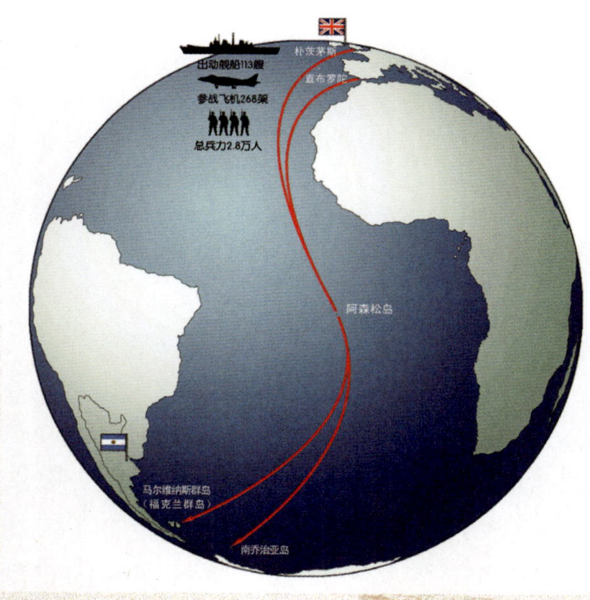

英军万里远征并封锁马岛

4 月 30 日，阿根廷海军的“贝尔格拉诺将军”号巡洋舰和 2 艘驱逐舰组成的舰队在英国划定的 200 海里封锁线内航行，英方“征服者”

号核潜艇发现后保持跟踪。5 月 1 日，英军从阿森松岛起飞的“火神”轰炸机和从航母起飞的“鹞”式战斗机首次空袭马岛，并持续对马岛机场、雷达站、仓库等进行轰炸和炮击。为了取得战场主动权，英战时内阁批准特混舰队可以攻击 200 海里封锁圈外的阿军目标。同时，英国舰艇也在距马岛 20 海里处使用舰炮进行对岸轰击。阿根廷设在马岛的港口设施、机场和工事遭到严重破坏，3 架飞机被击落。英国有 5 架飞机、2 架直升机被击落，1 艘护卫舰受重创。

5 月 2 日下午，英“征服者”号核潜艇在马岛 200 海里禁区外 36 海里处，向阿海军旗舰 12242 吨的“贝尔格拉诺将军”号巡洋舰发射了 3 枚 MK – 8 鱼雷，两枚命中，巡洋舰在 45 分钟后沉没，阿军 321 人阵亡或失踪。该舰被击沉后，阿根廷海军主力立即撤离马岛海域，阿海军 1 艘航空母舰、4 艘潜艇和 2 艘导弹驱逐舰组成的舰队从此龟缩于本土，不敢出战。此间，双方展开了激烈的封锁与反封锁作战和导弹攻击作战，英军对马岛的封锁获得成功，控制了战区制海权，断绝了马岛与外界的联络，阿根廷无法向岛上运送弹药、粮食等必需品。

5 月 4 日，阿根廷空军派出一架法制“超级军旗”式战斗轰炸机在马岛以北 40 海里处发射了两枚法制 AM – 39“飞鱼”式空对舰导弹，击沉英国最先进的 42 级导弹驱逐舰“谢菲尔德”号。作为报复，5 月 6 日，英军派遣 16 名突击队员先搭乘潜艇再换乘橡皮舟潜入阿根廷本土的空军基地，一举炸毁阿军仅有的 14 架“超级军旗”式战斗轰炸机中的 8 架，使阿军的远程打击能力受到重创。

5 月 7 日，英海军宣布将 200 海里海上封锁区扩大到离阿根廷本土 12 海里处。之后，双方开始袭击对方的舰艇。阿根廷使用岸基飞机在英国舰队上空进行低空飞行，并抵近舰艇投放炸弹和鱼雷，炸沉炸伤多艘英国舰船。此间，双方展开了激烈的封锁与反封锁作战和导弹攻击作战，英军对马岛的封锁获得成功，控制了战区制海权，断绝了马岛与外界的联络，阿根廷无法向岛上运送弹药、粮食等必需品。

5 月 14 日晚，英国 50 名海军突击队员乘 3 架直升机降落在岛上，炸毁阿军 6 架“普卡拉”攻击机、4 架“T – 34”教练攻击机、1 架运输机。“格拉摩根”号驱逐舰 114 毫米主炮猛轰岛上的目标，1 座军火库、6 座雷达站被炸毁。英军乘直升机安然返回，扫清了登陆的障碍。

5 月 20 日，英军经过一系列交战，基本上达到了封锁马岛、削弱马岛守军力量的目的，并已做好马岛登陆的准备工作。5 月 21 日凌晨 3 时，英军开始登

陆，4 小时内 2500 人上岸，运送物资 3.2 万吨，并在岛上构筑工事，组织防御。上午 10 时开始，阿方先后出动数批飞机共 70 余架次，对英舰船进行空袭，炸沉英护卫舰“热心”号，重创、击伤英舰 4 艘。阿方损失 14 架飞机。英军控制了 20 平方千米的滩头阵地，用钢板铺设了供“鹞”式战斗机和直升机起降的简易机场，进一步巩固了滩头阵地。

5 月 22 日，阿军出动近百架次飞机发动猛烈空袭，击沉了英军“羚羊”号护卫舰。5 月 25 日是阿根廷国庆日，阿空军出动 200 架次，击沉英“考文垂”号驱逐舰、“大西洋运送者”号滚装船，击伤 1 艘驱逐舰和 1 艘护卫舰，自身损失飞机 31 架。此时，英军登陆部队已达 5000 人，占领了 150 平方千米的登陆场，建立起补给基地和通信枢纽，并在钢板简易机场加铺了铝合金跑道。5 月 27 日，英军登陆部队向阿军发起攻击，兵分两路向斯坦利港推进。5 月 28 日英军开始对达尔港发起进攻。尔后，向阿根廷港方向发起进攻。6 月 8 日，阿空军击沉英登陆舰“加拉哈德爵士”号，重创英护卫舰和登陆舰各一艘。阿军损失飞机 11 架。

阿军击沉“谢菲尔德”号

此时，英军在岛上的力量已大大增强，共有地面部队 8000 人，重炮 30 门，坦克 20 辆。6 月 11 日，英军开始对阿根廷港发起总攻。

6 月 14 日，英国向全世界宣布，岛上 11000 名阿军于 14 日 21 时投降。双方战地司令签署非正式停火协议，历时 74 天、战后第一次以海军为主的大规模现代化战争宣告结束。

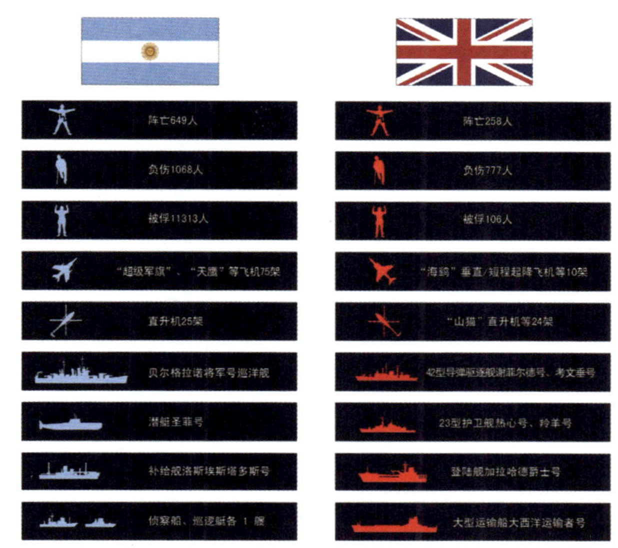

马岛海战战损一览表

马岛海战中英方投入兵力 2.8 万人，舰船 113 艘约 100 万吨，其中军舰 63 艘（占英舰艇总数的 27%），排水量计 33 万余吨（占海军总吨位的 25%），仅有的 2 艘航空母舰和 4 艘攻击型核潜艇全部投入作战。飞机 268 架（占英海空军飞机总数的 12%），海军陆战队参战人数 4600 人。

阿根廷参战兵力近 7 万人（占阿总兵力的 38%），舰艇 22 艘（占总艘数的 25%），排水量计 7.1 万吨（占总吨位的 49%），飞机 370 架（占阿海空军飞机总数的 61%）。地面部队参战人数 1.3 万人，海空军参战兵力占参战总兵力的 80%。

经过 74 天的激战，英国损失 21.6 亿美元，有 6 艘舰船被击沉、12 艘舰船被击伤，10 架飞机和 24 架直升机被击落和击毁，伤亡人数达 1100 人。阿根廷损失 10 亿美元，有 5 艘舰船被击沉、6 艘舰船被击伤，107 架飞机和 10 架直升机被击落和击毁，伤亡 1.37 万人。

二战后第一次进行海上大封锁

海上封锁是马岛海战的主要作战样式，以海上封锁作为主要海战样式的战例

很少，战后以来这是第一次。英国利用传统海战法中关于封锁的有关规定，结合这次海战的需要，提出 200 海里“军事禁区”的新概念，对战争的进行有着重要意义。

英国进行海上封锁的主要作用是：限制阿军舰船的活动，袭击进入封锁区的阿军舰艇，切断海上交通线，孤立和包围马岛，支援马岛登陆行动，配合岛上战斗等。英国海军封锁部队不拘泥于传统的封锁模式，以灵活机动、封打结合、封登结合的作战样式，取得海空封锁和夺取马岛战争的胜利。封锁部队不仅有效地控制了封锁区内的制空权、制海权，阻止对方舰船和飞机进入马岛和有关岛屿进行增援或提供后勤补给，还排除一切干扰，发现目标及时跟踪、报告并进行打击，同时还不限于封锁区内，对封锁区外的敌方军事目标和作战舰艇也予以打击，体现了现代封锁作战的灵活性。同时，还配合登陆部队成功地进行了登陆作战。

从实战来看，英国以现代武器装备达到国际法中关于“封锁必须有效”的基本要求。按照传统海战法规定，封锁必须有效，即必须以足够数量的海军舰船，封锁所有的海上通道、敌方海岸和整个封锁区。按照这种概念，英国要封锁宣布的 200 海里封锁区，至少需要 150 ~ 200 艘舰船。由于现代武器装备的发展，使机动能力，远程探测和跟踪能力，远距离打击能力和空中、海上及水下打击能力明显提高，所以对封锁必须有效这一传统原则的理解也有了新的观点，即只要能够使用必要的兵力控制已经宣布的封锁区即被认为是有效的。实际作战中，从 4 月 12 日英国宣布 200 海里海上封锁区，到 4 月 30 日英国特混舰队抵达战区约 18 天时间内，在封锁区内进行巡逻的只有 2 ~ 4 艘潜艇，按照传统海战法这不能算作有效，因为传统海战法要求舰艇必须全部到位。而最初英国参加封锁的仅仅是几艘潜艇，虽然从形式上来看不算有效，但实际上，这几艘潜艇却把整个阿根廷海军舰队封锁在港内，所以从效果上来看又是有效的。即便是在 4 月 30 日，英国宣布对 200 海里海域和空域进行封锁之后，英国特混舰队也只有 40 艘左右的作战舰艇，按照传统的封锁概念根本不可能有效地封锁 200 海里的海域和空域，但现代条件下证明是可行的，而且是有效的，因此封锁是成功的。

在封锁作战中，舰载雷达的对空搜索距离为 300 ~ 400 千米，在 100 千米距离上，雷达对截面积为 4 平方米的空中目标发现概率为 80%，防空导弹的作用距离达 70 千米。对于敌方水面舰艇的舰载雷达探测距离为 70 千米，如果使用空中预警机作用距离可增大到 200 千米以上，反舰导弹射程为 40 千米。在封锁区域的布置上，一般将封锁舰队置于敌方岸炮的射程之外、己方舰载机的掩护半径之内。

在马岛海空封锁中，战时封锁区内禁止商船出入。根据公海自由的原则，传统海战法并不禁止商船出入封锁区，也不禁止中立国与交战国进行正常的贸易往来。为了防止战时禁运品流入交战国，封锁一方必须出动大量舰船和人力对来往船只进行临检、搜查与拿捕。马岛海战中，在宣布封锁区的时候双方就明确规定，禁止一切商船和渔船进入封锁区，如果一定要进入，将被认为是怀有敌意，将遭到相应的攻击。这是与公海航行自由原则相违背的，交战国可以宣布封锁区，但不能禁止别国商船和渔轮通行，如果怀疑其参与战争和支持另一交战方，可以进行临检、搜查与拿捕。从现代海战角度来看，由于雷达、声呐只能远距离测定和发现目标，但难以区分是军舰还是商船，如果禁止与交战国无关的船只进入封锁区，可以避免误击和误伤事件的发生。从攻击武器来看，由于导弹射程远、速度快、反应时间短，不能像过去炮战时代那样在经过检查或认清目标后再攻击，所以按

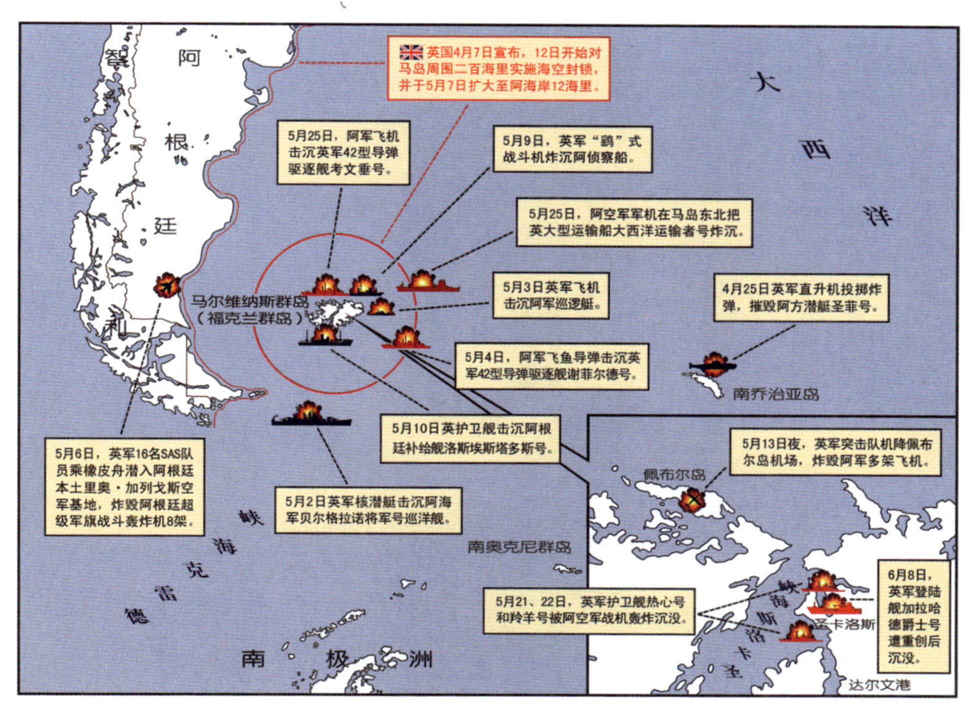

英军封锁及马岛海战示意图

以前的规定也有问题。从实战角度考虑，本来英国用于海空封锁和支援登陆作战的作战舰艇就很少，如果再抽调大量舰艇去执行临检、搜查与拿捕任务，则影响和干扰主要作战任务的完成，所以禁止商船出入封锁区可避免此类麻烦的发生。

马岛海战中的封锁基本上是沿用了传统国际法中关于封锁的程序和规定，英国的创新在于没有把这种军事行动称为“海上封锁”，而是称为“军事禁区”。海上封锁有据可查，军事禁区却没有明文规定，所以英国人聪明地打了一个擦边球。这个经验值得汲取，比如我们为维护主权而进行的海上作战中也没有必要称什么海上封锁或空中封锁，可以琢磨一些类似于军事禁区、导弹发射区之类的词就行了。

马岛地处南大西洋，那不是交通要道，没有多少船舶和飞机来往，所以封锁比较容易，反对和抗议之声较小。马岛海战中的海上封锁是现代战争中的一次成功案例。这次海上封锁的主要作用是限制阿军舰船的活动，切断海上交通线，孤立和包围马岛，支援马岛登陆行动，配合岛上战斗等。因此，就封锁作战的战法

参加封锁马岛并击沉“贝尔格拉诺将军”号巡洋舰的英国“征服者”号核潜艇

而言是成功的，但在国际法方面却给人们留下了许多争议，其中一个主要争论就是如何看待“封锁必须有效”这个问题。

马岛海战中英国所进行的封锁，有一个很大的突破，就是不采用大量舰艇进行密集的海上封锁，而是利用舰艇的机动性和舰载武器与电子设备的作战能力，对封锁区进行远距离控制性封锁，最后证明这种封锁是有效的，也是成功的。历史上的海上封锁基本上都是海洋强国对弱国的封锁，少有以劣封优的案例。这就好像是地面作战中的包围战一样，我要想包围敌人，至少要以 3 倍甚至 5 倍于敌的兵力才行，否则你这个网就会不严密，就会出现漏洞，就会让人家打破封锁和突破重围。这些，都是我们应该思考的一些重大问题。

英国第一次没有大型航母参战

英国对现代航空母舰的关键技术的发展做出了重大贡献，斜角甲板、蒸汽弹射器、助降镜、垂直起降飞机、滑跃起飞等航母专用的关键技术都是英国发明和首创的。如果沿着这样的航母技术路线发展，英国将会在航母方面有重大突破。但是，由于英国军事理论过于保守，在军事革命面前反应迟钝，死抱着“大舰巨炮制胜”理论不放，虽然创新了大量的航母关键技术，并研制和建造了大量航母，但并没有像美国那样在战争中充分发挥航母的核心作用，致使二战中多艘航母被击沉或重创。

航空母舰是国家综合实力的缩影和具体体现，当一个国家综合实力出现衰落的时候，不要说建造新的航母，就是养航母都养不起。第二次世界大战中，战争消耗过大，英国国力衰败，结果彻底失去了长达数百年“海上霸主”的地位。

二战结束以后，大量航母退役、拆除、封存和转让，一个昔日的航母大国，从此逐渐淡出，沦为一个仅仅拥有几艘轻型航母的二流国家。战后初期，昔日“日不落帝国”雄风不再，超级大国的宝座不得不让位于美国，大英帝国从此一蹶不振，处于长期休眠状态。美国为了维持其超级大国的地位，出于争夺世界霸权和与苏联争锋的战略目的，大力发展超级航母及核动力航母，而此时的英国却是无可奈何花落去，一片凄凉景象。

1945 年第二次世界大战结束的时候，英国海军还拥有 26 艘航空母舰，其中 2 艘“鹰”级、4 艘“竞技神”级、3 艘“卓越”级、2 艘“不协”级、14 艘“巨人”

级以及1艘“独角兽”级。从1946年开始，英国不仅不再发展新的大型航空母舰，反而开始清理门户，变卖家产，通过出售、赠予、退役等方式大幅削减航母数量，并未继续探索新型航母的发展。先是把5万吨级的航空母舰拆除，把其他的航空母舰卖给荷兰、加拿大、澳大利亚、巴西、阿根廷、印度等国，使得战后形成一次航空母舰大扩散，并宣布今后不再建造中型或重型航母。作为传统海洋国家，痛失航母之后倍感凄凉，因为没有航空母舰的海军舰队就像一群无头之鸟，没有核心、没有龙头，再也打不起精神来。曾经称雄于世界海洋400多年的大英帝国海军，在没有航母的那些岁月中逐渐消沉。

20世纪50年代，美国海军酝酿建造排水量达8万吨的核动力超级航空母舰。此时的英国海军只有望洋兴叹。由于国家财政贫困，资金捉襟见肘，航母无疑成了国家最大的负担之一。在这样的情况下，政府决定把海军所有的常规起降飞机航母全部退役，所有舰载机和海军岸基飞机交给英国空军管辖，由空军为海军提供中远程舰队区域防空和预警，海军只保留舰载型垂直/短距起降飞机和直升机，一支强大的海军就这样被活生生地肢解了。1953年到1954年期间，英国转而发展轻型航空母舰，相继建成“阿尔比昂”号、“布尔沃克”号和“人马座”号轻型航母。

20世纪60年代初，英国海军曾经计划建造排水量5.3万吨的CV-A01中型航母，但受到空军的干扰和反对，再加上“胜利”号航母不合时宜的一场大火，致使英国政府最后取消了这个计划，英国航母发展再次陷入停滞。1963年，富有创新意义的“鹞”式垂直/短距起降式飞机在“皇家方舟”号上进行了一系列试验，即便是这种特别适合海上作战的新技术也未能得到英国政府一分钱的额外发展基金。新型舰载机试飞成功但没有新型航母来携载，“皇家方舟”号航母的服役期不得不延长至“无敌”号航母服役之后。

1977年，“无敌”号轻型航母建成下水，1980年服役。1981年，当英国国防部得知澳大利亚海军计划对其老旧的“墨尔本”号航母进行替换的消息后，立即迫不及待地许诺将正在试航的“无敌”号航母卖给对方，双方甚至连“无敌”号的新名字“澳大利亚”号都已经取好。可惜，由于1982年英阿马岛战争爆发，“无敌”号义无反顾地开往南大西洋作战，这艘舰艇因此而得以保留下来。与其命运大致相同的还有“竞技神”号航母，马岛海战前已经决定卖给印度，由于战事紧急，将出售事宜不得不推迟到战争结束以后进行。

马岛战争期间，英国用“大西洋运送者”号集装箱船应急改装了一艘简易航母，在首部铺设了一个长 15 米，宽 24 米并涂有耐热材料的起降平台。从桥楼到起降平台则沿主甲板用集装箱搭成了一个简易机库，可装 14 架“鹞”或“海鹞”式飞机。但是，战争是无情的，当这种航母到达南大西洋海域时，面对的挑战是显而易见的。阿根廷用非常陈旧的老式攻击机对英国航母编队进行空袭，居然屡屡得手，最后阿根廷导弹打完了才就此罢手，如果还有导弹的话，英国舰队有可能被毁于一旦！

由于没有大中型航母，英国在马岛海战中吃了很大的亏，但这样的教训是无法改变的，因为要发展航母就必须有大量的金钱，当时的英国经济处于萧条之中，养航母都是一种奢华，哪里还有能力去建造新航母？

马岛海战的实践证明，把海军舰载机划归空军建制是一种错误的决策，空军的岸基飞机平时用不上，战时由于距离遥远又不能应召前往，迫使海军不得不用驱、护舰艇做雷达哨舰，使用“海王”直升机进行预警，用“海鹞”飞机来进行制空，结果刚刚服役的“谢菲尔德”号驱逐舰被击沉了，另外也有多艘舰艇被击沉击伤。当初曾经拍胸脯保证为海军提供制空权的英国空军在哪里呢？它们仍待

参加马岛海战的“无敌”号航空母舰

在英国本土、后方基地和战区外围的岛屿机场上！

马岛海战后英国政府痛心疾首，悔不该当初因为国穷而变卖家产，要是那几十艘航母在役的话，马岛战争的损失绝不会如此惨重，甚至阿根廷或许根本就没有胆量去占领马岛！

马岛战争后，英国国内再也听不到卖掉“无敌”号、反对建造航母的声音，与此相反，全国上下同心协力加速了“卓越”级“卓越”号和“皇家方舟”号两艘后续航母的建造进程。随着两艘航母服役，战功卓著的3万吨级“竞技神”号航母还是在1986年卖给了印度。

被卖给印度的英国航母“竞技神”号现在被称为“维拉特”号

2005年“无敌号”退役后，英国皇家海军仅剩下“卓越”号、“皇家方舟”号两艘轻型航母。到2014年，英国海军则处于一种“裸奔”的状态——100年来第一次没有航空母舰。所有的航母都已经退役，在建的航母则还没有下水。

2007年4月，英国政府正式批准了海军的新航母建造计划。已经被命名为“伊丽莎白女王”号和“威尔士亲王”号的两艘航母将耗资近40亿英镑，其排水量为6.5万吨，是英国皇家海军两艘现役航母排水量的3倍。每艘航母供飞机起落的飞行甲板面积超过 1.3 万平方米，飞机库容积为 2.9 万平方米，可携载 40 架战斗机。按照计划，这两艘航母将分别于2014年和2016年开始服役。现在已经到了计划服役的时间，但“伊丽莎白女王”号航母也只能在2014年下水，2016年服役的可能性都不太大。至于“威尔士亲王”号航母如何发展还没有确切的时间表。

轻型航空母舰第一次开赴前线

“无敌”级轻型航空母舰的研制工作是从 1962 年开始的。但由于英国高层在认识上存在差距，争吵了 10 年才把方案确定下来，并于 1973 年 7 月开工建造。争论的焦点在于：是继续发展 20 世纪 70 年代退役的“鹰”号航空母舰那样的斜直两段式飞行甲板的、能够携载固定翼飞机的攻击型航空母舰，还是改变发展策略，发展一种作战效能相对较差、造价便宜、只能携载垂直/短距起降飞机和直升机的轻型航母？最终确定发展“无敌”级轻型航母。首制舰“无敌”号（R-05）于 1980 年 7 月服役，后续舰“卓越”号（R06）和“皇家方舟”号（R-07）分别于 1982 年和 1985 年服役。最后一艘舰的造价为 3 亿英镑。

“无敌”级航空母舰标准排水量1.95万吨，舰长206米，宽27.5米，吃水6.4米。采用滑翘式直通飞行甲板，其长度为 167.8 米，宽 13.5 米。舰上主动力装置为 4 台燃气轮机，9.4 万马力，航速 28 节，以 18 节速度巡航时续航力为 5000 海里。舰员编制 666 人，航空兵 402 人，共 1068 人。该级航母主要携载垂直/短距起降飞机，一般可携载 8 ~ 9 架“海鹞”、9 架“海王”反潜直升机和 3 架“海王”预警机。舰上武器包括：1 座双联装“海标枪”舰空导弹发射装置，2 ~ 3 套“密集阵”近防武器系统。另配有 2 座八管“乌鸦座”干扰箔条发射装置，2 座“海蚊呐”诱饵投放器。

“无敌”级航空母舰的主要任务是：实施和指挥反潜作战；执行一定的舰队区域防空和反舰作战；担任指挥舰，在编队中负责作战协调，支援两栖登陆作战，以及执行海上救援运输和保卫海上交通线。1982 年英阿马岛海战中，“无敌”号和另外一艘航母“竞技神”号携载了 30 多架垂直/短距起降飞机和直升机，并作为指挥舰在南大西洋进行反潜、防空和反舰作战，同时也在对地攻击作战中发挥了重要作用。

“海鹞”式战机在“无敌”号上降落

马岛海战中，阿根廷被迫防守自卫迟迟不敢出战，海军在“贝尔格拉诺将军”号巡洋舰被击沉后就一直龟缩于港中。当时，英国海军由于没有空中预警机，决定利用现有装备组成3道防线：第一道，用“谢菲尔德”号驱逐舰当雷达哨舰，让它走在舰队的最前面，负责侦察敌情，如果发现敌机或舰艇立即报告给在编队上空值班的“海鹞”式攻击机，“海鹞”再通报给舰队。

第二道和第三道防线都是用区域防空导弹和点防空导弹来拦截导弹或飞机。这种防御阵形简直就是二战时期的编成模式，于是阿根廷海军的机会来了。在海军侦察机的引导下，“超级军旗”式飞机以900千米的时速、关闭雷达超低空40米突防，顺利接近“谢菲尔德”号，在距其46千米处迅速拉到150米高度，雷达短暂开机30秒，发射飞鱼反舰导弹后返回。导弹像长了眼睛似的直冲“谢菲尔德”号驱逐舰冲去。很快，这艘刚刚服役的新型舰艇就沉入大西洋。

接着，便是“考文垂”号、“热心”号、“羚羊”号、“大西洋运送者”号……一艘艘现代化驱护舰和万吨轮沉没了，昔日不可一世、来势汹汹的老牌海军让一个第三世界弱国阿根廷给整惨了。这说明，优势和劣势不是绝对的，是可以相互转换的，关键是看你怎么用兵；事物都是一分为二的，矛和盾都是对立的统一，所以在考虑强敌的时候，既要看到强的、优势的一面，也要注意分析其缺陷和不足，这样才能有的放矢，发挥各种武器的综合作战能力。

马岛海战后，英国于 1986 年开始对“无敌”号航母进行为期 2 年的改装，主要内容包括：将滑翘甲板倾角由 7 度增加到 12 度；加大机库和增设航空辅助设施，使载机量达 22 架，比改装前提高 60％，包括 8 架“海鹞”、11 架反潜直升机和 3 架“海王”预警直升机，改装费达 1 亿英镑。

1993 年，英国开工建造了新型“海洋”级轻型航母，满载排水量比“无敌”级小 2000 吨，为 1.7 万吨，但续航力却比“无敌”级增大 3000 海里，即 18 节航速 8000 海里。该舰可携载 24 架 EH-101 型直升机，也可携载 6 架垂直 / 短距起降飞机。

就是这艘航母，破例采用了商船的建造标准，从而使费用大大减少，这在世界航母发展史上又是个创造。

英国“海洋”级轻型航母 L12

舰载预警直升机第一次实战

英国预警机的发展也是由海军率先进行的。

英国第一架预警机是1960年装备服役的“塘鹅”式，共生产了38架，性能很差，探测距离只有80千米，只用了10年就退役了。1970年，开始用“手铐”式海上巡逻侦察机改装预警机，到1973年改完，共计12架。由于论证不充分，仍使用20世纪50年代的大型陆基飞机装备“塘鹅”式的雷达和电子设备，所以探测距离仍为80千米，舰载机又落后，不得不另选新机。20世纪70年代初便选定发展“猎迷”预警机，经过8年努力终于在1980年7月试飞，结果与军方要求相差甚远，不得不在1986年宣布撤销这个研制计划。接下来英国研制“防御者”预警机，其对舰探测距离130 ~ 370千米，对飞机探测距离150 ~ 185千米，可引导12架飞机进行空战。

马岛海战中，因为没有制空权和空中预警能力而接连失利，使英国海军十分恼火，最后制订了称为“低空监视任务”的工程计划，重点提高海上编队的预警能力。出于战争的迫切需求，利用“海王”直升机改装预警雷达的方案得到批准和实施，海军反映使用效果不错。从那以后，英国海军就逐步改进“海王”预警直升机和预警雷达的性能，并作为正式装备，担任“无敌”级航空母舰执行编队预警和侦察任务，每舰装备3架。

“海王”预警直升机型号为MK-2AEW，它是当时世界上唯一的一型舰载预警直升机，其他国家要么使用E-3B这样的岸基预警机，要么就使用E-2C这样的大型舰载预警机，几乎没有用直升机来预警的。因为直升机预警有很多缺陷，比如续航时间短，巡逻范围小，飞行速度低，飞行高度也不够，携载的预警雷达重量和机载电子设备受限，等等。尽管如此，英国海军经过多年实践和改进，“海王”预警直升机性能已经很不错，完全能够完成舰队预警的基本需求。

“海王”直升机有4名乘员，旋翼直径18.9米，尾桨直径3.16米，全长22.15米，机身长17米，全高5.13米，机宽4.98米。空重5530千克，有效载荷3630千克，最大巡航速度204千米/小时，航程1482千米。机载海上监视雷达为“水上搜索”型，其扫描器可进行稳定的俯仰和滚动运动，可360度全景扫描。为了执

“海王”预警直升机

行搜索和目标分类任务，机上还设有2名雷达操作员。该机在1500米高度飞行时，其警戒半径可达160多千米，比舰载雷达探测距离大8 ~ 9倍。悬停时还可以进行空中加油，续航时间长达4个小时。

垂直/短距起降飞机第一次参战

20世纪60年代初期，北约国家开始研制垂直起降飞机。当时曾产生过不少设计方案，并试制了十几种样机，但终因技术难度较大或工作可靠性较差而半路夭折。20世纪70年代，英国首先研制成功“鹞”式垂直起降飞机，并正式装备部队，从而为世界航空兵器家族增添了一个新成员。

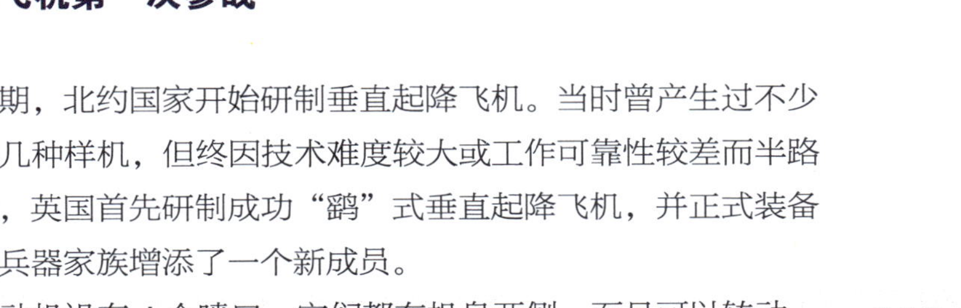

“鹞”式飞机的发动机设有4个喷口，它们都在机身两侧，而且可以转动。当喷口向下时，产生的推力可使飞机垂直上升；当喷口向后时，产生的推力可使飞机前进。这样，飞行员通过调整喷口的方向和角度，便可改变飞机的飞行姿态。这种飞机不需要跑道，有一块35米×35米大小的空地便可起降，所以非常适于在岛屿和航母上起降。

“鹞”式飞机虽具有上述优点，但它的一个致命弱点至今仍难以克服，这就是航速较低，作战半径较小，攻击威力较差。它时速只有1000千米，属高亚音速飞机，这和其他常规起降飞机相比差距很大，因为一般喷气式作战飞机都达1

倍音速以上。由于垂直起降，所以受重量限制，挂载燃油和武器较少，加之垂直起飞时耗油量极大，所以作战半径只有 100 千米左右。为了增大航程，节省燃油和加大挂量，一般采用短距滑跑起飞，垂直降落方式，如再加挂副油箱，作战半径便可达三四百千米。

“海鹞”是“鹞”式的派生型，是英国垂直 / 短距起降舰载多用途战斗机，1975 年开始研制，1979 年交付部队使用，装备英国“无敌”级航空母舰。

“海鹞”是世界上第一型舰载多用途战斗机，可执行多种作战任务：在执行空中作战巡逻任务时，可携带 4 枚空空导弹，作战半径 185 千米；执行反舰任务时，携 2 枚“海鹰”空舰导弹，作战半径 370 千米；执行侦察任务时，一次出动覆盖面积为 9.6 万平方千米。在 1982 年英阿马岛冲突中，英特混舰队搭载了 28 架“海鹞”飞机，战争期间为执行空中作战巡逻任务出动 1100 多架次，为支援进攻出动 90 多架次，击落阿根廷飞机 23 架，表现十分出色。

“海鹞”垂直 / 短距起降战机升空

英阿海军第一次海空导弹战

世界上第一次大规模使用制导武器的海上战争是英阿马岛海战。战争中交战双方使用的各类战术导弹、鱼雷、激光制导炸弹等精确制导武器，达 17 种之多。其中，英国使用的最多，有 13 种，包括声自导鱼雷、激光制导炸弹和空对空、空对舰、舰对空、地对空、潜对舰和反坦克等导弹。

1982 年 5 月 1 日，从阿森松岛起飞的一架“火神”式轰炸机飞抵马岛上空实施第一次空袭，接着从航空母舰上起飞的 12 架“海鹞”式飞机参与了空袭，其中一架飞机用 AIM–9L“响尾蛇”导弹击落了第一架阿军飞机。次日，英“征服者”号攻击型核潜艇在马岛以南海域发射两枚“虎鱼”鱼雷，击沉阿海军 1.36 万吨级大型巡洋舰“贝尔格拉诺将军”号，不到 40 分钟便沉入海底。

5 月 4 日，阿空军一架“超级军旗”式战斗机，在马岛以北海域用一枚 AM–39“飞鱼”导弹向 3500 吨级的英海军导弹驱逐舰“谢菲尔德”号发起攻击，该舰中弹后不到 4 小时便沉入海底。继而，英海军 2700 吨级的“热心”号护卫舰、2700 吨级的“羚羊”号导弹护卫舰、3500 吨级的“考文垂”号导弹驱逐舰、1.49 万吨级的“大西洋运送者”号货船及 4400 吨的“加拉哈德爵士”号登陆舰相继被阿空军击沉。

6 月 11 日，正在轰击斯坦利港的英国驱逐舰“格拉摩根”号被一枚“飞鱼”反舰导弹击中，当时人们并不以为然，因为飞机用“飞鱼”导弹在战争中已击沉击伤了英国“谢菲尔德”号和“大西洋运送者”号两艘舰船。后来人们才发现，原来这是一枚岸对舰的“飞鱼”导弹所为，是阿根廷用 C–130 运输机运抵斯坦利港的。所以，岸舰导弹的第一个战例应该从马岛海战算起。

阿海军首战失利后，所有舰艇畏缩港内不敢出击。英海军利用舰载直升机携带的“海上大鸥”反舰导弹四处寻歼在封锁区外缘巡逻的阿海军舰艇，终于击沉巡逻艇 1 艘，重创 2 艘。为了增大对舰突击威力，英海军还特意为“猎迷”式海上巡逻机改装了“鱼叉”反舰导弹，并在“火神”式轰炸机上改装了“百舌鸟”式反辐射导弹。“鱼叉”导弹虽未获战机，“百舌鸟”却在袭击阿根廷港的战斗中屡建战功，摧毁了不少阿军雷达。英军登陆后，用“米兰”式反坦克导弹轰击阿军坚固防御阵地，效果很好。此外，英军还使用了在地面上用激光器指示目标，

“超级军旗”式战斗机携带“飞鱼”导弹飞行

引导空投激光炸弹轰炸的方法，命中率也很高。

在防空作战中，英军损失 36 架飞机，阿军损失 117 架。在阿军所损失的飞机中，除 31 架被摧毁于地面之外，其余 86 架均在空中被击落。其中，被 AIM-9C“响尾蛇”空空导弹击落的 17 架，被“海狼”近程舰空导弹击落的 5 架，被“海标枪”区域舰空导弹击落的 8 架，被“海猫”近程舰空导弹击落的 10 架。此外，被“轻剑”地空导弹击落的 20 架，被“吹管”地空导弹击落的 11 架，被“毒刺”地空导弹击落的 1 架。其余 14 架，均为机炮或地面炮火击落，仅占总数的 16%。由此可见，精确制导武器在战争中是多么重要。

马岛海战，英国商船总动员

商船快速动员改装航空母舰

英国不仅是世界上最早发展航空母舰的国家，而且是对航母关键技术贡献最大的国家，也是战时商船改装、战时工业动员做得比较好的一个国家。在二次世界大战中就已经积累了丰富动员经历的英国，在英阿马岛海战中驾轻就熟、处事不惊、有条不紊，利用商船改装了可以携载飞机、直升机和作战物资的各种船舶，对于战争的胜利发挥了极为重要的作用。

英国人发展航母有自己的一套思路，开始是发展大型斜角甲板航母，美国人是其忠实的学生，制造这类航母的技术达到了炉火纯青的地步。后来英国人改变思路，创造性地发展轻型航母，结果意大利、西班牙、印度都跟着学。后来又改了，用商船或民用标准来发展廉价的航母或直升机母舰。其实，利用商船改装航空母舰，发展“影子航母舰队”一直是其平战结合的重要战略。

1910 年至 1920 年，靠商船改装了“暴怒”号等航空母舰，以后虽开始专门设计航母，但各个时期都从未忽视制定动员令、保持商船改装潜力。二战期间，各国用巡洋舰和商船改装了近 200 艘护航航母，马岛海战中英国也用商船紧急改装了飞机运载舰，马岛海战后英国还用 2.8 万吨的“百眼巨人”号集装箱船改装了航空训练舰，能携载 18 架飞机和直升机。在海湾战争中，这艘“百眼巨人”号还曾开赴海湾参战，而且又改装成了医疗救护船。

利用商船改装航空母舰有两大优点：第一，平战结合、军民结合。平时可作为商船支援国家建设，战时改装航空母舰可进行作战和后勤支援。第二，周期短、见效快。战时利用集装箱化系统改装 1 艘航母一般仅用 48 小时即可完成，平时用商船改装 1 艘航母 1 ～ 3 年便可交付使用，而建造 1 艘航母从研制到服役则要 10 ～ 20 年。

用商船改装航母也存在战斗效能有限、生存能力较低的缺点。此类航母不能携载常规起降飞机，只能搭载垂直 / 短距起降飞机和直升机，因而作战半径较小，缺乏远程警戒和攻击能力。另外，民用船舶与军舰的建造标准相差甚远，没有考虑三防、抗冲击和抗爆加固等因素，因而战时毁损率较高。

滚装船有平坦的上层甲板，外形和结构酷似登陆舰，是一种很好的平战两用新船型。平坦的上甲板可改为飞行甲板，供垂直 / 短距起降飞机和直升机起降，车辆货舱可供两栖车辆、坦克等自行武器开上开下。

垂直 / 短距起降飞机的出现与完善赋予商船改装航母以更大的潜力和生命力。美国“阿拉伯霍”计划设想用商船改装可搭载垂直 / 短距起降飞机的平台，它可载 4 架垂直 / 短距起降飞机，用 10 个集装箱作人员住舱，6 个集装箱作燃料舱，并设有必要的航空辅助设施。该系统约占船舶吨位的 20%，在普通码头上用常

集装箱船改装的“百眼巨人”号航空训练舰

规起重设备可在 24 小时内改装完毕。

英国的“舰载集装箱化防空武器系统”有高、中、低多种改装方案，可分别执行舰队区域防空、中级自卫防空和初级自卫防空任务。曾设想在 3 万吨的集装箱船上，利用 223 个装有防空导弹、近防武器系统以及各种航空辅助设施及人员住舱的集装箱，左舷铺设一条长 140 米、5 ~ 7 度的滑翘跑道，尾部设一直升机平台和机库，可载“海鹞”飞机 8 架、“海王”直升机 2 架。改装后的商船，可为舰队提供区域防空，而整个改装仅需 48 小时。

用商船改装各类载机舰已不仅停留于纸面，许多已进入实用。英国海军辅助船队的“信赖”号航空支援舰便是在“阿拉伯霍”计划的研究基础上，用参加过马岛海战、2.8 万吨的“天文学者”号集装箱船改装而成。该舰 1983 年开始改装，同年 12 月完工。改装后可载 5 架“海王”直升机，下甲板可装 516 个 20 英尺和 181 个 40 英尺标准集装箱，用于装载干货、液货及冷藏食品。

英国海军“百眼巨人”号航空训练舰也是用参加过马岛海战的商船改装。改装主要包括以下内容：艏部桥楼不动，将上甲板改为飞行甲板，上层建筑前后各设一部舷内升降机，加设了 4 道水密隔墙，将一舱标准改为三舱标准，为提高船的稳定性，飞行甲板下铺设了一层重达 2000 吨的混凝土，保证横摇 12 度时飞机仍能安全起降。该舰改装后可搭载 12 架“海鹞”和 6 架“海王”，载机量比“无敌”级高 25％，而采购加改装费仅为“无敌”级现价格的 20％。该舰于 1987 年 4 月编入英国皇家海军服役。1991 年海湾战争中，该舰又改成医疗救护船。

商船动员为海军快速提供支援

英、阿马岛海战爆发时，正是英国政府大幅度削减军费之际。当时英国海军面临四大困境：一是自 20 世纪 70 年代海外殖民体系彻底瓦解之后，海军战略已从全球大洋转向本土和区域海域，根据北约部署，主要负责北约北翼的反潜任务，不具备远洋作战能力；二是兵力规模大大缩小，舰艇总数从战后初期的 700 余艘减至 200 艘左右，其中主战舰艇由二战结束时的 456 艘减至 70 艘，大量舰艇退役或出售，常规起降飞机航空母舰、战列舰和巡洋舰等大型舰艇几乎全部退役；三是由于持续的经济危机，海军经费大大紧缩，政府公开在世界上拍卖现役的航空母舰、驱逐舰、护卫舰和潜艇等海军装备，企图走以民养军、振兴经济尔后再重振海军的道路；四是在大甲板航空母舰退役之后，遂将全部海军飞机划归空军建制，海军只留少数舰载机，海上制空交由空军负责，海军实力大大削弱。

马岛之战对英国海军来说，既是一次挑战也是一次考验。二战前那支称霸于世界海洋近两个世纪的强大的海上劲旅已不复存在，眼下这支没有制空能力、没有足够的主战舰艇、没有强大后勤补给能力的海军已失去了昔日的雄风，其远洋作战能力大大削弱。但“虎死余威在”，皇家海军毕竟是一支老牌的、训练有素的且有一定海战经验的一流海军，常备军虽然不多，现役装备也不够强，但强大的平战互转能力、巨大的经济技术和经济动员潜力及全民的国防意识和主权观念等，成为转危为安、转劣势为优势、转失败为胜利的一个关键因素。地方工业、航空、兵工、造船等部门源源不断的支援不仅使英国海军特混舰队能迅速出动，而且在这次远洋作战中基本做到了行动协调、反应灵活、供应充足、运输通畅。因此，可以毫不夸张地说，英国若没有成功的经济动员和民间资源的动员，就绝

不会有英国马岛海战的胜利。

英国马岛海战中商船改装动员的主要做法是：战前进行了政治和军事方面的紧急动员，激发民族斗志、保持外交优势和争取国际合作，并煽动西方世界对阿根廷展开军事禁运和经济制裁。同时，立即成立战时内阁、联合司令部和特混舰队司令部，动员陆、海、空现役部队参战，并派海军潜艇部队、航母特混舰队等先遣梯队开拔；调整军事战略部署，分兵前往战区，边航行、边拟订作战计划；取消军贸外售计划，动员所有军事装备参战；启用后备役护卫舰、启封和维修封存舰艇。

有法可依，有案可循

马岛海战持续了 74 天，此间，英国先后共征用和租用 67 艘商船，其中征用 65 艘，总计 67 万多吨，占特混舰队总吨位的 60% 以上。征用的民用船舶包

英军成功夺回马岛

括：油船、客轮、货船、远洋拖轮、集装箱船、滚装船和补给修理船等，这些商船征用后迅速被改装成飞机运载舰、运兵船、扫雷艇、修理船以及医疗救护船等，为英国在南大西洋的军事行动运送了 9000 名士兵（占参战总兵力的 32%），96 架飞机（占参战飞机的 36%），10 万吨作战物资和后勤给养以及 42 万吨燃料（占总耗油量的 60%），并承担了特混舰队的大量补给和维修任务，发挥了名副其实的“海军臂膀”和“第四军种”（即陆、海、空、商船队）的作用，为英国夺取军事上的胜利奠定了重要基础。

英国战时商船紧急动员是战后以来世界上首次进行大规模商船动员，其主要特点有 3 个：

一是速度快捷。1982 年 4 月 2 日阿根廷部队攻占马岛后，英国立即成立战时内阁，4 月 3 日决定出兵马岛，武力收复，特混舰队在 40 小时之后便从朴次茅斯和直布罗陀等港口分兵启程开往南大西洋。英国首相撒切尔夫人对此高度评价，称“特混舰队出动速度之快，将载入英军史册”。军队是执行作战任务的武装集团，它平时处于高度戒备状态，一接到命令便迅速集结和开拔应该说是情理之中、理所当然的事。然而，平时并不归军队建制，且以赢利为目的的那些穿梭于世界各大洋、海域和港口之间的商船队却也具有军队那种招之即来、来之能战的素质以及战争中表现出来的各种惊人的创造力不得不令人刮目相看。英国女王 1982 年 4 月 4 日签发商船动员令，4 月 5 日特混舰队起航时便有首批民用船随舰队出航；此后 10 ~ 15 天内，又有约 40 艘商船无条件应征，其行动速度之快已超过了发达国家处于高度战备状态的海军部队和预备役部队的水平。

二是有案可依。英国议会制定有允许政府在紧急情况下使用民间资源的法令，政府与私营运输企业订有战时征用合同，也与船员签有合同期内必须“前往任何地区服役”的契约，同时商船船员也可临时改成军事建制，以适应作战需要。马岛海战一爆发，国防部与贸易部协商，当即便敲定了要征用的商船，因此，各个环节基本都没出现推托、扯皮或议而不决等混乱现象。

三是胸中有数。平时军方全面掌握商船情况，了解船位、航向、装备和运行状况，对于适合军用的商船了如指掌，因此能迅速根据军队任务的需求来确定征用的商船类型，并能在极短的时间内提出改装方案。例如，首批被征用改装为飞机运载舰的“大西洋运送者”号滚装通用货船的改装草案是技术人员在乘车

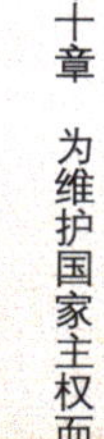

“大西洋运送者”号滚装通用货船

去船厂的途中，在一个信封背面绘制的；“大西洋运送者”号沉没后，取代该船的 2.4 万吨的“天文学者”号集装箱船的改装方案则是在 3 小时内考察完毕并确定下来的。

平战结合，寓军于民

商船和军用舰艇在设计结构和建造标准上有很大差别，商用船舶提供军用，必须具备一定的条件：一是要有合适的船型，二是要根据用途进行一定程度、范围的改装。平时不搞技术储备，战时拿来匆匆上马，往往不能取得好的效果。要充分发挥商船军用的潜力，并满足军事行动所需的快速动员要求，必须在和平时期便有计划、有步骤地开展商船军用的论证研究，抓几个船型，搞几种典型改装，做好一些必要的技术储备工作，才能保证战时不抓瞎，真正能达到“招之即来，来之能战，战之能胜”的目的。

战争爆发的时间、地点和规模都是不定因素，要想在突然袭击条件下具有较强的应变能力，技术储备方案就必须多样化，具有多方面的适应性，避免单打一。否则，紧急情况下势必束手无策仓促上阵。英国在马岛海战之前，也制订了不少商船改装计划，包括用滚装船来加强北约北翼，或在紧急时刻用滚装船和其他商船横渡英吉利海峡，向欧洲提供支援。但这些计划是以对抗苏联仅限于将商船改装后在北大西洋使用的，这次战争却偏偏爆发在南大西洋，所以征用的商船在航程、续航力和适航性方面遇到了意想不到的困难，平时做的改装方案几乎全部落空。尽管如此，平时的这些动员准备依然没有白费，平时积累下来的那些改装预案、经验及雄厚的技术基础，保证了战时紧急施工和改装的快速性和实时性。

马岛海战之后，商船改装军用问题受到世界各国的极大重视，国外商船改装军用的研究与实践非常活跃，各国相继推出了各种各样的改装方案。改装后的舰船可根据改装规模和需要情况，或作为正式的军辅船部队服役，或作为试验、储备，改装后实际用一段时间，积累经验后再交（或出售）地方营运部门。例如，参加过马岛海战的商船“天文学者”号集装箱船是马岛海战之后英国和平时期大规模改装的第一艘商船，改装后命名为“信赖”号，作为直升机支援舰，该舰改装的主要目的属试验性改装，旨在为下一步改装做技术准备，因此改装后在辅助船队试用一年左右又出售给远洋运输公司。

进行永久性改装的船舶适合于长期军用，如英国用参加过马岛海战的“竞争者—巴赞特”号滚装通用货船改装成“百眼巨人”号航空训练舰后编入皇家舰队辅助舰队，替代20世纪60年代中期服役的“恩盖代恩”号，担任皇家海军舰载机（含垂直/短距起降飞机和直升机）飞行员的日常训练任务。1991年海湾战争时，该舰又开赴波斯湾，此时已经不再是航空训练舰了，又改装成医疗救护船。此类改装规模大、改装后能较好地满足军用要求，与专门建造的海军舰艇和军辅船相比，虽然在稳定性、不沉性和生存能力等方面还存在一些问题，但经济性好，而且平时可担负训练、支援等任务，战时又能充当支援舰船，使商船改装军用的技术储备工作又向前推进了一步。

考虑到战时在短时间内对军用商船的需求量猛增，还应该在技术储备上考虑短时间内大量改装的方案。此类改装方案较多，典型的有美国的“阿拉伯霍”计划和英国的“商船集装箱化防空武器系统”。前者自20世纪70年代初期开始，设想战时用集装箱化的改装构件紧急改装100艘集装箱船，作为反潜直升机或垂直/短距起降飞机母舰，担任商船队的反潜护航任务。目前，该计划由美、英

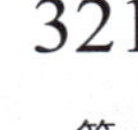

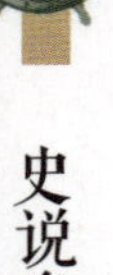

共同研究，已产生多套方案。

英国在马岛海战中，商船和工业动员工作之所以迅速而有效，主要是依仗着法律效能。在法律面前人人平等，任何人不得以任何理由以身试法，抗拒政府和军方的法令和各项动员令。自 1978 年起，英国便制订了紧急情况下迅速动员 300 艘商船的应急计划，具体拟订了征用商船执行军事任务的实施预案，并落实到了具体船只和人员。因此，动员令发布后，商船一接到征用通知，很快就能按照平时改装和征用预案做好执行军事任务的准备。英国排水量 4.4 万吨的大型客轮“堪培拉”号经过 4 个月的环球航行刚刚回国，便于 4 月 3 日接到征用通知，48 小时就加装了 3 个直升机飞行甲板（其中一个是在向战区行进的途中完成的），并载运了 5000 名全副武装的陆战队队员，随舰队出航，创造了战时后勤和工业动员的一项奇迹。

商船动员是战时海军力量的重要补充

海军是一个高技术综合性战略军种，平时维持一支庞大的常备军，对国家来说无疑是一个沉重的负担。如果采用精兵合成、平战结合的发展方针，平时少养兵、养精兵，保持一支精干顶用的海上劲旅、一支训练有素的商船队和一些有战争潜力的军工技术设备与产品，战时则能快速反应、有效协同，应付各类威胁并赢得战争。

自 20 世纪 70 年代起，世界进入 200 海里的海洋经济时代以来，海上斗争的焦点开始转向维护经济权益、保卫海洋资源和海上交通线，各国争夺和危机海区也明显由近中海域推向中远海域。有鉴于此，对大吨位军用辅助舰船的需求量越来越大，加之现代战争的巨大消耗，致使作战舰艇部队对后勤补给的依赖性越来越大。以中等规模的海军国家而论，平时作战舰艇和军辅船的比例一般为 1 ∶ 1。战时，为保证作战舰队的活动，辅助船的需求量便可能增加 1 ~ 2 倍，甚至更高。马岛海战中，英国舰队作战舰艇和辅助船的比例便达到 1 ∶ 3.82。

美国对作战支援力量和后勤补给需求量进行的一项计算表明，在海外部署一个机械化师至少要运送 10 万吨以上的物资，为保证日常生活和训练，每天需提供 1000 多吨的物资。另据计算，若在大西洋海域进行一场海战，战争初期，美国需向欧洲运送 1100 万吨军事装备和 1700 万吨燃料，其中，90% 以上靠海路运输；而若是在印度洋发生战事，则需要大约 350 艘干货船（其中仅 25% 为国家所有，其余均需向私人征用）以及 140 艘二次大战遗留下来的货船，缺少的近 200 艘船只必须从民用商船中征用。

苏联时期的国家商船队在国防上占有非常重要的地位，原苏联海军司令戈尔什科夫一向认为：商船队“是国家海上威力的组成部分……一旦发生战争便是海军舰队的重要后备力量”。20 世纪 80 年代苏联海军发展很快，特别是航母、巡洋舰等大型作战舰艇，其规模数量之大、作战火力之猛十分惹人注目。但是从平时苏联海军的舰队后勤支援、登陆输送和兵力运送能力看，尚不能满足舰队作战需要，其后勤支援能力仅能完成作战需求的 50%，两栖输送能力仅为 2 个摩步师，可运送兵力数量也十分有限。然而，一旦发生海上战争，其商船动员力量则能大大改善这一状况。只要从现有 1000 吨级以上商船中征召 50% 的船舶，便能基本满足苏联舰队远洋作战的补给、特别是燃料的供给；若同样征召 50% 的登陆输送船舶，则能输送 25 个摩步师，从而可保证苏联在海外维持 75 万 ~ 119 万人的兵力。

除商船外，战时动员部分民用航空力量进行军运也是一项快速有效的措施。英阿马岛海战中，英国急于将兵力和物资运送至南大西洋战区，便派出了空军的 5 个运输机中队，并动员了部分民航飞机，共向阿森松岛和马岛空运了近 8000 吨物资，它虽仅占英国在马岛战争期间物质总运输量的 1%，但由于速度快，满足了急需，赢得了宝贵的战机，所以也发挥了重要作用。

商船队是战时海军兵力的战略预备队

海军武器装备具有技术复杂、品种繁多、建造周期长和造价高等特点。一般来说，即便是具有较强海军舰艇建造和出口能力的发达国家，舰艇、潜艇从预研、设计、建造到装备部队也要 10 ~ 15 年，航空母舰、核潜艇等重型武器装备则长达 20 ~ 25 年，就是具有一定的技术储备，光是建造一艘中型水面舰艇也要 4 ~ 6 年，大型舰艇则需 6 ~ 10 年。再则，海军装备价格也十分昂贵，是其他任何军兵种装备所无法比拟的。以美国为例，一艘重型核动力航空母舰 20 世纪 80 年代造价达 34 亿美元，90 年代就涨到了 45 亿美元。导弹巡洋舰和驱逐舰 8 亿 ~ 11 亿美元，攻击型核潜艇则达 15 亿美元。现代海军装备的这些特点，决

定了其战时难以突击性大批量生产，平时又不便大量存储的发展趋势。因此，如果能有效地挖掘战时工业动员的潜力，并能充分利用民用商船的话，将是中和平战矛盾的一个重要选择。

历史经验证明，战争期间，商船不仅能作为海军舰队的重要支援力量，经过改装，还能直接参加海军作战，弥补战争损失，迅速扩大海军规模，成为海军兵力的一个强有力的战略预备队。第二次世界大战中，由于对战舰、特别是航空母舰的需求量猛增，所以各国竞相赶建航母。即使如此，整个战争期间，各国建造的航母总数还不到 30 艘。但在战争期间，美国用商船改装了 590 万吨的舰船，其中，改装的航空母舰就超过了 100 艘。这些用商船改装的护航航母在战争中担任了反潜护航、飞机运载、训练支援乃至攻击作战等多种任务，战绩赫赫。仅在 1943 年 4 月至 1944 年 9 月的一年半间，英、美护航航母便在大西洋和北极水域击沉德潜艇约 60 艘，在反潜战中起到决定性作用，并部分地弥补了因战前估计错误造成的兵力不均衡问题。

考虑到今后军用的可能，有些商船在设计建造时便部分地体现军用要求或部分采用军标，这样便可减小日后军队征用时改装的工作量，并更好地满足军用要求。包括增强船体 / 甲板结构强度、提高不沉性标准、改善货物自行装卸能力，以及提高航速等，即使日后需要改装，其工作量也较小，此类船只往往建成后便由军方不定期征用。

从海湾战争中运输船使用的效果看，建造时便考虑一定军用要求的船舶，使用效果较好。改后军用的商船一般仅是从船型来讲，具有军用潜力，建造中并不采用军用标准，但对此类船只应有改装预案，必要时可抓几个船型，搞几种典型改装，做好必要的技术储备，以便需要时能迅速改装，满足特定的军事要求。例如，丹麦造船厂根据国防部的要求，在设计日后可供军用的滚装船时，便部分地采用了军标，包括对甲板进行加强，以携载 2 架直升机；采取艉部后开门，以使坦克等自行车辆开上开下；该船的不沉性标准也优于普通商用滚装船，达到二舱标准。

此外，还加大了主机功率、螺旋桨由单桨改为双桨，使航速达 20 节以上。还有的商船是部分采用军标、部分留待日后改装。例如，德国一家造船厂在为美国建造集装箱船时，便根据美方要求，在船的不沉性要求上提高了标准，使其达三舱不沉，航速在 30 节以上，足以与海军作战舰艇编队航行。这批集装箱船建成后，美方对其中一部分作了某些小的改装，然后加入了美海军预备役舰队。

现代海战是综合国力的决战

要有配套的军工生产动员

现代战争是高技术局部战争，平时军民双方的技术储备和战时的经济动员是提高作战效能、减少战斗损伤、缩短战争持续时间、夺取战争胜利的重要保障。现代战争是合同作战，除各军兵种等正规军参加外，商船队和经济动员力量也是军队的重要补充兵力和支援力量，平时没有一支训练有素和有改装预案的商船队，没有快速动员和快速平战转换的动员力量，就不可能在现代战争中取胜。

战争从来就是财富和物资的巨大消耗，没有相应的经济实力和物质储备作后盾，便无法维持战争，更不能获取军事上的胜利。二次世界大战中，苏联共消耗了 1000 万吨弹药，美国消耗了 1876 万吨燃料，相当于和平时期 10 ~ 20 年的消耗量。随着科学技术的发展，大量新技术、高技术应用于武器装备，使现代化战争的消耗量直线上升。英国赴马岛远洋作战，一艘巡洋舰以 18 节航速从本土到战区便耗油约 8100 吨；战争中实际作战时间仅 36 天，英国就耗资 21.8 亿美元，平均每天近 3000 万美元；弹药消耗 1.5 万多吨，平均每人每日 7.25 千克，是二次大战中美军人均每日弹耗的 15 倍；油料消耗 50 万吨，人均日耗油 280 千克，是二次大战中美军人均日耗油的 25 倍。此外，现代战争的破坏性大，设（装）备战损率高。马岛海战中，英国参战舰艇中损失了 20%，阿根廷参战飞机中损失了 38%。

这种较和平时期数倍乃至数十倍的大批量的装备和物质消耗，要求国家必须进行战时经济动员，否则无力维持战争和夺取战争的胜利。同时，现代战争又具有爆发突然、持续时间较短的特点，因此更要求动员速度要快，战争储备要充足，物源要丰富。马岛海战爆发后，英国的造船、航空与航天等军工企业只用两天时间便由平时转入战时生产；二次大战中，苏联在战争爆发后第二天就实行了弹药

生产的动员计划，一周后便批准了一季度的国民经济总动员计划，使得苏联军事经济的实力开始迅速扩大。

马岛海战仅持续了 74 天，且规模有限，按战争惯例，照说用不着进行大规模经济动员。但由于作战海域远离本土、加之现代战争消耗大，又是突发事件，因此，英国在相当范围内，特别是在舰船、武器和电子等方面实行了一定规模的战时经济动员。

战时紧急研制和生产。为了保证作战急需，英国军工企业以创纪录的速度研制、试验和生产了一批平时尚未装备或尚未大量装备的新装备。例如：轻型雷达干扰机从订货到交货仅用了 10 天时间；马可尼公司提前交付尚未完成最后验收试验的轻型反潜鱼雷；“谢菲尔德”级导弹驱逐舰在战争初期被击沉后，英国发现舰艇起火后毒烟和腐蚀性气体对人员和管道损伤很大，从而加速生产单人呼吸防护器，产量由原来的 2000 套一下子增加到 1.1 万套；为了对付掠海导弹，切姆林和普莱西公司还赶制了大批金属箔条火箭弹并加速设计改造飞机 / 直升机使用的箔条和电子干扰装置。另外，动员 50 多家军工企业突击生产武器装备。导弹、鱼雷等现代高技术武器、弹药等造价较高，由于军费所限，平时不宜大量储备，战时需求量猛增，又要突击生产、大量补充，这是任何国家和军队都无法回避的现实问题。马岛战争爆发后，英国宇航公司等军工企业便按照军方指令突击生产了 5 种型号的反舰防空导弹，因此尽管作战武器弹药超过消耗标准的 1/4 以上，但仍保证了英军在整个作战过程中弹药的质高量足，始终没有出现短缺现象。

战时紧急改装和转产。实战是对武器装备的最好检验。马岛海战期间，英国在作战中一发现问题就立即进行改装，其中大部分改装项目都满足了战争需要，并发挥了较好的效能。例如，为远程作战，英军工企业为“鹞”式、“火神”、“猎迷”和“大力士”等 5 种型号的飞机加装了空中受油装置。以“猎迷”反潜巡逻机的改装为例，英宇航公司仅用了两个星期便完成了包括设计、制造、安装和试验的全部改装工作。若是在平时，此类改装需要约两年时间。改装后的“猎迷”飞机空中加油一次留空时间可达 24 小时，活动半径增加了近一倍。空军“鹞”式攻击机原最大航程 760 千米，改装后经空中多次加油直接由英本土远航 1.3 万千米飞至战区，并降落在马岛附近的英国航空母舰上。

除了上述军工企业的动员外，英国还动员近 80 家民品公司接受国防部订货

“猎迷”大型反潜巡逻机

转产军用物资，其中有30多家公司为英军生产给养，有约50家公司动员起来为在寒区作战的军队赶制被服和各种纺织品。

战时人员、物质、设备和材料的紧急调配。在这方面，英国显示了其战时各部门的高度协调性，且后勤保障计划与作战预案配套，能适应军队的快速反应要求。这主要体现在下述3个方面：一是平时将作战物资分级、配套、多点储存；二是计算机管理调拨，迅速、准确、流程短；三是地方、民间各部门密切配合，支援物资大量前运。例如，4月2日正值星期日，来不及调整铁路运行计划，地方政府便立即组织起一支运输船队，并紧急征用大量汽车，以最快速度将军用物资运至上船地点，保证特混舰队按时起航。

进行商船改装动员。为支援作战而征用的56艘商船中，除部分油船外，其余均需进行不同程度的改装，此项共涉及近50艘商船和12种船型。改装包括功能性改装和适应性改装两类。功能性改装主要是将客轮改为运兵船和医疗救护船，拖网渔船改为扫雷舰，集装箱船改为飞机运载舰等；适应性改装则是给所有随特混舰队赴南大西洋参战的船舶加装海上补给设备、制淡装置和通信设施等。尽管改装时间紧、工作量大，但整个改装工作紧张而又协调，平均每

艘船的改装只用 27 个小时。因此，在接到征用通知后 5 ～ 7 天便改装完毕，并开赴南大西洋。

在各种商船改装中，改装规模最大、技术最复杂的是加装飞行甲板的工程（海战期间，英国共为 17 艘船加装了至少 25 座飞行甲板），其中又以改装 4 艘飞机运载舰在技术上与效率上最为引人注目。此类改装涉及清理原甲板障碍物、铺设双层甲板、加固飞行甲板、建立飞机保护区、安装必要的飞行控制设备、设置航空燃料舱和维修设施，以及通常的适应性改装内容等，因此工程量相当大。

在进行这些改装中，由于情况明确、技术基础好、物质材料较充足，工厂又能合理高度生产，致使这些飞机运载舰的改装工作都在 9 天以内完成，其中改装第 3 艘 2.2 万吨的“竞争者—巴赞特”号滚装通用货船时，工厂投入约 1200 人，仅用 5 天便改装完毕。

要有健全的战时动员体制

苏联一贯重视国家战争动员的准备工作，并把商船队作为海军的重要后备力量，动员准备程度较高。例如，在海运部门设有动员局，其主要任务是：负责编制动员计划的实施和执行。在海运公司、水产局和船队等基层管理机构中，设有军事部或军事办公室一样的部门，船队中还有海军有关部门派驻的代表。同时，要建立和平时期经济建设和战争时期工业动员情况下的两套体制，有利于平时动员计划的落实和战时紧急动员的实现。平时密切结合国民经济发展和生产计划，有计划、有步骤地实施和平时期工业动员预案，搞好军民结合、平战结合，研究战时工业动员的技术储备。战时动员体制则应在平时体制的基础上，简化申报审批程序、提高动员效率、缩短反应时间，以利于保证战时的紧急需求。

美国常年在国外驻军 10 万余人，并经常在海外举行各种规模的军事演习。为保证国家战时需要和国防部门日常军运，政府制定有平时、紧急状态时和战争时 3 种状态下的商船征用程序。其中，和平时期的征用程序中包括了申请单位、商业部、批准机构和征用管理部门 3 个环节；紧急动员状态下，总统、商业部、国防部以及海运管理局具有征用商船的全权，可不经过招标；战争条件下，因对商船的需求量剧增，可根据“商船队法案”按征用优先级进行征用。

虽然实施有效的战时工业动员是维持现代战争、赢得最后胜利的重要保证，但并不是说任何规模和水平的现代战争都需要进行此类动员。对何种威胁情况下进行何种规模的工业动员应有一些明确的研究、预测和规定，对平时体制如何快速转为战时体制也应有一些相应的规定。国家面临的局势不同，危机和战备程度也不同，因此，实施工业动员的等级亦应有所区别。应根据有关权威部门对形势的预测和可能发生战争的方向、规模、频度等确定不同的动员等级、范围和重点。

应根据动员等级，规定出相应的动员标准，包括动员速度、在规定时间内达到的水平等。并且，应对国营军工企业、国家投资和经营、集体投资和经营以及私人投资和经营、可能用于工业动员的军工企业、民用工矿企业、修造船厂和船舶、飞机、火车、汽车、筑路机械、加工机械等各类运输工具、设备器材和物质等进行明确的分类，划定不同的动员等级和动员标准。例如，美国国防部要求在宣布动员令后，生产民用产品的私营企业要在半年内转产政府战时动员规定的所需军用品，1 ~ 3 年内要使产量提高 2 ~ 7 倍。

为了使战时工业动员真正落到实处，并鼓励在产品方向上和生产中平战结合、鼓励工厂企业支援国防建设、保障军用特别是作战需求，应对考虑军用或已为军用的民用资源（产品）、人员、物质和交通工具等，根据满足军用的程度，制定一些经济补贴标准；对于和平时期动员和征用其他民间资源参加军事学习或军事训练，乃至参加作战行动也都应有相应的经济补偿原则以及战勤、战区、战损、营运损失等补偿标准。例如随特混舰队赴马岛支援作战的商船人员，战争期间增发 15% 的战区工资补助。这些经济补偿规定既可鼓励民品军用，也可避免动员时期因为“经济效益”的问题相互扯皮而贻误战机。

要有平战结合的转换机制

军工企业部门和平时期可以军转民，但必须保持一些重要的生产线，并搞好详细的调查，对保留、转产和封存的数量、比例做好计算，保证不同等级下动员的需要；保留下来的军工生产厂、线应保持一定的生产规模、不足部分除国防费

和军方给予一定的支持和订货外，还应通过国际军贸途径等筹资进行保护；转产厂应选择好转产方向、军民结合、继续保持技术优势和相应的质量管理体系，否则，需要时便不可能在短时间内恢复军工生产能力；封存厂应搞好善后工作以及动员时开工的计划工作。另外，一些高技术型军工企业在军转民的旋风中应立住阵脚，注意保持其军工优势，万万不能丢车保卒，急功近利，荒了自己的地去耕别人的田，否则将一发而不可收，乱了阵脚。

军工企业在国防费不足、军队订货减少、军火市场疲软这样不景气的形势下也面临一个求生存、谋发展的问题。对此，除国家指令性任务和投资外，重点军工企业也可不转民品而通过其高技术优势，借助于国际大循环来提高产品质量。赢得再生产的利润。例如，法国就推行了一种严格控制进口，保护国防工业、重视军品出口开拓国际军火市场的精明政策。其“飞鱼”导弹马岛海战时期已倾销世界 22 个国家和地区达 2000 枚之多。1980 年，仅与沙特签订的一项合同就达 145 亿法郎，包括 4 艘护卫舰、2 艘补给舰、24 架直升机和 200 枚导弹。

法国是世界上第三军火出口大国，年获利 30 亿 ~ 40 亿美元，这笔巨款成了其国防工业自我发展和增强的一个重要补充。法国在技术储备方面也很有特色。国防工业部门设计和生产的武器装备有的全部装备本国部队，有的全部外售其他国家，有的部分转让、部分留用，有的则光研制不生产。它所生产的武器装备中，50% ~ 60% 用于出口换汇，就等于用外国人的钱来养活自己的军工人才、锻炼自己的军工科研队伍。一旦战争爆发，这个运转机制激活，平时有大量图纸、资料和技术储备的大军工系统马上便可发挥巨大的效益。

马岛海战之前，英国海军军费一般都保持在 11 亿 ~ 33 亿美元左右，而美国海军每年都是 700 亿 ~ 1100 亿美元。用这么少的军费英国海军则建立了一个精干顶用、结构均衡、小而全的海军兵力，其特点有 3 个：一是削减兵员。这是见效最快，影响最小的一个措施，为此，英国海军在 1955 年 13.2 万人的低水平上又进一步裁减，现在只有 6.8 万人，仅相当于苏联海军人员的 1/7，美国海军人员的 1/10。二是依赖国家动员体制，改组内部运行机制。实战证明，这是一条既节省军费又不降低效能的万全之策。首先，建立一个 4 万 ~ 5 万人的庞大的文职队伍，军文职人员的比例已达 1.4 ∶ 1；其次是保持一支 3.5 万人的预备役部队；最后是打国家动员体制的主意，利用 2200 余艘、850 多万总吨的商船队进行战时支援。三是改进管理策略。一方面采取开放式研究，一些重型武器装备和航空母舰、核潜艇、护卫舰、直升机等采取国际合作方式，合资、合研、合建，共享成果和利润，这样可节省 30% 左右的研制费，四国以上合作时可节省 50% 以上的研制费。另一方面下决心淘汰旧装备，过去战时转入平时从 700 艘降到 200 艘，平时也在进行类似的大淘汰。以 1985 年至 1987 年为例，卖给其他国家的就有 50 多艘，其中有航空母舰、潜艇、巡洋舰、驱逐舰和护卫舰等，就这样用淘汰旧装备省下来的钱再去更新换代。为了省钱，英国海军还提高军辅船的比例，使之占总数的 52% 以上（苏、美当时分别为 28% 和 13%），以便延长服役时间、降低造价和迟滞更新换代的时间。

港口是海上交通的枢纽和对外开放的门户，是加强国际交往、促进相互了解、建立贸易与友谊的纽带。港口是军民结合、平战结合、发挥军事和经济效益最有利的基地之一，因此应认真抓好港口的布局、建设和动员工作。应对军港、商港、码头、泊位的结构布局、吞吐能力充分调研并建立档案；沿海城市海港和机场建设、布局、国际贸易往来等战略性发展和建设，应综合考虑战时动员以备征用。

民用船舶是海军兵力的重要补充，平时应在国家动员部门注册登记，并应进行合理的分类和编组；除进行商船数量、吨位的统计外，应着重调查平时究竟有多少民船适合军用或具有军用潜力；民用船舶的活动状况应在国家动员部门备案，以便紧急调用；交通部门在新造、改装或引进民用船舶时应考虑军用的可能和潜力，并应商请国家动员部门参加意见；应有计划、有目的地发展一部分在吨位、类型和性能上适合军用的商船，如吨位较大航速较高的集装箱、滚装船等。西方发达国家一般平时很注重发展性能较好的专业化商船，因而可供军用的船型全、数量多。

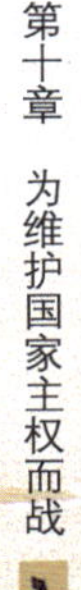

后记："军事热"中的冷思考

很多军事爱好者经常对我说，他们是读着我的书、看着我的电视成长起来的。是啊，屈指算来，我做电视评论已有22年，而专职军事研究已有44年了。真是时光不饶人啊，当年的“小张”、后来的“老张”，如今已经变成了“张老”。当你重读我15年前发表过的这些文字的时候，一定会勾起你诸多的回忆。回忆往往是美好的，而思考则一定是深沉的。

“军事热”席卷全国

正当全球大规模裁军的时候，在中国城乡的街头巷尾却掀起了一股“军事热”，花花绿绿的报纸杂志封面格外抢眼，坦克、飞机、大炮、航母与香车、美女的玉照一起打扮着萧条的书市和破旧的书摊，让人颇有一股刚柔相济、风马牛不相及之感。知道行情的国内人士，大概了解这是一股正在兴起的“军事热”，大写手和一流炒家们在培育着似懂非懂的新一代“兵器迷”，而痴迷于兵器的人们又在用力烘托着一个没有基础、缺乏内涵的书报市场，“军事热”的泡沫就此被不断地酿造和膨胀着。不知情的外国人，比如初来乍到的外国游客，或者新近刚刚到任的外国驻华武官，要是到书摊、书市上转悠一圈，非把他们吓坏了不可。我想他们发回国内的第一份报告可能就是：“中国正在扩军备战，全民正在大搞军备竞赛，战争似有一触即发之势。”

这究竟是一种什么现象？全民国防观提高的一个重要表达？人民关心国防、关心军队现代化建设的一种新图腾？科学普及事业高度发达的一种象征？还是一种社会虚无主义、超现实主义、唯利是图及恐高（恐惧高技术）主义的大显露？

我虽然从1970年就开始涉足军事领域，但只是从1980年才开始专职从事军事科学方面的研究工作。20年来，先后比较系统地跟踪和研究过世界各国武

器装备发展，国际战略格局及周边形势，现代局部战争与武装冲突，国际海洋法及海战法等。应该说，在这个领域中虽然有些方面研究还不深入，但我自感还是有一点发言权的，因为我一直进行专业化的军事研究工作，从来没有离开过第一线，这是我的本职工作，每天我都在跟踪和研究，所以对于上述问题的过去、现在和将来应该说是能够说清楚的。但是现在，面对扑面而来的这股“军事热”，我居然有点丈二和尚摸不着头脑的感觉，甚至对有些东西感到很反感、很厌倦、很失落。故此，我抱着畅谈一家之言而不怕得罪同僚和新生代的精神，与大家共同探索一些问题，给我们这个奇怪的军事书报市场把把脉。

“军事热”是怎样热起来的

一说到军事问题，通常习惯用的词有这么几个：国防热，军事热，战争热，兵器热。凡是迷恋这些问题的人，大家就称他们为 ×× 迷，如兵器迷、军事迷等。所以，当你看到“军事热”这个词的时候，肯定很生分，好像满大街都在卖军火似的，几乎无刊不涉军事，涉军事无不涉兵器。不管什么报纸杂志，无论什么文章内容，编辑、记者们总喜欢配上几张不三不四、不伦不类甚至不着边际的武器装备图片，搞得到处杀气腾腾，火药味甚浓。这股“军事热”究竟是什么时候兴起来的呢？对此，我没有做过详细考证，但凭着我自己的从业经验来判断，大致经历了 3 个阶段。

海湾战争前

1991 年海湾战争爆发之前的历史相当长，最远可追溯到 2500 多年以前的春秋战国时代。此间，世界及中国都发生了数千次大规模战争，武器装备也从冷兵器、热兵器发展到核武器和信息化武器，军事装备、战争和战略都发生了一系列根本性革命性变化。但是，回顾这些历史，你会发现一个有趣的现象，在那么漫长的历史过程中，尽管有那么多令人激动的时刻和重大变革，但关于武器装备、战争、军事方面的文章、图片、图书却少得可怜。撰稿的作者基本上局限于专职研究人员，业余作者极少，即便是有些人对兵器、作战感兴趣，也只是喜欢阅读、收藏和供聊天吹牛时有点谈资而已。

国家为了进行科学普及，曾长期资助出版了一系列科普读物，其中坚持下来的有《兵器知识》《舰船知识》和《航空知识》等杂志。在报纸方面，可能只有《解放军报》涉及这方面的内容，但在此之前的军报并没有开辟专刊、专栏专门刊载武器装备的文章，只是在科技栏目中有所涉及，文章并不是很多。其他公开发行的报纸很少涉及军事内容，更谈不上介绍武器装备这样专门的知识。电视、广播在此之前虽然有一些军事方面的节目，但没有专门介绍武器装备的栏目，更没有对正在进行中的重大事件和战争进行现场评述的节目。

海湾战争后

1990 年开始的海湾危机和 1991 年的海湾战争，历时半年之久，数十个国家参加，真刀真枪地较量，陆、海、空三军全面参战，外加电子战、航天侦察和核、生、化武器的威胁，使这场二战后以来最大规模的现代化战争具有极大的神秘感，因此对军事爱好者来说具有极大的吸引力。海湾战争期间，在新闻宣传方面，一开始的几天内，广播、电视、报刊等媒体基本上用较大篇幅进行了战况报道，但没有对战况进行军事评述。

一场突如其来的现代化战争，一下子打破了人们对战争、军事的那种神秘感，人们期望透过各种媒体去了解和掌握现代化战争的特点和规律。可惜，战争没打几天，各新闻单位就接到紧急通知，凡涉及战争内容的报道要严加控制，海湾战争宣传因此而大幅降温。除在当天的少量新闻中有所披露外，老百姓基本上搞不清楚谁参战了，打得怎么样，用什么武器装备作战，战争中有哪些特点和规律，与第二次世界大战相比有哪些不同，等等。当时对战争进行研究的，主要是专门的研究工作者，因为只有他们才能够看到内部资料，才能够看到英文的资料。

在 1991 年的海湾战争中，我通过内部渠道得以观看从卫星上收录下来的 CNN 电视节目，并应邀参与了两本书的撰稿，一本是长征出版社的《海外新兵器》，一本是兵器工业出版社的《海湾硝烟》。这两本书稿都是伴着战争的硝烟，日夜加班写出来的。出版社原打算在战争进行中出版发行，结果前者因审查原因被推迟一两年以后才出版，后者则赶在海湾战争结束的当天正式上市。据出版社讲，《海湾硝烟》是唯一一本在战争进行过程中撰写完成并出版的较高水平的专著。当时的报纸杂志都很“听招呼”，对于宣传美军先进武器装备大都讳莫如深，因为谁都怕被扣上一个“崇洋媚外、炫耀美军武力、崇尚高技术武器”的罪名。

海湾战争前后的那段时间，是第二次世界大战以来最重要的一个转型期：苏

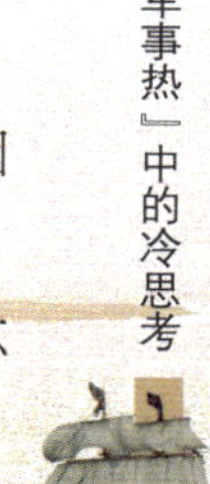

联解体，东欧剧变，车臣战争，波黑战争，华约集团分崩离析，美国出兵巴拿马、索马里和海地，等等，这一系列战争和突发事件给军事创作注入了新的活力，作品内容更加丰富多彩，从而吸引了大量军事爱好者。正是在这样的情况下，中央电视台军事部当时有一个很新的创意，1992 年决定开办一个新栏目，叫《军事天地》，在中央电视台一套黄金时间播出。这个栏目开办后推出的第一个大型系列节目是《三十六计古今谈》，我有幸担任主讲人，主持人是张莉。现在回忆起来，那应该是中国电视行业第一个军事评论类节目。继《三十六计古今谈》之后，我又参与撰稿并主讲了《舰船知识》等电视节目。

中央电视台《军事天地》栏目推出后，在全国产生了巨大影响，对于带动全国的军事宣传功不可没。没过多久，许多省市电视台相继开办了类似的军事专栏或军事节目，由此带动了报纸杂志中军事副刊的创办，在此基础上，逐渐产生了一些军事类专刊和专门的报纸。

“沙漠惊雷”后

1998 年 2 月，美国纠集英国等一些西方国家的数十艘舰船、数百架飞机云集波斯湾，对伊拉克进行威胁和恐吓，战争大有一触即发之势。一个星期六下午，中央电视台《军事报道》栏目的编导请我到演播室访谈，限时 20 分钟，做一集的节目，准备一周后播出。演播室访谈过程中，没想到我一下子谈了一个多小时。编导很兴奋，感到内容精彩，舍不得裁减，就决定做两三集待机播出。次日将送审带呈军事部主任审阅，没想到主任很满意，指示当晚开始连续播出。我当时的第一个感觉就是太快太突然了，因为此前我做了不少访谈节目，但都是放很长时间左审右审才能播出。当晚播出后，据说在中央电视台反响强烈。台领导当面对我说，这件事对他下决心向伊拉克派遣战地记者起了重要推动作用。就是从“沙漠惊雷”行动开始，中央电视台才第一次向战争发生的最前沿派出了第一批电视记者，他们是中国军事新闻事业的开拓者，是第一批战地电视新闻记者。

习惯于看转播外国人拍摄的战地新闻的中国观众，突然能够看到海事卫星转播的中央电视台记者的战地采访，这在当时产生了很大的轰动。当时，中央电视台还准备了一个大举措，就是伊拉克、美国、中国三地记者、专家、主持人现场大直播，这在中国电视历史上是第一次。直播非常成功，我有幸参与了这个节目。军事专家进入中央电视台直播室，他所说的每一句话，不经过审查就直接传向全中国和全世界，这是中国新闻改革的一大进步，反映了对专家学者的高度信任。比较遗憾的是，那一次虽然准备得非常充分，但由于战争没有爆发，所以战争直播没有继续。但是，前方记者与后方主持人、军事专家之间的有机协同为电视直播积累了宝贵的经验。1999 年 3 月 24 日凌晨，在海霞主持的《早间新闻》栏目中，对刚刚爆发的科索沃战争进行了直播，那是中央电视台第一次对现代战争进行实况转播。在那次直播节目中，我担任了军事评论员。

中央电视台的这一系列大手笔、大运作，对各新闻媒体是一个巨大的促进。于是，关于危机、冲突和战争题材的报道、评论、介绍等一下子就火了起来，特别是到了中国使馆被炸之后，军事题材报道的火爆程度达到历史最高点。当时，我参加了《新闻调查》《中国报道》等许多电视节目，对科索沃战争进行了实时评论。从那时起，公众的关注点开始集中到重大事件、现代战争和国家安全问题上来。很快，一个空前的“军事热”迅速兴起，各媒体异军突起，许多军事报纸、军事杂志开始创刊，一些老的报纸杂志也开辟军事专题、专版、专栏、副刊、周刊、特刊等，国防和军事出版单位积极组织军事图书的出版，各省市电台、电视台纷纷效仿，也设置了军事栏目……一时间，中国居然出现了洛阳纸贵的繁荣景象，无论是军事类、时事政治类，还是生活类、娱乐类媒体都开始炒作军事题材。就在千军万马热炒军事的过程中，斜刺里杀出一支劲旅——不少专业性网站又加入了军事题材的炒作热潮，使本来就非常热闹的“军火市场”更加热闹非凡。

为什么会兴起“军事热”

“军事热”已经成为当前的一种社会现象，所以认真探究其兴起的缘由，有利于我们清醒地认识问题和思考问题。上面 3 个阶段，是我根据个人参与军事理论研究和电视评论工作的体会总结归纳出来的，只是一孔之见，大家不必认真追究，只是为了分析问题方便而已。根据上面的 3 个阶段，我个人认为，“军事热”的兴起，主要有两个方面的原因。

关心国防，关注军事，心系国家安危

我经常收到一些军事爱好者的来信，仅科索沃战争中，我收到的信件估计就有数千封之多。每次阅读这些信件，对我都是一次教育，有时令我非常感动。

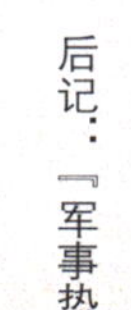

有的人撰写了长达几万字的文章，畅谈他对国防和军队建设的观点和建议；有人针对解决台湾问题，提出大量意见和建议，并拟订了作战方案和武器装备发展规划；有人对如何改进和提高我国现役武器装备的性能提出具体改进意见，并绘图标出技术参数；还有人对我个人生活起居给予关心和鼓励，有人甚至寄来食品、礼物表达心情；更有人千里迢迢来京，历尽曲折婉转找到我，为的是当面谈谈对军队建设的想法；有的抱着一大堆图纸，向我当面阐述他的"撒手锏"武器设计方案。来信者中有老革命、老干部、老军人，也有年轻的学生和社会青年，更有军队指战员。我经常为没有办法把他们的想法变为决策而遗憾，更为没有时间给他们一一回信而懊悔不已，感到自己没有尽到应有的社会责任。但是，从他们身上，我的确感到中国的希望，中华民族的希望，感到"位卑未敢忘忧国"的公民责任感和强烈的国防意识。我之所以孜孜不倦地献身于国防与军事方面的研究和宣传工作，与这些军事爱好者的鼓励和期望是分不开的。在中国，正是因为有了这样一大批关心国防、热爱国防、支援军队建设的读者，才孕育了这个火爆的军事书刊市场和电视观众群体。

据我多年观察，关心国防、热爱军事的受众大致由 3 类人员构成：

一类是中年人和老年人。他们有的受过战争的洗礼，有的有过军旅生活的亲身经历，有的一直从事军工生产或军事科研；有的虽未曾有过此类经历，但对军队和军事装备很感兴趣。他们希望透过军事图书、报纸杂志和广播、电视节目，抚摸军事的脉搏，追忆流逝的军中岁月。

另一类是广大的青、少年群体，特别是中学生、大学生和工厂、企事业单位及社会上的年轻人。这些人最大的特点是精力充沛，喜欢猎奇，求知欲强烈，追求现代、新潮和时髦。由于国防和军事秘而不宣、鲜为人知的故事和事件较多，加之现代化武器装备的发展更给军队增添了不少神秘感，所以许多年轻人抱着秘境探幽的极大兴趣，加入到军事爱好者的行列之中。这些人和中老年人不同，他们以猎奇为主，鉴赏力较差，许多人只是出于兴趣和爱好，所以欣赏军事的层次普遍较低。

最后一类是最"酷"一族，即"军事发烧友"。这是一个奇怪的群体，年龄有老有少，职业有军有民有学有工。他们是军事作品的铁杆儿读者，有些人现在已经加入到军事炒作的热潮中来，成为酿造军事泡沫的积极分子。这个群体中的每一个人对国防和军事都达到痴迷的程度，在这方面花费颇多，用时很长，如痴如醉，长此以往，那种执着劲儿令人非常感动。这些人当中有许多人在某些方面已经达到相当专业的程度。有一位参谋长告诉我，他们部队搞演习，一时间找不到外军某些类型武器装备的图片和资料，结果他的军迷儿子帮了部队的大忙，提供了许多有用的图片和资料。我经常被一些军事迷死缠烂打，他们问的问题一般都很高深，很难回答，很难对付。

现代传播技术和市场竞争机制的影响

在 20 世纪 90 年代以前，特别是 80 年代以前，没有人上网查阅资料，广播、电视中看到的国际新闻也十分有限，专门的研究人员主要是通过特许订购的国外期刊来研究外军武器装备和军事问题，而外国的期刊当然是用外文印刷的，所以，在中国的研究机构中很长一个历史时期内曾经出现过一种很特殊的职业，叫作外军研究、情报研究、资料翻译等。基本的流程是这样的：如果外文资料是 1 月份出版，我们两三个月以后才能看到，翻译和情报人员经过筛选后有选择地翻译、编译和综述，然后提交内部资料和报刊发表。如果是刊物，出版周期很长，至少 3 个月，如果是 1 月份的新闻，最早的发表时间就只能延长到 6 至 7 月份。我早期从事的工作大致如此，几乎撰写所有的文章都必须翻阅外文资料，信息源十分受限。

20 世纪 90 年代以后，因特网开始出现，使信息传递近乎实时，如果是在网上发表文章，几个小时就可发表出去。科索沃战争开始阶段的 10 多天内，我每天在《解放军报》开设一个专栏，评述当天的战况，同时对次日战局做出预测和分析。我基本上是晚上 7 点后开始上网查阅当天资料，然后撰稿，最后赶在 12 点以前发给报社，他们编辑后塞到预留的版面中去，次日的报纸就能够看到我的文章了。至于电视、广播那样的媒体就更不用说了，时效性自然更强。过去 10 年中，我用过 4 台计算机，最贵的 386 计算机近 6 万元一台，也只是 500 兆硬盘、16 兆内存，现在白送人也没人要了，因为花几千元就能买一个性能比我那台计算机高十几倍的新机器，你看这现代办公设备的变化有多大。要知道，我是 20 世纪 90 年代初中国第一批上网的人，为了学习上网技巧，还要花钱报名到中央电视台对面的中国科技情报研究所培训半个月。直到 1998 年，网上还没有中文界面。1999 年后，开始出现中文界面，但内容都是英文的。随着扫描、复印、印刷等设备的使用，大大提高了文字处理和存储能力，使信息

获取、处理、分析、加工、出版的周期大大缩短。信息技术的这些巨大变化，以及市场竞争机制的确立，加剧了媒体之间的竞争，如何争取读者成为关乎媒体生存和发展的大计。

实行市场经济，开展多种经营本来是件大好事，可这几年在现实生活中我们常常看到，假冒伪劣商品已经发展成为一大社会公害，严重冲击和影响了精品和高质量产品的营销，因此引起人们的不满和一系列的打假行动。今年出现的“新新人类”作家热，一批人称“用身体写作的作家”在文坛、书市掀起一股热浪。《上海宝贝》热销，《北京宝贝》《南京宝贝》《西安宝贝》等一大批“宝贝丛书”破烂登场，把文绉绉的书市搞得乌烟瘴气。“军事热”中当然不会出现这类“黄毒”，但低俗之作，假冒伪劣之作却是越来越多，需不需要打假，这一点我想大家很清楚。军事作品的盗版也相当惊人，我的作品就有相当多被盗版，有的干脆整本整本地给你往网上贴，即便是转载也不征求你的意见，至于把我的作品东拼西凑成书成文就更是司空见惯。更让人难以容忍的是，未经我的许可，我也未曾参与创作，居然打着我的名义出版我的“专著”，还在书市上大卖。最后人家拿着这些书让我签名我才知道。

为了畅销和引起轰动效应，在军事科普、军事文艺和介绍军事装备的各种作品中经常出现一些抄袭、雷同、反复炒、不科学或夸大事实的低劣作品，特别是军事揭秘、故意泄密和无中生有的一些现象，都应该引起我们的注意。在“军事热”前期，人们希望读到、听到和看到一些闻所未闻、见所未见的热闹的军事事件，但是随着军事爱好者个人知识的积累和阅历的不断丰富，随着国际和平的持久发展，军事装备的裁减和军备控制已提到日程，大规模战争和冲突将日益减少，武器装备的新型号和装备批量逐渐减少，像航空母舰这样的装备从研制到服役需要 10 ~ 15 年，从服役到退役则要几十年，所以如果单靠炒新闻和新鲜的事件、故事以满足军事读者的好奇心恐怕比较难。

在和平时期，国民的国防意识淡薄，国家安全观念很少引起人们的重视，军队的地位也因此而有所降低，在这种情况下出现的“军事热”应该说是件大好事。这种“军事热”现象对提高国民的国防观念和国家安全意识有利，对普及科学技术知识有利，对提高公民的军事文化素质有利，对年轻一代放眼世界、争夺 21 世纪的制高点有利，对净化社会环境、保护青少年免受不健康文艺作品的腐蚀和侵袭有利，对密切军民关系有利……既然是件大好事，社会各界应该积极支持和维护这种“军事热”，多生产一些健康的精神食粮献给这些军事读者、热心观众和听众，使这支队伍逐步扩大和发展。

应该看到，这种“军事热”的最高热点不会持续很久，因为现在军事读者的水平和鉴赏能力已经普遍提高，他们见多识广，希望读到一些品位更高、更有水平和观点的作品。所以，军事文化作品在打假的同时，还应注意提高自身的素质和修养，以生产出更多高质量的产品奉献给读者和观众，只有这样，才能将这种“军事热”维持下去。

面对“军事热”，为何要“冷思考”

“军事热”对于唤起民众的国防意识，增强人民的国防观念，密切军民之间的关系，培养军队后备人才，加强军队现代化建设等无疑是非常重要的，主流是好的，是值得肯定的。但是，应该看到，任何事物都是一分为二的，没有绝对的热，也没有绝对的冷。热是件好事，但热总得有个适度，太热了可能会熔化，如果化为乌有还有什么用？太冷了当然更不好。所以我想与大家共同探索一下关于“军事热”的热度问题。从辩证法来看，有“军事热”必然就有“军事冷”，不可能永远热下去。如何正确地利用这种热能，使之产生某种对国防建设和军队现代化建设有利的效能应该是我们考虑的重点。

“军事热”中的两种反常现象

据我观察，在席卷全国的“军事热”中长期存在着两个很反常的现象：

第一，“军事热”热在地方却冷在军营。1993 年，据一家发行量约 40 万份知名度较高的科普性军事双月刊在全国范围内所做的调查和问卷显示，阅读该杂志的军人占被调查读者总数的 3%，而其余 97% 几乎都是地方的热心读者。1999 年，我参加武汉图书大世界举办的一次签名售书活动，尽管当天现场十分火爆，售出 1000 多本，但现场购买的军人读者不超过 10 人。虽然那一年我的 4 本书都上了各种畅销书排行榜并进入前 10 名，但军人读者仍然是极少数。按理说，爱军习武、玩刀弄枪、研读兵书应该并且必须是军人的必备素质，但许多军人只习惯于发书看，而不喜欢自己掏钱买书看，这种现象令人忧虑，因为它与中央军委提出的“打赢现代战争，特别是高技术条件下的局部战争”的要求很不

适应。

第二，许多“军事发烧友”反而对国防、军队和安全表现冷漠。从整个社会来看，近年来出现了多种“热”。歌星、影星、球星的追随者们由于种种热而形成各种各样的追星族，他们对自己所追之星了如指掌，但对科学家、军事家、高技术等军事常识却一无所知或所知甚少。许多军事迷则不同，他们对于军事装备和现代兵器的名称和战术技术性能如数家珍，侃侃而谈，表现出极大的热情、兴趣和爱好。但是，你如果问那些年轻的军事迷是否愿意参军或考军校，他可能立刻告诉你那不是他的志向，他不愿去当“傻大兵”；你如果问他军事战略、国际局势、国防和国家安全，甚至国民的责任和义务等层次高一点的问题，他可能表现出茫然；有些一掷千金的经理和老板虽然也是军事迷，你如果问他可否为军队现代化建设、高技术装备的发展和进行国防教育捐款，他可能毫不犹豫地告诉你，他更关心的是经济效益，他认为他和他的企业与你动员他所捐助的国防、国家安全等事业没有多少联系，因为国防不会给他带来多大经济实惠。

这一切说明，我们的“军事热”很大程度上是在“玩儿军事”。这样火爆的“军火市场”，可能会培养出一批兵器方面的“侃哥、侃爷”，但却很难培养出一大批热爱国防、献身国防事业的爱国主义者，而我们这个社会最缺乏的恰恰就是尚武精神和爱国主义精神。

炒作和泡沫是怎样产生的

上面提到的两种反常现象难道不值得我们认真思考一下吗？究竟原因何在？我感到恶性炒作是一大祸源。国防和军事是一个非常严肃的题材，战争是一种杀人的学问，武器装备是科学技术的物化产物。这些东西无论从哪个角度来看，都不可能像张惠妹那样成为被炒作的对象。很奇怪，“军事热”中的许多热度确实是被炒作出来的。怎么炒作的？我不是生意人，也不懂出版发行的门道，所以搞不清其中缘由。但作为一个撰稿人，经常与媒体打交道，所以时间长了，不免有点个人的分析和估量。我认为炒作军事题材，大致是从 3 个方面入手：

一是作者。作者是炒作的源泉，没有作者的煽情，就难有市场的火爆。对此，我估计有 3 种人参与其中：

一种是军事方面的专家学者。这些人是“军事热”中的主力军和推手，许多军事爱好者就是冲着他们才爱上这一行的，所以他们是旗帜，是中坚，是骨干。

据我观察和了解，这些人不会进行恶意炒作，基本上都是些老老实实做学问的人，不会为了换两盒好烟就出卖自己的灵魂，所以这个队伍没有问题。再就是略懂军事的爱好者。这样的作者我认识一些，他们多为年轻人，好学上进，喜欢动笔，英文很好，比较勤奋，许多翻译、编译、综述类的文章，大致是这样的作者写的。但这些作者的文章最大的缺陷是缺少中国的、民族的和自己的东西。再则就是“炒爷”。我不认识这样的人，估计是以炒作为职业，不是剪刀糨糊剪贴，就是扫描仪、复印机、因特网拼凑，反正是想方设法把别人的东西，外国的东西，以前发表的东西，张三、李四、王五的东西，以最快的速度按照不同的选题拼凑在一起，形成一个新的产品，然后打包卖给出版商，最终从中获利。现在那些似曾相识的文章，那些千佛一面的军事装备图片，那些小题大做、无病呻吟、故弄玄虚的破烂文章，那些“台海战争一触即发”“中国海军已经决定发展航空母舰”之类的吓人标题等等，多为此类作者所为。对我的那些盗版之作，估计也是这帮“书虫儿”“网虫儿”所为。

二是书商。我不知道何人应该归于书商之列，由于作文需要，暂且把那些从编辑出版到发行出售的人员都归于这个群体之中，因为文章从作者到读者手中需要这些人做工作。书商为什么要炒作？首先，最主要的是繁荣图书市场，为国防和军队现代化服务，这是一个最大的宗旨。我相信出版社和编辑部都会为这样的宗旨而工作。其次，可能涉及利益的问题，说白了就是发行量，就是怎样多赚钱的问题。怎样才能多赚钱呢？只有火爆。可怎样才能火爆呢？找名人写名篇，或以名人之名搭配杂乱之物，达到浑水摸鱼的效果。我所认识的名人中很少有人愿意为炒作而作文的，我自己就曾经为此而得罪过不少人。目标是火爆，手段是炒作，措施可以各显其能，许多事情就坏在这里。有些选题很世俗，很没有意思，很没有深度，但书商认为能赚钱，结果就干上了。书摊上各种报刊都放在那里，读者买谁的？这就要看如何才能吸引人了，所以才有了华而不实的大标题，才有了令人恐怖的大照片，才有了子虚乌有的假新闻。人微言轻，对于社会上的浮躁乱我管不了那么多，但我能够管好自己，我能够保证我自己撰写的所有著作从来没有找人帮我查找资料，从没找人代笔，我敢担保我书中的每一个字都是我自己撰写的，包括序言等，因为从不找人为自己的书题词。

三是读者。我一直以为，假冒伪劣产品之所以猖獗，与顾客没有责任心和缺乏监督力有很大关系。一件东西真品卖 1000 元，而如果花 100 元买一件假冒产

品，顾客会感到很实惠，很高兴。于是，假冒伪劣就逐渐形成了产业，大行其道。书刊市场也是这样，如果那些粗制滥造的东西没有人买，怎么会孕育出那么大鱼龙混杂的市场？

恶性炒作，贻害无穷

恶性炒作和酿造泡沫的做法非常有害：

首先，宣扬伪科学。军事类报刊上主要是刊载一些武器装备的文章和图片，且各家刊载的内容大同小异，主要是看版面处理和美术设计的花样如何。从网上扒下来武器装备图片，再从武器装备手册中翻腾几条说明，然后大标题一挂，大幅照片一登，便隆重推出。每每看到这些东西，我都感到心寒，很恶心，因为太低俗。在中国的书市上，你几乎看不到一本《海底两万里》那样的传世佳作，科学幻想、科学普及的图书也很少，而一些武器装备介绍的图书到处都是，这算什么？这怎么能够算是科普作品呢？没有科学原理的介绍，没有科学规律的探索，没有一点点科学的创新，阅读后给人留不下任何印象，这种东西只能是信息时代的垃圾。从东西方观念来看，西方人比较重视未来研究，东方则更注重传统经验。100多年前，法国科幻小说家儒勒·凡尔纳的许多设想目前都已经成为现实。从西方的军事文艺作品来看，习惯于创作一些未来的军事战争和军事装备作品，如《从大西洋底来的人》《星球大战》《未来战士》《超人》等，相反，在这方面我们却很少，更多的是反复炒作传统和历史题材，比如三国、西游、红楼、宫廷争斗以及三个和尚等。

其次，宣扬虚无主义。堂而皇之地用那么多版面、文字和报刊来介绍一些美国等发达国家的武器装备，有什么意思？当然，我们学习和借鉴是需要的，但仅仅凭装备外形就能学习和借鉴了吗？我们的宣传和研究如果只是停留在这样一个档次上不是很可笑吗？不加分析随随便便地大量报道外国的武器装备，还特别加上如何如何先进、怎样怎样无敌之类的煽情造势之词，你是要干什么？是要说明人家有这玩意儿咱没有，人家的东西比咱们的先进，要是真打起来，咱打不过是吗？这不是宣传虚无主义吗？整天都是这些东西，在人们眼里这些玩意儿就是高技术武器，这简直是误导。有时我在想，如果我们的报刊刊载的不是外国武器装备，而是美国的洗衣机、电冰箱、空调和计算机，老百姓会有什么感觉？你这不是在给人家老外做免费广告吗？这不是冒傻气吗？这不是帮着人家来吓唬自己人吗？你打算灭掉咱们自己的民族工业吗？

最后，宣扬暴力犯罪。小孩子从小就喜欢兵器是件好事，但需要讲明白道理，比如一架飞机，它是怎样飞起来的？为什么能飞那么快？导弹是怎样发射出去的？等等，让孩子从小有一种神秘感，求知欲，用这样的方式来培养他们的创新意识。如果报刊上总是简单地刊载一些兵器图片，或者如何如何先进的性能指标，那肯定会引导人们去对比，数数儿，看看美国有多少飞机、多少舰艇，什么年代的，航程多少，装多少枚导弹，等等，朋友们在一起吹牛都拿这些东西来说事儿。长此以往，如果过多地宣扬这些东西，很可能造就一批军事狂、武器狂、战争狂，培养出一批喜欢打仗，喜欢惹事儿，喜欢暴力的犯罪分子。前些年就曾经出现过一些怪事，有的媒体刊登并出售希特勒和日本军国主义者的军服、佩刀、武器和徽章等，军事迷可以前去买一套，把自己打扮成纳粹军官或者日本武夫，然后准备干什么呢？一个遭受侵略和奴役的民族怎么就忘记了那些悲惨的往事，反而回过头来替帝国主义招魂呢？我真担心，我们一些不负责任的报道，一些过度炫耀武力和兵器的宣传，会培养和造就一些未来危及和平与安全的好战分子或恐怖分子。

国防和军事问题是非常繁杂的，有很高深的学问，通常来讲光靠爱好是没有办法精通这些问题的。你可能自己感到懂了许多，但你那些知识可能只是些皮毛，没有实质性的突破，所以不要坐井观天，应该勤学习、多研究、慎下笔。武器装备在国防和军队建设中是一个基础性的东西，武器装备只有和人、战法、军事理论、军事谋略结合起来，才能发挥应有的作用。所以，仅仅介绍兵器容易误导读者，在介绍兵器时不进行宏观综合的分析，又容易起反作用。

我强烈呼吁：我们的军事类报刊，应该把重点放到3个方面来进行宣传报道：一是未来高技术局部战争的特点和规律。就是未来战争什么样？怎么打？对国际形势有哪些影响？我们面临哪些威胁和挑战？要让老百姓清楚这些才行。二是高技术武器装备的现状、特点及趋势。要介绍高技术武器装备的原理和趋势，不仅要介绍其先进性，而且要分析其弱点，要打破不可战胜的神话。三是要宣传国防和军队建设。重点是增强全民的国防观念，提高人民的国防意识，号召人民热爱国防，关心军队建设，增强军民关系，做好人民战争的准备，在自己的岗位上如何为增强综合国力、民族凝聚力和战争潜力而做出贡献。

从事军事写作、编辑和出版的同志们为我国的国防和军队建设事业做出了巨

大的贡献，本文所述绝无意攻击任何人、任何报刊，只是对当前这种奇怪现象提出质疑，希望引起各方面的重视。如有不妥，欢迎大家讨论指正。

张召忠

2014 年 6 月 30 日